高等院校新形态一体化规划教材
“互联网+”创新教材

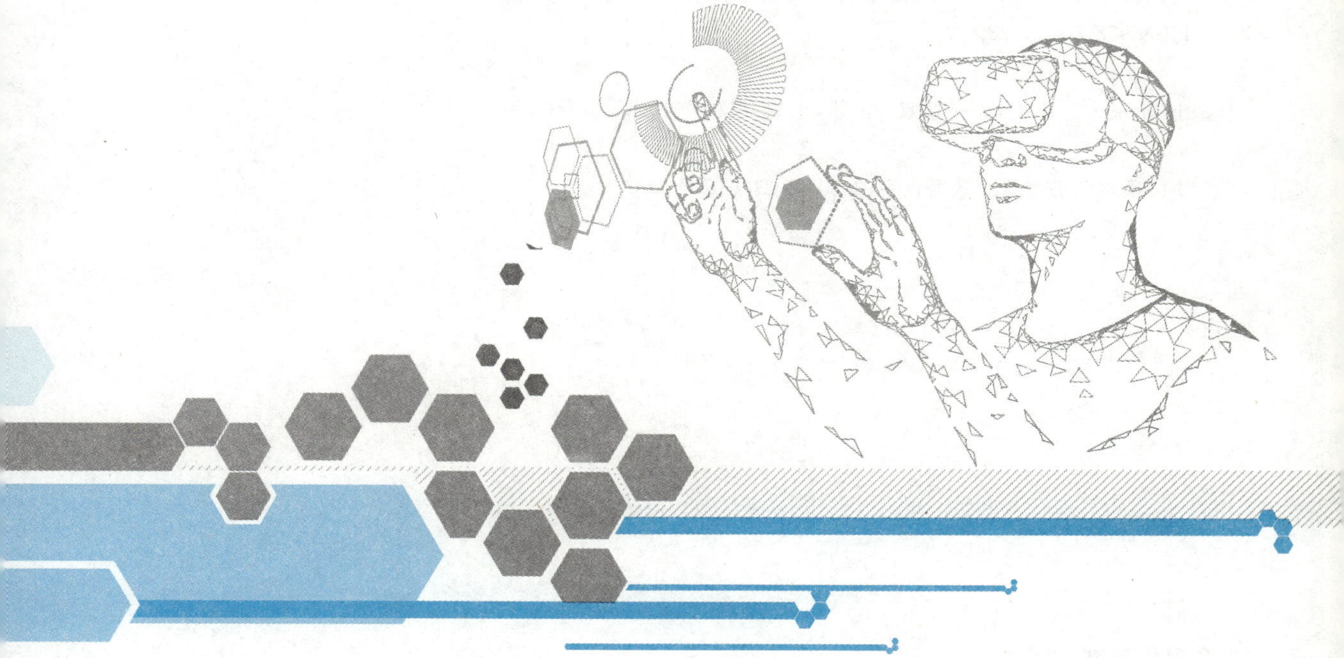

XIANDAI
JIAOYU JISHU

微课版 | 双色版

现代教育技术

胡小强　袁玖根◎主　编
何　玲　魏丹丹　乔　雪◎副主编

中国传媒大学出版社
·北京·

图书在版编目(CIP)数据
现代教育技术/胡小强，袁玖根主编．--北京：中国传媒大学出版社，2021.2
ISBN 978-7-5657-2890-7

Ⅰ.①现… Ⅱ.①胡… ②袁… Ⅲ.①教育技术学 Ⅳ.①G40-057

中国版本图书馆 CIP 数据核字(2020)第 270618 号

现代教育技术

XIANDAI JIAOYU JISHU

主　　编　胡小强　袁玖根
副 主 编　何　玲　魏丹丹　乔　雪
策划编辑　姜颖昳
责任编辑　姜颖昳
封面设计　旗语书装
责任印制　李志鹏

出版发行　中国传媒大学出版社
社　　址　北京市朝阳区定福庄东街 1 号　　**邮　　编**　100024
电　　话　86-10-65450528　65450532　　**传　　真**　65779405
网　　址　http://cucp.cuc.edu.cn
经　　销　全国新华书店

印　　刷　北京银祥印刷有限公司
开　　本　787mm×1092 mm　1/16
印　　张　20
字　　数　576 千字
版　　次　2021 年 2 月第 1 版
印　　次　2021 年 2 月第 1 次印刷

书　　号　ISBN 978-7-5657-2890-7/G·2890　　**定　价**　49.80 元

本社法律顾问：北京李伟斌律师事务所　郭建平

前言

随着教育信息化进程的不断加快，教育技术能力已日益成为教师职业素质的核心能力之一，也是评价高等师范院校教师教育类学生培养质量的一项重要指标。同时，随着信息时代的来临，现代教育技术已经成为优化教育教学过程的一种重要手段，在现代化教学中的重要地位是不言而喻的。要充分发挥现代教育技术的优势，就必须首先从人才的培养上着手。如今，在国家和各级教育部门的大力扶持和高度重视下，现代教育技术课程已经成为教育部规定的师范院校学生的公共必修课程。师范生作为国家未来的教师，掌握现代教育技术能力对于推动教育教学改革是非常必要的。

近年来，随着课程改革的深入，现代教育技术这门课程的改革取得了一些成效，但并没有从根本上改变传统模式中的问题，也造成了现代教育技术课程教材建设的不规范。因此，在总结多年现代教育技术公共课教学和在职教师教育技术能力培训实践经验的基础上，我们分别于 2007 年、2003 年出版了相关教材，深受广大师范生的认可和好评。经过多年的发展变化，我们又重新编著了这本突出应用技能的《现代教育技术》。

利用好信息技术资源环境、提高教育教学绩效，将成为今后相当长一段时间研究的课题。在教材编写人员多年的教学实践研究及对基础教育信息化现状与教师信息素养充分调研的基础上，我们认为，实现基础教育信息化，关键在于教师，教师具有怎样的理念，如何充分利用信息资源优化教学，直接决定人才培养的质量。作为培养未来教师的高等院校，加强师范生教育技术能力职前培养和职后培训具有十分重要的意义。

目前现代教育技术的相关书籍大多数以讲授教育技术基础知识为主，本书作为师范院校学生的公共必修课《现代教育技术》的教材及参考书，依据国家教育部颁布的“中小学教师教育技术能力标准”，既重视对师范生进行现代化教育观念和教学手段的培养，又强调让学生具备应用现代教育技术进行教学实践的能力。本书突出现代教育技术理论与应用两大部分，在学习扎实的现代教育技术相关理论知识后，有针对性地开发实验及实训部分的内容，让学生不断巩固理论知识并进行实例的操作练习。

本书的学习目标包括：了解现代教育技术理论基础，如视听教学理论、学习理论、传播理论和系统理论等；培养学生利用现代教学媒体、教学环境的能力及新技术在教育教学中的应用。现代教学环境包括校园网、多媒体教室、网络教室、微格教学系统等；新技术包括虚拟现实技术、云计算、大数据等；在懂得如何搜索及利用网络教育资源的基础上，学习各类教学资源的采集与制作方法，并掌握教学资源的开发与利用的能力。

全书主要分为 8 个章节，部分章节附有理论与技能训练。第一章简要地介绍了现代教育技术的发展等相关概念与理论基础；第二章介绍了信息化的教学设计与评价方法；第三章介绍了现代教学环境；第四章介绍了新媒体与新技术在教学中的应用；第五章介绍了现代远程教育及其特征、网络课程的开发方法；第六章介绍了同步与异步在线的网络教学平台；第七章介绍了多种媒体素材的教学资源获取；第八章介绍了教学资源的开发与应用。

技能训练部分主要以实例的形式与理论部分的内容知识相对应，可操作性强，教师讲完相关理论知识可按照技能训练部分让学生进行实践练习。附录部分提供了中小学教师教育技术能力标准，教育技术学习与研究网址，教育技术名词索引。

本书主要具备以下特点：

第一，按照理论基础知识够用的原则，注重实际能力的学习与应用，以实际技能训练为主要内容，可操作性强。以培养学生的实践能力为重点，理论部分与实践应用部分相结合，教师可以直接按照技能训练部分让学生进行练习，强调让师范院校的学生具备教育技术方向的实际操作能力。

第二，更新新理念、突出新技术。在信息化教学设计中采用基于 STEAM 的相关理论，采用虚拟现实技术、3D 打印、大数据等新技术解决教育教学中的一些问题。

第三，强调支撑环境的重要性，提高课时的利用率。新型的课程教材除了有先进的教育理念作支撑外，还具有丰富地为学生学习服务的教学资源和促进教师改变教育观念与新型教学方法的教师培训作为支撑环境，以便提高教学效率。

第四，增加了教育技术中的常用专有名词索引，便于读者在学习中快速查找到所需要了解的相关资料。

由于教育技术发展迅速，同时鉴于作者的学识与能力有限，加之编写时间仓促，书中难免有疏漏或错误之处。在此，恳请各位专家、同行和广大读者不吝赐教与斧正。

编者

2020 年 9 月

目录

第一章 现代教育技术概述

内容提要

《现代教育技术》是高等学校师范生的必修课程，本课程对于师范生了解现代教育技术基础知识及培养现代教育技术技能具有重要意义。通过本章节的学习，可以了解现代教育技术的定义、起源和发展，掌握现代教育技术的理论基础及研究方法，并将其应用于实际的教学当中。

第一节 现代教育技术

【视频】
现代教育技术

一、现代教育技术的定义

（一）教育技术的定义

教育技术是个连续发展的过程，随着学科和技术的发展，教育技术学科从萌芽到发展，从发展到初步成熟，其内涵和外延处在不断的变化之中。总体来说，主要有以下几个代表性的定义。

1. 教育技术的概念有广义和狭义之分

广义的教育技术就是"教育中的技术"，根据顾明远先生主编的《教育大辞典》（1990.6）中的定义，教育技术是人类在教育活动中所采用的一切技术手段和方法的总和。它分为物化形态（有形）和智能形态（无形）两大类。

物化形态是指凝固和体现在有形的物体中的科学知识，它包括从黑板、粉笔等传统的教具到计算机、人造地球卫星等一切可用于教育的器材、设施、设备以及相应的软件等；智能形态是指那些以抽象形式表现出来，以功能形式作用于教育实践的科学知识，如系统方法等。

狭义的教育技术指的是在解决教育、教学问题中所运用的媒体技术和系统技术。

2. AECT'94 定义

1994 年，美国教育传播与技术协会（Association for Educational Communication and Technology，简称 AECT）出版了西尔斯（Seels）与里奇（Richey）合写的专著《教学技术：领域的定义和范畴》，书中提出了教育技术的定义。该定义是在 AECT 主持下，通过美国众多教育技术专家的参与，并由 AECT 正式批准使用的，它在一定程度上反映了美国和国际教育技术界的看法。

教育技术的 AECT'94 定义是：Instructional Technology is the theory and practice of design，development，utilization，management，and evaluation of processes and resources for learning。翻译为：教育技术是关于学习过程和学习资源的设计、开发、利用、管理和评价的理论与实践。

定义中的设计、开发、利用、管理和评价的内容的含义如图 1-1 所示。

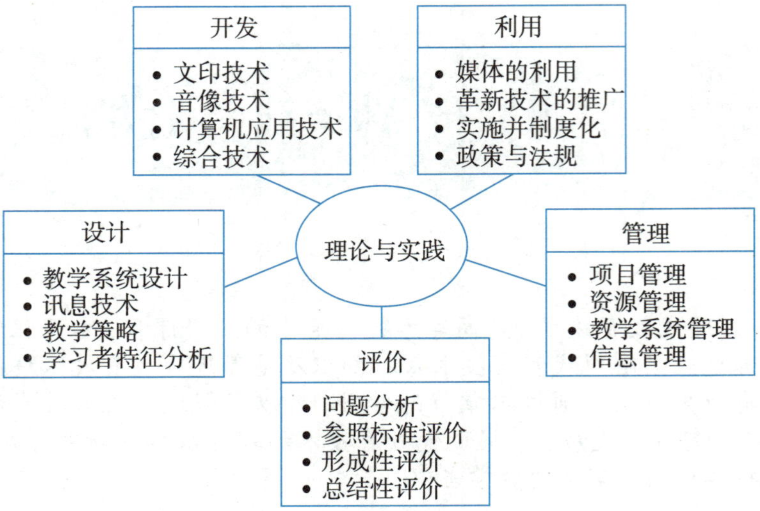

图 1-1　教育技术的 AECT'94 定义

（1）设计：教学系统设计、讯息设计、教学策略、学习者特征分析。

强调要在充分分析学习者特征的基础上确定具体的教学目标，进行教学内容、教学策略和教学系统的设计，找到学习者的学习起点，合理选择教学媒体、反馈方式，创造最优化的教学模式，以期使每个学生都能成为成功的学习者。

（2）开发：文印技术、音像技术、计算机应用技术、综合技术。

指对新技术，包括印刷出版技术、音像技术、计算机应用技术、各种技术的综合集成等，应用于教育教学过程的开发研究。也可以说，开发是对教学设计结果的物化或产品化，是教学设计思想的具体应用。开发领域的范围可以是一节课、一个新的改进措施，也可以是一个大的系统工程的总体规划和实施。

（3）利用：媒体的利用、革新技术的推广、实施并制度化、政策与法规。

强调对新兴技术、各相关学科的最新研究成果和各种信息资源的利用和传播，并注意加以制度化、法规化，支持教育技术的不断革新。

（4）管理：项目管理、资源管理、教学系统管理、信息管理。

指对所有学习资源和学习全过程进行计划、组织、指挥、协调和控制，具体包括教学系统管理、教育信息资源管理、教学开发项目管理等。科学的管理是教育技术的实施及教育过程、教育效果最优化的保证。

（5）评价：问题分析、参照标准评价、形成性评价、总结性评价。

强调科学的测量和评价方法，注重形成性评价，并以此作为质量监控和不断优化教学系统与教学过程的主要措施，其中，要重视以事先确定的行为目标为参照标准的评价方法，向学习者本人提供有关学习进步的情况，以便及时调整学习步伐，直至取得成功。

从 AECT'94 定义可以看出，教育技术的目的是促进学习，研究对象是教与学的过程与资源，研究的范畴是设计、开发、利用、管理和评价，核心是教育的整体改革。我们可以这样来理解：教学设备属于学习资源，教育技术不只是设备的开发使用，设备是建设的基础，如何利用设备为教育教学服务才是关键。教育技术是高等教育发展动力的重要组成部分，应用新的教学设备，创造新的教学模式，取得最佳的教学成果，是教育技术追求的目标。教育技术是一个综合的概念，它由硬件（设备）、软件（课件）和组织（人）构成。有了设备，就需要大量的软件（课件），而课件的制作要有明确的设计思想，不能是课本内容的简单搬家。新的课件要体现开放性、智力性、工具性、资料性。硬件、软件的正常运转，需要组织的保证，设备无论怎样先进，缺少配套都是发挥不了作用的。

多年来，教育技术的 AECT'94 定义被我国的许多教科书所引用，在较大程度上影响了我国教育技术学科的理论与实践。

3. AECT'05 定义

2004 年，美国 AECT 总结近十年来教育技术的发展状况后，提出了关于教育技术的新定义。这个新定义是在听取了众多专家们的意见后，经过有目的地修改集中而形成的，于 2005 年正式发布，故又称为 AECT' 05 定义。

教育技术的 AECT'05 定义是：Educational Technology is the study and ethical practice of facilitating learning and improving performance by creating, using, and managing appropriate technological processes and resources。翻译为：教育技术是通过创造、使用和管理适当的技术过程和资源，以促进学习和改善绩效的研究和符合道德规范的实践。

AECT'05 定义将 AECT'94 定义中的五大范畴（设计、开发、利用、管理和评价）整合为三大范畴（创造、使用、管理），这三大范畴形成一个统一的、互相衔接的整体，而评价贯穿于整个过程中。

AECT'05 定义中的创设代替了设计、开发、创设，包括一系列有目的的活动，用来设计、开发有效学习必需的材料、扩展资源和支持条件，也包括设计、开发。创设是一种比设计、开发要求更高且具创新含义的过程，更能表达 21 世纪人们对教育技术发展的要求。定义中在 practice 前加了限定词 ethical，强调实践应该合乎道德规范，这一限定词第一次出现在定义中，说明人们开始反思教育技术中的规范性问题，反思教育技术的应用是否对社会有价值和特殊贡献。另外，定义中还增加了提高学习绩效（improving performance）这一目的，学习绩效的提法强调了学习的含义，不但指获取知识，更强调注重培养和提高能力。对学习绩效的关注也使得教育技术更加联系现实世界，更加关注人的发展。

4. AECT'2017 定义

AECT'2017 是美国教育传播与技术协会发布的新的教育技术定义，其定义为：Educational technology is the study and ethical application of theory, research, and best practices to advance knowledge as well as mediate and improve learning and performance through the strategic design, management and implementation of learning and instructional processes and resources。翻译为：教育技术是对理论、研究和最佳实践的研究和道德应用，目的是通过战略设计，管理和实施学习与教学过程及资源来提高知识及调解和改善学习与绩效。

AECT'2017 定义中，除了继续关注学习者、强调 "mediate and improve learning performance"，还加入了 "advance knowledge"。knowledge 不仅仅指学习者所获得的知识，也包括了教学设计人员、教师、培训师及研究人员对于教育技术的更多认识和理解。随着现代教育技术的发展和教学环境的改变，AECT'2017 定义也在发生变化，它不仅关注学习者的学习效果，也关注教学设计者和施教者的知识迭代及技能更新，突出其与时俱进的特性。

（二）现代教育技术的定义

教育技术随着教育理论、实践和信息技术的发展而发展。现代教育技术是 20 世纪 90 年代以后在国内被人们大量使用的一个术语，它与 "教育技术" 在本质上是同一个概念。国内学者对于 "现代教育技术" 的较有代表性的解释如下。

现代教育技术是以计算机为核心的信息技术在教育、教学中的运用（何克抗，1999）。

现代教育技术是指运用现代教育理论和现代信息技术，通过对教与学过程和资源的设计、开发、应用、管理和评价，以实现教学优化的理论与实践（李克东，1999）。

一方面，现代教育技术以现代信息技术（计算机、多媒体、网络、数字音像、卫星广播、虚拟现实、人工智能等技术）的开发、应用为核心；另一方面，现代教育技术并不忽视或抛弃对传统媒体（黑板、挂图、标本、模型等）的开发与应用。

随着信息技术的发展，目前人们逐渐习惯于使用“现代教育技术”概念，这也使得教育技术有了更加强烈的现代化、信息化色彩。

二、电化教育与教育技术

“教育技术”这一名词来源于国外，现在在我国已广泛使用。教育技术指在教育中应用现代科学技术。20 世纪后，随着现代科学技术的发展，幻灯、投影、电影、录音、录像、广播、电视等现代技术被广泛应用于教育，扩大了教育、教学活动范围，提高了效率与质量。1974 年，美国发射第一颗专用于教学的“实用技术卫星”，标志着现代教育技术发展到一个新的阶段。此后，人们进一步探索电子计算机、微电子技术、光纤通信的最新成果给发展教育技术带来的新课题。“电化教育”则是我国特有的名词。电化教育是指在教育教学过程中，运用投影、幻灯、录音、录像、广播、电影、电视、计算机等技术，传递教育信息，并对这一过程进行设计、研究和管理的一种教育形式，是促进学校教育教学改革、提高教育教学质量的有效途径和方法，是实现教育现代化的重要内容。

从概念的本质上说，教育技术与电化教育是相同的，两者都具有应用科学属性，目的都是要取得最好的教育效果，实现教育最优化。两者的特点、功能，以及分析、处理问题的方式也是相同或相近的，都是利用新的科技成果去开发新的学习资源，并采用新的教与学的理论、方法去控制教学过程。

但是从概念的涵盖面来看，教育技术的范围要比电化教育广泛得多。教育技术指的是所有的学习资源，包括与教育有关的一切可操作的要素；电化教育所涉及的则主要是利用科技新成果发展起来的声、像教学媒体。由此，在处理问题的方法方面，教育技术主要采用了系统的方法，它所考虑的教育技术学是整个教育的大系统，即“教与学总体过程的系统方法”。在具体实施过程中，它能运用于教育系统的不同层次，可以是教育规划方面的宏观问题，也可以是课程开发层次的问题，还可以是具体的课堂教学过程中的问题。而电化教育虽然也用系统的方法来考虑、处理问题，但它的重点在于电子传播媒体的选择、组合和应用的小系统上。当然，电化教育有时也涉及较大范围的问题，不过更多的情况是大中系统的其他因素作为不变条件，而主要去研究小系统的控制和变化效果。由此看来，电化教育是教育技术的一个部分，是教育技术发展到一定阶段的产物，是注重现代媒体的开发和利用的阶段性的教育技术，是相对狭义的教育技术。

那么，我们应该使用哪个名称更加科学？

首先，从形式上来看，相对电化教育的非电化教育，不可能是别的什么东西，就是以传统媒体进行的教育。而教育中各种媒体是分不开的，人为分开就是自我孤立。于是，电教课、电教过程、电教教法等两级术语就显得很苍白，没有生命力了。教育技术就不存在这个问题。与它相对应的方面是教育思想、教育理论、教育目的、教育内容、教育形式、教育方法等，教育技术与这些范畴之间保持相对独立性就无可非议。

其次，从实质上来说，抽去这两个概念的相同的“教育”，剩下的是“电化”和“技术”。“电化”无非就是电气化和电子化的现代媒体及其应用，由此带来的上述局限性就无法回避。而“技术”是科学和其他有组织的知识在实际任务中的系统运用。它包括物化形态和智能形态。前者指解决实际任务中使用的工具和设备，如教学媒体；后者指解决实际任务中使用的策略和技巧，如教学设计。这些工具、设备、策略、技巧的使用不是盲目的，也不是只凭经验的，而是服从于一定科学理论的指导的。

因此，尽管电化教育名称在我国已有较长的历史和很广泛的群众基础，很多这个方面的专家也习惯于称为“电化教育”，但是从全局和长远发展的观点看，用教育技术名称取代它，则是必然趋势。

三、现代教育技术的主要应用领域

以计算机技术为核心的现代教育技术，在教育领域中得到了广泛的应用和发展，多媒体课件、网络教学、精品课程、开放课程、国家精品资源共享课程资源等多种形式各显神通，丰富多彩，令人应接不暇。但是由于教育对象不同，教学内容不同，采用的技术手段和操作方法也就不同，从而形成了以下几个主要的应用领域。

（一）课堂教学领域

1. 课堂辅助教学

课堂教学是学校教育工作的主战场，是提高教育质量的关键。随着多媒体技术的迅速发展并应用于传统的学校，教育领域产生了课堂教育技术系统，这是计算机技术应用于教学领域最早的、最基本的形式，也是现代教育技术发展的初始阶段。

以计算机辅助教学为主要特征的教学形式，具体表现为计算机辅助教学课件在教学中的应用，代替了一些投影片、录像片的基本功能，并利用计算机的三维动画技术，详细地分解、展示微观机制和运动形式及复杂过程，在突破教学难点、进行生动直观教学方面发挥着巨大作用，如图 1–2 所示为现代多媒体教室与多媒体教学。在此基础上，进一步发展为电子教案，在手段上完全依靠计算机实施教学，改变了教师一支粉笔、一份教案的课堂教学形式。但是，在这个阶段，计算机技术在教学中的应用仍然是零散的、随机的，只起到了一些辅助的作用，较多地取决于教师的主观意志和教学条件，对提高教学质量与效果产生了一定的影响，但没有对传统的课堂教学模式产生重大的改变。目前，绝大多数学校都处于这个阶段，虽然是现代教育技术应用的最低层次，但也是现代教育技术发展过程中的必经阶段，是向更高层次发展的重要基础。

图 1–2　多媒体教室与多媒体教学

2. 多媒体网络教学

以多媒体网络教室（如图 1–3）和校园网为主要特征的教学形式，是现代教育技术发展的一个中间层次，也是当前国内乃至世界教育重点发展与建设的主流。在这一阶段，除了校园网络和多媒体教室的硬件设备之外，一个关键因素是教学软件系统，它是多媒体网络教学的灵魂。这时的教学软件已经发生了质的飞跃，必须具有全面系统性、网络交互性、自学检测性，在课堂教学中扮演着必不可少的重要角色，使传统的“教师讲、学生听”满堂灌的教学模式发生了根本性的变革，学生真正成了学

图 1–3　多媒体网络教室

习过程中的主体，他们可以在教师的指导下，自己选择学习方式、学习内容、学习进度；可以随时通过网络向教师提问，教师可以通过网络实施集体、分组、个体化的教学；学生之间也可以相互访问，相互探讨、交流与合作。可以预见，现代教育技术在这一阶段的应用与发展，已经从根本上改变着传统的教学思想，教学观念，教学方式方法，需要人们去适应并推进这一过程的深化，在此基础上去探究新的教学思想、教学目标和教育理论。

（二）远程教育领域

远程教育作为教育技术的重要组成部分，从20世纪80年代以来得到迅速的发展。世界上已经建立起许多实现远程教学的大学，我国的广播电视大学也属于这一类，而且是世界上规模最大的。远程教育与课堂教学相比较，技术更像是教师的替代物，而不像课堂教学中那样仅作为一种补充。

随着信息技术的进一步发展，跨学校、跨地区乃至跨国家的远程教育研究与开发已开始启动。目前，互联网越来越普及化，中国教育科研网正在发挥着越来越大的作用，军队教育训练网络也正在建设之中，许多高校已建立了校园网。这就使得各个高校之间可以通过网络相互联通，实现教育资源共享；学生可以不进教室，通过上网自主学习；学校的教师也许很难与学生见面，师生间的直接联系日趋减少；教师或学生可以随时通过上网参加国际学术交流与学习活动。总之，在这一阶段，现代教育技术的发展和应用将达到非常丰富而又高超的境界，将对传统的教学观念引起彻底性的变革，“学校全球化”“没有围墙的大学”“传统意义上的教师不复存在”等许多新观念、新模式将会应运而生。

（三）企业培训领域

企业培训和学校教育以及远程教育中教育技术的运用有所不同，企业培训主要关心企业员工的工作业绩，具有更具体的目标指向性，更关注受训者在特定领域中的绩效水平的提升，是人力资源开发的一种具体途径。随着社会的发展和全球化趋势，企业的发展越来越依赖于员工的素质，企业的培训需求日益增长。很多企业，尤其是大型企业已经意识到并积极开展各种层次的员工培训。企业培训让员工立足本职岗位，大量运用教育技术手段，以最经济、最有效的手段去掌握有用的、可用于完成实际任务的各种知识和技能。现代教育技术为企业培训提供了丰富的资源，能够促进培训更有效率，使培训内容更加丰富多样，使培训者的学习方式、思维方式得以改善，从而促使企业提高绩效。

企业培训的最终目的是提高绩效。最初，人们认为企业效益不好，是因为员工技能不够，所以把企业培训作为解决企业效益问题的“全能”方法。而对培训效果的研究发现，培训并不是解决企业效益问题的“全能”方法，它不能解决诸如员工的动机、企业组织的变化等影响企业效益的重要问题。人们逐渐认识到，“绩效”才是真正的关键所在。如何根据企业“绩效”问题的实际情境，建立并选择包括“培训”在内的解决方案，就形成了“人类绩效技术”。

绩效技术是一种对项目进行选择、分析、设计、开发、实施和评价的过程，它的目的在于以最经济的成本效益影响人类的行为和成就。绩效技术既可用于个体、小型团体，又适用于大型组织机构。这种对问题的诊断、鉴别，以及发现或建立解决问题方案的过程和方法是和教育技术解决教育问题的系统方法一致的，因此，企业绩效技术成为教育技术的系统方法在企业、公司等非教育情景下的一个应用领域。不同的是，绩效技术要利用的知识除了与教和学相关的科学知识之外，还包括一些组织学、企业管理、知识管理、动机理论、企业文化、人力资金等与企业经营相关的理论。

（四）自主学习领域

教育技术总的目的是促进学生的学习。学生自主地、主动地学习是最有成效的学习方式。

教育技术为学生自主学习提供了方便、有利和有效的学习方式和学习条件。随着计算机、网络和现代通信技术在人们生活中的普遍运用，学生的信息能力和信息应用技能普遍提高，各类网络资源和各种教学软件铺天盖地涌现，学习者学习知识、训练技能、探讨问题、继续深造无须受时间和地域的限制，极大地满足了学习者的兴趣和需求。学习者可以自主地选择学习内容和把握学习进度，从而大大提高了学习效率。

作为教师，应充分利用信息技术手段，设计和开发各种教育软件，尽可能地为学生的自主学习营造学习环境和提供学习条件。

第二节 现代教育技术的发展历程及趋势

信息时代的到来，为教育的改革和发展提供了良好的机遇，教育教学领域的观念、理论和方法也随之不断更新，教育技术正是在此背景下产生和发展起来的。教育技术的产生和发展既有全球性，又有本土性。因此学习者需要了解国外与国内的教育技术产生和发展的历程。

一、国外教育技术的发展历程

教育技术在国外已有近百年的历史，名称也几经修改，由于教育和信息技术发展水平的差异，教育技术在不同的国家经历了不同的发展阶段。以美国为代表的发达国家的教育技术，大致经历了以下 4 个发展阶段，如图 1–4 所示。

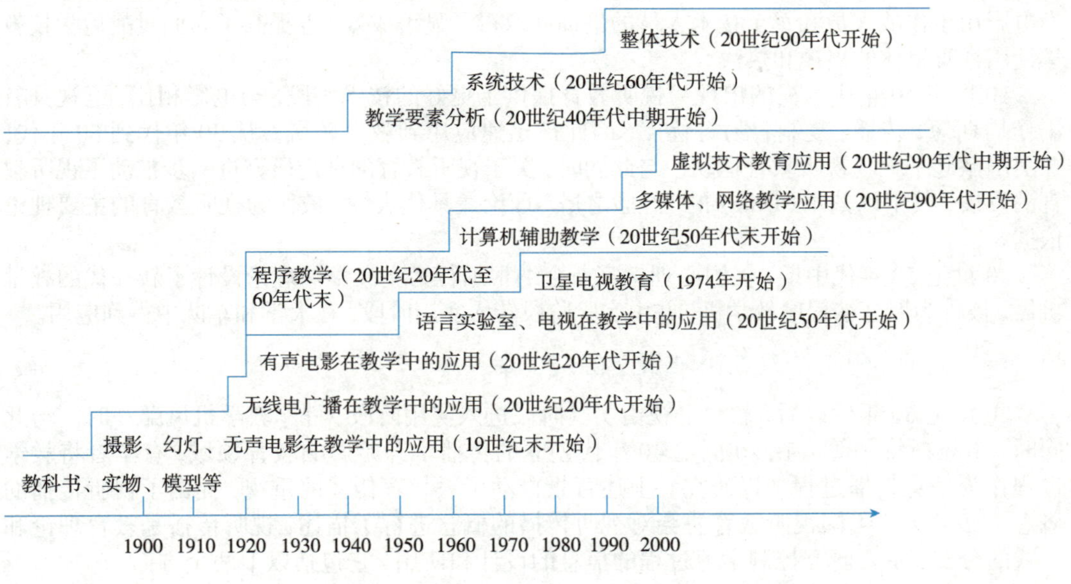

图 1–4 国外教育技术的发展历程

（一）视觉教育阶段（20 世纪初—20 世纪 30 年代）

19 世纪末，科学技术的迅速发展和科技成果引进教育领域，对教育技术的发展产生了深刻的影响。照相、幻灯、无声电影等新媒体相继应用于教学，向学生提供了生动的视觉形象，使教学获得了不同于以往的良好效果。1906 年，美国宾夕法尼亚州一家公司出版了《视觉教育》一书，介绍照片拍摄、制作和使用幻灯片，这是首次使用“视觉教育”术语。随之，越来越多的教育工作者参与对新媒体应用的研究。1913 年，托马斯 · 爱迪生宣布：“不久将在学校中废弃书本……有可能利用电影来教授人类知识的每一个分支。在未来的 10

年里，我们的学校将会得到彻底的改造。”10 年过去了，爱迪生预期的变化没有出现。然而，视觉教育活动有了长足的发展。1923 年，美国教育协会建立了视觉教学分会，视觉教育工作者开始发展他们自己的学说，并把夸美纽斯的《直观教学论》作为视觉教育的理论基础，于 1928 年出版了第一个关于视觉教育的教科书《学校中的视觉教育》，并断言“视觉经验对学习的影响比其他各种经验都强得多”。

1924 年，在美国心理学会的会议上，S.L. 普莱西宣布他设计出了第一台可以教学测验和记分的教学机器。它不仅能呈现视觉材料，还能针对学生的学习情况提供反馈信息，这是教学机器与音像媒体的重要区别。该教学机器用于个别化教学活动，于是产生了早期的个别化教学。

（二）视听教育阶段（20 世纪 30—50 年代）

20 世纪 30 年代后期，无线电广播、有声电影、录音机先后在教学中获得应用，人们开始在文章中使用视听教育的术语。1947 年，美国教育协会视觉教学分会正式改名为视听教育分会。

1931 年 7 月，美国辛克斯公司在华盛顿做了一个电影教学的实验：在儿童看电影的前后，分别用 5 种测验表格考查他们的学习成绩，看电影后比看电影前成绩平均增加 88 分，学生增加知识量 35%。美国哈佛大学在马萨诸塞州 3 个城市中学所进行的实验也证明，用电影教学的学生比不用电影教学的学生成绩提高 20.5%。第二次世界大战期间，美国政府生产工业培训电影 457 部，为军队购买了 5.5 万部电影放映机，花费在影片上的投资达 10 亿美元，将教学电影用于作战人员和军工技术人员的培训并取得了显著成效，也提高了人们对战后学校教学使用视听媒体的兴趣和热情。

20 世纪 50 年代电视的出现为视听教育提供了更好的技术手段，与电影相比，电视具有制作周期短，传播、复制容易等优点，因此被迅速应用到教育领域。从 30 年代到 50 年代，在美国掀起了一场视听教育运动。与此同时，关于视听教育的理论研究进一步推动了视听教育的发展，其中以戴尔（Dale）的“经验之塔”理论最具代表性，被作为视听教育的主要理论依据。

20 世纪 50 年代中期，美国心理学家斯金纳根据行为主义学习理论设计了新一代的教学机器，被称为斯金纳程序教学机，并由实验阶段转入实用阶段，在大学和军队中得到应用。

（三）视听传播阶段（20 世纪 50—60 年代）

20 世纪 60 年代以后，教育电视由实验阶段进入实用阶段，程序教学机风靡一时。与此同时，由拉斯维尔等人在 20 世纪 40 年代创立的传播学开始影响教育领域，有学者将教学过程作为信息传播过程加以研究。上述背景推动了对教育传播的重视，提出了视听传播的概念。1963 年，美国视听教育协会对视听传播的概念进行了描述：视听传播是教育理论和实践的分支，主要研究控制学习过程的信息的设计和使用，它包括以下两个方面。

（1）关于直观和抽象的信息的各自独特的和相互联系的优缺点的研究，这些信息可用于任何目的的学习过程。将教学环境中的人和设施产生的教育信息结构化和系统化。

（2）上述研究涉及计划、制作、选择、管理、运用各种部分和整个结构系统，其目标是有效地运用每一种传播方法和媒体来帮助发展学习者的全部潜能。这时，比“视听媒体”概念更为广泛的“教学资源”概念崭露头角，人们逐渐将关注的焦点从原先的视听教育转到整体的教学传播过程、教学系统方面上来。

（四）教育技术阶段（20 世纪 70 年代至今）

美国教育技术界人士大多认为，教育技术的形成是第二次产业革命时期科学技术的发展对教育影响的结果，并把 20 世纪 20 年代初期美国教育领域内兴起的视觉教学作为教育技术的发端，但直到60年代末教育技术领域才形成并发展为一个专门的教育实践领域。这主要是由于教育技术的形成与3种教学方法（视听教学、程序教学、系统化设计教学）实践的发展有关。它们均在20世纪初开始，先后各自独立的发展，随着人们对技术理解的逐步深刻，到了五六十年代，它们逐渐相互影响和借鉴，至60年代末70年代初融为一体而形成教育技术领域。

20世纪70年代中期，微型计算机问世，计算机教育应用进入新的阶段。1970年，美国教育传播和技术协会（AECT）成立，首次提出教育技术的概念并对其进行了定义。此后，AECT又在1972年、1977年分别对定义进行修改，并在原有的传播理论、行为主义学习理论的基础上，把系统理论作为教育技术的理论基础。随着多媒体计算机、网络技术、远程通信等媒体技术的发展，教育技术的实践进一步深入，使教育技术的内涵不断丰富。上述发展也推动了教育技术理论的研究，并把认知主义学习理论、建构主义学习理论作为其理论基础。

1994年，AECT对教育技术重新进行定义，从而使之更加符合当时信息技术和教育教学的实际，对世界各国教育技术的发展产生了较大的影响。2005年，AECT对教育技术定义进行了修改，再一次受到人们的高度关注。

美国教育技术人才培养以硕士学位研究生为主，少量本科生及博士生学制2～3年。硕士生以学位课程取得学分为主，不做课题，博士生除完成一定的学分外还必须完成研究课题，学制比较灵活，可以修一些学分后工作一段时间再来学习，可以5～7年完成学业。

学习内容主要是教学系统设计及相关内容，重视教育技术94定义的阐述，从学习资源和学习过程的设计、开发、应用、管理和评价5个方面组织课程和开展研究。学生主要是学习、研制网络方面的软件。他们明确表示“我们是培养软件的设计者，而不是培养软件的制作者”。学生来源主要是学校的教师，在具备某一专业知识的条件下培养利用教育技术当好教师的能力，毕业后还回学校工作，学习方式主要是小组协作讨论学习。

二、我国教育技术的发展历程

我国教育技术的产生以20世纪20年代电化教育的出现为标志，当时从国外引进，并以电化教育命名。

【视频】
教育技术学

（一）我国教育技术的发展可分为三个阶段。

1. 我国教育技术的出现与初步发展阶段（1920—1965）

在这一阶段，幻灯、电影、无线电广播、电视在教育中逐步得到应用，学校电化教育与远距离教育有了初步的发展。1949年11月，文化部科技普及局成立了电化教育处，负责领导全国教育技术工作。1949年，北京人民广播电台和上海人民广播电台举办俄语讲座，后又改为俄语广播学校。每年参加学习的学员达5 000人，到1960年，累计招生19万多人。1958年前后，中国掀起了教育改革运动，推动了高等学校和中小学电化教育活动的开展。1960年起，上海、北京、沈阳、哈尔滨、广州等地相继开办电视大学。“文化大革命”期间，电化教育工作处于停顿状态，甚至在倒退。

2. 我国教育技术的重新起步与迅速发展阶段（1978—1996）

1978年春天，邓小平同志在全国教育工作会议上的讲话中指出：“要制订加速发展电视、广播等现代化教育手段的措施，这是多快好省发展教育事业的重要途径，必须引起充分的重视。”1993年2月13日，中共中央、国务院正式印发了《中国教育改革和发展纲要》，文件中明确提出：“积极发展广播电视教育和学校电化教学，推广运用现代化教学手段，要抓好教育卫星电视接收和播放网点的建设，到20世纪末，基本建成全国电教网络，覆盖大多数乡镇和边远地区。”这一阶段，学校电化教育与远距离教育，以及信息技术教育应用和教育软件发展迅猛。到 1995 年，我国的教育软件市场已基本形成，其产品不局限于教育管理软件，也开始向家庭教育、学校课堂教学和社会教育等领域拓展。

3. 面临挑战的发展阶段（1996 年至今）

在这一阶段，信息技术，特别是多媒体和网络技术的飞速发展，引起了全面而深刻的社会变革，同时也对教育提出了新的要求。教育新理念（素质教育、终身教育、学习化社会）的出现、教育信息化的提出、现代网络远程教育的形成等都是教育技术的理论再建设与实践再应用的挑战，同时教育技术在应用中也在不断反思，得到了发展。

（二）我国教育技术学专业的发展

我国在高等学校举办教育技术学专业，是在 20 世纪 30 年代开始的。教育技术专业在 1993 年以前一般叫电化教育；1993 年之后，改为教育技术学专业。

1936 年，江苏省立教育学院创办电影广播专修科，学制两年，这是我国第一个电化教育专业。

1938 年，南京金陵大学理学院设立电影播音专修科，学制两年。

1940 年，前“国立社会教育学院”设立电化教育专科，学制两年。

1948 年，该院专修科改为系，学制 4 年，这是我国第一个本科层次的电教专业。

1952 年，全国高校院系调整，社教学院的电教专业并入北京电影学院。从 1952 年到 1982 年，我国的电化教育专业停办了 30 年。

从 1983 年起，我国高校开始恢复设置电化教育专业。1983 年，西北师范大学等多所高校设立了电化教育专科，学制 2 ~ 3 年。同年，华南师范大学创办了中华人民共和国成立后的第一个电化教育本科专业，学制 4 年。

从 1986 年起，我国开始举办研究生层次的电教专业。北京师范大学、河北大学、华南师范大学最先设立了教育技术学硕士点，学制 3 年。

1993 年，北京师范大学最先设立了教育技术学博士点，学制 3 年。

据不完全统计，到 2012 年底我国有教育技术学博士点招收的高校 14 所，有教育技术学硕士授予权的有 100 多所，有教育技术学本科专业的高校有 300 余所。

教育技术学专业的发展历程如图 1–5 所示。

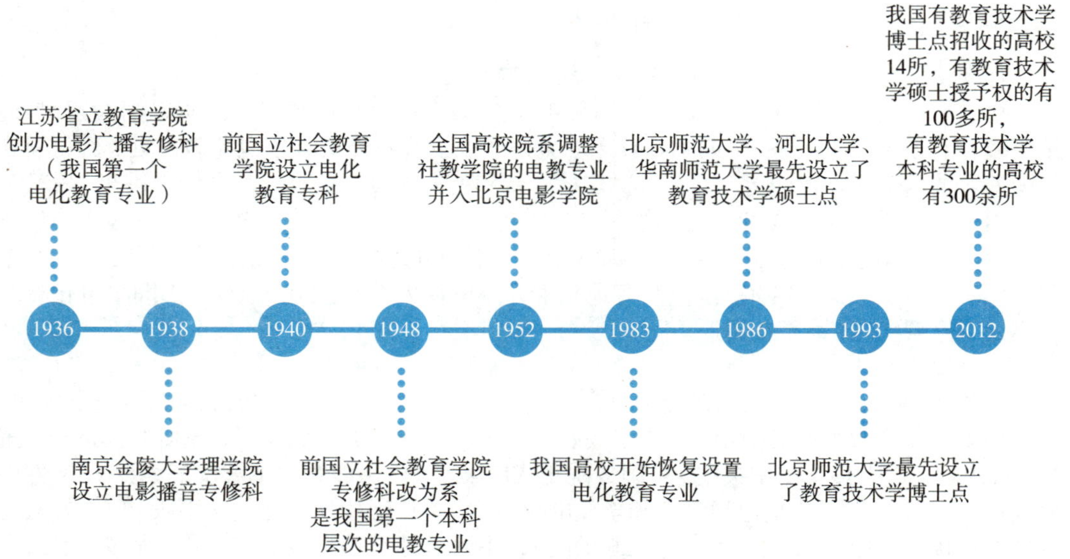

图 1–5　教育技术学专业发展历程

三、现代教育技术的发展趋势

（一）现代教育技术基于技术的发展趋势

随着现代信息与通信技术的飞速发展，许多新的技术应用到教育领域，如多媒体技术、新网络化、虚拟现实技术、卫星通信技术、人工智能技术等，为现代教育技术注入了新的活力。

1. 多媒体技术

多媒体主要指计算机和其他各媒体组成的系统，计算机将文字、图像、图形、音频、视频、动画等媒体综合于自身，同时还与其他媒体进行控制组合，与各媒体互为补充、协同作用，使系统整体功能比各个媒体功能的总和更为强大和丰富有效，实现了人与计算机等媒体的交互。

以计算机为主体的多媒体技术由于具有多重感官刺激、传输信息量大、速度快、传输质量高、应用范围广、使用方便、便于操作、交互性强等优点，成为教育技术的主流技术，并随着相关技术的发展而发展，由于这一技术在教育上的空前广泛应用，必将促进其不断发展与提升，不断整合出现的新兴媒体，朝着方便、简单、智慧型的方向发展。

2. 新网络化

目前教育技术的新网络化趋势主要表现在国际互联网应用的急剧发展和卫星电视网络的飞速发展，随着技术的进步，这两大网络系统将逐步统一融合，形成真正意义的全球信息系统（网）。

互联网作为一种远程网络通信技术的重大革命，它不受时空限制、同步和异步的传输模式、双向交互、信息量大，其具有强大的生命力，得到广泛的应用，已对教育产生了深远的影响。卫星电视进入教学领域以后便得到了迅速的发展，我国目前公共电视网（CATV）在城市中有庞大的用户群，公用电话交换网（PSTN）也走进千家万户，基于这两大网络，以现有大学为依托，具有一定交互能力的适合于远距离教学的网络大学已成现实。而电脑、电视、电话一体化也已成为现实。

3. 虚拟现实技术（VR）

虚拟现实技术是指采用以计算机技术为核心的现代高科技手段生成逼真的视觉、听觉、触觉、味觉、嗅觉等一体化的虚拟环境，用户借助特殊的设备以自然的交互方式与虚拟世界中的物体进行交互，相互影响，从而产生身临其境的感受。

虚拟现实技术主要特征有沉浸性、交互性、想象性。它表现为一种基于视觉、听觉、触觉等新型的交互式人机界面，它可以创造出身临其境、完全真实的学习环境，提高教学效果。这种技术在教育领域，特别是实验教育领域中，有不可替代的、令人鼓舞的前景，AR/VR/MR开始走入学校的实际应用阶段，沉浸式学习环境将带给学生更加美妙的学习体验，我们须高度关注，适时开发。

4. 人工智能技术（AI）

人工智能技术对培养学生创造力和想象力极为有效，为开展素质教育，也为学校的科学管理提供了新的方法与思路。它是信息技术发展的最重要方向之一，现在国际教育技术界重点研究的课题如“个别指导策略与学习者控制”“学生模型建构与错误诊断”等，一定程度上反映了教育技术的发展方向，这些问题需要与人工智能技术有机地结合起来，建构智能或超智能教学系统。

新技术的发展为实验教学赋予了新含义，教育技术相关机构的设置与改革必然随着教育技术的发展而改变。实验教学大量地应用现代科学技术，如人工智能、计算机技术、虚拟技术，产生新型的实验教学模式，使得学生实验的内容与手段更加现代化，有利于拓宽学生的思维领域，提高学生的实验技能。电化教育中心、计算机技术中心与网络系统、各学科教学仪器实验室、其他相关专用教室、教师备课与其他学校管理系统必然会由现代教育技术中心来统一管理与运行。同时，教育技术机构和职能也将随着现代教育技术的发展而不断调整和提升。

（二）现代教育技术应用于教育的发展趋势

教育技术作为理论和实践并重的交叉学科，需要理论指导实践，在实践中进行理论研究。目前，教育技术在教学中的应用研究的热点集中在信息技术与课程整合和网络教育领域，所有这些乃至终身教育体系的建立都强调对学习者学习的支持，即围绕如何促进学习展开所有工作。正因为如此，人们将会越来越重视教育技术的实践性研究。

1. 教师培训

支持学习首先是谁来支持及如何支持，即教师培训问题。世界各国都很重视教师培训。2000 年，美国国际教育技术协会制定了“全体教师的教育技术基本标准”，其中规定了教师应该具备的教育技术基本能力，为了达到该标准需要对教师进行系统的教育技术培训。此外，英国、法国、新加坡、韩国等国家也十分重视对教师的培训。

据调查，我国教育技术发展较快地区尚有 1/3 的教师对教育技术知识不甚了解或根本不知道。调查也显示，教学第一线的教师大部分欢迎教育技术培训，具有较强的学习动机。因此，如何对教师进行教育技术培训，特别是如何实施有效的培训，需要我们教育技术工作者在实践中进行不断的探索。

2. 教学资源建设

在教学资源建设方面，特别是教育软件的设计和应用方面值得我们重视。当前教育软件的应用远远没有达到我们所预期的效果，比较突出的问题有：存在科学性错误、适用性较差、交互性不强、制作欠精细、智能性欠佳等。随着网络技术、智能技术、虚拟现实技术等的不断发展，新一代的以网络为核心的智能教育软件将在教育软件市场占据越来越重要的地位。如何克服教育软件业存在的困难，开发出适合学习者特点和需求的网络教学资源，将成为资源建设中重要的研究任务。

此外，为了使得教育资源能够大范围地共享和交流，网络教育技术标准研究成为近几年的热点问题。2001 年，在教育部的组织下，我国成立了现代远程教育标准化委员会，专门从事网络教育技术标准的制定和推广工作。

3. 学习支持

教育技术在研究与实践中对于学生学习的支持给予了密切的关注，这种支持包括在信息技术背景下特别是网络环境下学生的学习活动、教学组织和教学评价等方面。广大工作在教育一线的教师，能够深切感受到教学中存在的问题，也只有他们才能根据实际情况结合理论知识来解决问题。教育技术工作者应该为广大教师提供各种解决实际教学问题的思路和方法，为学生的学习提供有力的支持。

4. 教育技术应用模式的多样化

不同的国家对教育技术的应用不是同一模式、同一要求，而是根据社会需求和具体条件的不同划分不同的应用层次，采用不同的应用模式。

目前在发达国家，教育技术的应用大体上有以下 4 种模式：基于传统教学媒体（以视听设备为主）的“常规模式”，基于多媒体计算机的“多媒体模式”，基于 Internet 的“网络模式”，基于计算机仿真技术的“虚拟现实模式”。

其中常规模式不论是在发展中国家还是在发达国家，在目前或今后一段时间内，仍然是主要的教育技术的应用模式，尤其是在广大中小学更是如此。在重视“常规模式”的同时，应加速发展“多媒体模式”和“网络模式”，这是现代教育技术发展的方向和未来。而对于“虚拟现实”模式，这是一种最新的教育技术应用模式。但这种模式由于 VR 设备昂贵，目前还只是应用于少数高难度的军事、医疗、模拟训练和一些研究领域，但它有着非常令人鼓舞的美好前景。

5. 编程成为一种专业素养

许多教育工作者认为，编程可以帮助孩子了解计算机的工作原理，通过结构和逻辑来表达自己的想法，进行批判性思考，在数字化的工作环境中取得成功。基础水平的编程素养可以帮助学生建立可迁移的技能。编程还能培养解决问题的能力、协作能力，甚至可以通过与游戏、机器人和动画的互动来培养学生的学习兴趣。

目前编程的门槛非常低，通过使用各种可视化工具，就可以进行编程设计，在教学中教育者会着重培养学生的逻辑思维和兴趣，侧重于引导学生学会思考和探索。

6. 严肃游戏

严肃游戏（Serious Game）是电子游戏的一种，最初被定义为“以应用为目的的游戏”，具体来讲，是指那些以教授知识技巧、提供专业训练和模拟为主要内容的游戏。严肃游戏自 20 世纪 80 年代诞生以来，已经广泛应用于军事、医学、工业、教育、科研、培训等诸多领域。

教育是严肃游戏的一个重要应用领域。电脑专家利用游戏相关技术开发教育软件，让人们在玩游戏的过程中接受教育。Square Enix 公司首席运营官乙部一郎表示，希望借助拓展游戏开发领域，使游戏产业逐步为更广泛的社会群体所认同并成为新的主流媒体。严肃游戏将成为日后游戏产业拓展业务领域的重要手段，同时也能够使这一产业为更多的普通消费者所接受和认可。

7. STEAM 学习兴起

STEAM 代表科学（Science）、技术（Technology）、工程（Engineering）、艺术（Arts）、数学（Mathematics）。STEAM 教育就是集科学、技术、工程、艺术、数学多领域融合的综合教育。

从 2015 年 9 月教育部《关于“十三五”期间全面深入推进教育信息化工作的指导意见（征求意见稿）》首次明确提出 STEAM 教育，到 2014 年以来，浙江、山东、山西、陕西、天津、河南、四川、江苏、重庆等地将 STEAM 教育科目列入教学、考试体系，把“软任务”升级为“硬指标”，成为必修课，同步辅助应试教育的“K12+”教育新赛道诞生。

第三节　现代教育技术对教育教学的影响

一、现代教育技术对学校的影响

（一）提高了教学管理水平

在现代信息技术没有进校园以前，学校的日常教学管理工作基本都是纸质化的。随着现代教育技术和管理系统的逐步使用，学校的教学管理效率大幅度提升，这让教师从繁重的教学管理工作中解放出来，能够有效地利用课余时间、空间和教学媒体来安排教学活动，从而有效地提高了教学管理效率和水平。

【视频】
互联网技术

（二）提升了课堂教学效率

信息技术作为一种新型的教学媒体，它促使传统课堂教学向信息化教学转变。对教师而言，使用信息技术，不仅拓展了课堂教学内容的深度和广度，也可以辅助学生开展课堂练习；对学生而言，信息技术应用于课堂教学，激发了学习兴趣，使学习内容变得生动形象、易于理解，同时也提高了学生独立解决问题的能力。

（三）促进了校园文化生活的多样化发展

在课外活动期间，学校通过校园广播系统播放国学经典篇章，营造了浓厚的学习氛围，从而使学生能够了解传统文化，并在优秀传统人文经典的熏陶下健康成长。校园电子阅览室的开放，可以让学生在课余时间充分利用现代互联网络进行学习和交流，这不仅丰富了他们自己的知识宝库，同时也实现了与其他地区学生的沟通，从而促进彼此共同发展。

（四）学校办学模式将更加开放

借助网络通信技术，开放的、没有“围墙”的学校将得到大力发展，跨学科、跨专业、跨国界的学习变得非常容易。目前，世界各国都在借助互联网技术、虚拟现实技术大力发展开放式办学，为人们适应社会提供再学习再培训的环境。我国的远程教育也正在蓬勃兴起。信息技术的飞速发展，为信息社会构建终身学习体系提供了强大的技术支持。

二、现代教育技术对教师的影响

现代教育技术的应用，无疑会为教师提供许多便利。几十、几百年来，教育一直是一个劳动密集型的产业。在各个国家、各个地区，教育都是最大的产业。现代教育技术进入教育领域，可以极大地提高教师的劳动生产率。教师可以选择自己最满意的技术手段来达到最佳的效果。现代化的教育技术使教师的工作不再千篇一律、周而复始，可以使教学工作被动性、单调性减少，主动性和创造性增加，可以使教学的趣味性增加，使学生保持高度的注意力和旺盛的学习劲头。

现代化的教育技术使教师不再忙于大量的无休止的事务性的工作，运用计算机来管理教学，其效率之高和误差之小，是传统的管理手段所无法比拟的。例如，期末考试的出题、打印、校对、印刷等历来是学校头疼的事，有了计算机的题库管理，便可迎刃而解。

教师利用现代化的教育技术，可以为自身学习和提高带来很多方便。教师通过各种教学资源自学就可以学完许多新的课程。计算机网络和信息资料库，使教师不再受学校或地方图书馆的限制。一些过去无法开设的课程，也因为教学软件的普及而变得易如反掌，例如，通过 VR/AR 技术表现地球自转与四季变化的过程等。

当然，由于现代化教育技术的不断运用，也必然使教师面临一些新的挑战。许多新的教学模式中，教师不再是传统的中心人物，学生开始成为中心。这个作用的转变，要求教师发挥与传统作用不同的新作用。教师必须学会选择和开发新课件，否则，在多种媒体的综合利用中，他们只能是被动的追随者。教师必须学会当一个群体的组织者、学生自学的咨询者和学生智力交流的协调者，否则，他们将无法满足学生的学习需求。

面对新的教育技术，教师的智能结构必须增加新的东西。他们必须在学习传统的教育学、心理学的同时，再学习和教育技术有关的硬件和软件知识，学会使用计算机，学会自编简单的程序。

三、现代教育技术对学生的影响

学生是学习活动的主体，教师应让学生成为学习的主人，学生有权成为学习活动的主人。像这样一些有关学生在教学过程中有关地位的论述，早就成为广大教育工作者的共识，但学生能否真正成为学习活动的主人，并不取决于教育者的良好愿望。事实上，在传统的教育技术条件下，学生很少能成为学习的主人，往往是教师怎样教、学生就怎样学，教师教多少、学生就学多少。学生缺乏应有的学习主动性和积极性，也丧失了应有的创造性。

但是，现代教育技术，特别是电子计算机一旦成为学生的“智能老师”，学生就可以根据自己的愿望来安排自己的学习，把以教师为中心的教学模式变为学生自定步调的学习模式。面对电视、录像、电子计算机等新来的“老师”，他们不再局促不安，不再担心“老师”会累。

学生可以任意调节"老师"的教学进度，随时可以要求"老师"重来一遍。学生的自尊心得到保护。他们可以从自己不断取得的进步中，体会到学习的成功，从而增强了自信心，提高了学习的积极性。

在电子计算机等"老师"面前，学生可以从容不迫地学习，充分发挥学习的积极性和主动性，而且可以不受时间、空间的限制，自由地安排学习。

在新来的"智能老师"面前，学生必须改变被动地接收信息，等待"填食物""灌输"的学习方式，而变成一个积极的参与者。学生必须在众多的利用计算机学习的系统中，学会充分发挥自己的作用，努力成为与教师同等地位的计算机网络成员、数据库用户、课件的开发者与创造者。

当然，在计算机、电视机、录像机等以其生动、形象而吸引众多学生的同时，也不可避免地引发一些新的问题。许多长期与电子计算机打交道的学生中，会出现视力下降、急躁，与教师和家长感情疏远，自私，孤僻、语言能力和社会交往能力下降等问题。因此，不管是何种先进的现代化教学手段，都必然存在教师如何去科学引导学生的问题。任何先进的教学手段，都不可能完全代替教师的言传身教。教师的感化和陶冶作用，是任何先进的教学手段都无法替代的。

四、现代教育技术对教学模式、教学内容、教学方法的影响

（一）现代教育技术对教学模式的影响

1. 教学资源的多方面和全方位

不仅能够拓宽教师备课资源的范围，更能为教学多媒体课程设计提供多样的选择，同时使得教师与学生、学生与学生、学生与机器之间的互动更加频繁和直接，增强了教学的实践性和操作性。其好处在于使得资源全球化，加强了全球教育资源的融合，扩大了学习者和教师的共享范围，同时使得教材朝着多媒体化的趋势发展，使教学内容更生动、形象、立体，此外，在很大程度上增强了学生的学习兴趣，提高了学生的学习积极性。

2. 教学的多层次

能更细致地对不同层次学生根据不同培养方向进行相应的能力教育，通过任务型教学来实现对多个学习者在一个任务中担任不同的角色，再对任务进行共同的分析、探讨和实践操作，以培养不同岗位上学习者不同的处理能力，以此让不同层次的学生能在任务中发挥具有个性独立的作用，从而掌握相应的知识技能。

3. 学习模式的自主化

自主化学习强调调动学生的主观能动性进行学习。在这种模式下，教师负责设计教学任务，并指导学生利用一切网络学习资源对任务进行探索研究，并通过学生之间的协作来寻找解决问题的方法，在学生发现问题、分析问题和解决问题的过程中提高他们的学习能力。

4. 教学管理的自动化

教学管理是指教师从教学到检查的一系列过程。在现代教学技术环境下，教师的管理模式可利用计算机和网络技术实现自动化，这不仅能够提高管理效率，还能够改变传统的纸质化教学模式，减少资源的浪费。通过自动化管理，教师可以在检测上节约大量时间，这减轻了教师的非教学工作，有利于教师潜心研究教学和教材，提高教学质量。

5. 教学环境的虚拟化

对虚拟化技术的应用进行分析，能够更好地构建完善的教学环境。而良好的教学环境有利于教师与学生之间进行沟通，从而提高教学质量，完成学校实验教学的目的，提升实验教学效果。

（二）现代教育技术对教学内容的影响

课程问题在任何一个教育体系中都居于中心地位。因为教育目的必须依靠一定的内容安排来实现和体现，教学方法、教学组织形式等都是由内容决定、为内容服务的；教学的质量、水平和评价标准，主要看教学内容及实现得怎样。迄今为止，特别是在我国，传统的、占优势的还是学科课程。学科课程使相同或相近的科技领域的基础知识连贯起来，有利于完成文化的传递任务，所授知识具有完整性、系统性和严密性，便于教师教学和发挥主导作用。但是，学科课程具有其自身的局限性，课程内容往往与学生的生活实践相脱离，忽视学生学习的兴趣，的全面发展及在学习中的能动作用。

利用计算机等现代教育技术可以把现实世界与未来世界中的各种情况，用生动、逼真的形式再现出来。这对于学生兴趣的培养、学习动机的激发必将产生巨大的作用。

利用现代教育技术，可以创造出适合学生个别差异的各种课件，各种新的知识也会迅速反映到教学内容中来，教学内容滞后与时代发展的矛盾将得到解决，课程设计也不再仅关心将一些现成的结论教给学生，而会把更多精力放在如何让学生获得知识这个方向上。现代教育技术的广泛应用，还使一些过去无法开设的课程或无法普遍开设的课程有了开设的可能和普及的条件。各种模拟技术，可以使学生产生身临其境的感受。

（三）现代教育技术对教学方法的影响

1. 现代教育技术增强了教学方法的灵活性

当前教学方法的改革已不是停留在哪一些或哪一种方法的精益求精上，而是越来越倾向于多种方法、多种手段的灵活结合，倾向于综合性方法的完善与运用，倾向于探讨不同情景下不同方法，的匹配。在一个课程的整个教学活动中，教师可以根据教学内容合理地运用多媒体的演示功能和传统的讲授法、实验法，将教师讲解、计算机演示和学生操作灵活结合起来，发挥各自的优势，以取得最佳的教学效果。对于不同课程来说，教师也可以根据课程的性质和教学内容的需要灵活选择教学方法。

2. 现代教育技术增强了高校教学方法的有效性

（1）增强了师生的认识能力

多样化的教学媒体和现代化教学手段使师生的感知器官得以延伸，起到了加强和完善各种教学方法的作用。过去的教学方法难以或不可能传递和接受的教学信息在教学过程中得以顺利传递和接受。例如：采用计算机辅助教学能够模拟一些危险的教学实验，如爆炸、辐射、原子反应、细菌活动等；还有一些特殊训练，如疑难外科病疫的手术、太空飞行器的操纵等，也能通过计算机和电视模拟教学达到目的；网络技术的运用，可以使不同国家不同地区的教师和学生相互传递信息，甚至在网上进行研讨。

（2）增强了学生的自学能力

首先，学生的学习方法发生了巨大变化。以计算机技术和网络技术为核心的现代教学媒体和教学手段对学生的学习来说具有较强的自主训练价值，这在一定程度上减轻了教师对学生进行训练的工作量，减少了学生对于教师教学的依赖性，学生利用网络或多媒体教育软件自主学习的机会增多，其自学能力也会相应提升。其次，由于人工智能技术、模拟技术、虚拟现实技术和网络技术等在教学中的应用，使得学生获取知识的渠道增多，学到了许多过去无法学到的知识，如利用计算机模拟技术，学生可以在模拟的飞行舱里学习驾驶飞机和其他飞行器；通过虚拟现实技术，学生可以“身临其境”地感受登上月球的情况；把电视和网络结合起来，学生可以参加远距离学校的辩论会和讨论学习。

综上所述，现代教育技术目前已在越来越多的学校教学中得到了广泛应用，随着科技的不断发展，内容将不断更新，其必将注入各大学校教学方法中。经实践证明，教育技术的改进及多样化给教师教学、学生学习都带来了深远影响。因此，我们必须明确现代教育技术在教学方法改革中的定位及影响，提高认识，加大投入，把运用现代教育技术推进学校的教学方法改革的工作推向一个新的高度。

第四节　现代教育技术的理论基础

现代教育技术，是指运用现代教育理论和现代信息技术，通过对教与学的过程和资源的设计、开发、利用、管理和评价，以实现教学优化的理论和实践。它综合了多门相关学科理论，本部分将着重介绍对现代教育技术发展影响较大的理论，如视听教学理论、教育传播理论、系统科学理论、学习科学理论、学习理论与教学理论等。

一、视听教学理论

教育技术发展到视听教育阶段，视听教学理论成为当时的主要理论基础。视听觉是人类获取信息的主要感觉通道。现代化教育媒体的运用是现代教育技术的重要特征之一，而这些现代化教育媒体，从本质上看绝大多数都是人类视听觉器官的延伸。视听规律的运用是现代教育技术教学效果最优化的重要保证。视听教学理论指出了各种视听教学媒体在教学中的地位与作用，也是教育技术必须遵循的重要规律。

1946 年，美国教育技术专家戴尔（E.Dale）在他的《视听教学法》一书中，研究了录音、广播等视听教学手段如何应用于教学，会产生怎样的教学效果等一系列问题，总结了视听教学方法，提出了视听教学理论——“经验之塔”理论。戴尔把人类获取知识的各种途径和方法分为三大类（抽象的经验、观察的经验和做的经验），并按抽象程度分为 10 个层次，如图 1–6 所示。

图 1–6　戴尔“经验之塔”

“经验之塔”的理论要点如下。

（1）塔的经验分布。塔的最底层的经验最具体，越往上升则越抽象。但不是说，求取任何经验，都必须经过从底层到顶层的阶梯，也不是说底下的经验比上层的经验更有用。划分阶层只是为了说明各种经验的具体或抽象的程度。

（2）学习方法。教育应从具体经验入手，逐步过渡到抽象，这是较有效的学习方法。

（3）教育升华。教育、教学不能止于具体经验，而要将抽象和普遍发展上升到理论，发展思维形成概念。

（4）替代经验。位于“塔”的中间部位的那些视听教材和视听经验是替代的经验，它比上层的言语和视觉符号具体、形象，又能突破时间和空间的限制，弥补下层各种直接经验方式的不足，且易于培养学生的观察能力。

（5）形成科学的抽象。在学校中，应用各种教育媒体，使教学更为具体、直观，也能为抽象概括创造条件，从而形成科学的抽象。

“经验之塔”理论所阐述的是经验抽象程度的关系，符合人们认识事物由具体到抽象、由感性到理性、由个别到一般的认识规律；而位于塔的中部的广播、录音、照片、幻灯、电影、电视等介于做的经验与抽象经验之间，既能为学生学习提供必要的感性材料，容易理解、容易记忆，又便于借助于解说或教师的提示、概括、总结，从具体的画面上升到抽象的概念、定理，形成规律，是有效的学习手段。因此，它不仅是视听教育理论的基础，也是现代教育技术的重要理论之一。

二、学习理论

学习是人类凭借经验产生的较为持久的行为变化。学习理论在现代教育技术理论基础体系中处于核心地位，是指导人类怎样学习的理论，旨在阐明人们的行为变化怎样产生，并揭示学习过程依据心理、生理机制的规律而形成的理论，是教育技术的理论基石，它对现代教育技术的产生、发展和应用具有重要的指导意义。

（一）行为主义学习理论

1. 行为主义学习理论基本观点

行为主义在20世纪初兴起于美国。行为主义是一个总的名称，在此之下有很多不同观点的理论。在此主要探讨行为主义学派中重要的、对教育影响较大的几个代表人物，分别是华生（学习的刺激—反应学说）、桑代克（学习的联结说）、斯金纳（操作性条件反射说）。行为主义理论的共同之处是，将学习看作刺激与反应之间建立起新联结的过程。但是对于刺激与反应之间的关系是如何建立的，过程中会受到哪些因素的影响，这几种理论的观点是有所不同的。

【视频】
行为主义
学习理论

在20世纪初，美国心理学家华生采用巴甫洛夫的经典性条件反射，不但用来解释动物的学习行为，也用此来解释人的学习行为，甚至扩展到揭示人性。华生认为，人的一切行为，其构成的基本要素是反应，一切的行为表现只是多种反应的组合。在这些反应中，大部分是个体在适应环境，与环境中的各种刺激发生关系。只要了解环境刺激与个体的关系，就可以设计并控制刺激，通过条件作用方法，建立起所需要的反应，即人的学习是塑造行为的过程，环境决定了一个人的行为模式。

桑代克是第一个根据动物行为实验研究而建立学习理论的教育心理学家。他认为学习是个体在刺激情景中表现反应时所产生的“刺激—反应”联结，个体所学到的就是一连串刺激反应联结的组成，每一个联结都经历了先是错误的反应多于正确的反应，而后逐渐正确反应多于错误反应，最后全部为正确反应的过程。桑代克在实验过程中总结出了影响刺激与反应联结能否建立的三大原理，分别是准备律、练习律和效果律。

斯金纳是行为主义后期对学习心理学影响最大的心理学家，他继承了华生的强调科学、客观、控制、预测等行为主义心理学的传统，采取其根据动物实验建立刺激反应联结学习理论的研究方法，并参照了桑代克的“试误”学习原理及效果律等建立了他独具特点的操作性条件反射学习理论，进一步将行为主义学习理论推向了高峰。其次，他提出了程序教学的概念，并且总结了一系列的教学原则，如小步调教学原则、强化学习原则、及时反馈原则等，形成了程序教学理论。

2. 行为主义学习理论的影响

行为主义学习理论在20世纪50年代至70年代曾经风行一时，它用“刺激—反应—强化”来解释学习的整个过程，认为学习的起因是对外部刺激的反应，学习与内部心理过程无关。这种观点把人类的学习过程归结为被动地接收外部刺激的过程，教师的任务只是向学习者传递知识，学习者的任务则是接受和消化相关知识。这种理论在许多技能性训练、作业操练、行为矫正中确实有明显的作用，对早期教育技术的产生和发展产生了很大的影响，但是，行为主义学习理论在研究中不考虑人们的意识问题，只是强调行为，把人的所有思维都看作由“刺激—反应”间的联结形成的。这就引起了认知主义理论学派的不满，从而导致了认知主义学习理论的发展。

（二）认知主义学习理论

20世纪50年代以后，随着布鲁纳、奥苏贝尔等一批认知心理学家的大量创造性的工作，使学习理论的研究又进入了一个辉煌时期。

1. 布鲁纳的认知—发现说

布鲁纳是美国当代认知学习理论的代表人物，他的理论又被称为发现学习理论。他认为学习的实质是主动形成认知结构，学习是学生主动地通过感知、领会和推理，促进类目及其编码系统的形成，学习包括3个几乎同时发生的过程：获得、转化和评价。教学的主要目的在于让学生参与建立该学科的知识结构，应该培养学生具有探索情景，提出假设，推测关系，应用自己的能力解决新问题，发现新事物的态度。

2. 奥苏贝尔的有意义接受说

奥苏贝尔是美国当代著名的教育心理学家，他主张学生的学习应该是有意义的接受学习。为了促进有意义学习的产生，奥苏贝尔提出了先行组织者策略。所谓先行组织者，是先于学习任务本身呈现的一种引导性材料。先行组织者的主要功能是在学生进行有意义的学习之前，在新旧知识之间架起一座桥梁，为新知识的学习奠定基础和认知框架。

认知主义学习理论的主要贡献在于重视人在学习活动中的主体价值，充分肯定了学习者的主观能动性和创造性，强调认知、意义理解、独立思考、准备状态等在学习过程中的重要性。布鲁纳强调，在教学过程中，教师要尽量设计各种方法，创设有利于学生发现、探究的学习情境，使学习成为一个积极主动的“索取”过程，从而充分调动学生自我探究、猜测、发现的积极性；奥苏贝尔则强调有意义的接受学习。在课堂教学中，影响意义接受学习的主要因素是学生的认知结构。

认知学习理论的不足之处在于没有揭示学习过程的心理，强调了智力因素，却忽视了非智力因素。

（三）人本主义学习理论

人本主义心理学是20世纪60年代在美国兴起的新的心理学思潮，它不像行为主义和认知心理学那样，从验证性研究中得到原则后提出结论，而多半是根据经验原则所提出的观点与建议。它强调学习过程中人的主观因素，尊重人的价值和主观能动性，其具体反映在自由学习理论和以学生为中心的教学观的思想之中。其中较有代表性的是罗杰斯的自由学习观。

罗杰斯将学习分为无意义学习和有意义学习两大类。罗杰斯提倡意义学习，意义学习就是以人的自主学习潜能的发挥为基础，以学会自由和自我实现为目的，以自主选择的自认为有生活或者实践意义的知识经验为内容，以“自我—主动学习”为特征，以毫无外界压力为条件的完全自主的、自由的学习，即以学习者为中心的自由学习成为罗杰斯一贯倡导的有效学习原则。

在过去的很长一段时间，各派的心理学家都认为自己的理论抓住了学习的本质，可以解释一切学习现象。然而实践表明，人类的学习现象是十分复杂的，用某一个学习理论来解释是根本不可能的。各种学习理论对学习的界定实际上是从不同角度对学习进行研究，它们都揭示了学习规律的某一个方面，使我们对学习的本质和过程有更加全面和深刻的认识。

（四）建构主义学习理论

建构主义是学习理论由行为主义发展到认知主义以后的进一步发展，它可以追溯到康德对理性主义与经验主义的综合。康德认为主体不能直接通向外部世界，而只能通过内部建构的基本的认知原则去组织经验，从而发展知识。目前，一般认为建构主义学习理论是皮亚杰、布鲁纳和维果茨基理论的综合发展。下面将对建构主义学习理论的主要内容做一些简单的介绍。

美国著名的认知建构主义心理学家维特罗克在 1983 年提出了一个“人类学习的生成过程模型”，这个模型比较集中、全面地反映了当代认知建构主义学习理论核心思想，对我们深入了解人类学习过程具有重要的指导意义。在维特罗克的模型中，学习过程是学习者根据自己的态度、需要、兴趣和爱好及认知策略对当前环境中的信息产生选择性注意，从而获得新知识新经验的过程。这个学习过程包括以下几个步骤。

（1）学习者长时记忆中的影响知觉和注意的内容，即态度、需要、兴趣等，以及用特殊方式加工信息的倾向进入短时记忆。

（2）由这些内容和倾向形成个体的学习动机，有了动机就使得个体对当前环境产生选择性注意，从而选择所关心的感觉信息。

（3）为了达到对选择性信息的理解，需要进一步建构该信息的意义，确立起与原有知识结构的联系。

（4）达到对新的信息意义的理解后，将这种意义从短时记忆加入长时记忆当中，以同化或者重构知识结构，从而促进知识的增长。

从整体来看，虽然建构主义本身存在着不同的派别，但是大多数的建构主义学者对学习的认识还是有以下几点共识。

（1）以学习者为中心，学习者是学习的主动建构者。知识的传递者不仅肩负着“传”的使命，还肩负着调动学习者积极性的使命。

（2）学习是一种建构的过程。学习过程同时包括两方面的建构，既包括对旧知识的改组和重构，又包括对新信息的意义建构。学习既是一个个别化行为又是一个社会化行为，学习需要交流与合作。

（3）学习既是个别化行为，又是一种社会行为，学习的过程需要交流与合作。

（4）强调资源对意义建构的重要性。

（5）强调学习的情境性，重视教学过程对情境的创设。

学习发生的最佳情境不应是简单抽象的，相反，只有在真实世界的情境中才能使学习变得更为有效。学习的目的不仅仅是要让学生懂得某些知识，而且要让学生能真正运用所学知识去解决现实世界中的问题。

在一些真实世界的情境中，学习者的知识结构怎样发挥作用、学习者如何运用自身的知识结构进行思维，是衡量学习是否成功的关键。如果学生在学校教学中对知识记得很“熟”，却不能用它来解决现实生活中的某些具体问题，这种学习应该说是不成功的。

三、教学理论

（一）夸美纽斯的自然教学理论

夸美纽斯是近代西方重要的教育学家。他在其著作《大教学论》中提出了一个原则体系，其总的原则是教育应当适应自然。他认为自然界是有秩序和规律的，人是自然界当中的一部分，人的发展和人的教育也应当受到这一秩序和规律的支配。教学的严禁秩序应当以自然为借鉴，在这个总的原则下，夸美纽斯提出了4个原则教与学的有效性原则，教与学的便利性原则，教与学的彻底性原则，教学的简明性与迅捷性原则。除此之外，还有班级教学及学生之间的互教互学等。

（二）布鲁纳的“结构—发现”教学理论

20世纪50年代，美国心理学家布鲁纳（Bruner）提出了“结构—发现”教学理论。他强调对学科基本结构的学习。他认为，无论什么学科，务必使学生理解学科的基本结构，即概括化的基本原理或思想，也就是要求学生以有意义地联系起来的方式去理解事物的结构。他还提倡发现教学法，他认为，发现是学生掌握知识的最佳方式，能够培养学生的抽象思维能力，发挥学生的智慧和潜力，促使外部动机向内部动机转化，学会探究学习方法，亲自去发现所学的知识和规律。

（三）加涅的认知策略理论

关于教学目标，加涅要求学校的每一门学科都要按照5种学习结果指定具体的教学目标，并且加涅明确提出，应该把认知策略作为教学的一个重要目标，这是对教学目标理论的重大发展。他把完整的教学过程划分为9个阶段：引起注意、告知目标、提示回忆原有知识、呈现教材、提供学习指导、引出作业、提出反馈、评估作业和促进保持与迁移，以此来提高学生认知，尽快使学生能够自学。

（四）布卢姆的教学理论——教育目标分类和掌握学习理论

美国芝加哥大学教授布卢姆最早提出将学生学习行为作为教育目标并对教育目标加以分类研究。他为此还成立了一个专门的委员会，推出认知、情意和技能3个领域的教育目标。其中，关于认知领域的教育目标分为知识、理解、应用、分析、综合和评价6个层次，形成一个由简到繁的过程。

掌握学习是反映布卢姆的教学观的重要理论，它是建立在人人都能学习的这一基础之上的。他的核心观点可以归结为两点：第一，任何一个学生只要有充分的时间学习，就能完成任何学习课题，并不是只有能力强的人才能完成高级的学习课题；第二，在现实中出现的学习达成度的差异，是由于该生所需的时间量与实际耗费的学习时间的差异所导致的。

布卢姆经过研究发展了卡罗尔的模式，并且提出了决定教学效果的3个主要变量：第一，认知的前提能力（Cognitive Entry Behavior），即学生掌握新的学习任务所必需的基础知识的能力程度；第二，情感的前提特性（Affective Entry Characteristics），即学习者参与学习过程的动机作用的程度；第三，教学的质量（Quality of Instruction），即教师教学适合学生的程度。布卢姆认为这3个变量对学习达成度的影响作用，分别占50%，25%，25%。

四、教育传播理论

人类自从有了语言和文字就开始有了传播活动，传播一词译自英语Communication，它主要是指信息的交流活动。广义的信息交流存在于生物与非生物的各种系统之中。通常所讲的传播是指人类社会普遍存在的、为了共享信息、相互影响而进行的一种信息交流的活动和过程。

教学过程其实也是教学信息的传播过程，在教育技术学研究中，传播理论可以帮助我们分析和研究教学传播过程中涉及的要素、教学传播的基本阶段及其教学传播的规律，因此传播理论是教育技术的重要理论基础，主要有以下相关理论。

（一）教育传播学理论的定义和特点

教育传播就是教师按照教学目标选定教学内容，通过各种传播媒体，向特定的教学对象传播知识，培养其技能，帮助他们形成优良品质和个性的传播过程。教育传播的原理、模式与一般的传播是具有共性的，但是由于教育传播研究的是教育者、现代教育媒介、信息、学习者这几大要素相互作用的现象、关系及其规律，具有不同于一般传播的鲜明个性，主要表现在以下几个方面。

（1）传播者与受播者的特殊性。传播者是特定的教育者或社会教育组织，而受播者也是特定的具有学习目的的各类学习者。

（2）信息的特殊性。它传播的是教育信息，是反映作为教育内容的客观事物的变化和特征的符号；同时，作为教育内容转换为教育信息时（即编码）所采用的方法，组织形式也具有其自身的特殊性。

（3）媒介的特殊性。在媒介的选择、使用和操作上也是有自身规律的。

（4）目的的特殊性。教育传播是实现较好的教学或学习效果，而其他的传播则不同，如娱乐。

（二）教育传播的一般过程

教育技术工作者就是要研究教育信息传播过程中，教育者（传播者）、媒介和学习者（受传者）三者间相互作用的方式、现象、相互关系和规律，从而应用于教学实践，达到教学最优化。下面根据“香农—韦伯”传播模型来详细介绍教育传播的一般过程。

（1）信源。处于指导地位的教师或其他教育机构，传播者在传播过程中的心理状态、兴趣、需要、情绪、传播的信息技巧、个人经验、个人魅力、态度及社会文化标准等都会影响到其所传播的信息的意义。

（2）信宿。处于学习主体地位的学习者，是信息的解释者。其实，教育传播的意义不在信息之中，而在接收者身上，因为传播者是信息的来源，接收者是意义的来源。

（3）编码。是指教育教学信息的组成方式和表现形式。这里说的信息就是教学内容。

（4）信道。媒体就是连接传播信息者和接收者双方的“通道”，教育者必须考虑用哪种方式比较容易使信息接收者的知识及信息的性质有一个清醒的估计和认识。

（5）译码。是指学习者对教育者传播过来的信息进行处理，信息转换为学习内容的过程和方法。

（6）干扰。即噪音，指在教育信息传播过程中对学习者获得信息产生不良影响和不良作用的因素。在实际的教学传播过程中，噪音总是客观存在的，我们的目的是最大程度地降低它的干扰。

（7）前馈与反馈。前馈就是在信息未到达信宿之前，发出控制信息，以纠正即将发生和已经发生的偏差，将传播系统调整到最佳状态，保证教学目标的实现；反馈是指信宿获得信息后，将获得信息的质量、信宿对信息传播媒介的态度及对传递方式的态度及时通知信源，使信源能够及时地调整教学程序、改变教学方法，以保证教学目标的实现。

（三）现代教育技术与教育传播

在教育传播活动中，不论是知识与技能的传与授，还是思想情感的交流与沟通，都涉及以下几个方面：在什么环境下，教育者为了什么目的，将信息以什么符号和序列，通过什么途径和媒体传送给学习者，在他身上产生了什么样的影响，怎样才能取得更好的效率，等等，这些方面与教育技术所研究的要素和领域都有千丝万缕的联系。因此我们可以将教育传播的理论与成果应用于教育技术的各个实践领域，比如传统的课堂视听教育（如幻灯、投影等），计算机辅助教学，有线电视教学，网络教育等。

可见，教育传播为教育技术的研究与应用提供了一个系统的、整体的传播模式，而且有关教育传播的研究也为教育技术理论向纵深发展开拓了一种途径，即可用传播学的角度与方法来研究教育现象，也就是“多维视野”。教育传播的发展将继续推动教育技术的发展和进步。

五、系统科学理论

（一）系统科学

系统科学理论是系统论、信息论、控制论的统称，是可用于所有学科领域的普遍的科学方法。系统科学是研究一切系统的原理、模式和规律的横断学科，它为当代科学技术的发展提供了新思路、新方法，把教育技术的研究带入了一个崭新的时代，并把教育系统设计引入20世纪的研究热潮之中。系统理论为现代教育技术提供了重要的理论基础和研究方法。

【视频】
系统科学

（二）系统科学的基本原理

1. 系统论

系统观点认为，系统是现实世界中一种最普遍的现象，无论是自然界、人类社会还是思维领域都具有系统的特征。系统的触角遍及有形的世界和无形的世界的方方面面，可以说是无处不在。

在此基础之上，系统观点要求我们在认识事物时，将其看作各要素之间及要素与整体之间相互联系、相互作用的矛盾统一体，并通过要素的组合达到整体的质的飞跃。要素的组合可能形成三种不同的结果，即整体的功能大于部分功能之和，整体的功能小于部分功能之和，整体具有各部分都不具备的新功能。系统的这种特性要求我们在考察系统的因果关系时，应借助于理性分析和系统工程的方法，而不是靠直观判断。同时，在构造和调整系统时，应通过合理的组织获得新特质和更大的功能，这为系统问题的研究提供了广阔的空间。

2. 层次论

层次观点是指，作为整体的系统是由不同层次结构组成的。系统内部各要素以一定的方式分层次进行有机的结合，而不是杂乱的堆积。系统层次的划分可以依据各种结构形式，如机械结构、物理结构、化学结构、生物结构、社会结构、思维结构等。需要特别指出，对系统层次观点的理解应是辩证的。首先，系统的层次结构是无限的，层次的划分也是相对的；其次，从功能上看，上层系统的结构层次对下层系统的结构层次具有重大的制约作用，而下层系统的结构作为前者的基础，对上层系统积极地进行着反作用。

可见，层次观点把复杂的客体系统和精神系统按照系统各要素的联系方式、系统运动的规律或人类认识的尺度进行了划分，从而为正确了解和阐明系统内部结构提供了方便。

3. 信息论

信息论是关于各种系统中信息的计量、传递、变换、存储和使用规律的科学。

教学过程的实质就是教育信息传递、变换和反馈的过程，因此教师的备课实际上就是将教育信息的存储状态进行重新组织、变换，同时设计以适当的表述方法和顺序传递给学生。在传递过程中，一方面，教师要运用反馈原理，不断地从学生的及时反馈和延时反馈信息中获得调节和控制的依据，从而发现问题，改进教法，优化教学效果；另一方面，学生也可以从教师处获得反馈评价，找到自己在学习中的问题，从而改进自己的学习方法，提高学习能力。

根据教育信息论的观点，教育活动是双向的，既向学生传输信息，也从学生处获得反馈信息，并给学生以反馈评价，同时强调媒体在信息传递和变换中的作用。

（三）系统科学理论的基本特征

综合考察系统理论的主要观点，不难发现系统理论所具有的特征，即整体性、综合性、有序性、动态性和最优化。

第一，整体性。系统理论认为，世界上一切事物都是由各要素组成的有机整体，它反对把整体归结和简化为各个组成部分的观点，反对用各孤立部分的简单加和去说明整体的观点，主张从组成部分之间的相互关系去把握整体。

第二，综合性。系统理论指出，系统诸要素之间存在着不可忽视的相互作用，所以在研究系统时必须将各要素综合起来，全面地加以研究。它主张分析与综合的有机结合，强调从整体综合处理和解决问题。

第三，有序性。系统论认为，系统的有序性是系统内部组织程度的反映，是系统结构稳定性的标志。对于任何复杂的系统，充分运用有序性规律能够科学地阐明它的具有目的性的运动。

第四，动态性。系统论指出现实的系统都是动态系统，其状态是随时间的变化而变化的。当这种变化达到一定的程度时，就会发生旧系统的瓦解和新系统的建立。因此，我们应在系统的变化中把握系统的相对静止，并把静态系统看作是动态系统的理想化状态。

第五，最优化。最优化是根据系统结构与功能的辩证关系，为系统定量地确定最优的目标，并运用最新的手段和方法，在动态中协调整体与部分的结构关系，使部分的功能服从系统的总体目标，达到最优的整体功能。

六、学习科学理论

（一）学习科学

众多学者曾对学习科学的概念做出界定。例如，基恩·索耶在《剑桥学习科学手册》中这样描述学习科学：从认知科学、计算机科学、人类学、设计技术等多学科研究发展起来的交叉研究领域，着眼于更好地理解引发有效学习的认知和社会过程，从而重新设计教室和其他学习环境，促进人类更有效、更深入地学习。国内研究者任友群和韦钰也各自从不同的视角对学习科学进行了界定。对学习科学的界定较为权威的是国际学习科学协会（International Society of Learning Sciences，简称 ISLS）给出的，它将这个领域概括为："一个多学科的领域，此领域的研究者们研究发生于真实情境的学习，以及在设计的环境中如何更好地促进学习，比如在学校、在线、在工厂、在家庭及在非正式环境中。"学习科学研究受建构主义、社会认知论及学习的社会文化理论的指导。

（二）学习科学理论对学习过程的影响

新的信息技术成果要真正能为教育变革带来可能，对学生学习产生积极影响，课程设计就应该基于学习科学等多种理论围绕学习者目标、需求、活动和教育情境来设计。基于学习科学的课程设计应当关注开发基于技术支持的建构主义学习环境。在这个综合的环境中，学习者可以利用设计的工具、信息资源和提供的合作支持，在真实的情境中完成学习目标和学习活动，学习科学理论在教学中具有以下影响。

（1）在先前知识基础上设计教学，为学生提供建构性学习的策略。

（2）模拟真实情境，向学生提供真实学习任务的策略。

（3）开发和实施包含形成性评价和多元性评价在内的综合评价系统的策略。

（4）利用数据挖掘技术收集学习行为数据，为优化课程设计提供依据的策略。

此外，学习科学研究表明，工具在学习中具有重要作用。认知工具可以扩展学生的学习范围及能力。组合多种媒体，运用梅耶提出的媒体呈现设计七原则，如邻近呈现原则、双向通道原则等能更清晰地呈现教学资源，对提升课程设计水平具有重要的指导价值。在线课程设计有必要选择更有效的工具来拓展深化知识学习。

七、具身认知理论

【视频】
具身认知理论

（一）具身认知理论的基本内涵

在具身认知的哲学思想影响与心理学研究的推动下，具身认知理论逐渐形成了较为完整的理论意涵与观点。

首先，具身认知理论认为心身是一体的、统一的、不可分离的，心智是基于身体和涉及身体的，心智始终是具（体）身（体）的心智。因此，具身认知理论强调认知对身体的依赖以及身体经验对认知的重要性，离开身体、没有身体经验的认知是难以发生的。认知是具体身体对外在的感知，身体的生理结构、身体的活动方式、身体的现时状态以及身体的感知运动经验决定了人类对世界的感知和解释。概言之，具身认知理论认为心身是一体的、统一的、不可分离的，主体认知是主体的具体身体对外在世界的感知与经验，主体对外在世界的感知、理解和解释是由主体自身身体的内在生理结构、身体的活动运动方式、身体的现时状态及身体的感知运动经验所决定的。这是具身认知理论的最基本与最核心的观点。

其次，具身认知理论将情境性、生成、动力系统等概念融入具身认知的思想之中，成为理解具身认知理论的基本解释学范畴。在具身认知理论形成中，“情境性（Situatedness）”“生成（Enaction）”“动力系统（Dynamic System）”等概念也先后被引入其中，进一步完善了具身认知理论的内涵。具身认知的情境性观点认为认知是发生在现时的、具体的情境之中的，必然受到具体的物理环境和社会文化背景的影响，因此，认知不仅是具身的，而且是发生在具体情境之中的，情境是身体的延展。

最后，具身认知是把分子、突触、神经元等微观水平和大脑、身体、环境等宏观水平相结合来全面阐述认知过程发生及其神经机制的。具身认知理论把身体、行为、认知和中枢神经机制有机地结合在一起，从分子、突触、神经元等微观水平和大脑、身体、环境等宏观水平全面阐述在感知客体、形成表象、使用语言、记忆信息、推理决策、情绪和动机过程中的心智过程及其神经机制。

（二）具身认知理论的教学意义

具身认知的理论观点对科学主义、抽象主义与符号主义的教学认识论产生了进一步的冲击，为教学认识论进一步偏向经验主义、生活主义、直观主义与建构主义提供了进一步的支持。一方面，主体认知依赖于主体本体的各种经验，它们源于具有感觉和运动能力的身体在不同时空的亲身经历，身体的生理结构及其活动方式影响着主体的认知方式，塑造了主体的思维、判断和态度；另一方面，主体的思维、判断、态度及情绪等认知过程反过来也影响与支配着身体。就此而言，教学与学习本质上就是一种具身认知活动过程，是依赖于主体的身体及身体感觉运动系统才得以产生并且实现的。在具体情境中活动着的身体才是经验的根源，是认知与学习的根源。因此，主体的身体及其本体感知经验与体验在学习与教学中具有不可替代的独特意义与作用。

第五节　教育技术的研究方法

一、教育技术课题研究的一般过程

与一般科学研究相类似，教育技术课题研究的一般过程为 3 个阶段，即准备阶段、实施阶段和总结阶段。

（一）准备阶段

教育技术课题研究准备阶段的主要任务是发现问题、形成理论构思和提出假设，通过查阅文献资料，确定研究目标和方向，选择和设计研究的策略、方式方法和具体的技术工作，制定研究规划和程序。它主要包括理论准备和物质准备、工作计划准备。具体地说，要完成的任务包括确定研究课题、进行研究设计、制订研究计划。

（二）实施阶段

按照方案实施是教育技术课题研究的第二阶段。自课题研究开始实施起，就要十分重视研究材料的积累和整理。这是获得研究成果的依据，也是提高研究成果的信度和效度的依据。

（三）总结阶段

总结阶段的任务是对研究所收集到的原始材料进行系统的审核、整理、归类、统计分析等，并在此基础上撰写研究报告，评估研究质量，交流研究成果等。

二、教育技术学中常见的几种研究方法

教育技术学是一门综合性学科，在研究教育教学问题的过程中，经常会借用社会科学、教育科学、自然科学的研究方法，并通过自身特有的研究方法达到对问题本质的认识和理解。开展教育技术课题研究，离不开科学研究方法的指导和应用，下面是教育技术学中常用的几种研究方法。

（一）调查研究方法

调查研究方法是为发现问题、探索规律、寻求对策或其他目的，有计划、有系统地搜集有关研究对象状况的材料，并加以分析处理，进而得出某种结论或推论的研究方法。调查研究方法是一种综合性的研究方法，既要调查——通过运用观察、访谈、问卷、测验、个案追踪等多种技术获取材料，又要研究——对所获取的材料进行内容分析、系统分析、归因分析、得出结论。调查研究方法不是记录事实、罗列材料，更要求能透过现象看本质，从材料中找出规律，使经验上升为理论。

调查研究方法的主要特点是属于描述性的间接研究，如图 1-7 所示为调查研究的过程。相对于操作性直接研究（如实验研究）而言，要求不那么严格，使用面宽，但研究结果的可靠性受被调查者的合作态度等主观因素的影响。由于教育技术现象纷繁复杂，变量众多，有些现象并不能完全被我们直接观察与控制，尤其是对于大范围的研究对象，实验法很难运用，因而常常运用间接的调查研究方法对已形成的事实进行考察和分析。

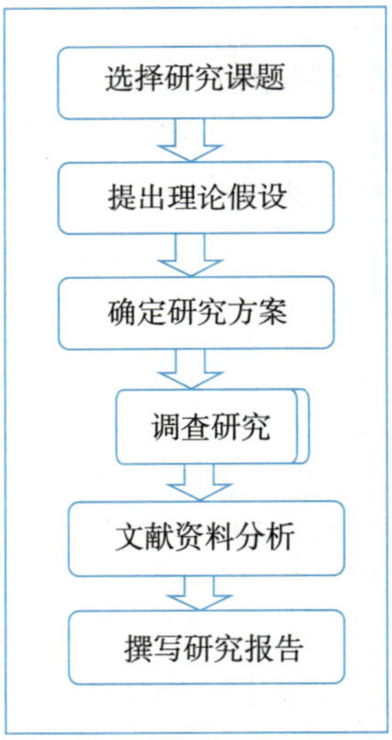

图 1-7　调查研究过程

（二）教育实验研究方法

实验方法原来是在自然科学领域中广泛采用的一种研究方法，后来逐渐推广到社会科学领域。教育实验研究方法是研究者按照研究目的，合理地控制或创设一定条件，人为地变革研究对象，从而验证假设，探讨教育现象关系（如因果关系），揭示教育规律的一种研究方法。

教育实验研究的应用范围如下。

（1）学生发展状态的研究。在教育教学工作中，为了测定学生已有的发展水平和可能达

到的发展水平，可以通过实验研究来进行。

（2）教学改革研究。如课程体系改革实验、新教材实验、信息技术与课程整合实验等。

（3）经验论证。对已有的教育观点、教育经验或其他人做过的教育实验进行验证性论证。

（4）形成新理论。为形成新的教育理论、教育模式或改革方案提供实验依据。实验帮助研究者更具体、更清楚地看到：为了实现理想的教学模式，必须具备哪些条件；在实现假设的过程中可能会发生一些什么问题；需要在哪些方面进行修正等。

教育实验研究方法有以下几种基本类型。

（1）判断实验。通过教育实验，判断某一种现象是否存在，某一种关系是否成立，某个因素是否起作用，从而产生一种新的观念或新的方法。

（2）对比实验。通过教育实验，对两个不同群体、不同时间或不同条件进行差异性比较。这种实验有两个或两个以上的相似组群，一个是“对照组”，作为比较的标准；另一个是“实验组”，通过实验确定实验因素对实验组的影响。

（3）析因实验。通过教育实验探讨影响某一事件发生和变化的过程，以及起主要的或决定性作用的因素。在这类实验中，结果是已知的，而影响或造成这种结果的各种因素，特别是主要因素却是待验证的。

（三）质的研究方法

以研究者本人作为研究工具，在自然情境下采用多种资料收集方法，对社会现象进行整体性探究，使用归纳法分析资料和形成理论，通过与研究对象互动对其行为和意义建构获得解释性理解的一种活动。

质的研究所遵循的哲学思想和方法论基础是人种学、现象学、解释学，主张通过自然探究，以归纳的方式从整体上了解特定情境中的人类经验，这与量的研究所遵循量化逻辑——实证主义有很大不同。

质的研究方法的适用范围如下。

（1）“模糊”问题研究。需要用质的研究方法去确定问题边界与揭示现象中的各种关系和变化规律，以弥补简单量化研究的不足。

（2）深层次的或隐性挖掘的事件研究。需要研究者用心而不是用眼去评判教育技术现象中隐含的深层机制，以弥补外在形式研究的不足。非常态的或特定情境条件的研究，以弥补常态统计之类的一般化研究的不足。情境解释性问题的研究，以弥补抽象化研究的不足。

（四）行动研究法

“行动研究”作为一个术语、一种社会科学领域中的研究方法，始见于二战时期的美国。20 世纪 70 年代，欧美澳日教育界出现了一个研究和运用行动研究法的热潮。近年来，我国教育科研人员开始使用此种研究方法。

1. 行动研究的含义与特点

在对“行动研究”的众多定义中，比较明了的当推埃里奥特（1991）的定义：“行动研究是对社会情境的研究，是从改善社会情境中行动质量的角度来进行研究的一种研究取向。”

《国际教育百科全书》“行动研究”的词条的撰写人、澳大利亚的凯米斯（S.Kemmis，1985）把行动研究定义为：“由社会情境（教育情景）的参与者，为提高对所从事的社会或教育实践的理性认识，为加深对实践活动及其所依赖背景的理解而进行的反思研究。”

2. 行动研究的基本环节

尽管行动研究有多种模式，在实施行动研究的具体步骤上也有诸多差异存在，但在基本的操作过程方面，还是存在共同的思路，即计划、行动、观察和反思 4 个环节。

3. 行动研究的操作程序

（1）拟定课题，明确目标。

（2）提出总体实施方案。包括试验对象、试验周期、实施环境、教学资源的选取和确定研究的人员组成及所扮演的角色。

（3）设计第一次行动“计划”并进行行动。根据实施方案，设计应用多媒体教学软件进行教学的策略和教学过程的“计划”，实验班中实施第一次“行动”（不是只局限在一节课，可以是一个单元或一个阶段）。

（4）对第一次行动进行“观察”记录。组织其他任课教师和研究工作者一起，对行动过程和行动后教师、学生的反应进行考察。

（5）对第一次行动的“观察”结果进行内容分析。

（6）对第一次行动的“反思”评价。

（7）设计第二行动方案。根据第一次行动发现的问题，提出改进和修正意见，设计第二次行动方案。

（8）进行第二次行动（行动实践、观察分析、反思评价）。通过若干次循环，逐步发现和总结出优化教学的措施和步骤。

综上所述，行动研究的工作流程具有如下特征：所有的设想、计划都处于动态中，可随时被修改；研究者、教师、行政人员等参与研究全过程；诊断性评价、形成性评价、总结性评价贯穿研究过程始终。

三、学习现代教育技术的方法

掌握适当的学习现代教育技术的方法对学生学习效率的提高有着重要的意义，其方法有很多，如支架式教学、抛锚式学习、基于问题的学习模式、随机通达式教学、情境探究式教学、程序教学模式等，以下就几种常见的学习方法作一个简单的介绍。

（一）支架式学习

支架式学习是指通过支架（教师的帮助）把管理学习任务逐渐由教师转移给学生之后撤去支架。教师作为文化的代表引导学生逐渐内化和掌握那些能使其从事更高认知活动的技能，学生获得这些技能后可以更多地对学习进行自我调节。支架式教学的环节是：①搭脚手架；②进入情境；③协作学习；④效果评价。

（二）抛锚式学习

抛锚式学习又称情境性学习、实例式学习和基于问题的学习。这种学习要求建立在有感染力的真实事件或真实问题的基础上。确定这类真实事件或问题被形象地比喻为“抛锚”，因为一旦这类事件或问题被确定了，整个教学内容和教学进程也就被确定了（像轮船被抛锚固定一样）。抛锚式学习的主要目的是使学生在一个完整、真实的问题背景中，产生学习的需要，并通过学习共同体中成员间的互动、交流，即合作学习，凭借自己的主动学习、生成学习，亲身体验从识别目标到提出和达到目标的全过程。总之，抛锚式学习是学生适应日常生活，学会独立识别问题、提出问题、解决真实问题的一个十分重要的途径。现代建构主义认为，学习者要想完成对所学知识的意义建构，即达到对该知识所反映事物的性质、规律以及该事物与其他事物之间联系的深刻理解，最好的办法是让学习者到现实世界的真实环境中去感受（即通过获取直接经验来学习），而不是仅仅聆听别人（例如教师）关于这种经验的介绍。由于抛锚式教学要以真实事例或问题为基础（作为“锚”），所以有时也被称为“实例式教学”或“基于问题的教学”。抛锚式教学的环节是：①创设情境；②确定问题；③自主学习；④协作学习；⑤效果评价。

（三）基于问题的学习模式

基于问题的学习模式（Problem-Based Leamning，简称 PBL）是指把学习置于复杂的、有意义的问题情境中，通过让学生以小组合作的形式共同解决问题，学习隐含于问题背后的知识，形成解决问题的能力，发展自主学习和终身学习的能力。它是以学生为中心、以问题解决为中心的教学方法。整个教学过程围绕问题的解决进行，学生在学习过程中进行分组和协作，在教师的帮助下，组织多种形式的学习活动，通过多种形式获取信息，形成问题解决的方案，并以作品展示等方式对问题解决和学习成果进行表达。随着不断的研究和实践，基于问题的学习也受到基础教育界的重视，并逐渐在中小学教学中得到应用。基于问题的学习模式的环节是：①创设情境、提出问题；②界定问题、分析问题、组织分工；③探究、解决问题；④展示结果、成果汇总；⑤评价、总结与反思。

思考与练习

1. 什么是教育技术 94 定义，它与教育技术 2017 的定义有什么区别？
2. 什么是具身认知理论？谈谈你的理解。
3. 教育技术的研究方法主要有哪几种？
4. 谈谈你对建构主义学习理论的认识。
5. 试论教育技术在现代教学中具体的应用。
6. 根据本章知识，分析教育技术在中小学教育中的发展趋势。

第二章 信息化教学设计与评价

内容提要

教育技术是为教学服务的，从教育技术的 AECT’94 定义及 05 定义可以看出，教学设计是教学工作应该做的第一步，也是教学实践过程的第一阶段。目前，教学设计在学校教育、全民的社会教育和各行各业的职业教育及培训领域中都得到了广泛的应用。本章需要了解信息化教学设计的概念及过程，结合实践掌握信息化教学设计的方法和信息技术与课程整合的教学模式，以及信息化教学评价中的学习过程和学习资源的评价方法。

第一节 信息化教学设计

一、信息化教学设计的概念

（一）教学设计

教学设计也称教学系统设计，教学系统是由教师、学生、教学资源和教学内容等诸多因素组成的一个复杂系统，各要素之间相互联系形成一定的整体结构，通过对教与学的过程和教与学的资源的系统安排，共同完成一定的教学目标。教学设计是根据课程标准的要求和教学对象的特点，将教学诸要素有序安排，确定合适的教学方案的设想和计划，一般包括教学目标、教学重难点、教学方法、教学步骤与时间分配等环节。

【视频】教育信息化

（二）信息化教学设计

所谓信息化教学设计，是在综合掌握现代教育教学理念的基础上，充分利用现代信息技术和信息资源，科学安排教学过程的各个环节和要素，为学习者提供良好的信息化学习条件，实现教学过程最优化的系统方法。其目的在于培养学生的信息素养、创新精神、实践能力和综合能力，从而增强其学习能力，提高学业成就，并使他们最终成为具有信息处理能力的、主动的终身学习者。

信息化教学设计是以建构主义学习理论为指导，它与传统的学习方法、行为主义的教学设计及经典的计算机辅助教学（CAI）有很大的不同。它具有自身的设计基本原则和评价标准，如表 2-1 所示。

表 2-1　信息化教学设计的基本原则和评价标准

<table>
<tr><td colspan="2">信息化教学设计的基本原则</td><td>（1）以学为中心，注重学习者学习能力的培养。教师是作为学习的促进者，引导、监控和评价学生的学习进程
（2）充分利用各种信息资源来支持学
（3）以“任务驱动”和“问题解决”作为学习和研究活动的主线，在相关的有具体意义的情境中确定和教授学习策略与技能
（4）强调“协作学习”。这种协作学习不仅指学生之间、师生之间的协作，也包括教师之间的协作，如实施跨年级和跨学科的基于资源的学习等
（5）强调针对学习过程和学习资源的评价</td></tr>
<tr><td rowspan="3">信息化教学设计的评价标准</td><td>1. 是否有利于提高学生的学习效果</td><td>（1）学习目标是否明确，表述是否清楚
（2）是否所有的学习目标都符合相关的教学大纲要求
（3）教学设计中是否考虑到学生的个体差异，并明确说明如何调整成效标准以适合不同的学习者
（4）教学设计是否能激发学生的兴趣，符合学生的年龄特征，并有利于学生的学习以及高级思维能力的培养，是否有利于学生在信息处理能力方面的培养</td></tr>
<tr><td>2. 技术与教学的融合是否合理</td><td>（1）技术的应用和学生的学习之间是否有明显的关联
（2）技术是不是使教学计划成功的必不可少的一部分
（3）把计算机作为研究、发布和交流的工具是否有助于教学计划的实施
（4）教学计划的实施是否简单易行
（5）教学计划是否可以根据具体教学情况的差异很容易地进行修改，以便应用到不同的班级
（6）教师是否可以比较轻松地应用教学计划中所涉及的技术，并获得相应的软硬件支持</td></tr>
<tr><td>3. 是否能够有效评价学生的学习</td><td>（1）教学计划中是否包括一些评价工具，用于务实的评价和评估
（2）学生的学习目标和学习成果评估标准之间是否有明确的关系</td></tr>
</table>

二、信息化教学设计的应用层次

教学设计是一个问题解决的过程，根据教学中问题范围和大小的不同，教学设计也应该有不同的层次，即教学设计的基本原理与方法可用于设计不同层次的教学系统。教学设计的应用层次一般可以归纳为以下几种。

（一）教学产品层次

教学系统设计的最初发展是从以“产品”为中心的层次开始的，它把教学中需要使用的媒体、材料、教学包等当成产品来进行设计。教学产品的类型、内容和教学功能常常由教学系统设计人员、教师和学科专家共同确定，有时还吸收媒体专家和媒体技术人员参加产品的设计、开发、测试与评价。

简单的教学产品如录音教材和多媒体教学课件等，一般由任课教师自己设计、制作；比较复杂的教学产品，如录像教材、网络课程、VR 课件等，则需要组织设计开发小组来完成。

（二）教学过程层次

教学过程设计范围是课堂教学，涉及对一门课程或一个单元，甚至一节课的教学过程进行的系统设计。教学过程设计包括两方面内容：一是根据总教学目标，对教学内容和教学对象进行认真分析，在此基础上得出每个章节、单元的教学目标和各知识点的学习目标，形成完整的目标体系；二是根据上述目标体系，设计教学策略、教学媒体和教学评价等，形成有效的教学方案。

如果教师掌握教学系统设计的有关知识和技能，整个课堂层次的教学系统设计完全由教师自己来完成。当然，必要时也可以由教学系统设计人员辅助进行。

（三）教学系统层次

教学系统设计属于宏观设计层次，它的研究对象可能是一所学校、一个新专业、一个培训系统或者一个学习系统等。这一层次的设计通常包括系统目标的确定、实现目标方案的建立、试行和评价、修改等，设计内容面广、设计难度大。系统设计一旦完成就要投入大范围使用和推广，因此这一层次的设计需要由教育系统设计人员、学科专家、教师、行政管理人员，甚至包括有关学生的设计小组来共同完成。

以上 3 个层次的设计是在教学发展过程中逐渐形成的，三者相互联系、相互作用，不是孤立的。产品、课堂、系统 3 个层次都有相应的教育系统设计模式，在具体的设计实践中，可以按照自己所面临的教学问题的层次，选择相应的设计模式。由于教学过程设计是教学设计的主要研究层次，本章下面提到的教学设计就是指教学过程设计，在实践中要注意区别。

三、信息化教学设计的基本过程

信息化教学设计的宗旨是通过设计建构主义学习环境，创设适应学习者内在学习需求的外部条件，以促进学习者有意义学习的发展。这种设计要求掌握建构主义学习环境的基本构成要素，体现有意义学习的基本精神，把教师的主导作用和学习者的主体作用有机地结合起来。

【视频】
教学设计

（一）建构主义学习环境的设计

信息化教学设计，实际上就是要为学习者创设一个建构主义学习环境。国际上非常有影响的建构主义代表人物乔纳森（David Jonassen，1999）提出了建构主义学习环境模式，该模式分析和阐述了学习环境设计的六大组成部分。

1. 问题 / 项目

任何建构主义学习环境关注的焦点都是问题 / 项目，这也是学习者解决问题的目标。问题驱动学习，构成了建构主义学习环境与客观主义学习环境的根本区别。

2. 相关的案例

为学习者提供与学习任务相关的经验（案例），以此作为参考的途径。理解问题需要经验，这也正是初学者最缺乏的。

3. 信息资源

学习者在进行问题研究的过程中，需要利用信息来建构他们的智力模式，形成问题解决的假设，从而驱动问题解决活动。

4. 认知工具

在建构主义学习环境中，需要提供综合的、新颖的、真实的任务，学习者在完成这些任务的过程中需要支持，因此，要为学习者提供认知工具，以拓展学习者的能力，从而使学习者完成这些任务（如视觉化工具、静态知识呈现工具、造型工具、建构工具、绩效支持工具、信息收集工具）。

5. 交流 / 协作工具

通过使用以计算机为媒介的交流工具支持协作和交流，建构主义学习环境能培养和支持学习共同体，或者建立知识共同体。

6. 社会 / 情境支持

提供适宜的环境和情境支持，从而保障建构主义学习环境的有效性。为了有效地支持学习，在建构主义学习环境中，教学支持（如示范、指导和支架）是必需的。

（二）信息化教学设计的过程

根据已有的信息化教学实践，结合建构主义所倡导的有意义学习理论和建构主义学习环境设计思想，可以形成一种具有普遍指导意义的信息化教学设计过程，如表 2–2 所示。

表 2–2　信息化教学设计的过程

序号	基本过程	基本内容 / 要求
1	分析 / 确定单元目标	（1）分析学生、课程学习的特点 （2）确定单元学习目标
2	界定问题 / 主题	（1）问题 / 主题 / 项目的确定应与单元目标一致，具有趣味性、吸引力和挑战性 （2）应当反映学科的基本概念、原理、规律 / 法则 （3）充分描述其产生的情境、恰当地呈现 / 模拟、描述对问题的可操控方面 （4）使学生进入问题情境，拥有问题意识或问题的主人翁感 （5）对于研究型学习来说，在围绕问题的资源浏览的基础上，提出假设
3	提供案例 / 范例	（1）为拓展学生的学习经验，提供与主题学习任务有内在联系的案例 （2）学生学习案例，考察其与主题学习任务之间的异同 （3）案例要有益于唤醒学生已有的知识经验，并与学生已有的知识经验相关联 （4）案例必须能描述问题的复杂性，不能以简单化替代复杂化
4	选择 / 创建量规	（1）根据预期的学习结果形式，选择 / 创建科学的评价量规 （2）量规的选择 / 创建要符合学习目标、主题任务、学习者心理特点的需求 （3）量规应当建立在教师和学生共识的基础上，并且事先要告诉学生
5	准备资源 / 技术	（1）围绕学习任务，匹配信息化学习资源 / 技术支持（结合传统学习资源 / 技术） （2）确定资源获取方式。是由教师提供，还是学生根据任务自行查找？如果教师提供，则教师先要寻找并认真评价相关资源，以确保学生获得可靠的、有用的信息；如果学生自行查找，教师则要设计好查找目的、要求、策略，以免学生漫无目的，浪费时间 （3）确定技术的工具作用，特别是认知工具的作用
6	设计活动过程	（1）告知学生需要怎么做，需要遵循哪些步骤才能完成任务 （2）围绕学习需求，设计多种多样的学习活动形式 （3）把个性化学习、小组协作 / 交流学习和班级学习有机结合起来
7	组织实施	（1）学生在具体的学习过程中进行有效的自我管理 （2）在实施的过程中经常反思学习活动的进展 （3）对学生提供学习建议、咨询帮助和心理激励
8	评价反思	（1）学生展示学习结果（作品），并说明结果产生的过程 （2）按预定的量规进行自我评价、同伴评价、教师评价或外部评价 （3）创建一个自我评价表，反思自己的学习过程 （4）根据评价结果反思学习过程的得失，并提出改进策略

第二节　信息技术与课程整合的教学设计

在世界教育改革风浪中，信息技术与课程整合已经成为最重要的议题。我国高度重视信息技术与课程整合。2017 年 2 月 26 日，刘茂森教授在全国教育技术学校“十五”课题开题研讨会上明确了信息技术与课程整合的目标与内容。教育部在《基础教育课程改革纲要（试行）》中提出：“大力推进信息技术在教学过程中的普遍应用，促进信息技术与学科课程的整合，逐步实现教学内容的呈现方式、学生的学习方式、教师的教学方式和师生互动方式的变革，充分发挥信息技术的优势，为学生的学习和发展提供丰富多彩的教育环境和有力的学习工具。”

一、信息技术与课程整合概述

（一）信息技术与课程整合的内涵

信息技术与课程整合是我国21世纪基础教育教学改革的一个新途径，与学科教学有着密切的联系和继承性。信息技术与课程整合，不是把信息技术仅仅作为辅助教或辅助学的工具，而是强调要把信息技术作为促进学生自主学习的认知工具和情感激励工具。

信息技术与课程整合是指"信息技术"与"课程"的整合，而不是指"信息技术"与"课程整合"，这是我们理解其含义的关键。在系统科学方法论中，"整合"表示为由两个或两个以上较小部分的事物、现象、过程、物质属性、关系、信息、能量等在符合具体客观规律或一定条件的前提下，凝聚成较大整体的过程及结果。

华南师范大学李克东教授认为：信息技术与课程整合是指在教学过程中把信息技术、信息资源、信息方法、人力资源和课程内容有机结合，共同完成课程教学任务的一种新型的教学方式。整合的3个基本点是：①在多媒体和网络为基础的信息化环境中实施课程教学活动。②对课程教学内容进行信息化处理后成为学习者的学习资源。③利用信息化加工工具让学生进行知识重构。

北京师范大学何克抗教授认为：所谓信息技术与学科课程的整合，就是通过将信息技术有效融合于各学科的教学过程来营造一种新型教学环境，实现一种既能发挥教师主导作用又能充分体现学生主体地位的以"自主、探究、合作"为特征的教与学方式，从而把学生的主动性、积极性、创造性充分地发挥出来，使传统的以教师为中心的课堂教学结构发生根本性变革，从而使学生的创造精神与实践能力的培养真正落到实处。整合的三个基本属性：营造新型教学环境、实现新的教与学方式、变革传统教学结构。

（二）信息技术与课程整合的基本特征

信息技术与课程整合的最基本特征是：有先进的教育思想、教学理论的指导、学科交叉性和立足于能力的培养。具体表现在以下几个方面。

（1）任务驱动式的教学过程。

（2）信息技术作为教师、学生的基本认知工具。

（3）能力培养和知识学习相结合的教学目标。

（4）"教师为主导、学生为主体"的教学结构。

（5）个别化学习和协作学习的和谐统一。

二、信息技术与文史类课程整合的教学设计

（一）信息技术与文史类课程整合概述

信息技术与文史类学科教学进行整合，就是充分地利用现有信息资源，发挥设备的最大潜力，在有限的物质基础上，结合文史类学科特点，实施高质量和高效益的教育。在教学中，学生对相关信息进行提炼、加工，对知识进行意义建构；教师组织、指导教学过程，是意义建构的帮助者、促进者；教材中包含的文史类学科内容成为学生主动建构意义的对象；媒体用来创设情境、进行协作学习、讨论交流，即作为学生自主学习和协作式探索的认知工具与情感激励工具。

我国信息技术与文史类课程的整合，早在20世纪90年代初就已经开始了，并已取得了相当大的成效。1994年，由原国家教委基础教育司立项，全国中小学计算机教育研究中心领导，由何克抗教授、李克东教授牵头组织了"小学语文四结合"教学模式改革试验课题，经过几年的试验探索，已取得了不错的成效。

小学语文“四结合”教学改革试验研究是指以计算机技术为手段，适用现代教育理论和认知学习理论，探讨深化基础教育改革的途径，把小学语文教育与计算机教育融为一体，做到“识字教学、编码打字、阅读理解、作文训练”四者结合，改变传统的以教师为中心的教学模式，建构一种既能发挥教师的主导作用又能充分体现学生认知主体作用的新型教学模式（双主模式），在此基础上实现教学内容、教学手段和教学方法的全面改革。

（二）信息技术与文史类课程整合的教学设计

信息技术与文史类课程整合的教学设计主要体现在以下几个方面。

1. 再现情境

文史类课程中再现情境可以培养学生的形象思维能力。信息技术的运用，有利于激发学生的求知欲，启发学生的创造性想象和联想，强化形象思维。

譬如，在英语教学中，利用虚拟现实技术，创设丰富的人文情景和引发思考的问题情境，激发、培养学生的观察、思考能力，以及发现问题、探索问题和解决问题的能力，主要用于课前准备阶段、复习阶段、词汇学习阶段、阅读导入阶段和略读阶段。在美术教学中，以动听的音乐渲染情境，学生在欣赏教学中伴随着音乐的渲染，能增强学生对作品的理解。

2. 增强记忆

文史类课程中的很多知识点都需要学生进行记忆。譬如，在历史学科中，古今中外的历史，学生往往是听得懂，记不住。让学生孤立地去记忆一些历史事件、人物、时间等，大脑容易生产疲劳，达不到预期的教学目的。运用幻灯片教学，让学生从整体联系上把握历史知识，效果则大不相同。例如讲《美国内战》一课时，美国领土扩张是教学重点，比较复杂，教师播放组合幻灯片，让学生对美国今天的版图有个初步了解。边讲边播放，使学生看到美国一步一步自东向西扩张领土的全过程。当打出美国国旗的幻灯片，指出美国第一面国旗是由7道红色6条白色相同的彩条和13颗五角星构成，当1959年夏威夷群岛正式加入联邦时，国旗上的五角星已增加到50颗，代表美国拥有50个洲。这样使学生加深了印象，加强了理解，增强了记忆。

3. 拓展思维空间

学生获取知识信息的意义建构全过程包含着一系列的思维活动。在语文教学中，低年级学生无论解词、造句、阅读或说话，都包含着“直观”的因素。教师应根据学生的思维特点，努力开发学生的形象思维，重视形象感染，使形象思维和抽象思维发挥协同作用。而多媒体技术、虚拟现实技术以其直观、动态和演示效果，能刺激学生的多个感官，启迪学生积极思维和创造，不断提高学生的思维水平。如在教学《秋天到了》一课中，有这样一句“一片片叶子从树上落下来”，恰如其分地描绘了初秋景象，凉风一吹树叶纷纷落下，地上散落着几片树叶。为了区别“一片片”和“一片”，除了在数量上对比，更不能忽略本课中“一片片”所蕴含的情感因素。但仅仅凭文字激活的表象毕竟是模糊的，通过软件的动画演示，形象地展示了在秋风的吹拂下，一片又一片的树叶从树上慢慢飘落的情景，增强了美感。

三、信息技术与数理类课程整合的教学设计

（一）信息技术与数理类课程整合概述

信息技术与数理类学科教学进行整合，就是充分地利用现有信息资源，发挥设备的最大潜力，在有限的物质基础上，结合数理类学科特点，实施高质量和高效益的教育。在教学中，将信息技术运用于数理类教学弥补了传统教学的不足，在整合中信息技术有效地发挥其模拟情境、转换观察空间、转换变化速度、展现思维过程等功能优势，提高了教学效率，同时也培养了学生的信息技术技能和发现问题、解决问题的能力。

（二）信息技术与数理类课程整合的教学设计

信息技术与数理类课程整合的教学设计主要体现在以下几个方面。

1. 模拟情境

数理类学科的知识是抽象的，所用的术语也很抽象，像数学中的“对称”“异面”等关系，物理中的“力”“场”等概念，化学中的“反应”“平衡”等过程都是抽象难懂的。信息技术的运用可帮助教师和学生解决这些重点、难点问题。

譬如，使用几何画板这个数学教学软件。该软件功能强大，能方便地用动态方式表现对象之间的关系，既能创设情境又能让学生主动参与，所以能有效地激发学生的学习兴趣，使抽象、枯燥的数学概念变得直观、形象，使学生从害怕、厌恶数学变成喜爱数学并乐意学数学。让学生通过做“数学实验”去主动发现、主动探索，不仅使学生的逻辑思维能力、空间想象能力和数学运算能力得到较好的训练，而且还有效地培养了学生的发散思维和直觉思维，是目前数学教学中最为流行的辅助软件，并且被越来越多地运用到中学物理和化学教学中。

2. 转换观察空间

中学物理研究的对象大到宇宙天体，小到原子电子，都是学生不能直接感知的，因而学习起来有困难。借助信息技术我们可以将宏观的天体微观化，也可以将微观的原子、电子宏观化，在多媒体计算机上模拟其运行的过程，从而增强学生的感知能力，促进理解。（如图 2-1 所示）

化学是一门通过宏观现象研究微观世界的自然科学。微观世界中的原子、分子等微粒看不见、摸不着，传统的教学手段难以使之具体化、形象化，学生理解和接受起来有很大困难。应用计算机动画技术，能很好地使微观粒子宏观化，生动具体地展现微观粒子的形象，特别是参与变化的微观过程，为学生探讨微观知识架设桥梁，巧妙地引导学生分析理解其本质，也培养了学生的微观想象能力。如氯化钠的形成过程，非常形象地向学生展示了化学变化的微观过程，从而有助于学生的理解。

3. 转换变化速度

很多物理运动过程和化学变化现象瞬间发生、稍纵即逝，学生对实验现象的观察很难细致全面。计算机动画技术能很好地重现某些物理和化学现象，而且可按需要随时进行控制，或化快速为慢速、或暂停，实验清楚、直观地呈现于学生面前。例如，“足球运动员将迎面而来的球反向踢出（假设运动员用的是恒力）”这个运动过程对初学加速度的学生来讲是难以分析清楚的，原因就是球的运动变化太快。但是用计算机将球的运动过程用“慢镜头”模拟出来，学生则很容易发现足球是经过一个恒力下的匀减速运动，速度减至零后又做初速为零的匀加速运动。（如图 2-2 所示。）

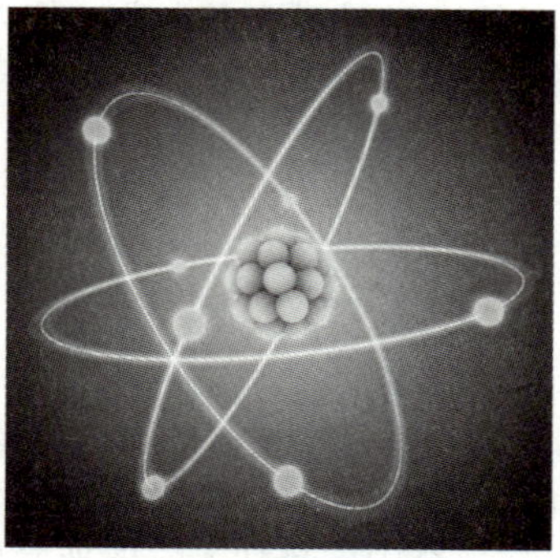

图 2-1　电子模拟

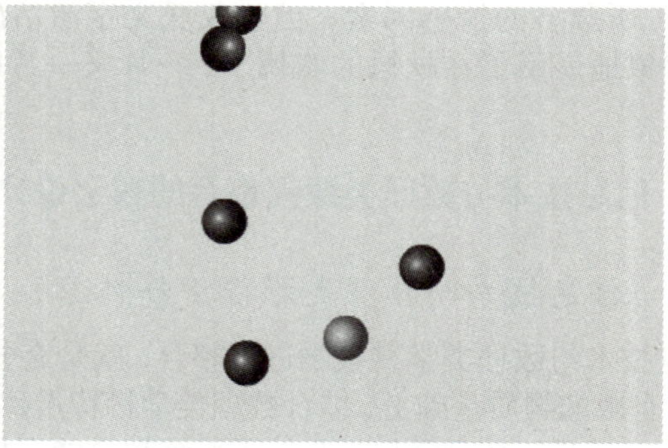

图 2-2　小球运动模拟

许多化学反应都是在瞬间完成的，像盐酸和氢氧化钠的中和反应，很难引导学生想象酸碱之间的“相互作用”。借助计算机动画技术，通过慢放演示氢氧化钠与盐酸相互交换离子的微观过程，通过定格观察动态中的某一特定状态，引导学生观察揭示这一反应的本质特点，自然而然地建立起中和反应的概念。

4. 展现思维空间

数学教学是思维过程的教学，但在传统教学中教师并不能把握每个学生的思维过程，从而不能给予及时反馈。信息技术的交互功能则能很好地解决这个问题。如小学数学中《常用的计量单位》的教学，可利用网络教学，要求小组合作，把常用的计量单位分类整理，比一比哪个小组整理得既清楚又完整，并且有特色，从而改变以往运用传统的教学手段，学生在练习纸上整理数据，教师很难了解到学生整理数据的全过程，教学的实效性很难把握等状况。而网络环境的互动性，大信息量传载功能正可以解决这个问题，使师生及时掌握各小组整理的全过程，有利于学生在自己探索的过程中真正理解和掌握基本的数学知识与技能、数学思想和方法，同时获得广泛的数学活动经验。

有很多物理方法、物理思维存在于人的头脑中，不能用实验演示，仅用语言又难以描述，则可以用多媒体来辅助表达。如平抛运动一节，用计算机多媒体将平抛运动向水平方向和竖直方向投影，就可以说明平抛运动等效于一个匀速运动和自由落体运动的合成，这样就将抽象的思维方法和思维过程以生动形象的过程描述出来，学生更容易接受。

四、信息技术与艺术类课程整合的教学设计

（一）信息技术与艺术类课程整合概述

信息技术与艺术类课程进行整合，就是充分地利用现有信息资源，发挥信息技术的最大潜力，在有限的物质基础上，结合艺术类学科特点，实施高质量和高效益的教育。信息技术的使用，能使艺术课堂中抽象的物体变得更加形象、直观和生动，能够刺激学生的视觉和听觉，能够充分培养学生的艺术想象力。同时也可以为学生呈现限于时间、空间达不到的美好事物，如古今中外的艺术绘画、音乐作品等，为学生的审美认知提供更加广阔的空间。

（二）信息技术与艺术类课程整合的教学设计

信息技术与艺术类课程整合的教学设计主要体现在以下几个方面。

1. 资源整合

在传统的课堂教学中，主要通过挂图、书本和录像等有限的形式对学生传递信息，将信息技术与艺术类课整合以后，我们就可以通过计算机图、文、声、像并茂的特点，甚至三维虚拟现实等多方位信息用于制作课件。影视的后期制作就是计算机与美术、音乐艺术相结合的产物。它充分利用信息技术中的时间分离特点，把图形、图像、音乐、音响诸多属性分离呈现，使我们能够对构成主题的各种要素进行单独处理。例如，通过对比观察，独立探究的方法让学生在学校展示宣传视频制作中，巧妙运用平面设计、计算机音乐的制作技巧，由教师提供背景资料，学生通过计算机对画面实现增色，这既优化了课堂教学，又能够提高教学效率。

2. 模拟情境

利用信息技术教育的优势，使之与艺术教学整合，能更好地达到艺术教学的根本目的，即学生以个人或集体合作的方式参与各种艺术活动，尝试各种工具、材料和制作过程，学习艺术欣赏和评述方法，丰富视觉、触觉和审美经验，体验艺术活动的乐趣，并获得对艺术学习的持久兴趣，了解艺术语言的基本表达方式和方法，大胆表达自己的情感和思想。美化环境与生活，在艺术学习过程中，激发创造精神，发展艺术的实践能力，提高艺术修养，陶冶高

尚的审美情操，不断地完善人格。欣赏与表现是艺术学习的基础，十分强调自由表现和大胆创造。在初中年级尤其注重感受、体验和游戏等灵活的教学形式，使看看、画画、做做、玩玩融为一体。在教学时，利用互联网、校园网收集有关的艺术课题的信息资源，制作色彩纷呈的教学软件，开展生动活泼的课堂教学。

3. 突破思维局限

传统教学中，教师在备课和教具的准备上颇费心思，而且不具有新颖性，局限于课本，学生练习、反馈和思考的时间明显不足，在不能增加课时的情况下，对教学质量的要求则明显降低。通过计算机与艺术课程的整合，将原来教师的单纯讲授变成以学生主动探讨为主，与学生间协作学习相结合等灵活多样的教与学的形式，充分运用计算机多媒体的功能，发散思维，通过学生自己的探索，加强对艺术课程的理解，同时获得广泛的艺术活动经验。

信息技术与艺术学科教学的整合，有效提高了教学效率，两者的整合是教学资源和教学要素的有机集合，是运用系统方法，在教育学、心理学和教育技术等教育理论和学习理论的指导下，协调系统中教师、学生、教育内容和教学媒体等教学诸元素的作用、联系与相互间的影响。将信息技术与艺术学科整合，可以充分利用现有资源，发挥设备的最大潜力，在有限的物资基础上，实施高质量和高效率的教育。

五、信息技术与课程整合的典型教学设计模式

关于信息技术与课程整合的教学设计，华南师范大学的李克东教授和谢幼如教授把它分为五个专题来简述，分别是、多媒体教学设计；网络教学设计；网络时代教学模式与教学设计的研究策略；网络环境中基于问题的学习和信息技术与课程整合的教学策略。针对不同的教学模式，教学设计也会呈现不同的特点。现代信息技术环境下具有几个典型的教学模式："探究—发现""协作学习""问题解决教学""自主学习"。本节主要从"探究—发现"教学模式来探讨信息技术与课程整合的教学设计，即 WebQuest 网络探究型教学模式的教学设计。

（一）WebQuest 网络探究的内涵及构成

WebQuest 是美国圣迭戈州大学的 B.Dodge & T.March 等人于 1995 年开发的一种课程计划。Web 是网络的意思，quest 是寻求、调查的意思，而 WebQuest 在汉语中还没有一个与之相匹配的词汇。从构词意义上看，WebQuest 是一种"专题调查"活动。国内很多学者都把 WebQuest 译为"网络专题调查"或"网络探究"。

WebQuest（网络探究），是"探究—发现"教学的一种具体形式。它主要依托互联网的强大信息资源优势来训练学习者的探究能力，培养学生发现问题、解决问题的能力。在网络探究中，教师给学习者创设与学习任务相关的情境，学习者可以最大限度地利用网络资源，通过合作学习，通过对信息的分析和综合来得出创造性的解决方案。由此可见，WebQuest 是一种基于问题解决的网络探究活动。

一个 WebQuest 必须包括简介、任务、过程、资源、评估、结论等 6 个部分。

简介：WebQuest 简介部分主要包括两个方面，即给学习者指定方向和通过各种方式提高学习者的学习兴趣。为达到这两个目标，应力图使学习或研究的主题与学习者过去的经验相关，与学习者未来的目标相关，具有吸引力且生动有趣，很重要且与实际相联系，急切需要解决且紧迫，学习者将进行角色扮演或有成果展示而产生趣味感和成就感。

任务：为了给学习者描述将完成的所有事情，WebQuest 的任务形式可以是一件作品（如 PowerPoint 演示文稿），也可以是一个能够对一特定的主题进行解释的口头陈述等。

过程：教师勾勒学习者完成任务所要经历的若干步骤，并就每个步骤向学习者提出短小清晰的建议，让学习者知道完成任务的过程。教师还应为学习和交互过程提出建议或指导，

比如如何组织头脑风暴活动等。

资源：资源主要是一个有助于学习者完成任务的网站清单。资源必须经过预选，以便于学习者能集中注意力，避免学习者漫无目的地网上冲浪。需要指出的是，给学习者提供的资源并非全是网络资源，非网络资源也可以使用。资源包括百科全书、录像、录音带、海报、地图、模型等。

评估：评估的目的是要检验学习者进行网络探究学习的效率和效果。对于基于互联网的研究性学习这样一种较高水平的学习形式，WebQuest 采用评价测评表来考察学习者作品的不同方面。评价人员既可以是教师，也可以是家长或同学。评价的方式可以采取师生评价或生生评价等多种形式。

结论：WebQuest 的结论部分包括总结学习内容和经验，反思和体验学习过程，拓展和概括所学的知识，形成知识的迁移。在结论部分，教师应针对学生在学习过程中出现的状况提出问题，这些问题可能对全班讨论有帮助。

（二）WebQuest 教学设计的步骤

1. 恰当的学习主题的设计

WebQuest 仅仅是教学方式中的一种，它并不是对所有类型的知识都适用，对于既成的事实性知识，并不适合使用 WebQuest 的方式来组织讲授，因此选题时应该遵循一定的原则：①主题的答案不是唯一的，学生可以通过不同的途径来完成任务。学习结果是开放的，不同的学生可以形成个性化的学习结果。②选题要有价值。实现知识掌握和技能发展同步进行，不能发展技能就忽视知识的筛选。③体现学科的综合。这种模式本身的探究性以及各类学科之间的自然交叉会最终形成学科的综合。为了保证问题研究的完整性，可能选择覆盖多个学科的主题更有意义。

2. 问题情境的创设

情境创设是为了巧妙地向学习者提供探究的背景信息，要将学生引入探究学习，要注意以下几方面：①与主题相关：可以采用类比、对比的方法。例如，可以用日常病毒性感冒中的病毒类比电脑病毒。②与学习者的经验相关。③应用多种形式刺激：引发学生探究的动机。我们可以充分发挥多媒体的功能，使用图文声像并茂，刺激学习者的感官。④刺激方式具有新颖性、趣味性。

3. 对任务进行描述设计

“任务”模块对学习者将要完成的事项进行描述，体现学习结果，因此在设计时要结合以下原则确定任务：（1）科学性、知识性：体现教学目标；（2）趣味性：引发学习者探索的积极性；（3）可操作性：任务要具体，一般要形成一定的产品；（4）开放性：任务完成可以采取不同的途径，任务解决没有固定答案。（5）伸缩性：可以把任务分为基本题目和扩展性题目，满足能力较强的学生。依据以上原则，我们分解任务的最终结果是一篇论文、一份调查分析，或者是口头报告。

4. 探究学习过程的设计

在“过程”模块中，细化探究学习的步骤，最终达到任务完成，从而形成探究学习的过程。在分解得到的不同“过程”中，应提供相应的相关资源：（1）循序渐进的分解过程，例如：出发——深入探索——创作交流——汇报答辩；（2）过程描述要解决的是具体问题，例如：阅读课文两遍或者搜集有关蓝牙技术应用的案例；（3）过程描述应提供清晰的教师指导，可以包括对学习者扮演角色或看问题的视角的描述、学习建议及人际关系建议等；（4）保持一定的开放性。

5. 搜集组织资源的设计

“资源”模块提供的资源是 WebQuest 设计者为学习者搜索、筛选而提取出来的信息资源，大多是与主题相关的网络资源，因此既避免了学习者盲目地网上冲浪，同时又兼顾了开放性的原则。但是纵观目前的 WebQuest 案例，其“资源”模块普遍存在资源描述不清、数量过多、组织无序的问题，因此对老师们有如下建议：①对资源进行简要概括的描述和分类，方便学习者进一步选择信息，例如，对网站简单描述，学习者就可以不用进入网站而了解其基本内容。②资源和过程相结合，不同的过程或者任务，应提供与之相对应的资源，而不是把所有相关的资源一并罗列，不加区分。③尽可能地扩充资源。目前大多数 WebQuest 仅仅提供一些网站，再加上描述不具体，很难达到实用的目的。因此建议老师们在资源模块中除了网站，还应包括传统印刷的书籍和文献、实际的参考资料、领域专家。④保证资源的开放性、可扩展性。实际探究的过程本身就具有开放性，因此资源的提供也应该是一个开放的系统。一些阶段性成果，或者加工过的资源都可以作为后续探究的资源。

6. 评价量规的设计

评价是对探究学习效果与可行性的评定评价，应注意将过程评价和结果评价相结合，学生自评、互评与教师评价相结合。WebQuest 通常采用评价常规来考查学生作品的不同方面（包括过程、结果、态度、情感等）。根据任务的差异，评价的对象可表现为书面作业、学生的作品、创作的网页或其他内容。WebQuest 的评价量规设计是通过二维的矩阵形式进行的。一般横维是对于评价等级的描述，纵维是对学生在完成学习任务过程中的主要表现、学习结果的描述，将一系列主要的环节加以罗列，在纵横的交叉点上是一种行为表现的评分等级。

第三节　基于 STEAM 的教学设计

一、STEAM 的概念

STEAM 代表科学（Science），技术（Technology），工程（Engineering），艺术（Arts），数学（Mathematics）。STEAM 教育就是科学、技术、工程、艺术、数学多领域融合的综合教育。

STEAM 是一种教育理念，有别于传统的单学科、重书本知识的教育方式。STEAM 是一种重实践的超学科教育概念。任何事情的成功都不仅仅依靠某一种能力的实现，而是需要综合多种能力，比如高科技电子产品的建造过程中，不但需要科学技术，运用高科技手段创新产品功能，还需要好看的外观，也就是艺术等方面的综合才能，所以单一技能的运用已经无法支撑未来人才的发展，未来我们需要的是多方面的综合性人才，从而探索出 STEAM 教育理念。

STEAM 教育理念最早是美国政府提出的教育倡议，为加强美国 K12 关于科学、技术、工程、艺术及数学的教育。STEAM 的原身是 STEM 理念，即科学（Science）、技术（Technology）、工程（Engineering）、数学（Mathematics）的首字母旨在鼓励孩子在科学、技术、工程和数学领域的发展和提高，培养孩子的综合素养，从而提升其全球竞争力。加入了 Arts，也就是艺术，STEAM 变得更加全面，如图 2-3 所示。

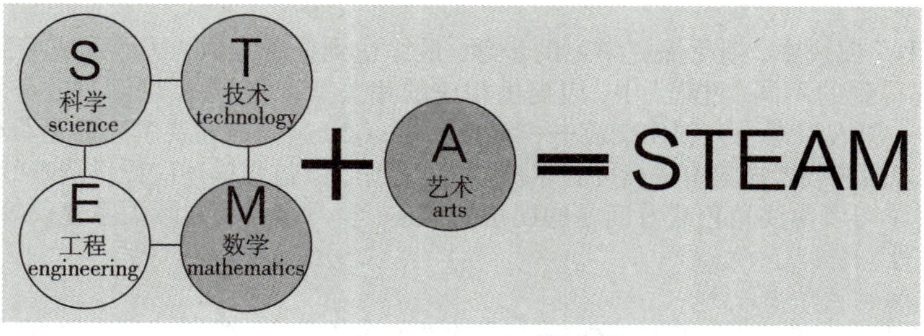

图 2-3　STEAM 教育

二、STEAM 在中小学的应用

随着社会经济的不断变革和科学技术发展的日新月异，对青少年教育的要求亦同步提高，传统的基础学科教育已逐渐无法满足青少年素质全面发展的要求。STEAM 教育已成为国际教育研究与改革的热点话题，《国家教育事业发展“十三五”规划》中明确提出，鼓励学校探索 STEAM 教育、创客教育等新的教育模式。我国在 STEAM 教育的探索过程中，也涌现出科学创新实验室、机器人教育、3D 打印培训、少儿编程等大量新型的教学方式与先进的教学内容，图 2-4 所示为小学 STEAM 教育开展课堂。而在小学推行 STEAM 教育，须结合小学生健康成长的实际情况，建立系统完善的教育体系。在相关政策、教师发展、评价体系等方面尚未成熟的今天，探索适合我国小学教育的 STEAM 教学系统已经成为一项重要任务。

图 2-4　中小学 STEAM 教学

（一）STEAM 教育在我国小学教育中的发展

【视频】STEAM 教育

在目前的小学教育中，涉及 STEAM 教育系统中艺术模块的学科课程包括语文、英语、音乐、美术、体育，涉及数学模块的课程为数学，涉及科学、技术、工程 3 个模块的课程为科学。2017 年版的《义务教育小学科学课程标准》明确指出：小学科学课程是一门综合性课程，小学科学课程针对学生身边的现象，从物质科学、生命科学、地球和宇宙科学、技术与工程 4 个领域，综合呈现科学知识和科学方法，强调这四个领域知识之间的相互渗透和相互联系，注重自然世界的整体性，发挥不同知识领域的教育功能和思维培养功能；注重学习内容与已有经验的结合、动手与动脑的结合、书本知识学习与社会实践的结合、理解自然与解决问题的结合，着力提高学生的综合能力；强调科学课程与并行开设的语文、数学等课程相互渗透，促进学生的全面发展。同时，语文、数学等其他基础学科课程中也不断在尝试 STEAM 教育理念的运用。

在现行的小学教育体系中，主要是以数学模块培养小学生的逻辑思维能力和数据运用能力，以艺术模块培养小学生的发散思维和语言表达能力。在以上两个模块建立完善的情况下，再让科学、技术、工程 3 个模块并行，通过科学探究实践活动逐步建立全面、系统的 STEAM 教育体系。

（二）STEAM 教育在小学教育中的体系构建

1. STEAM 教育的教学内容

以科学课程为例，基于最新版科学课程标准的指引，小学科学课程主要包含物质科学、生命科学、地球和宇宙科学、技术与工程四个领域的内容。结合小学生的成长情况，可将小学六年的教育划分为 3 个阶段：一、二年级为第一阶段，三、四年级为第二阶段，五、六年级为第三阶段。同时，将科学知识分版块进行归纳融入，主要包括物理知识（物质的构成、物体的运动等）、生物知识（生物体的主要特征、生命活动及周期等）、地理知识（太阳系及星座认知、地球面貌及运动轨迹等）和技术知识（技术工具、人工智能等）等。

2. STEAM 教育的教学步骤

基于科学课程标准，可设计提出问题、做出假设、制订计划、搜集证据、处理信息、得出结论、表达交流和反思评价 8 个教学步骤，促进小学生的逻辑思维、自主动手和团队协作等能力的发展，为培养全方位、综合性的未来接班人奠定基础。在日常教学中，先让小学生自己发现问题、自主提出问题并探究解决问题的方式方法，教师在必要时加以引导，并让学生进行专项课程的成果展示，以进一步强化学生的动手实践能力和语言表达能力。

3. STEAM 教育的评价体系

基于以上培养体系进行科学教学，在科学知识考试评价之余，可定期组织科学实验、科学研究竞赛和科学演讲比赛等活动，激发小学生探究科学知识的兴趣。在活动组织的过程中，以正向激励为主，建立不同于应试教育成绩排名评价的激励方式，设立科学小能手、问题解决小能人等正向评价体系，并组织校区之间的交流学习活动，加强学生之间的互动交流。

（三）STEAM 教育在小学教育中的探索实践

具体来说，STEAM 教育不仅仅是提倡学习 5 个学科知识，更提倡一种新的教学理念：让孩子们自己动手完成他们感兴趣的，并且和他们生活相关的项目，从过程中学习各种学科及跨学科的知识。STEAM 其实是对基于标准化考试的传统教育理念的转型，它代表着一种现代的教育哲学，更注重学习的过程，而不是结果。本质上来说，我们敢于让孩子们犯错，让他们尝试不同的想法，让他们听到不同的观点。与考试相反的，我们希望孩子们创造能够应用于真实生活的知识，鼓励孩子动手实践，从而找到自己想要的答案，达到潜能开发的目的。STEAM 理论倡导孩子跨学科学习概念，注重学与现实世界的联系；学科之间相互支撑，相互补充，共同发展。在相互碰撞中，培养各方面技能和认知，强调孩子的主动探索精神。

以下将借助课例“影响秋千摆动速度的因素”，说明如何通过 8 个步骤逐步引导小学生发现问题直至解决问题，并开展专项研究讨论活动。

第一步，提出问题。组织小学生分组开展荡秋千活动，并要求记录秋千在一分钟内摆动的次数，进而引出问题——秋千摆动的快慢与什么有关？

第二步，做出假设。秋千摆动的快慢与荡秋千的人的体重有关，还是与推动秋千的人的力气有关，或者是与秋千摆线的长短有关？对此提出假设。

第三步，制订计划。针对以上假设，组织一次专项实验研究，将同一班级的学生分组，组名及口号由学生自定，实验前设有团队展示环节，以增强实验的趣味性。实验室提供必要的实验设备，以便完成三种类型的实验：改变摆锤重量（摆幅大小及摆线长度均不改变）的实验、改变摆幅大小（摆锤重量及摆线长度均不改变）的实验和改变摆线长度（摆锤重量及摆幅大小均不改变）的实验。通过三个实验，对影响摆动速度的因素做出判断。

第四步，搜集证据。制订完计划后，教师组织各小组进行实验，为使数据更准确可靠，每个实验可重复三次。在实验过程中，教师要巡视，适时提供帮助、引导或纠正，使学生能够准确操作。

第五步，处理信息。实验结束之后，先让小组成员在组内进行讨论，并得出结论。随后将所有小组的实验数据进行汇总并集中展示，由小组代表发言陈述，引导学生发现其中的规律。

第六步，得出结论。根据实验得出最终结论，即摆动速度与摆线长短有关（摆线越长，摆动越慢；摆线越短，摆动越快），与摆锤重量及摆幅大小无关。

第七步，表达交流。在教师的引导下，由小组代表发表实验感想，讲述探究过程和实验得失。同时，可采用不同的表述方式，借鉴科学小论文、实验报告等方式，呈现探究的过程与结论，锻炼学生的表达能力和结果呈现能力。

第八步，反思评价。针对各自的实验过程，由小组代表陈述自己在实验中扮演的角色和团队的操作过程，以此锻炼学生的复盘总结能力和团队协作能力。

以上教学案例说明，STEAM 教育在小学阶段具有充分的可行性。在实施 STEAM 教育的过程中，应始终贯穿以小学生为学习实践主体的理念，力求让学生去自主发现问题、设计实验、解决问题，从而促进小学生综合素质的全面发展。

我国现阶段的小学教育，须在完成基础教育的前提下，明确 STEAM 教育的发展方向，从教学内容、教学步骤、评价体系 3 个层面构建完善的 STEAM 教育体系，不断探索科学实践案例，以促进 STEAM 教育持续健康发展。

三、基于 STEAM 的教学设计

基于 STEAM 的教学设计如图 2-5 所示，整个教学模式包括课前、课中、课后 3 个模块。

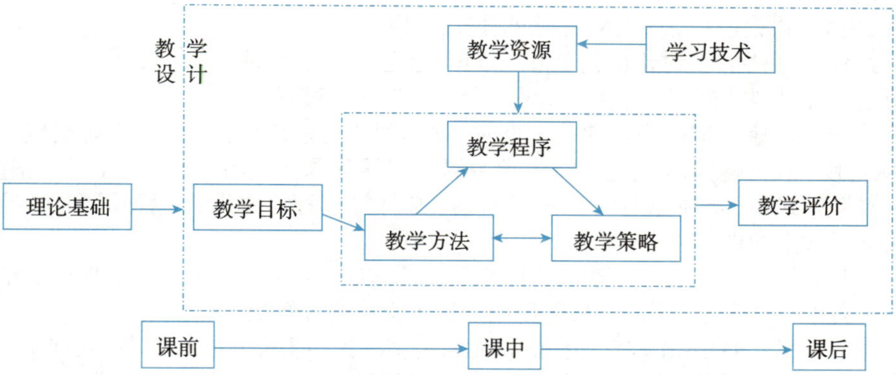

图 2-5 基于 STEAM 的教学设计

1. 课前

知识准备，教师组织教学资源、课前教学模式设计并且设计教学内容，对课堂情境进行预设，将课上的教学资源推送给学生，学生提前自主探究学习。教师对学生进行诊断性评估，根据评估结果对学生进行分组。

【视频】
信息技术产业

（1）理论基础。构建 STEAM 教学模式的理论基础为全面发展理论、建构主义学习理论、从实践中学理论。

（2）教学目标。以培养 STEAM 素养为基本目标，培养学生的设计思维、创造性思维以及协作能力，以促进学习者高阶能力发展为根本目标。

（3）评估学生。采用诊断性评价，在创设问题情境前，首先需要对学生有所了解，为后期学生分组做准备。

（4）学生分组。根据学生评估结果、能力要求、起点水平和学习风格进行分组。

（5）创设情境。为学习者营造出一个真实的问题情境，加强所学习的知识和技能与真实世界的联系。强调对学习主题内容的迁移能力，以及发现问题、分析问题、解决问题能力的培养。一方面，激发了学习者学习的热情；另一方面，真实的情境具备不确定性和复杂性，给学习者带来更大的挑战，综合各学科的知识与环境，这与 STEAM 教育强调的面向现实世界问题相互契合。

2. 课中

在 STEAM 的教学活动中，学生是主体，教师扮演教学活动的组织者、发起者和学生学习过程中的辅助者的角色。

（1）定义关键问题和探究。关键问题能增加学生的学习兴趣，为学生的研究提供方向——探究式的学习环境。师生共同参与收集信息以及对已有信息进行加工等。对于已经确立的问题，在现有知识不能解决的前提下就需要收集相关信息来解决问题。借助报刊、专著、领域专家、互联网等方式获取一定的信息，在收集的信息达到饱和的情况下对信息进行加工，分析如何解决问题，并且研究出解决问题的最优方案。学生分析教师引入的问题情境，明确需要解决的问题，并且对要解决的问题进行探究。

（2）建构和创新。如果这个问题曾经遇到过，那么学生增长的是知识与技能、新知识与旧知识的建构；学生遇到类似或是全新的问题，那么前者增长了学生的分析能力，后者增长了学生的创新能力，学生的知识与技能仍会得到满足，并且提升了学生的跨学科思维能力。

（3）团队协商。学生对教师的前置问题有一定的研究后，进入团队协作探究阶段，在这个阶段，团队围绕主题进行更加系统的讨论。在完成一个有难度的问题时，根据团队成员的擅长领域进行人员分工，综合各个成员观点，确定问题的解决方案。教师在过程中应当密切关注各个团队的讨论进程，在团队遇到问题时加以引导。

（4）迭代。当团队在讨论的过程中遇到问题定义不准确时，返回最开始的问题明确阶段，重新定义并且展开探究，问题探究是一个相互迭代的过程。

（5）质询。在遇到难以攻克的关键点时，团队可以寻求教师的帮助，教师也应当随时关注各团队进度，在问题进入关键点时为学生提供引导问题探究的方案，防止学生偏离目标。STEAM 教学模式中，教师辅导可以通过对话、邮件等多种方式进行，教师同时辅导多名学生，促进学习效率的提升。

（6）饱和总结。团队成员一致认为探究问题的解决方案达到饱和时，对探究的信息进行总结，综合各个成员观点，得到一份可以用于展示交流的方案或作品。

（7）生成方案。STEAM 教育强调的是面向真实世界的实际问题的解决，其课堂教学自始至终围绕着这个关键问题的解决开展。这个问题可能是一个需要工程设计的难题、科学探究的疑问，为解决问题进行方案的制订都是必不可少的，这是一个比较具体和可操作的过程。这个成果或产品可以是一个可操作、能推广的方案或是一个根据方案制作形成的产品。

（8）学习技术支持。基于 STEAM 教育的教学模式，在学生团队进行探究活动时可以提供各种工具和资源，其中涉及 3D 建模工具、3D 打印技术、机器人编程、虚拟现实技术、人工智能推理、大数据处理等高层次的技术。

3. 课后

本文采用了系统评价法，与传统评价法注重结果不同，系统评价法重视客观的评价手段、过程的评估。其目的在于建立一个螺旋上升的运动过程，以便对教学模式的运行情况做出及时的修正，给予完善。系统评价要求学生根据教学目标教学及教师制作的评价标准不断地进行内部评价及自我评价。本文采取多元主体对方案进行评价，其中，评价主体有自我评价、内部评价、教师评价 3 个方面。

（1）方案交流。学生个人独立完成的任务和以小组为单位的合作探究，都以小组为单位汇报，在汇报过程中尽量使每位学生都参与，鼓励学生将汇报过程录音、录像，供同学观摩、研讨。召集学生对方案进行讨论和交流，双方交换意见以及测评，定义结果或评价，注意在评价过程中的公平性，定义清晰的目标和成功的标准。

（2）总结反思。教师在课后根据学生课上出现的问题进行反思，找到在教学设计过程中不完善的地方加以记录改进，对学生提交的作品或者方案进行分析、评价。学生将方案形成过程以文字、图片、图画的形式记录下来，注意总结在方案形成过程中所遇到的问题与创新点，举一反三，加深对所学习内容的理解和记忆，仍然存在的问题寻求教师或团队的协助。

（3）完善方案。学生倾听多元主体所带来的评价，汲取他人建议，不断对自己的方案或产品进行完善。

第四节　基于翻转课堂的教学设计

一、翻转课堂的概念

翻转课堂（Flipped Classroom）是学习者在课前完成由教师提供的以视频为主要形式的学习资源的自主学习，课堂上师生完成答疑、协作探究、互动交流等活动的一种新型教学模式。翻转课堂教学模式颠倒了传统的教学理念，做到了以学生为中心、因材施教，教学流程的变化使得师生角色也有所转变。

【视频】
翻转课堂

翻转课堂理念早在 20 世纪 90 年代就已经出现，那时多在大学实践，2007 年开始进入中小学，因美国林地公园学校（Woodland Park）的乔纳森·伯尔曼（Jonathan Bergman）和亚伦·萨姆斯（Aaron Sams）这两位高中化学教师对他们的课堂进行录像并上传到互联网使学生即使不在学校也可以进行课堂学习的实践而引起注意。亚伦·萨姆斯说翻转课堂最基本的理念是把传统课堂上对课程内容的直接讲授移到课外，充分利用节省下来的时间来满足不同个体的需求。学生会在课前看课堂内容的视频材料，课堂上的时间便是实践时间，时间主要用来启发学生进一步深入的思考。

二、翻转课堂教学模型

2011 年，美国学者 Jackie Gerstein 最先构建了翻转课堂的教学模型，如图 2-6 所示，他将课堂划分为体验学习、概念探究、意义建构及展示应用 4 个阶段。同年，美国学者 Robert Talbert 根据《线性代数》课程的教学实践，提出了翻转课堂的系统结构图，该模型包括课前和课中两个阶段。课前，学生先要观看教学视频，要进行指导性练习；课中，学生先要快速完成简单的评价，以问题为导向，促进知识内化，最后进行汇报和反馈。

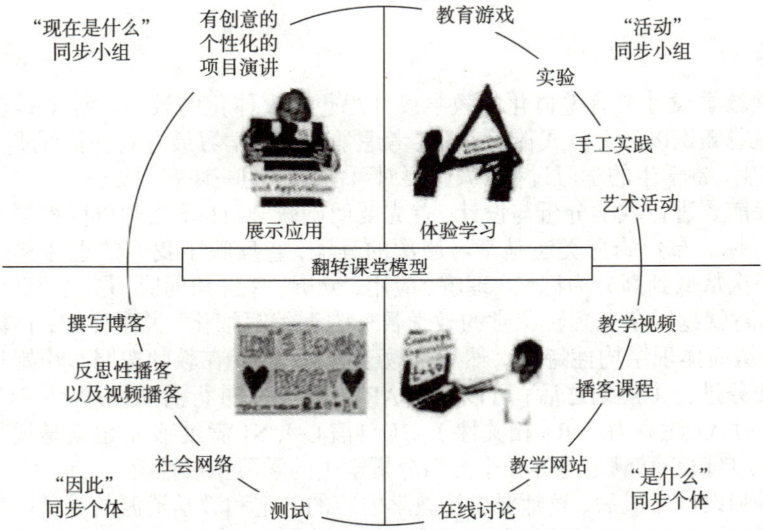

图 2-6　Gerstein 的翻转课堂教学模型

我国学者曾贞、张金磊、钟晓流等也提出了翻转课堂教学模型。学校实践方面，杜郎口中学、洋思中学、新绛中学、聚奎中学、昌乐一中等中学和一些高校都进行了翻转课堂的研究与学习。借鉴已有的研究，结合信息技术与课程整合案例分析课程教学需求和学习者，燕凤等构建了翻转课堂教学模型，如图 2–7 所示。

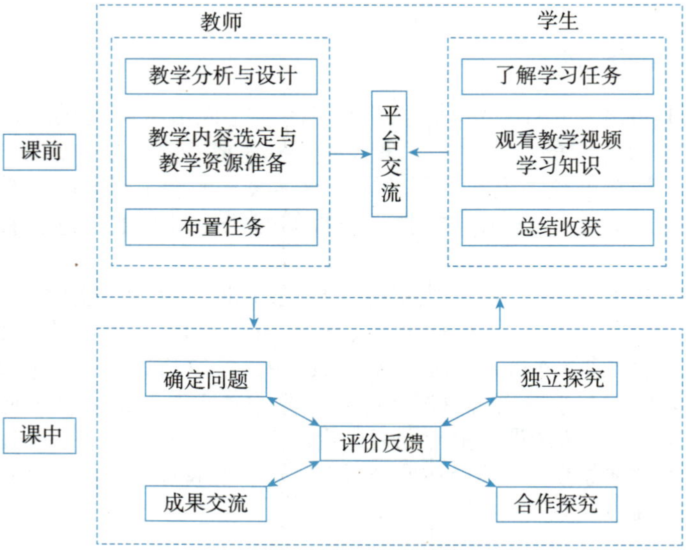

图 2–7　翻转课堂教学模型

翻转课堂教学模型分为课前和课中。其中，课前教师负责教学分析与设计、教学内容选定与教学资源准备、布置任务；学生在了解教师安排的学习任务的基础上观看视频，自主学习，总结学习的收获；课中，教师要引导学生确定问题、独立探究、合作探究、成果交流。这充分体现了以学生为主体、以教师为主导的思想，课前学生可以自定步调，注重学生自主学习能力的培养，课中注重学生知识的内化和独立探究、合作探究能力的培养。

三、基于翻转课堂教学模式的教学设计

（一）课前

翻转课堂教学设计要有整体化的教学设计思想。整体化的教学设计就是教师在备课的时候不仅要想着知识以什么方式传递，还要考虑学生怎样学习最有效。备课不只是备教学内容，还要备学生，备学生的学习过程，教师要对可能发生的一切有预见性。

教师在课前要进行教学分析与设计，首先要明确教学目标，教师可以根据布卢姆分类法来设计教学目标。布卢姆分类法是学习层次的分类，它反映了我们的思考和处理信息的路径。学习的层次从低到高分为记忆、理解、应用、分析、评价和创造，层次越低就越是基础和关键，层次越高就越复杂。翻转课堂的教学目标强调编写细化、说明详细，目标在描述时尽可能分层次，从而体现结构性特点。然后是教学活动设计，在教师按照布卢姆目标分类法对自己的课前任务进行了规划之后，可以利用 ARCS 模型来进行活动设计。ARCS 模型，它的 4 个要素分别为 A（注意力）、R（相关性）、C（自信心）、S（满足感），也就是说教师者应从注意力、相关性、自信心和满足感等 4 个方面分析学生的学习积极性。

教学分析和设计完成后，教师要进行教学内容的选定和教学资源的准备。教学内容根据学生的学习需要而制定，微视频的制作是资源准备中的核心内容，微视频可以来自开放资源（如中国国家精品课程、网易公开课、中国大学 MOOC 等），也可以是教师利用录屏软件录制的教学视频。录制教学视频要遵循教学视频能够吸引学生的注意、利于学生理解、能够引导学生的学习、互动性好、视频时间尽可能短等原则，教师可以使用 Camta–sia Studio、会声会

影等软件制作教学视频。

教学视频制作完成后，要发布这些教学视频。可以发到网盘，如百度网盘、百度云网盘、360 网盘等，供学生下载观看，也可以把视频上传到土豆、优酷等网站，学生还可以在视频下方互动。考虑到高校学生的时间安排问题，教师可以在上课前一周把教学视频和自主学习任务单一起发给学生。学生要在充分了解教师安排的任务的基础上，学习教师提供的教学视频，完成自主学习任务单，学生记录已学会、未学会和想深入了解的知识和技能，记录存在的问题并把问题反馈给教师，教师根据这些调整自己的课上活动。

（二）课中

（1）确定问题。课堂探究的问题需要师生共同确定。教师需要根据教学内容的重难点提出一些问题，学生根据课前观看教学视频、自主学习时发现的疑点和难点，以及在课前交流中未解决的困难提出问题。

（2）独立探究。课堂不只是进行简单的知识传递，更主要的是学生要掌握学习的方法，培养独立思考、解决问题的能力。在翻转课堂的教学活动设计中，教师应该给出一些小的、不同难度梯度的问题和任务，让学生根据兴趣和原有的基础自主选择相应的探究题目进行独立解决。在独立探究的过程中知识得到应用，知识体系也得到了更好的建构，也有利于学生科学方法和创新精神的培养。

（3）合作探究。学生每 4 个人为一个学习小组，在分配学习小组时要尽量做到组内异质、组间同质，每个小组选出一个组长，方便组织、实施、反馈小组的探究活动。小组中的每个成员都要根据教师布置的任务或者学习中遇到的问题发表自己的观点，组内成员尽量通过合作来解决这些问题，组内无法解决的问题可以请求其他小组同学和教师的帮助。此环节可以使用的小组学习策略有头脑风暴、小组讨论等，另外在学生合作探究的过程中，教师要注意捕捉各小组的探究动态并及时给予个性化指导。

（4）成果交流。学生经过了独立解决问题、小组间开展合作探究式活动之后，要将个人及小组的探究结果在课堂上进行展示，成果交流的形式多种多样，如报告会、辩论会、小型比赛等。教师对各个小组的成果进行点评，对各小组出现较多的问题重点进行讲解，这样可以实现学习成果共享，学生可以互相学习，取长补短，更好地实现学习目标，也增加了学习的趣味性和学生的主动性。

（5）反馈评价。教师要在学生回答或者汇报完成后及时做出反馈，重视评价的多元性和公平性。评价主体包括教师、学习者、同学等；评价内容涉及提出问题的情况、学习计划安排，时间安排，学生在课堂独立探究，合作探究过程的表现，成果汇报展示等多方面，即评价要包括对学习过程和学习结果的评价。

无论翻转课堂还是传统课堂，都是为了学生更好地学习。教师应该理性看待翻转课堂，在教学实践中不断检验、更新自己的教学设计，以便将教学设计更好地应用到实践中。对于基于翻转课堂教学模式的教学设计还处在初步研究阶段，更好地发挥翻转课堂的优势、避免它的劣势及怎样更好地进行翻转课堂教学，还需要做更多的研究。

第五节　信息化教学评价

一、教学评价及其分类

【视频】
课堂教学评价

所谓教学评价，是指运用一系列可行的评价技术和手段评量教学过程和效果的活动，以期确定教学状况与教学期望的差距，确定教学问题解决对策。教学评价目的是确保改善学与教的效果，具有反馈调节、诊断指导、强化激励、目标导向等功能。

在长期的教学实践中，已经产生了多种不同的评价标准和评价方法。依据不同的分类标准，教学评价的种类可作不同的划分。如按评价基准的不同，教学评价可分为相对评价和绝对评价；按评价功能的不同，教学评价可分为诊断性评价、形成性评价和总结性评价；按评价表达的不同，教学评价又可分为定性评价和定量评价等。

（一）按评价基准分

按评价基准分，教学评价可分为相对评价、绝对评价。

1. 相对评价

相对评价是在被评价对象的集合中选取一个或若干个个体为基准，然后把各个评价对象与基准进行比较，确定每个评价对象在集合中所处的相对位置。

为相对评价而进行的测验一般称为常模参照测验。它的试题取样范围广泛，测验成绩表明了学生学习的相对等级。由于所谓的常模实际上近似学生群体的平均水平，所以这种测验的成绩分布符合正态分布规律。

利用相对评价来了解学生的总体表现和学生之间的差异，或比较不同群体间学习成绩的优劣是种有效的方法。它的缺点是基准会随着群体的不同而发生变化，因而易使评价标准偏离教学目标，不能充分反映教学上的缺点。

2. 绝对评价

绝对评价是在被评价对象的集合之外确定一个标准，这个标准被称为客观标准。评价时把评价对象与客观标准进行比较，从而判断其优劣。评价标准一般是教学大纲及由此确定的评判细则。

为绝对评价而进行的测验一般称为标准参照测验。它的试题取样就是预先规定的教学目标，测验成绩主要表明教学目标的达到程度，所以这种测验的成绩分布通常是偏态的。低分多高分少，为正偏态；低分少高分多，为负偏态。

绝对评价的标准比较客观。如果评价是准确的，那么评价之后每个被评价者都可以明确自己与客观标准的差距，从而可以激励被评价者积极上进。但是绝对评价也有缺点，最主要的缺点是客观标准很难做到客观，容易受评价者的原有经验和主观意愿的影响。

（二）按评价功能分

按评价功能分，教学评价可分为诊断性评价、形成性评价和总结性评价。

1. 诊断性评价

诊断性评价是在教学活动开始之前，为收集信息和设计一种可以排除学习障碍的教学方案而进行评价。进行这种评价，是为了使教学适合学习者的需要和背景，以确定教学方案的可行性，了解学生的知识基础和学习能力基础，以保证教学活动能有效地得以展开。

2. 形成性评价

形成性评价是在教学过程中，对教学方案实施的情况，以及学生学习情况的评价，依靠反馈信息，并对此做出纠正，以明确下一步如何调节教与学的活动，使教学活动的效果更好，最终达到教学目标。形成性评价的目的是控制教学过程。

3. 总结性评价

总结性评价是在教学活动结束后，对教与学的成果进行评价，从而确定完成目标的程度。

上述 3 种类型的评价有各自的特点，如表 2–3 所示。

表 2-3　诊断性评价、形成性评价和总结性评价的比较

	诊断性评价	形成性评价	总结性评价
实施时	教学之间	教学过程中	教学之后
评价目的	摸清学生底细，以便安排学习	了解学习过程，调整教学方案	检验学习结果，评定学习成绩
评价方法	观察、调查、作业分析、测验	经常性测验、作业分析、日常观察	考试或考查
作用	查明学习准备情况和不利因素	确定学习效果	评定学业成绩

诊断性评价、形成性评价和总结性评价都是相对某一个教学阶段、某一种教学活动的评价。对整个教学过程来说，总结性评价也可以看作是下一教学阶段的诊断性评价和形成性评价，而诊断性评价和形成性评价，也可以看作是即时的或前一阶段的总结性评价。

教学设计方案的评价主要是形成性评价。重视形成性评价是现代教育评价的发展趋势。自其产生至目前，形成性评价与质性评价、定性评价的运用相结合，其运用类型逐渐丰富并发展为真实性评价、表现性评价和发展性评价等几种。

（1）真实性评价。真实性评价（Authentic Assessment）指的是在真实的生活环境中评价学生的表现。真实性评价任务都是学习过程中有意义、有价值的重要经历。例如，在真实性评价中，一名学生为了解释发动机的零件，可能需要重新组装一个发动机，相反，传统的评价方法强调的是对发动机零件的记忆。真实性评价暗含的含义是：评价是学习的一部分，是不断发展变化的，成功或失败只能用学生在新的环境中应用知识和技能的能力的具体事实说明。

（2）表现性评价。表现性评价（Performance Assessment）关注“我们怎么知道学生知道了什么”，要求定期观察和评价学生的表现。学生应该知道评价的标准，明确的标准不仅可以使学生知道关键信息，同时也可以给学生确立一个奋斗的目标。

表现性评价常常与真实性评价一起运用，并且与真实性评价一样有着以下评价任务特征和评价要求。真实性评价和表现性评价的任务特征是：情景化、整体化、元认知化（需要学生反思他们的思考过程）、与所教的课程内容相关、灵活性（可以以多种方式展示知识和技能）。真实性评价与表现性评价的要求是：多种形式、自我评价、同伴评价、具体的标准、常规的学习结果和自我反思与个人内心反省。

（3）发展性评价。发展性评价（Development Assessment）是一种形成性教学评价，它是针对以分等和奖惩为目的的终结性评价的弊端而提出来，主张面向未来，面向评价对象的发展。

发展性教学评价着力于人的内在情感、意志、态度的激发，着力于促进人的完美和发展，是以人为本的思想指导下的教学评价。

发展性教学评价强调评价主体多元化，主张使更多的人成为评价主体，特别是使评价对象成为评价主体，重视评价对象自我反馈、自我调控、自我完善、自我认识的作用。

发展性教学评价在重视施教过程中静态常态因素的同时，更加关注施教过程中的动态变化因素。

发展性教学评价更加强调个性化和差异性评价，要求评价指标和标准是多元的、开放的和具有差异性的，对信息的收集应当是多样、全面和丰富的，对评价对象的价值判断应关注评价对象的差异性。

发展性教学评价强调定性评价和定量评价的结合运用，认为过于强调细化和量化指标，往往忽视了情感、态度和其他一些无法量化而对评价对象的发展影响较大的因素的作用。

（三）按评价表达分

按评价表达分，教学评价可分为定性评价和定量评价。

1. 定性评价

定性评价是对评价资料作“质”的分析，是运用分析 / 综合、比较 / 分类、归纳 / 演绎等逻辑分析方法，对评价所获得的数据、资料进行加工。定性评价的结果有两种：一是描述性材料，数量化水平较低甚至毫无数量概念；另一种是与定量分析相结合而产生的，包含数量化但以描述性为主的材料。

2. 定量评价

定量评价则是从“量”的角度，运用统计分析、多元分析等数学方法，在复杂纷乱的评价数据中总结出规律性的结论。由于教学涉及人的因素，各种变量及其相互作用关系是比较复杂的，因此为了提示数据的特征和规律性，定量评价的方向、范围必须由定性评价来规定。

定性评价和定量评价是密不可分的，两者互为补充，相得益彰，不能扬此抑彼。

总体来说，任何一种高质量的评价模式，都应当满足下面 10 个关键条件[（赫尔曼（Herman，1992）、阿斯科贝克（Aschbacher，1992）和温特（Winter，1992）]。

（1）评价必须与教学目标一致。

（2）评价应该包括对学习过程和结果的测查。

（3）表现性评价活动不是评价本身。

（4）认知学习理论及其知识习得的建构方法都认为，应该将评价方法与教学结果、课程内容整合到一起。

（5）学生学习的整合和活动观要求评价综合化和复杂化。

（6）评价方案的设计取决于评价的目的，用于评分和监控学生进步的方案与用于诊断和提高的方案之间存在一定区别。

（7）一次有效评价的关键是任务和预期的学生学习结果之间的匹配。

（8）评价学生表现的标准很重要，没有了标准，评价仍将是孤立的、插曲式的活动。

（9）良好的评价能够为学生的学习情况提供大量的反馈信息，教师可以根据这些信息作出决策。

（10）最能反馈学生情况的评价系统包括过去一直使用的多种方法。

二、信息化教学评价与传统教学评价的比较

为了达到信息化教育的培养目标，培养具有处理信息能力的、独立的终身学习者，信息化教学评价必须要与各种相关的教学要素相适应，从而也必然与传统的教学评价迥然不同，其区别可以概括为以下 5 点。

（一）评价目的不同

传统的教学评价侧重于评价学习结果，以便给学生定级或分类。评价通常包含根据外部标准对某种努力的价值、重要性、优点的判断，并依据这种标准对学生所学到的与没有学到的进行判断。为了评价学习结果，传统的评价往往是正规的、判断性的。而在信息化教学中，评价是基于学生表现和过程的，用于评价学生应用知识的能力。关注的重点不再是学到了什么知识，而是在学习过程中获得了什么技能。这时的评价通常是不正规的、建议性的。

（二）评价标准的制定者不同

传统评价标准是根据教学大纲或教师、课程编制者等的意图制定的，因而对团体学生的评价标准是相对固定且统一的；而信息化教学强调学生的个别化学习，学生在如何

学、学什么等方面有一定的控制权，教师则起到督促和引导的作用。为此，在信息化教学中，评价的标准往往是由教师和学生根据实际问题和学生先前的知识、兴趣和经验共同制定的。

（三）对学习资源的关注不同

在传统教学中，学习资源往往是相对固定的教材和辅导材料，因而对于学习资源的评价相对忽视，往往只是在教材和辅导材料等成为产品前，才有由特定学生与教师所实施的检验或实验性质的评价出现。而在信息化教学中，学习资源的来源十分广泛，特别是互联网在学习中的介入，更使学习资源呈现了取之不竭之势。因而，在信息化教学评价中，对学习资源的评价受到更广泛的重视。

（四）学生所获得的能力不同

在传统的教学评价中，学生的角色是被动的。他们通过教师的评价被定级或分类，并从评价的反馈中认识自己的学习是否达到预期。然而，在信息化社会中，面对不断更新的知识，指望他人像传统教学中的教师一样适时地对自己的学习提供评价是不可能的。因而，作为一个合格的终身学习者，自我评价将是一个必备的技能，培养学生的这种技能本身就是信息化教学的目标之一，也是评价工作的任务之一。

（五）评价与教学过程的整合性不同

在传统教学中，评价往往是在教学之后进行的一种孤立的、终结性的活动，目的在于对学习结果进行判断（见图 2–8）。而在信息化教学中，培养自我评价的能力和技术本身就是教学的目标之一，评价具有指导学习方向、在教学过程中给予激励的作用。因此，评价是镶嵌在真实任务之中的，评价的出现是自然而然的，是一个进行之中的、嵌入的过程，是整个学习中不可分割的一部分（见图 2–9）。

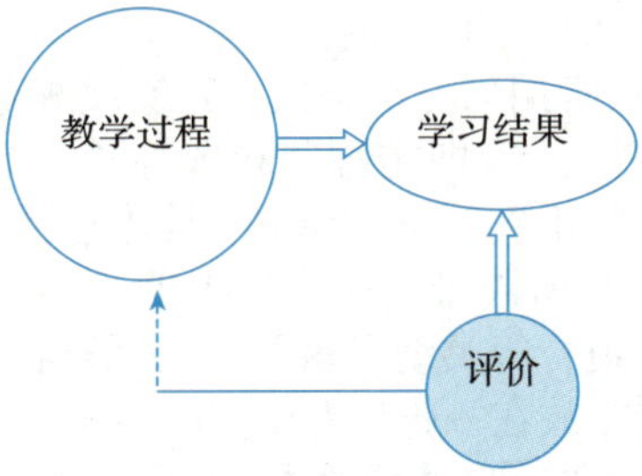

图 2–8　评价在传统教学中的位置

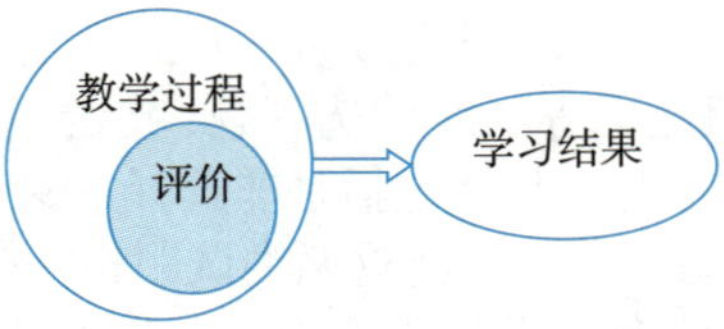

图 2–9　评价在信息化教学中的位置

三、信息化教学评价的原则

在信息化教学中，以下评价原则将有助于达到评价目的，进而实现整个教学目标。

（一）在教学进行前提出预期

在信息化教学中，学习的任务往往是真实的，而学生又具有较大的自主权和控制权。为避免学生在学习过程中迷途，在教学进行前，预先通过提供范例、制定量规、签订契约等方式使学生对自己要达到的结果有一个明确的认识将是非常有效的。这样一来，学生们就会主动地使自己的工作与任务的预期看齐。

（二）评价要基于学生在实际任务中的表现

在信息化教学中，教学的组织者要尽可能地从“真实的世界”中选择挑战和问题，并在评价时关注学生在实际任务中所表现出来的提问的能力、寻求答案的能力、理解的能力、合作的能力、创新的能力、交流的能力和评价的能力。评价的重点要放在如何使学生的这些能力得到发展和提高上，而不仅仅是判断学生的能力如何上。

（三）评价是随时并频繁进行的

既然信息化教学中的评价是一个进行中的、嵌入的过程，那么它也应该是随时并频繁进行的，目的是衡量学生的表现与教学目标之间的差距，进而及时改变教学策略，或者要求学生改变他们的学习方法及努力方向。事实上，评价是促进整个学习发展的重要环节。

（四）学生对评价进程和质量承担责任

要发展自我评价能力，学生需要有机会制定和使用评价的标准，使他们在思考和反思中发展自身的技能。学生应该知道如何回答和解决诸如“需要解决的问题是什么？”“我们怎样才能知道自己已经取得了进步？”“我们如何才能得到提高？”“我们怎样才能达到优秀？”之类的问题。因此，只要有可能，就要尽量鼓励学生进行自评或互评，并使他们对评价的进程和质量承担责任。

四、信息化教学评价的方法

（一）面向学习过程的评价方式

1. 传统评价方法

传统评价所借助的方法通常有测验、调查和观察几种。虽然这几种评价方法已经发展得比较成熟，但随着信息化教育的发展，对教学过程的关注越来越广泛，这就要求对传统的评价方法进行一定的改造，尽可能使之适应信息化教学评价的特点和原则。

（1）测验。测验是了解学生认知目标达标程度的最常用的方法。试卷是实现测验这种评价方法的主要工具之一。试卷中的题目通常可分为两大类，即构答题和选答题。所谓构答题，指的是要求学生用文字、算式等对给定的题目提供正确答案的试题，具体包括作文题、算术和填充题等。所谓选答题，指的是要求学生在题目所附带的两个以上的答案中选择正确答案的试题，具体包括是非选择、多项选择、配对、组合等类型。这两大类试题各有利弊。所以，较好的做法是将这两类试题相互结合，融为一体，放在一张试卷中同时使用。

（2）调查。调查是通过预先设计问题，请有关人员进行口述或笔答，从而获取所需要的资料。作为教学评价的重要手段，它可以了解学生的学习兴趣和态度、学习习惯和意向，通过了解各方面对教学过程和教学效果的意见及学习资源对学生产生的效果等，从而判断教学或学习资源的有效程度，为改进教学或学习资源提供依据。

调查的主要形式有问卷和面谈两种。在调查过程中，将有很多相关因素相互作用，以面谈为例，谈话时的气氛、谈话人的态度、谈话人的身份、谈话的时间、问题的表述及敏感性等都会影响调查的结果。为此，为保证评价的合理真实，必须事先对即将付诸实施的调查精心的设计。

问卷调查表是进行调查的工具之一，它的设计将直接影响到调查的结果。在设计问卷调查表时，首先要明确调查目标，并根据调查目标设计表述简单明了、没有歧义的问题，同时也要考虑调查结束后，这些问题在进行整理评价时的意义；其次，为被调查者的方便起见（也是为了避免草率的问卷填写），应使问卷填写工作尽可能地简单。为此，最好将每个问题的答案都设计成选择题的形式，并提供尽可能多的答案，同时在必要的地方也不要忘了设置

“其他”项收集意料之外的答案。最后，还要考虑问卷调查表的表现形式，最基本的要求是简洁大方，便于理解，方便填写。

在信息化教学评价中，可以通过问卷调查表发现学习资源对学生的作用，引导学生有目的地进行反思，还可以让学生自行制作问卷调查表，以培养他们收集、处理信息的能力等。

（3）观察。

观察是在自然的教育场景下了解观察对象。观察与测验、调查不同的是被观察者像往常一样学习和活动，不会产生或感到任何的压迫感。所有收集的资料自始至终都是被观察者的常态表现，都是自然的、真实的。观察一般要在事前确定观察目的、观察范围，并明确对将观察的某现象需设置哪些变化的情况或场景，使被观察者在这种特定条件下进行活动，以获得合乎实际目的的材料。观察在情境化教学中的评价作用应该引起重视，但需要注意运用量规等评价工具，以便使观察更具目的性，观察结果更具客观性。

2. 信息化评价方式

在信息化教学评价中，除了要根据教学目标的不同对传统评价方法进行改造外，还要发展一些新的评价方法（工具）。

（1）学习档案。学习档案也可称为“档案袋评价”或“学生成长记录袋评价”，是按一定目的收集的反映学生学习过程及最终产品的一整套材料。这种学习档案在客观上有助于促进个人的成长，而学生也能在自我评价中逐渐变得积极起来。学习档案中可包含各种形式的学习材料，如录像带、书面文章、图画、计算机编程等。例如，一个艺术家的评定包可包含使用一系列艺术媒体和技术所创造的艺术作品、不断进步的作品、最初的草图和已完成的作品，还有报刊上刊登的教师、学生和同行的评论。学习档案能使学生成为一个更有见识、更善思索/反思的自我评估者。凭借学习档案所提供的具体参考资料，教师能有效地辅导和支持学习者达到学习目的。

在信息化教学中，学习档案的建立和维持可以自动进行，成为电子学习档案。电子学档是利用网络和数据库技术，根据一定的学习目的，由学习者负责对学习过程中关于学习目的、学习活动、学习进步、学习成果等情况的记录，以及学生或他人关于学习过程和学习结果的反思及评价的集合体。其要素包括目标、读者、体现能力的证据、测评的标准和反思等，反思是电子学习档案袋必不可少的组成部分，否则学习档案袋就成了作品集。

电子学档占有较少的存储空间并可长时间保存，其易于备份，通过网络和其中的超文本链接可以方便地浏览、更新、评价其中的内容。最方便的方法是使用Blog（博客）技术平台建立电子档案袋。利用电子学档进行发展性评价一方面可以弥补考试机制偏重记忆的弊病，另一方面也可让学生通过持续不断的努力累积建立自我能力，还可以让外界更客观地评估学生的能力。

（2）学习契约。学习契约也称为学习合同，这种评价方法来源于真正意义上的契约或合同。例如，当建筑设计师承担一项设计时，委托人通常要就这项设计的具体要求及交会日期进行详细的说明，并与设计师签订合约。待设计完成后，评价设计是否合格（设计师是否能拿到酬金）的主要依据将是合约。

学习契约的意义和实施方法与上例中所说的合约相差无几。在信息化教学中，其基本原则就包括以“学”为主，以“任务驱动”和“问题解决”作为学习和研究活动的主线。为了能够让学生在完成任务和解决问题时有一个具体的目标或依据，也为了客观合理的评价，学习契约这种评价方式是应该得到足够重视的。如契约学习在小学数学教学上的应用。

A. 暖身运动　新接班级（或新学年）的第一节课通常不正式上课，而是先玩一两场数学游戏。游戏教学法是让学生在游戏中练习应用数学知识，以避免枯燥无味的反复运算或解题的活动。

B. 交心时刻　师生以自由发言的方式说出自己对数学的看法、期望，透过这样的发表过程，可以看出学生对数学的认知程度、学习态度，甚至发现学生数学学习障碍等其实透过大家的经验分享，有些数学学习上的恐惧感可能不药而愈呢！

C. 定出“挑战分数” 为了解学生实际的学科能力，在第二次上课之前编一些评量试题，以确立学生的起点能力，并求出学生前一学期数学科学习成就的平均分数，再与前一年的数学任课教师交换意见，综合这两项成绩及任课教师的意见，教师给每个学生订一个“教师的理想分数”。在第二次上课下课前要学生为自己订一个“数学期望分数”，即自己认为下次定期考查中可以得几分（也可以和家长共同商讨），并要说出是怎么订出这个分数的。然后，利用课余时间分别和学生一对一共同商讨与确认：下次学校的定期考查中数学科的“挑战分数”是多少，接着讨论要达到“挑战分数”所应有的努力。

D. 爱的约定 当师生都确认个别的“挑战分数”之后，第三次上课时老师则宣布“挑战成功”者酬赏办法的草案，经大家一一“审查”后定案，并将这些约定分别编制成一张张“数学科学习契约书”，师生分别在学习契约书上签名后，再请家长签名见证；这张学习契约的有效期是到学校的第一次定期考查结束为止。定期考查结束后，师生分别比对学习契约书的挑战分数，挑战成功者老师则依约给予奖励，而对于挑战失败者，不处罚他，因为没有人愿意创造失败。关于酬赏，学生们比较喜欢的方式有：到老师家包水饺、郊外野餐、请看电影，买点心饮料、开“庆功宴”等。当欢乐结束后，师生就开始第二回合的挑战作业。关于学习标准的拟定，当然要参考第一回合的战果，对于达成学习目标者，其第二回合的挑战分数依学生自己的意思提高门槛；对于未达目标者，则分别检讨失败的原因。若发现是因为标准过高的话，则调降挑战分数，若是其他因素，则协助学生一一排除困难，大家欢欢喜喜地向第二目标迈进。

契约学习法的特色在于学生主控整个学习活动，从学习目标的选择、学习计划的拟订，到执行学习活动、评量学习结果等，都由学生担负大部分的责任。它充分提供学生思考的空间，适应个别学生的学习步调，让学生依其喜欢的方式从事学习。

（3）概念地图。概念地图是一种图表，可用以指示课、单元或知识领域的组织形态。在确定与某一课题有关的概念后，学生可通过沿着空间等级层次或时间先后顺序的维度，创建心智 / 思维模式，如图 2–10 所示，以此确定 / 建立概念间的相互关系。学生可通过手绘或电子工具的方式将概念联系起来，形成他们对这些概念关系的理解，如图 2–11 所示。

概念地图中概念关系的判断可以测量学习者有关知识命题的网络特征，因为知识网络中节点或节点多少和节点的关系反映了学习者在一定知识背景或学习环境下对知识重点和疑点的把握。概念地图的建构反映了概念关系的功能作用和它们之间的联想能力，也是学习者对有关知识综合贯通的表征能力。

概念地图能评定学生对某个领域知识的理解，探查学生的内部认知结构。在教学时可评定学生的预备知识、确认学生知识的裂缝，可以反映出学生头脑中的误解、错误观念，还能帮助教师确定学生经过教学后所建立的概念联系的广度与质量等。概念地图注重知识结构和成长过程的评价，其作为一种评价工具，符合素质教育要求、符合国家课程改革的需要，是一种新型的评价方式。

（4）绩效评估。在信息化教学中，学生个人或小组针对某一主题，独立完成任务，并以成果（如电子作品、解决方案、研究报告等）方式来展示绩效，已成为一种普遍接受的学习模式。在这种学习模式中，绩效评估这种评价方法显得尤为重要。绩效评估涉及学生创造成果或完成所要求的既定任务的过程，并且需要一整套的辅助工作，如学生作业的观察、展现、陈述、访问、学生生成的计划、模仿及角色游戏等。为了绩效的真实性，它们应与真实世界密切联系起来，即要重视知识的应用，而不只是对知识的回忆。好的绩效评估反映了真实世界的复杂性并同时对多方面进行测量。在绩效评估中，学生有机会显示广泛的才能。

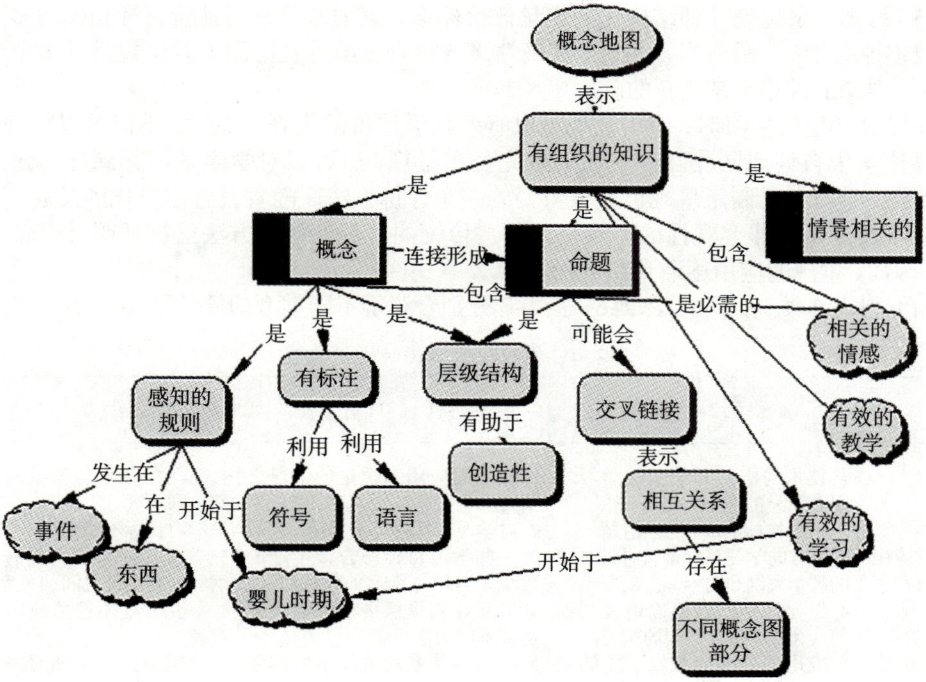

图 2-10 概念地图的概念

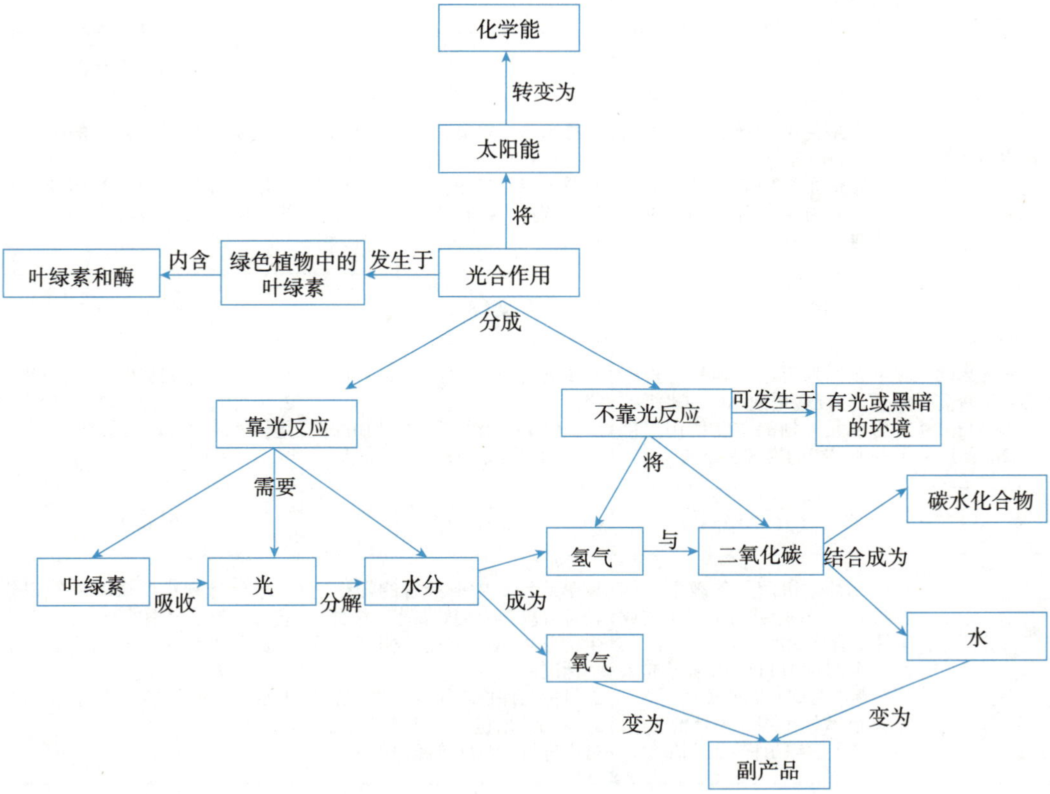

图 2-11 光合作用的概念地图

（5）量规。量规是一种结构化的定量评价标准。它通常是从与评价目标相关的多个方面详细规定评级指标，具有操作性好、准确性高的特点。虽然从字面上看量规是一个全新的名词，但从内涵上讲并不是全新的。

在评价学生的学习时，应用量规可以有效降低评价的主观随意性，不但可以教师评，而且可以让学生自评或同伴互评。如果事先公布量规，还可以对学生学习起到导向作用。此外，让学生学习自己制定量规也是很重要的一个评价方法。随着教育信息化的发展，越来越多的学习任务是以非客观性的方式呈现的。传统的客观性评价方法已被证明具有较大的局限性，因而，量规的应用逐渐受到重视。

如下列表 2–4、表 2–5、表 2–6、表 2–7 分别介绍了不同类型的评价量规。

表 2–4　信息化教学设计评价量规

	优（32–40 分）	良（16–31 分）	一般（0–15 分）
技术的应用是否有利于提高学生的学习效果（40 分）	1. 技术的应用和学生的学习之间有明显的关联 2. 学习目标明确，表述清楚 3. 所有的学习目标都符合该主题的教学大纲和内容标准的要求 4. 单元计划已经明确地说明如何变化，以适合不同的学习者 5. 应用的技术能激发学生的兴趣，符合学生的年龄特征，有利于学生的学习以及高级思维能力的培养	1. 技术的应用和学生的学习之间有一些关联 2. 对学习目标进行了界定 3. 一些学习目标符合该主题的教学大纲和内容标准的要求 4. 单元计划提供少量的变化来适应不同的学习者 5. 应用的技术能激发学生的学习兴趣，符合学生的年龄特征，但对于其如何才能提高学生的学习不清楚	1. 应用的技术与学生的学习之间关联不大 2. 学习目标不明确 3. 学习目标与该主题的教学大纲和内容标准之间的关系模糊 4. 单元计划不能适应不同的学习者 5. 应用的技术不能激发学生的兴趣，不符合学生的年龄特征，不能提高学生的学习效果
	优（16–20 分）	良（8–15 分）	一般（0–7 分）
技术与教学的整合是否合理（20 分）	1. 技术是使单元计划成功的必不可少的一部分 2. 把计算机作为研究、出版和交流的工具对单元计划的实施很有帮助	1. 技术是很重要，但还没有成为单元计划必不可少的一部分 2. 单元计划中包括了将计算机作为调查、发布和交流工具等条目	1. 技术在单元计划中的重要性不明显 2. 单元计划中很少利用计算机进行调查、发布和交流
	优（16–20 分）	良（8–15 分）	一般（0–7 分）
单元计划的实施是否简单易行（20 分）	1. 单元计划可以很容易地进行修改，以便应用到不同的班级 2. 为单元计划的重复使用提供了一个完善的模式及原则	1. 单元计划可以应用到其他班级 2. 提供了一个可以重复使用的模式，但该模式的原则需要完善	1. 单元计划仅适用于一个班级 2. 单元计划未能提供一个可供重复使用的模式及原则
	优（16–20 分）	良（8–15 分）	一般（0–7 分）
是否能够有效评价学生的学习（20 分）	1. 单元计划讲解了与教学大纲相适应的知识，并且对学生的成果评估有明确的标准 2. 学生的学习目标和学习成果评估标准之间有明确关系 3. 单元计划中包括一些评价工具，用于进行务实的评价和评估	1. 单元计划中所讲解的知识比较符合教学大纲的要求，并对学生的学习成果有比较明确的评估标准 2. 目标与评价之间有一些关系 3. 单元计划包括一些评价工具，可以进行一些评价和评估	1. 单元计划中所讲解的知识比较符合教学大纲的要求，但对学生的学习成果没有明确的评估标准 2. 目标与评价之间的联系不明确

表 2-5　教学资源设计评价量规

结构指标	单项指标	评价等级				得分
		优 90 以上	良 75–90	一般 60–75	差 60 以下	
选题 （20 分）	新颖独特，体现创新性（10 分）					
	具有现实意义与价值（10 分）					
内容 （60 分）	内容完备，包含课程（专题）内容、系统结构、功能特色等方面的设计（12 分）					
	课程（专题）内容设计合理，其体系结构科学、具体（16 分）					
	系统结构描述清晰，包括结构图、主要模块说明等（16 分）					
	功能特色定位准确，有创新（16 分）					
表达 （20 分）	思路清晰明确，体现教学设计的基本思想（7 分）					
	结构组织合理，具有逻辑性与层次性（7 分）					
	语句表述科学、准确，符合规范（6 分）					
总分						

表 2-6　电子学档评价量规

指标	优	良	中	差
技术的创造性使用	图形、声音、电子邮件、软件、网络资源的创造性的使用 表达出色	仅有几处声音、图形和超链接的创造性的使用 表达具有吸引力	使用了一些有趣的声音和图形 表达的内容具有可预见性	缺少个性化的资源 表达单调
内容选择	所选择的样本表现了学生学习的进步和知识的增加	所选择的样本表现了学生学习的进步和部分知识的增加	所选择的样本表现了学生学习的部分进步和知识的部分增加	只是对样本进行了随机的选择，丝毫表现不出学生知识的增加
文字的组织	没有语法和标点符号错误 布局合理，导航正确	存在极少数的语法和标点错误 导航正确	存在少数语法和标点错误 布局不合理，有时易造成访问者迷航	存在几处语法和标点错误 布局不合理，导航不正确
自我评价	能进行极好的自我评价	自我评价正确	自我评价显得稍微有些肤浅	对自己作品的好坏不关心

表 2-7　作品集评价量规

指标	优	良	差
技术整合	● 拟采取的技术用法能很好吸引学生注意力，符合学生年龄特点，有利于学生的学习，能促进高级思考技巧的培养 ● 技术是本单元计划成功的不可或缺因素 ● 学生范例明显地体现了技术使用和学生学习之间的联系 ● 把计算机当作研究工具、发布工具和交流工具来使用，这种技术用法确实增强了单元计划	● 拟采取的技术用法能吸引学生注意力，符合学生年龄特点，但是对于如何增进学生的学习不是很清楚 ● 技术是重要的，但对本单元说并非不可或缺 ● 学生范例展示的技术使用与学生学习之间有一定联系	● 拟采取的技术用法不能吸引学生注意力，不符合学生年龄特点，不能增进学生的学习 ● 技术的重要性对项目来说不明显 ● 学生范例不能表现技术使用和学生学习之间的联系。单元计划未能利用计算
学生学习	● 单元计划要求学生解释、评价、推理和 / 或综合信息 ● 学习目标定义清楚，条理清晰，而且以基本问题和单元问题为支持 ● 学生范例讨论单元问题的方式有新意。所有学习目标与相关学科课程标准 / 教学大纲有明显关联 ● 单元计划有精心设计的、适应不同学习者的调整措施	● 单元计划要求学生分析和应用信息、解决问题和 / 或做出结论 ● 较好地定义了学习目标，而基本问题和单元问题的支持程度属于一般 ● 学生范例讨论单元问题的方式平凡 ● 部分学习目标与课程标准 / 教学大纲有关联。单元计划提供了较少的适应不同学习者的调整措施	● 单元计划要求学生定义、鉴别、描述 / 概述。很少用到高级思维 ● 学习目标模糊，基本问题和单元问题的支持不明显 ● 范例讨论单元问题的方式缺乏新意 ● 学习目标与课程标准 / 教学大纲几无关联。单元计划无法适应不同学习者
实施	● 单元计划提供了精心设计的范例和实施指南 ● 单元计划容易修改，能够在各类教室中实施	● 单元计划有示范意义，但实施指南欠完整 ● 单元计划或可在其他教室实施	● 单元计划模型和实施指南均欠示范意义 ● 单元计划只能在教师本人的教室中实施

（二）面向学习资源的评价方法

随着科学技术的普及和发展，学习资源尤其是教学软件和网上学习资源随处可见甚至到了泛滥的程度。虽然这些资源都声称是依据合理的教学原则设计的，但显然其中很多资源还有待改进。网上的学习资源更是如此，由于任何人或组织都可以在网上发布自己的作品，因而网上学习资源的质量良莠不齐。目前教师和学生面临的主要问题就是，如何在资源的海洋中通过有效的评价挑选出有助于师生学习的、高质量的学习资源。

在实际的教学评价中，评价和选择学习资源的任务通常是由教师担当的。同时值得注意的是，信息化教育也要求学生具有评价学习资源的能力，因此教师不但自己要学会评价学习资源，还要引导学生学会正确地评价资源。由此看来，评价时依据相应的标准是非常必要的。目前教育技术界比较关注的是音像教材和教学软件及网上资源的设计、编制和选用，并总结出“五性”的原则，这实际上也是评价这类学习资源的基本标准。

教育性：看其是否能用来向学生传递教学大纲所规定的教学内容，为实现预期的教学目标服务。

科学性：看其是否正确地反映了学科的基础知识或先进水平。

技术性：看其传递的教学信息是否达到了一定的技术质量。

艺术性：看其是否具有较强的表现力和感染力。

经济性：看其是否以较小的代价获得了较大效益。

表 2-8 至表 2-11 分别介绍了具体体现上述“五性”的录音教材、影视教材、教学软件和网上学习资源的基本评价标准。

表 2-8　录音教材的评价标准

序号	评价指标	评价内容
1	选题	针对性、目的性强，发挥媒体特长
2	朗读	读音规范流利，节奏和重复适度，朗读情绪符合教学内容的基调
3	音乐	音乐和音响不过荷、不失真，音乐带要双声道，无背景噪音

表 2-9　影视教材的评价标准

序号	评价指标	评价内容
1	教学目的	选题紧扣教学大纲、目标明确，针对教学重点、难点，发挥了媒体的特长，有推广使用价值和保留价值
2	教学内容	选用的例证资料符合科学性，对问题的分析、综合、判断、推理符合逻辑性，实验演示、操作规范符合规范性
3	教学方法	内容的组织结构和表现风格符合学生的心理特点和认知规律，画面生动活泼、有吸引力，解说词简明扼要、有启发性，节奏适宜课堂插播或个别自学
4	制作技巧	画面主体突出，镜头组接流畅，图像色调纯正、清晰稳定，图像和字幕工整、大小恰当，解说语词清楚、语调亲切，声画同步，动画、特技运用合理，音乐、音响恰到好处

表 2-10　教学软件的评价标准

序号	评价指标	评价内容
1	功能性	教学目标适当，内容具有科学性；符合教学规律和因材施教原则；体现计算机特点，发挥其特长；激发学生的学习兴趣和主动性、积极性
2	可靠性	不受错误操作影响，并给予学生友好的提示和提正；判断出学生答案正误，并对答案分析处理，使学生可校对自己的答案
3	方便性	操作键较少且统一，输入操作简单；随时进入和退出，任意选择章节，自由控制内容在屏幕上的停留时间；屏幕上的操作提示简单明了
4	技巧性	综合利用文字、声音、图像，并彼此协调；画面美观，图像有动态效果；算法优化，程序效率高
5	商品化	有比较详细的功能说明、使用说明和必要的维护说明

表 2-11　网上学习资源的评价标准

序号	评价指标	评价内容
1	可靠性	网站所提供的信息正确、完整、有用、及时且有意义，没有拼写和语法错误
2	友好性	网站的界面友好（即易于理解和使用），主要标题清晰易懂；包括有效且相关的链接，并且链接格式统一、有逻辑、易跟随；下载和浏览的速度较快；用户易于理解网站的信息分类及按钮图标的意义，这包括：信息分类合理；相关按钮附有提示菜单（如文本方式）；相关的图标用意义相符的图形表示；按钮和图标的格式和位置统一等
3	美观性	图片与内容相关，能够快速下载且有吸引力；图片格式恰当（如：.gif；.jpg）。图片位置合适，不影响内容的表现；文本通俗易懂，背景的颜色与文本和图片颜色相辅相成；列表和表格结构合理，位置适当
4	适用性	写作风格适合学生的阅读和理解水平；网站作者能从用户角度出发考虑问题，深入浅出地解释复杂概念

思考与练习

1. 什么是信息化教学设计？信息化教学设计的过程是怎样的？
2. 什么是信息技术与课程整合？
3. 谈谈你对基于 STEAM 的教学设计的认识。
4. 谈谈你对翻转课堂的认识。
5. 传统的教学评价与信息化教学评价有何不同？信息化教学评价的方法有哪些？

技能训练 1 信息技术与课程整合的教学设计案例——《平方差公式》

一、训练目标

(一)知识与技能

1. 探索并理解平方差公式的本质,即结构的不变性,字母的可变性。
2. 会推导平方差公式,并能运用公式进行简单的运算。

过程与方法

1. 使学生经历公式的猜想、证明过程,构建以数的眼光看式子的数学素养。
2. 培养学生的数学符号感和推理能力。
3. 培养学生的问题解决能力,为学生提供运用平方差公式来研究等周问题的探究空间。

(二)情感态度价值观

在计算过程中发现规律,并能用符号表示,从而体会数学的简洁美。

二、操作环境(设备)

计算机、投影仪、PPT。

三、训练任务

1. 平方差公式的推导,平方差公式本质的理解与运用。
2. 平方差公式的本质,即结构的不变性,字母的可变性。

四、训练步骤

如下所示为信息技术与数学课程整合的教学设计案例:《平方差公式》的教学设计方案。参照实例,设计一个信息技术与其他课程整合的案例。

(一)教材分析

《平方差公式》是八年级上学期"15.2 乘法公式"(第一课时),是在学生已经掌握了多项式乘法之后,自然过渡到具有特殊形式的多项式的乘法,是从一般到特殊的认知规律的典型范例。对它的学习和研究,不仅给出了特殊的多项式乘法的简便算法,而且在设计的过程中尽量与生活中的实际问题相联系,设计一些活动增加知识的趣味性,这样可以培养学生对数学学习的兴趣,设计的习题也很有梯度,由浅入深,适应学生的需要,为以后的因式分解、分式的化简等内容奠定了基础,在教学中具有重要地位。

(二)学情分析

八年级的学生已较为熟练地掌握了幂的运算和整式乘法,符号的意识也有了较好的基础,只是需要找出来一些有规律的多项式乘法,去探索它们之间存在的规律,并通过这一规律的探索锻炼学生有意识地去发现问题,进而找出规律,从而解决问题的能力。

（三）教学流程设计

教学流程	设计意图
速算表演（算法的奥秘）	设计意图：通过“表演”这一情境创设，引发学生学习的兴趣，同时激发了学生的好奇心和求知欲，顺利引入新课。
↓ 探索归纳	设计意图：现代学习方式的基本特征包括“体验性”，强调学生亲身去经历、去感悟。让学生从听老师讲推导转向学生自己动手进行数学观察、推导、归纳，体现“做数学”的现代数学教育理念。引导学生归纳出平方差公式的本质，培养学生的抽象概括能力。
↓ 代数验证	设计意图：引导学生以数的眼光去看式子。使学生掌握用字母符号推理公式，这对以后学习其他公式有指导意义。
↓ 几何验证	设计意图：从几何角度来证明公式是新的尝试，让学生感受到数学的趣味性，体会几何与代数的相辅相成，数与形结合思想之妙。
↓ 公式运用	设计意图：通过观察和体验公式的简洁性并通过分析公式的本质特征，即结构的不变性、字母的可变性，从而掌握平方差公式。
↓ 知识拓展	设计意图：可以让学生接触不同形式的问题，建立起以数的眼光看式子的整体观念，进一步强化平方差公式的本质，即结构的不变性、字母的可变性，并能使学生用公式来解决实际问题，从而体会到数学的应用价值，并构建起正确的数学观。
↓ 算法的奥秘（解惑传道）	设计意图：呼应第一部分，解答学生心中的疑惑，让他们体会到平方差公式的威力。

（四）教学过程设计

教学环节	教学内容	教师活动	学生活动	设计意图
（一）速算表演（约1分钟）	一、教师先使用PPT提供了两道题： 1. $92\times88=$　　2. $102\times98=$ 老师提问：同学们，要计算这2道题，你打算用什么办法? 学生：可以用竖式计算。 老师：我可以口算，马上得到答案，第1题答案是8096，第2题答案是9996。大家想知道老师速算的奥秘吗？	教师速算表演，激发学生学习欲望	学生看表演并思考	通过“表演”这一情境创设，引发学生学习的兴趣，同时激发了学生的好奇心和求知欲，顺利引入新课
（二）探索归纳（约8分钟）	二、请同学们计算以下4道题，并思考所提出的问题。 1. $(a+5)(b-2)=$ 2. $(x-3)(x+5)=$ 3. $(x+2)(x-2)=$ 4. $(x+y)(x-y)=$ 教师同时叫四位学生板演计算过程： 1. $ab-2a+5b-10$； 2. $x+5x-3x-15=x^2+2x-15$；	教师发出指令引导学生演算	学生动手操作演算	通过对多项式相乘的计算，既复习了旧知，又为下面学习平方差公式做了铺垫，让学生感受从一般到特殊的认识规律，引出乘法公式

续表

教学环节	教学内容	教师活动	学生活动	设计意图
(二)探索归纳(约8分钟)	3. $x^2+2x-2x-4=x2-4$ 4. $x^2+xy-xy-y^2=x^2-y^2$ 请同学们思考并讨论以下问题： 1. 最后的答案所得到的项分别是多少？后两题的答案有什么特点？ 2. 观察后两题，思考：多项式有什么特点？结果有什么特点？结果与多项式有什么联系？ 3. 思考并讨论：两个数的和与这两个数的差的乘积等于什么？(让学生用自己的语言描述出来) 通过对以上问题的提出和解决，引导学生横向比较第3道题和第4道题的特点，归纳出它们的共同结构："两个数的和与这两个数的差的乘积等于这两个数的平方之差。" 它就是整式乘法的一个乘法公式——平方差公式(formula for the difference of squares)： $(a+b)(a-b)=a^2-b^2$	教师引导学生比较分析	认真观察，思考问题。可与同小组交流意见，汇报找出的规律。	提出的问题可帮助找准结构特征。充分经历观察、对比、归纳，找出规律，进而归纳成平方差公式。发挥教师的主导作用，学生的主体作用，培养学生归纳能力
(三)代数验证(约1分钟) (四)几何验证(约6分钟)	三、现在请同学们从代数角度来验证公式 $(a+b)(a-b)=a^2-b^2$ $(a+b)(a-b)$ $=a^2-ab+ab-b^2$ $=a^2-b^2$ 四、趣味思考：有一个边长为$a(a>1)$米的正方形，现在将其中一组对边增加1米，另一组对边减少1米，形成一个长方形。请想一想：这时面积是增大、减小，还是不变?	教师引导学生以数的眼光去看式子。 教师引导分析	学生计算验证 学生思考讨论汇报	用字母符号推理公式对以后学习其他公式有指导意义。从几何角度来证明公式是新的尝试，让学生感受到数学的趣味性，体会几何与代数的相辅相成，数与形结合思想之妙
(三)代数验证(约1分钟) (四)几何验证(约6分钟)	(引导学生比较面积公式) 正方形面积：a^2 长方形面积：$(a+1)(a-1)=a^2-1$ 面积变小了。 五、几何验证 1. 请表示图(1)中阴影部分的面积。 2. 将阴影部分拼成了一个长方形(图2)，这个长方形的长和宽分别是多少？你能表示出它的面积吗？ 3. 比较前两问的结果，你有什么发现？ 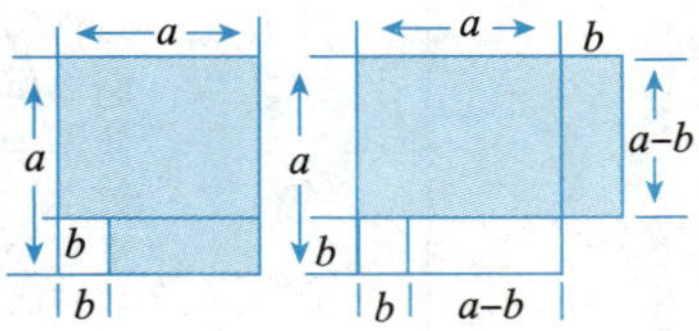 (1)　　(2) $S_{阴}=a^2-b^2$，$S_{阴}=(a+b)(a-b)$ $\therefore(a+b)(a-b)=a^2-b^2$	教师引导学生以数的眼光去看式子。 教师引导分析	学生计算验证 学生思考讨论汇报	用字母符号推理公式对以后学习其他公式有指导意义。从几何角度来证明公式是新的尝试，让学生感受到数学的趣味性，体会几何与代数的相辅相成，数与形结合思想之妙
(五)公式运用(约9分钟)	六、学与练： 例1：运用平方差公式计算 1. $(3x+2)(3x-2)$ 2. $(b+2a)(2a-b)$ 3. $(-x+2y)(-x-2y)$ 分析：可以把$3x$看成a，把2看成b，即 $(3x+2)(3x-2)=(3x)^2-2^2$	教师引导学生分析讲解演示，黑板演示	学生观察思考领悟	通过观察和体验公式的简洁性并通过分析公式的本质特征，即结构的不变性，字母的可变性，从而掌握平方差公式

续表

教学环节	教学内容	教师活动	学生活动	设计意图
(五)公式运用(约9分钟)	$(a+b)(a-b)=a^2-b^2$ 练习 1: 1. $(a+3b)(a-3b)$ 2. $(3+2a)(-3+2a)$ 3. $(-2+x)(-2-x)$ 练习 2:[想一想]下列两个多项式相乘，哪些可以用平方差公式？哪些不能用？ (1) $(2x-3y)(3y-2x)$ (2) $(-2x+3y)(2x+3y)$ (3) $(2x-3y)(2x-3y)$ (4) $(2x+3y)(2x-3y)$ [议一议]为什么(1)(3)不能用，而(2)(4)就可以用？ 总结 1:平方差公式的本质:$(a+b)(a-b)=a^2-b^2$ 结构是稳定不变的，即只要是两个数的和与这两个数的差的乘积，就一定等于这两个数的平方之差。	重点关注学生能否写出两数和与两数差的形式，是否会变形，对困难生给予指导	学生独立完成 学生思考讨论回答	练习 1 加深对公式的掌握程度。注意是否会变形，是否真正地理解本质。突出了本课重点。 练习 2 对常见错误作具体的分析，以加深学生对公式的理解，进一步掌握平方差公式的本质特征和运用平方差公式必须具备的条件
(六)知识拓展(约15分钟)	例 2:计算:$(a+b+c)(a+b-c)=?$ 解: $(a+b+c)(a+b-c)$ $=[(a+b)+c][(a+b)-c]$ $=(a+b)^2-c^2$ 总结 2:公式中的字母 a 和 b 可以“变脸”可以是其他字母，可以是正数，也可以是负数；可以是单项式，也可以是多项式。 练习 3:$(x+y-z)(x-y+z)=$ (提示学生注意符号的变形) 例 3:活用公式:$(a-2)(a+2)(a^2+4)=$ 解 $(a-2)(a+2)(a^2+4)$ $=(a^2-4)(a^2+4)$ $=(a^4-16)$ 练习 4:(2+1)(22+1)(24+1)(28+1) (提示学生注意平方差公式的形式特点:依据公式还缺少什么项) 练习 5:生活中数学问题解决 幸福住宅小区的花园，起初被设计为边长为 a 米的正方形，后因道路的原因，设计修改为:北边往南平移 2.5 米，而东边往东平移 2.5 米，试问修改后的花园面积和原先设计的花园面积相差多少？ 解:如图(1)，原花园的面积 $S=a^2$。 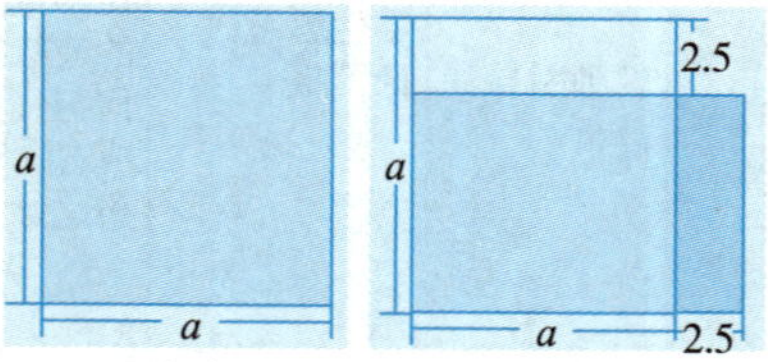 (1) (2) 修改后的花园如图(2)所示，其面积 $S_{后}=(a+2.5)\times(a-2.5)=a^2-2.5^2$ 所以，$S-S_{后}=a^2-(a^2-2.5^2)=2.5^2=6.25(m^2)$。 答:修改后的花园面积比修改前少了 6.25 平方米。	教师引导分析讲解演示	学生思考体会练习演示	两个例题让学生看到公式的本质所在，能突破公式字面意义的局限性，建立起较高层次的理解，而不是机械地记忆公式。 3 个练习是更深一步的综合应用，发展观察与对比联系，让学生更加熟练地运用公式，起到深化提高的作用，初步发展综合思维能力。两个提示协助学生分析、细审题目，分解难点。 设计练习 5 的目的，一是培养学生的问题解决能力；二是使学生知道，学了数学公式，可以用来解决实际问题，从而体会到数学的应用价值，并构建起正确的数学观
(七)速算奥秘(约1分钟)	2. $102\times98=$ 解:102×98 $=(100+2)(100-2)$ $=100^2-2^2$ =9996	教师引导讲解	学生听讲思考	呼应引入部分解答速算的奥秘。 让学生体会到平方差公式的威力

续表

教学环节	教学内容	教师活动	学生活动	设计意图
（八）总结反思（约3分钟）	这节课，你有什么收获？ 1. 平方差公式的本质：$(a+b)(a-b)=a^2-b^2$ （1）结构是稳定不变的 （2）公式中的字母 a 和 b 形式多样 2. 可以利用平方差公式简化计算 3. 初步了解数形结合的思想	教师根据学生回答引导总结	回顾自己所学内容，陈述看法、知识	使学生养成梳理知识的好习惯，善于构建自己的知识体系
（九）布置作业（约1分钟）	（A类）运用平方差公式计算： （1）$\left(\frac{2}{3}x-y\right)\left(\frac{2}{3}x+y\right)$；（2）$(xy+1)(xy-1)$ （3）$(2a-3b)(3b+2a)$ （B类）（1）$(-2b-5)(2b-5)$；（2）2001×1999； （3）$(a+3)(a-3)(a^2+9)$ （C类）数学探究——等周问题 宏业住宅小区的花园，起初被设计为边长为 a 米的正方形，后因道路的原因，设计修改为：北边往南平移 x（$x\leqslant a$）米，而西边往西平移 x 米。试问： （1）修改后的花园面积和原先设计的花园面积相差多少？ （2）上述两种设计的面积大小有什么关系？ （3）在周长为定值4的矩形中，什么时候其面积最大？ （4）计算周长均为4的圆的面积、正六边形的面积。由此你有什么新的发现？	教师布置作业 教师解释问题	学生认真记录学生思考问题	分层设置作业，使不同层次的学生都能有所收获，以体验学习的成就感。该环节为学有余力的学生提供更大的思维发展空间，可以把课内知识延伸到课外，用所学的平方差公式解决“等周问题”，以培养学生的问题解决能力和数学探究能力

（五）板书设计

平方差公式

一、引入课题	三、代数、几何验证	五、例题和练习
二、探索公式	四、公式运用	六、小结与作业

（六）课后反思

本教学设计的创新之处主要有以下3点。

1. 目标创新

（1）理解平方差公式的本质，即结构的不变性、字母的可变性。这也是数学公式的本质，初步化解了今后大量数学公式学习的难点。

（2）培养“以数的眼光看式子的整体观念”的数学素养；并对本节内容进行适当的拓展以培养学生的问题解决能力和数学探究能力。

（3）使学生初步掌握数形结合的思想。

2. 教法创新

从低认知水平的模仿套公式转向高认知水平的学生动手操作，教师引导发现，师生共同抽象概括，形成正向产生式：“$(a+b)(a-b)$”→“a^2-b^2”。

3. 数学创新

设计了运用平方差公式来解决实际问题解决的例子，为学生提供运用平方差公式来研究等周问题的探究问题，以培养学生的问题解决能力和数学探究能力，体现了现代数学教育的价值取向。

技能训练 2　基于 STEAM 理念的教学设计案例——《发展空间》

一、训练目标

1. 了解 STEAM 理念。
2. 掌握运用 STEAM 理念进行教学设计的方法。

二、操作环境（设备）

多媒体教学设备、具有绘图工具的电脑以及物理实验中用到的其他器材。

三、训练任务

1. 了解教学过程中如何运用 STEAM 理念。
2. 学习相关操作。

四、训练步骤

教科版八年级下册物理教材第九章第 3 节中的“发展空间”简要介绍了液压技术，并要求学生查阅图书馆资料或查询互联网对该技术进行了解。学生通过课下学习对该技术有了初步了解，但认识普遍比较浅显。为加深学生对液压技术的认知，我们以 STEAM 教育模式，设计了“针管液压智能机械手臂制作”的教学案例，如图 2–12 所示。

演示

研究液体内部的压强

1.如图9.2–2，把探头放进盛水的容器中，看看液体内部是否存在压强，保持探头在水中的深度不变，改变探头的方向，看看液体内部同一深度各方向的压强是否相等。

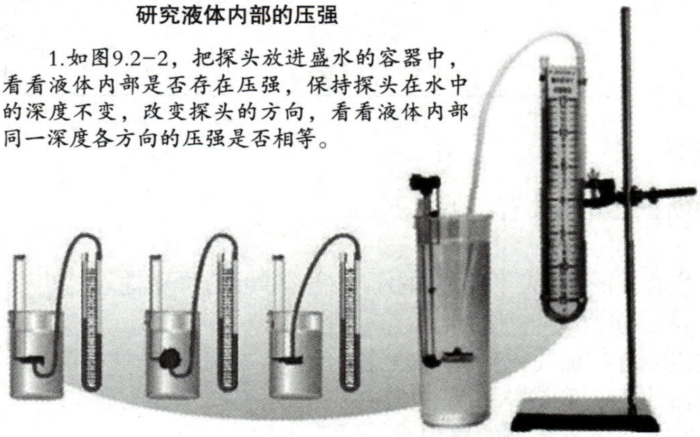

图9.2–2　同一深度液体向各个方向的压强是否相等？

2.增大探头在水中的深度，看看液体内部的压强与深度有什么关系。

3.换用不同的液体（例如酒精、硫酸铜溶液），看看在深度相同时，液体内部的压强是否与液体的密度有关。

液体内部压强的大小具有这样的特点：在液体内部的同一深度，向各个方向的压强都相等。深度越深，压强越大。液体内部压强的大小还跟液体的密度有关，在深度相同时，液体的密度越大，压强越大。

图 2–12　针管液压实验

（1）教学资源与器材。多媒体教学设备、视频资源“灵敏机械操纵传动系统在快递产业分拣邮件的应用”、安装有简单绘图软件的学生电脑、60 mL 注射器、彩色墨水、橡胶管、厚纸板、试管夹、细木棒、强力手工胶、剪刀、直尺。

（2）项目选择与确定（吸引、摸索阶段）。教师播放液压技术应用于工业领域的视频作为课堂引入，营造具有生活化的真实学习情境。引导学生探索情境问题，并提出模型制作任务。学生以小组为单位合作设计制作方案，确定制作所需材料及工具，利用画图软件绘制模型简易结构设计图。

（3）构想展示与修改（说明阶段）。教师结合学生的实际设计情况结构化讲解涉及的概念知识，填补学生知识结构上的空缺。通过追问的方式引导学生组内讨论、交流找到设计构想的不足，并帮助学生解决问题，完善每组的设计方案。各学习小组上台从设计原理、外观造型、制作工艺等方面详细阐述设计构想；小组间交流设计方案，提出问题。

（4）设计方案实施（建造阶段）。教师在小组制作过程中及时解决学生实践动手操作过程中的疑问，指引学生在方案实施阶段安全使用机械工具，高质量地完成项目制作。各学习小组利用准备好的材料及工具，依照修改后的制作方案，运用 STEAM 各学科整合观点，制作针管液压智能机械手臂装置。

（5）评价与优化（评估阶段）。各小组展示操控该装置抓取物品。教师从开发学生潜在的迁移、创新能力角度出发对各组作品提出改良建议。各小组进行自我评价和组间评价，并根据实际测试结果，结合改良建议再次优化模型。将各组设计模型在网络平台上进行展示并发起投票。

（6）拓展延伸（延伸阶段）。教师提升装置制作难度：为提高机械的工作效率，将装置机械手臂的数量增加至多条。提出拓展问题，引导学生进行知识和技能的迁移，以应对在新情境下的新问题。学生在新情境下对原设计进行改进，考虑液压部分的结构和装置整体的稳定性设计。流程如图 2-13 所示。

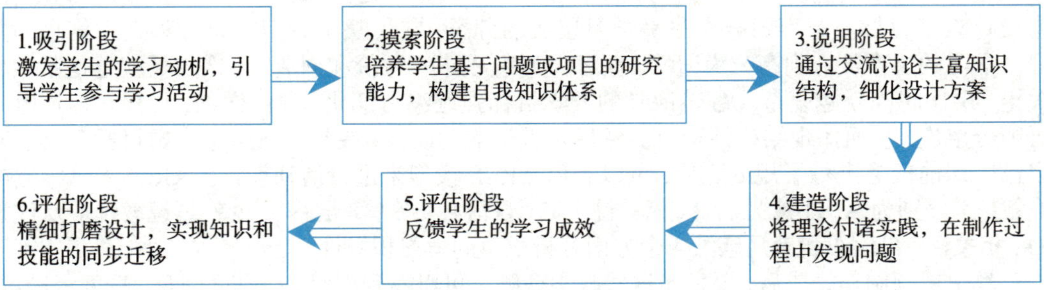

图 2-13　操作流程图

技能训练 3　基于翻转课堂的教学设计原则

一、训练目标

1. 了解什么是翻转课堂。
2. 运用翻转课堂的教学方法进行教学设计。

二、操作环境（设备）

视频录像、多媒体课件等。

三、训练任务

1. 完成翻转课堂的教学设计。
2. 解决课程设计中出现的难题。

四、训练步骤

（一）课前

翻转课堂教学设计要有整体化的教学设计思想。整体化的教学设计就是教师在备课的时候不仅要想着知识以什么方式传递，还要考虑学生怎样学习最有效。备课不只是备教学内容，还要备学生、备学生的学习过程，教师要对可能发生的一切有预见性。

教师在课前要进行教学分析与设计，首先要明确教学目标，教师可以根据布卢姆分类法来设计教学目标。布卢姆分类法是学习层次的分类，它反映了我们的思考和处理信息的路径。学习的层次从低到高分为记忆、理解、应用、分析、评价和创造，层次越低就越是基础和关键，层次越高就越复杂。翻转课堂的教学目标强调编写细化、说明详细，目标在描述时尽可能分层次，从而体现结构性特点。然后是教学活动设计，在教师按照布卢姆目标分类法对自己的课前任务进行了规划之后，可以利用 ARCS 模型来进行活动设计。ARCS 模型，它的 4 个要素分别为 A（注意力）、R（相关性）、C（自信心）、S（满足感），也就是说教师应从注意力、相关性、自信心和满足感等 4 个方面分析学生的学习积极性。

教学视频制作完成后，要发布这些教学视频。可以发到网盘，如百度网盘、百度云网盘、360 网盘等，学生可以下载观看，也可以把视频上传到土豆、优酷等网站，学生还可以在视频下方互动。考虑到高校学生的时间安排问题，教师可以在上课前一周把教学视频和自主学习任务单一起发给学生。学生要在充分了解教师安排的任务的基础上，学习教师提供的教学视频，完成自主学习任务单，学生记录已学会、未学会和想深入了解的知识和技能，记录存在的问题并把问题反馈给教师，教师根据这些调整自己的课上活动。

（二）课中

（1）确定问题。课堂探究的问题需要师生共同确定。教师需要根据教学内容的重难点提出一些问题，学生根据课前观看教学视频、自主学习时发现的疑点和难点，以及在课前交流中未解决的困难提出问题。

（2）独立探究。课堂不只是进行简单的知识传递，更主要的是学生要掌握学习的方法，培养独立思考、解决问题的能力。在翻转课堂的教学活动设计中，教师应该给出一些小的、不同难度梯度的问题和任务，让学生根据兴趣和原有的基础自主选择相应的探究题目进行独立解决。在独立探究的过程中知识得到应用，知识体系也得到了更好的建构，也有利于学生科学方法和创新精神的培养。

（3）合作探究。学生每4个人为一个学习小组，在分配学习小组时要尽量做到组内异质、组间同质，每个小组选出一个组长，方便组织、实施、反馈小组的探究活动。小组中的每个成员都要根据教师布置的任务或者学习中遇到的问题发表自己的观点。组内成员尽量通过合作来解决这些问题，组内无法解决的问题可以请求其他小组同学和教师的帮助。此环节可以使用的小组学习策略有头脑风暴、小组讨论等。另外，在学生合作探究的过程中教师要注意捕捉各小组的探究动态并及时给予个性化指导。

（4）成果交流。学生经过了独立解决问题、小组间开展合作探究式活动之后，要将个人及小组的探究结果在课堂上进行展示，成果交流的形式可多种多样，如报告会、辩论会、小型比赛等。教师对各个小组的成果进行点评，对各小组出现较多的问题重点进行讲解，这样可以实现学习成果共享，学生可以互相学习、取长补短，更好地实现学习目标，也增加了学习的趣味性和主动性。

（5）反馈评价。教师要在学生回答或者汇报完成后及时做出反馈，重视评价的多元性和公平性。评价主体包括教师、学习者、同学等；评价内容涉及提出问题的情况、学习计划安排，时间安排，学生在课堂独立探究，合作探究过程的表现，成果汇报展示等多方面，即评价要包括对学习过程和学习结果的评价。传统课堂和翻转课堂教学模式的对比见图2-14。

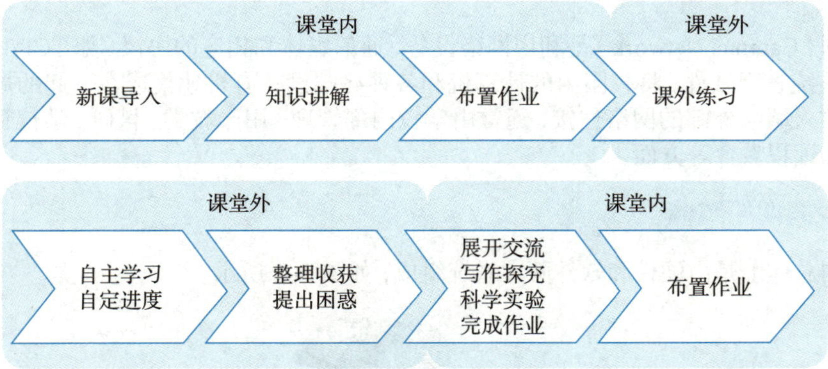

图2-14 传统课堂和翻转课堂教学模式对比

第三章 现代教学环境

内容提要

掌握现代教学环境与应用是师范生的必备技能之一。本章主要介绍校园网与数字化图书馆、多媒体网络教室、智慧教室、微格教学系统、虚拟实验室和语言学习系统的主要功能和使用方法，要求学生理解现代教学环境的重要性，并在教学活动中合理灵活地应用现代教学环境，更好地为教学服务。

第一节 校园网与数字化图书馆

校园网（Campus Network）是利用网络设备、通信媒体和相应的协议（如 TCP/IP 协议等）以及各类系统管理软件，将校园内的计算机和各种终端设备有机地集成在一起的局域网，一般是通过防火墙与外部的网络连接，通常由学校内部管理，用于教学、科研、学校管理、信息资源共享和远程教育等方面。

一、校园网的组成

校园网总体上是由硬件和软件两大系统组成，如图 3-1 所示。

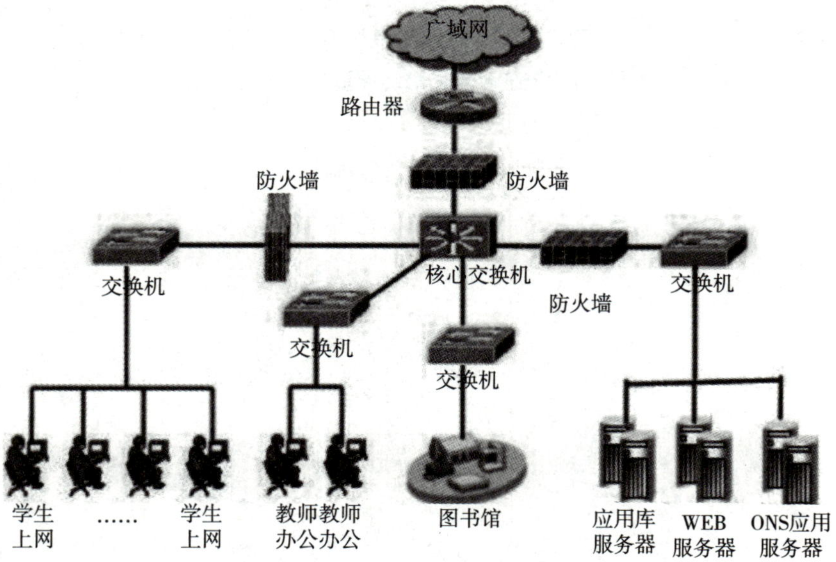

图 3-1 校园网示意图

校园网的硬件通常由服务器、工作站、网间互联设备、传输媒质等部分组成。

（一）服务器

【视频】路由器

服务器（Server）是网络上一种为客户端计算机提供各种服务的高性能的计算机。由于服务器是针对具体的网络应用而特别制定的，所以在处理能力、稳定性、可靠性、安全性、可扩展性、可管理性等方面比普通计算机要强。服务器根据其在网络中所执行的任务不同可分为 Web 服务器、数据库服务器、视频服务器、FTP 服务器、Mail 服务器、打印服务器、网关服务器、域名服务器等。上述服务器既可以安装在同一台物理服务器上，也可以分别安装在多台物理服务器上。对于小型的校园网络，往往把 Web 服务、FTP 服务、数据库服务等集于一台服务器上。

（二）工作站

在校园网中，工作站（Workstation）是一台客户机，即网络服务的一个用户，但有时也将工作站当作一台特殊应用的服务器使用，如打印机或备份磁带机的专用工作站。工作站一般通过网卡连接网络，并需安装相关的程序与协议才可以访问网络资源。

（三）网络互联设备

（1）交换机（Switch）。交换机是一种用于电信号转发的网络设备。它可以为接入交换机的任意两个网络节点提供独享的电信号通路。

（2）路由器（Router）。路由器是连接多个网络或网段的网络设备，它能将不同网络或网段之间的数据信息进行“翻译”，以使它们能够相互“读”懂对方的数据，从而构成一个更大的网络。通常路由器有两大典型功能，即数据通道功能和控制功能，数据通道功能一般由硬件来完成，控制功能一般由软件来实现。

（3）网关（Gateway）。网关是网络连接设备的重要组成部分，它不仅具有路由的功能，而且能对两个网络段中使用不同传输协议的数据进行互相的翻译转换，从而使不同的网络之间能进行互联。网关一般是一台专用的计算机，该机器上配置有实现网关功能的软件，这些软件具有网络协议转换、数据格式转换等功能。

（4）防火墙（Firewall）。是指一种将内部网和公众访问网（如 Internet）分开的硬件或软件技术。防火墙对流经它的网络通信进行扫描，这样能够过滤掉一些攻击，以免其在目标计算机上被执行。防火墙还可以关闭不使用的端口，而且还能禁止特定端口的流出通信，封锁特洛伊木马等程序。最后，它可以禁止来自特殊站点的访问，从而防止来自不明入侵者的所有通信。防火墙有不同类型，一个防火墙可以是硬件自身的一部分，如路由器，可以将 Internet 连接和计算机都插入其中。防火墙是可以在一个独立的机器上运行的软件，该机器作为它背后网络中所有计算机的代理和防火墙。对于直接连在 Internet 的 PC 机，可以使用个人防火墙软件。

（四）常用的网络传输媒体

（1）双绞线。双绞线是应用最普遍的传输介质，原本用于电话系统。它由两条互相绝缘的铜线组成，将 4 对（共 8 根）双绞线封装在一个绝缘外套中，为了降低信号的干扰程度，电缆中的每一对双绞线一般是由两根绝缘的铜导线相互扭绕而成，每根铜导线的绝缘层上分别采用涂有不同的颜色的包装胶皮，以示区别。它们像螺纹一样拧在一起，犹如一条 DNA 分子链，以减少相邻铜线之间的电气干扰，也因此把它称为双绞线。由于线缆的长度受到衰减的严重限制，所以在当前的技术下，传输数据的距离一般限定在 100 米范围内。双绞线是目前校园网中使用最多的传输媒质。

双绞线分为屏蔽双绞线（STP）和非屏蔽双绞线（UTP）。其中 STP 能防止信息被窃听，抗干扰能力也较强，同时具有较高的数据传输速率。但 STP 电缆的价格相对较高，安装时要比 UTP 电缆困难。与 STP 相比，UTP 重量轻、易弯曲、易安装，组网灵活，非常适用于结构化布线，所以一般在无特殊要求的计算机网络布线中，常使用非屏蔽双绞线电缆。

（2）光纤。光纤是以光脉冲的形式来传输信号，材质以玻璃或有机玻璃为主的网络传输介质。光纤按其传输方式可分为单模光纤（直线传播）和多模光纤（折射传播）。单模光纤只有单一的传播路径，一般用于长距离传输，传输速率相对较高的线路中，如干线传输，多校区互联建设等。多模光纤有多种传播路径，多用于传输速率相对较低，传输距离相对较短的网络中，如局域网等，这类网络中通常具有节点多，接头多，弯路多，而且连接器、耦合器的用量大，单位光纤长度使用光源个数多等特点，使用多模光纤可以有效地降低网络成本。

光纤具有极高的传输带宽，目前技术可以 1000 Mbps 以上的速率进行传输。光纤的衰减极低，抗电磁干扰能力很强，所以传输距离可达 20 千米以上。在实际应用中，光缆的两端都应安装有光纤收发器，光纤收发器集成了光发送机和光接收机的功能，既负责光的发送也负责光的接收。

光纤由芯、封套及外套组成，芯由玻璃或塑料做成，封套是玻璃做成的，外套则由塑料做成的（如图 3-2 所示）。

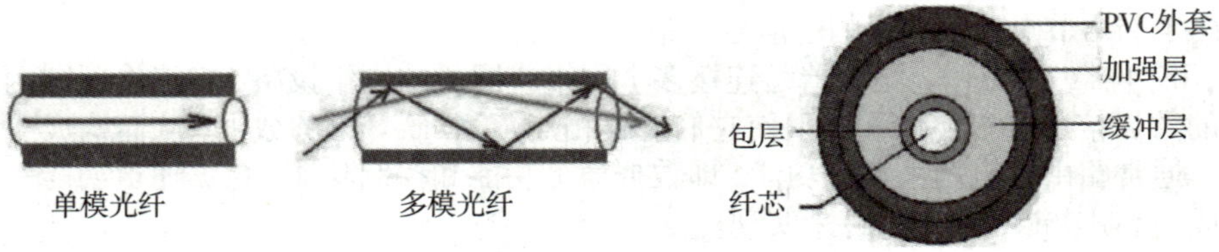

图 3-2　光纤

校园网最初的概念是以硬件集成为主，即只是一个硬件平台，到第二阶段又有人提出以教学应用软件集成为主、软件建网的校园网概念，这也是当今大多数校园网所采用的模式。现在，越来越多的人发现，硬件加软件的模式还远不能发挥出校园网的优势，校园网应该建构在全新的教育模式上，而不应依附于传统的教学模式，所以诞生了“硬件 + 软件 + 现代教育”模式的新一代校园网概念。因此，建设校园网的真正目的在于为学校师生提供教学、科研和综合信息服务的高速多媒体网络。

二、校园网的功能

（一）信息发布

一个学校的 Web 主页犹如学校的一个宣传窗口，学校可以通过这个窗口充分展示学校的形象。一般说来，学校主页的主要内容应包括学校概况、机构设置、教育教学、科学研究、招生就业、图书馆藏、校园文化、网络服务等。学校主页上可以发布学校的各种重大事件新闻、通知通告、会议安排等，也可以发布各种公文，这样既节省了时间和费用，又增强了公示的效果。

（二）教学应用

校园网的主要功能就是教学应用，通常由学校教务处来组织实施，图 3–3 所示为江西某高校教务处的相关网页。它可以由网络教学平台提供支持，以网络教学信息资源库作为信息来源，运用多种网络工具完成网络教学任务。

1. 网络教学平台

网络教学平台是学校开展网络教学活动的支撑系统，它包括网络备课、网络授课、网上课程学习、网上练习、在线考试、虚拟实验室、网络教学评价、作业递交与批改、课程辅导答疑、师生交流、教学管理等模块。因此一个完整的网络教学平台应具备以下功能。

具备支持教师备课、授课、提问答疑与讨论、作业布置与批改、题库维护、组织考试与活动、试卷分析等功能。

具备支持学生选课、学习、递交作业、提问、讨论、实验、资料查阅、考试等功能。

具备支持基于流媒体的网络实时与非实时授课系统等功能。

具备支持教务人员进行学生管理、课程管理、资料管理、教学质量分析等功能。

具备支持教师通过各种网络工具，相互之间或与外校的教师之间进行教学方法、教学艺术的交流与探讨等功能。

具备支持连接 Internet，实现远程教育等功能。利用远程教学方式，使得那些受客观条件限制的学校的学生学习其他学校的课程成为可能。

2. 教学信息资源库

教学信息资源库是学校进行网络教学的重要组成部分，它包括多媒体素材库、教案库、课件库、试题库、学科资料库等。同时资源库还应为师生提供全文检索、属性检索，提供资源的增减与归类，还可以提供压缩文件打包下载等功能。

图 3-3　江西科技师范大学教务处网站首页

（三）管理应用

建立在校园网络基础上的学校管理信息系统（MIS）可以为学校在人事、教务、财务、日程安排、后勤管理等方面提供一个先进的分布式管理系统，将会使原有的管理模式从纵向、单通道的，主要依靠个人的经验、判断和决策的简单模式，发展成为现代的、多向的、多通道的网络状的复杂模式，从而提高管理效率，达到事半功倍的效果。

【视频】
信息管理

基于校园网络的信息管理系统将大大提高原有人工管理或单机管理系统的

效率，扩大管理系统的应用领域；能更加及时地收集、统计、分析学校的各种信息，有利于学校的行政管理和教学管理，充分发挥学校的整体功能，更好地为教育工作服务。

基于校园网络的计算机管理信息系统，在功能上具有以下特点。

（1）共享数据库资源。可以避免同样的数据在多处重复存贮的浪费现象，如全校学生、教职工的基本信息可以为校内各个管理部门所共享。

（2）共享软硬件资源。可以在本系统没有相应资源或本系统负载已满时，将新任务交给其他系统处理，并且避免了某些软件开发上的重复劳动。

（3）提高系统可靠性。当某个计算机系统因故障停止工作时，可由别处的计算机系统代为处理。

（4）提高办公效率。校园网络还给学校建立办公自动化提供了技术基础，可以通过校园网络迅速地传递、复制或保存各类信息，将大大节约人力、时间、纸张印刷或交通差旅费用。

学校通过校园网络可以建立一个集中和分散相结合的分级、分布式数据库管理系统，既实现学校各部门之间大量数据的共享，同时也为管理人员及时提供数据、快速作出决策提供了帮助。

利用校园网络提供的通信功能，可以为教职工和管理人员提供较完善的多媒体电子邮件（E-Mail）功能，能向各部门和管理人员发送各类通知、布告等消息。学校还可以利用校园网络召开网络会议。

（四）科研应用

校园网络一方面可以使用户共享各类计算机软、硬件资源及学术信息资源，从而提高科研的效率。另一方面，校园网络还可以降低科研的成本。科研人员可以通过校园网络形成一个工作小组，在不同办公室里的科研人员可以很方便地通过网络与其他学生交流设计思想和设计方案。同时，人们还可利用校园网络的对外联网，检索世界各地的信息资料，也可以使用电子公告栏（BBS）与世界各地的专家探讨最新的思想，发表、交流学术观点，交换论文等。

三、数字化图书馆

校园网络的建设对数字化图书馆的建设与应用有着巨大影响。数字图书馆是以数字化格式存储海量的多媒体信息并能对这些信息资源进行高效的操作，它的资源数字化、联系网络化、获取自主化等优点是传统图书馆无法比拟的。数字图书馆对于教育的支持服务是全方位和个性化的，可以及时响应远程用户的需求，不仅可以联机查询、借阅，还可为管理人员提供业务数据，及时分析研究，加强宏观管理。更为重要的是，每个用户都可以通过校园网络对图书馆的图书、文献信息进行检索与阅读。读者可以访问图书馆的联机数据库，可以在自己家中或者办公室里通过校园网络阅读报刊或检索资料。

【视频】
数字图书馆

如全国图书馆参考咨询联盟（http：//www.ucdrs.superlib.net/）（如图 3-4 所示），可以给注册用户提供试读版权等信息服务，还能进行图书馆文献传递。图书馆文献传递（图书馆参考咨询服务）如图 3-5 所示，每次咨询范围在 50 页以内，提交信息后，所咨询的图书信息会发至所留电子邮箱里。

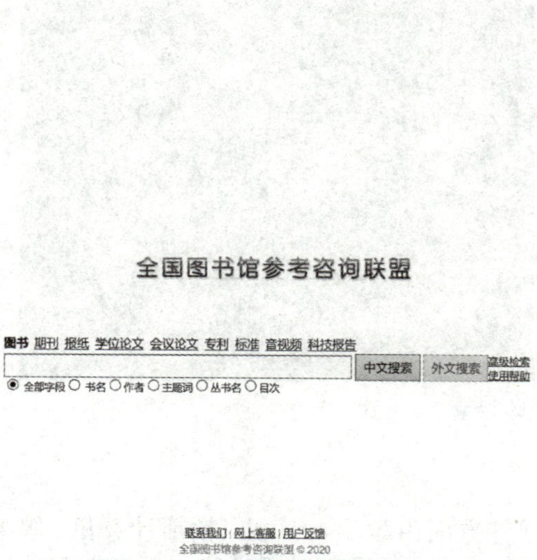

图 3-4　全国图书馆参考咨询联盟

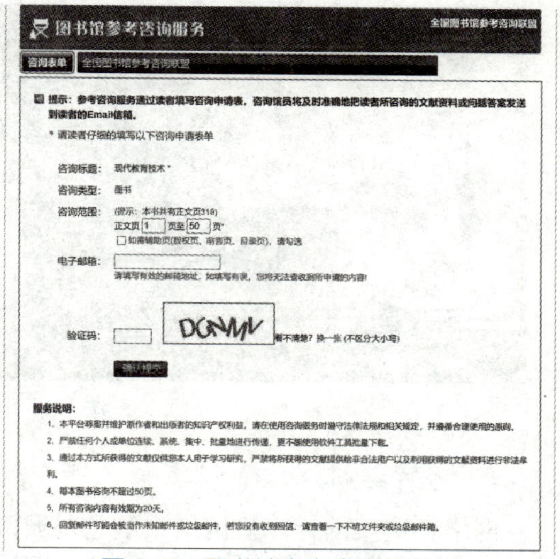

图 3-5　图书馆参考咨询服务

第二节　多媒体网络教室

常见的有多媒体教室与多媒体网络教室两种。

多媒体教室一般设备简单，建设成本低，除了黑板等传统设备外，主要包括大屏幕投影仪、多媒体计算机、录像机、录音机、扩音器、话筒、调音台、实物视频展台等媒体设备，以利于教师与学生运用现代教学媒体开展教与学活动。多媒体教室多用于以教为主的教学，多媒体设备主要起着演示教学内容的作用，利用音视频多媒体的优势，以丰富的多媒体信息刺激学生的各种感知器官，突破教学重点、难点，从而优化教学过程，提高教学质量和效率。多媒体教室也可用于学术报告活动和观摩示范课。

【视频】
多媒体技术

多媒体网络教室又称网络机房或网络教室，它集普通的计算机机房、多媒体演示室等于一身，利用网络技术和多媒体技术将若干台多媒体计算机及相关的网络设备联成小型的教学网络。它在计算机机房的基础上，通过安装教学控制系统来实现教师机与学生机之间的连接控制和对各计算机屏幕的交互切换，是开展合作学习和探究性学习的重要场所。

在多媒体网络教室中开展教学活动，应该充分发挥网络的资源共享、交流合作功能，利用网络资源的丰富性和共享性，支持学生的自主学习；利用网络的交流功能，组织讨论与合作等学习活动。

一、多媒体网络教室的概述

现在，不论是高校还是中等学校，都配置了很多网络教室。网络教室一般是在计算机机房基础上加装多媒体教学控制系统而成，同时具有计算机机房、语音室、视听室和多媒体演示室的功能（如图 3–6 所示）。

网络教室一般包含如下组成部分。

图 3-6　多媒体教室

（一）计算机网络系统

网络教室中的计算机网络系统是局域网，硬件方面由学生计算机、教师计算机、服务器、交换机或集线器等设备组成，并通过双绞线连接。该网络可以通过代理服务器与校园网或 Internet 连接。服务器可用高性能的 PC 机承担，也可用普通的 PC 服务器承担。学生用计算机除常规的 PC 配置外还需配网卡、耳机和话筒。教师机经常处于多任务工作状态，所以教师机在 CPU、内存等方面的配置应高些。有条件的机房还可以配置功放、投影仪等多媒体演示设备。软件上，师生计算机可以选用 Windows 2010 操作系统，服务器可以选用 Windows Server/Linux/Unix 操作系统。服务器除存放本地的一些教学资源外，还可提供简单的 WWW、FTP、E-mail 等常见的 Internet 应用服务。此外，服务器还应安装代理软件，使学生机用户可以通过服务器访问校园网或 Internet，这样既可增强网络的安全性能，同时还可以实现数据流监控、过滤、记录和报告等网络管理职能。另外，一般还需要安装各种应用软件，如办公软件、声音播放软件、图片浏览编辑软件等。

（二）多媒体教学控制系统

多媒体教学控制系统就是以计算机网络系统为基础，在教师机和学生机上增加相应的硬件或软件，来调配计算机信号的传输和控制学生机器的使用，使多媒体网络教室的功能得以实现。网络教室的这种控制系统大致分为纯硬件型、纯软件型和软硬结合型。

（1）纯硬件型。需要给每台计算机安装多媒体传输卡，且教师机与学生机的多媒体传输卡是不同的。在各计算机之间直接铺设专用线路传输影音信号和控制信息，另外，还需配置专用的控制面板，用于教学控制。

（2）纯软件型。它是在每台计算机上安装专用软件进行教学控制和数据传输，该方式无需额外的硬件设备，成本低、容易升级。系统太依赖操作系统及网络性能，因此稳定性差，系统维护比较麻烦。

（3）软硬结合型。软硬件结合型介于上述两者之间，其特点是把音频、视频信号的传输和教学控制信息分开传输，音频、视频信号通过专门的硬件（如影音传输卡）传输，其他信息的传输则通过软件实现。因此，软件部分设计相对简单，免去了具体处理音频、视频信号的麻烦。

（三）教学资源系统

教学资源系统是网络教室系统的重要组成部分之一。按功能可分为 3 个部分：辅助备课资料库、网络学习资源库和网络教学管理系统。

辅助备课资料库可包括多媒体教学资料库和微教学单元库。多媒体教学资料库主要由文、图、声、像等资料组成，是以知识点为基础，按一定检索和分类规则组织的素材材料。微教学单元库是由许多微教学单元组成，每个教学单元又包含一定的过程和结构。

网络学习资源库供学生在自学、复习时使用。学生利用交互式的多媒体教学终端，不仅可以查询、补课、自学、复习，而且还可以利用各学科专用软件配上相应的设备开辟第二课堂，进行教学模拟仿真训练，提高了学生分析问题和解决问题的能力。学生可以登录到校园网、Internet，访问或下载相关资源。

网络教学管理系统直接支持网络教室的教学活动，如网络考试系统、集成学习系统等。网络考试系统包括试卷自动生成、自动发卷收卷、计算机自动阅卷、考试成绩统计等功能，教师在考试过程中可对学生进行灵活有效的控制。集成学习系统是个别化教学模式的典型应用，一般提供数门功课的成套学习资源，能够提供个别指导、操作与练习及联机测试。有的还具备辅助教学管理功能，完成如学习任务分配、学生学习进程监测等功能。

（四）其他设备

（1）推拉升降黑板组。通常采用两块黑板分别左右移动。适合宽度较大教室，配合投影幕使用效果最佳，避免了放下的投影屏挡住黑板。也有的采用单体升降组合板，此由多块均可以上下单独升降的黑板组成，便于教师在讲课过程中更好更多地书写板书。

（2）电子白板。现在，很多学校已经开始使用电子白板，它是具备电子书写板和触控功能的大型触摸屏。电子白板是电子感应白板及感应笔等附件与白板操作系统的集成。简单地讲，它是计算机的一个外围设备或终端，它既可像传统黑板一样的使用，又可作为投影仪的幕布，同时它还是一个大型的电脑触摸屏。它融合了计算机技术、微电子技术与电子通信技术，成为计算机的一种输入输出设备，成为人（用户）与计算机进行交互的智能平台。我们可以将它看作一种数字化聚合的产品，它既具有普通黑板的功能，又具有网络多媒体电脑的功能，真正实现了数字化技术的有效整合，可以实现无纸化办公及教学。

一个电子白板不单单是一块白色的板，它由三部分构成：微型计算机、投影仪、交互白板。三者的结合将电子白板变成一个超大的计算机屏幕，使用电子白板笔（有些压感式电子白板可以利用手指），用户可以在白板上书写或者控制计算机程序。电子白板非常适合教学、培训、会议使用，避免了很多人围在计算机屏幕前讨论的现象。

电子白板主要是基于压感原理，如图 3-7 所示。使用压感原理的触摸式白板相当于计算机的一个触摸屏，是一种用手指或笔触及屏幕上所显示的选项来完成指定工作的人机互动式输入设备。这种电子白板内部有两层感压膜，当白板表面某一点受到压力时，两层膜在这点上造成短路，电子白板的控制器检测出受压点的坐标值（手指或笔触及的位置），经通信接口送入计算机。

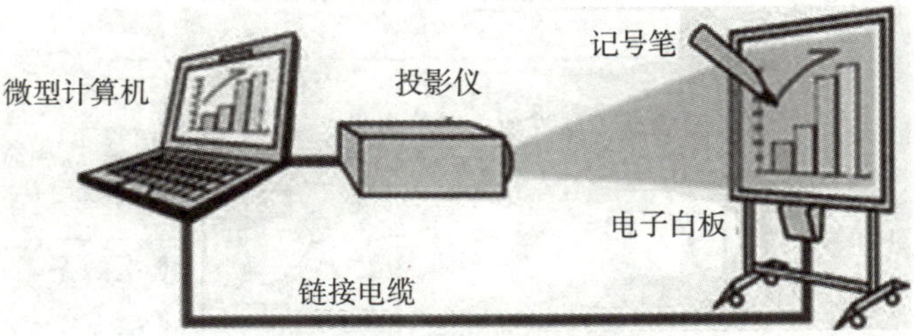

图 3-7 电子白板及原理图

近年来，交互式白板一体机作为新型多媒体互动教学终端，集合电子白板、短焦投影、功放、音响、电脑、视频展台、中控、无线耳麦、有线电视等多媒体设备功能于一体，满足了现代教学的应用需求，一举解决了当前多媒体教室各种设备分散、连接杂乱、操作繁琐、设备协调与兼容性差等问题，方便广大教师轻松自如地开展多媒体教学，丰富教学手段，拓展教学表现形式，赋予常态课堂教学以动感，激发了学生学习兴趣与互动参与，提升了课堂教学的质量与效率（如图 3-8 所示）。

图 3-8　电子白板一体机

（3）视频展示台。通过投影展示文稿资料、图片照片、标本模型、实验器皿等。

（4）无线话筒及音响设备。帮助教师授课扩音，扩放电视录像、多媒体课件、视频点播的声音信号。

（5）投影仪和电动升降幕布、窗帘等。

二、多媒体网络教室的主要类型

（一）根据布局划分

根据布局，多媒体网络教室可以分为普通教室型、U 字形、小组协作型和综合型 4 种（如图 3-9 所示）。

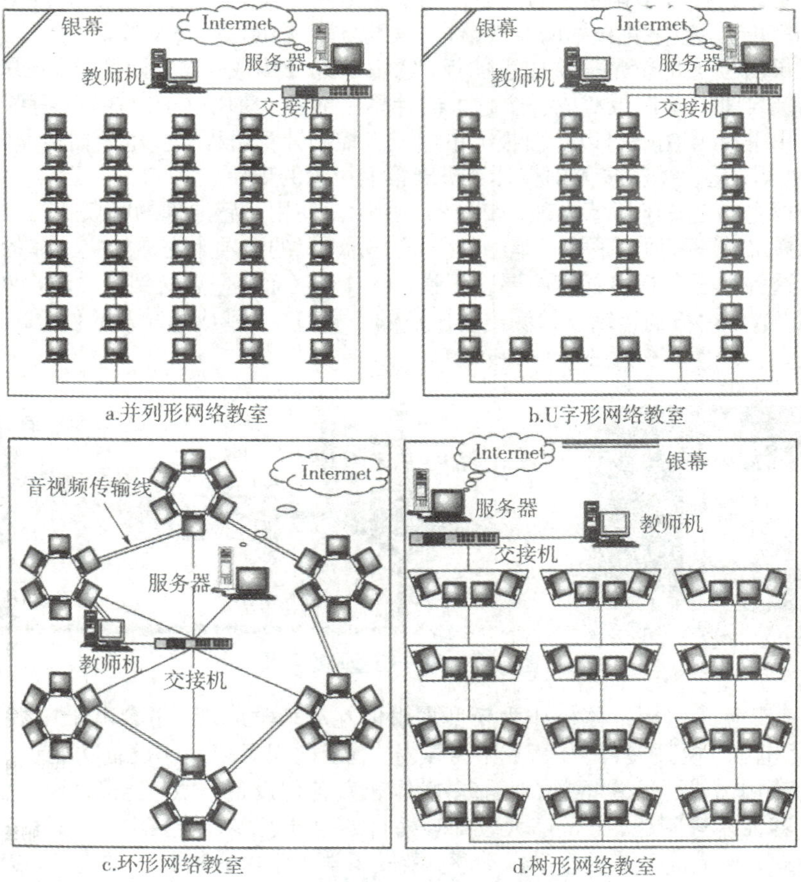

图 3-9　多媒体网络教室的类型

（二）根据连接介质划分

根据使用的连接介质，网络教室可以分为有线网络教室和无线网络教室。目前，大部分网络教室还是有线的，通过双绞线把各个计算机分别与集线器或交换机连接起来。有线网络教室的优点是信号传输稳定、价格相对便宜，缺点是大量的连接线需要占用一定空间，布线麻烦，显得凌乱，上课时易拉扯。

无线网络教室是各计算机和设备之间，不再使用通信电缆，而采用无线信号的通信方式。其特点是安装简单，节约了布线空间，且设备可以任意放置，但有时候容易受到外界干扰，信号传输不太稳定，成本较高。组建无线网络教室除了需要计算机，还需要无线网卡和无线访问接入点 AP。在无线局域网中，无线网卡是操作系统与无线产品之间的接口，用来创建透明的网络连接，其功能与有线网卡差不多。无线访问接入点 AP 的作用相当于局域网集线器，可以在无线局域网和有线网络之间接收、缓冲存储和传输数据，以支持一组无线用户设备。

三、多媒体网络教室的组成

网络教室的组建现在有很多的方案，如红蜘蛛、通如、乐课堂、超级老师、凌波、蜗壳课堂、课外网、超越电子、100 教育平台、极域等。本章节以极域多媒体教学网为例来进行介绍，同学们可到相关的网站下载试用版本。网络教室的工作界面如图 3–10 所示。

图 3–10　极域多媒体教学网教师端工作界面

极域电子教室系统是应用于台式机房的多媒体网络课堂教学管理软件。该系统功能强大，能够全面协助教师开展高效的课堂互动教学，实时评测学生课堂学习效果，并提供多样化的班级管理功能，真正实现了个性化自主学习的实践与创新。

（一）屏幕广播

除了原来的全屏和窗口广播模式，还增加了绑定窗口模式。老师可以选择屏幕的某个部分广播给学生，以增加教学的直观性。

（二）监控转播

监控时抓取快照。老师可以利用监控对学生画面拍快照并保存截图。

（三）班级模型管理

新增加班级模型管理按钮，并设计了单独的管理界面，实现对班级模型的统一管理。

（四）屏幕录制

屏幕录制经过全面技术革新，可以直接录制成 ASF 文件，也可以用 Windows 自带的 Media Player 直接播放。屏幕录制的音视频不再分两个文件存放，保证了录制的文件的音视频同步性。可以选择质量方案，以便客户在录制的文件尺寸和质量上根据需要取舍。屏幕录制时提示小红点闪烁，录制过程十分直观。提供屏幕录制转换器，以便早期的客户把老版本的文件转换为 ASF 文件。

（五）远程设置

远程设置新增桌面主题设置、桌面背景设置、屏幕保护方案设置。可以设置学生的频道号和音量，也可以设置学生的卸载密码，是否启用进程保护、断线锁屏、热键退出。

（六）远程命令

新增可以远程关闭所有学生正在执行的应用程序。

（七）分组管理

分组管理可以新建、删除、重命名分组，以及添加和删除分组中的成员。分组信息随班级模型永久保存，下次上课可以直接使用保存的分组。

（八）随堂小考

使用此功能，教师可以启动快速的单题考试或随堂调查，并立即给出结果。

（九）系统日志

显示和自动保存系统运行过程中的关键事件，包括学生登录退出、电池电量、资源不足、提交文件等。

第三节　智慧教室

一、智慧教室的概念及特征

在传感技术、网络技术、富媒体技术及人工智能技术充分发展的信息时代，教室环境应是一种“能优化教学内容呈现、便利学习资源获取、促进课堂交互开展、具有情境感知和环境管理的新型教室”，这种教室被称为智慧教室（如图 3-11）。智慧教室是一种典型的智慧学习环境的物化，是多媒体和网络教室的高端形态。智慧教室是在物联网、云计算、大数据等新兴信息技术的推动下，教室信息化建设的最新形态。立足教学活动需求，提供智慧化的应用服务是智慧教室的核心使命，取得最优的教学效果是智慧教室的终极目标。运用智慧技术，提供智慧服务，实现智慧管理是智慧教室区别于以往多媒体教室和网络化教室的主要特征。

【视频】
智慧教室

图 3-11 智慧教室

智慧教室的基础理论分为两种模型:“SMART”概念模型和“ISMART”模型。

基础理论主要采用的是“SMART”概念模型,它将智慧教室界定为优化教学内容呈现、便利学习资源获取、促进课堂交互开展、具有情境感知和环境管理功能的新型教室,并从内容呈现、环境管理、资源获取、及时互动和情境感知 5 个维度加以描述。“SMART”模型主要从“智慧性”去描述智慧教室。为了让智慧教室的概念更具有实际的操作性,“ISMART”模型被提出,该模型由六大系统组成,包括基础设施、网络感知、可视管理、增强现实、实时记录、泛在技术。每个子系统均包含了具有可行性的现实方案,为智慧教室的建设提供了可行的理论依据。课堂设计方面,研究者从课堂物理环境设计以及课堂教与学的互动设计两方面来设计未来课堂。

智慧教室基于物联网技术,搭建成一个物联网应用场景,既可以用于学生进行创新实验研究,也方便教师开展科学研究。可以通过智慧教室里面的人员考勤系统来判断教室内是否有人,如果教室内无人,则教室内所有系统处于关闭状态;反之,则处于工作状态。

二、智慧教室的课堂设计

以互动为核心,旨在构建充分发挥课堂主体的主动性、能动性,和谐、自由发展的教与学的环境与活动。智慧教室的课堂主要包含 3 个方面的内容,分别是课堂环境设计、课堂教与学的设计以及课堂设计案例。

(一)智慧教室的课堂环境设计

智慧教室的课堂环境设计包含两个方面的内容,课堂物理环境设计和课堂学习支持系统的设计。其中,课堂学习支持系统在智慧教室中占据一个非常重要的位置。智慧教室中如果缺少了合适的学习支持系统,那么学习的效果将会受到很大影响。

1. 课堂物理环境设计

智慧教室的课堂包括物理形态的课堂和心理形态的课堂,作为能够体现人性化、智能化、开放性,混合性、交互性和生态性特性的未来课堂,其物理架构应是以互动为核心,在泛在网络环境支持下,由多屏显示、活动桌椅、智能环境控制系统桌面平板电脑、无线反馈系统、视讯会议系统、智能课堂实录系统等部分构成,体现满足和促进人与人、人与技术、人与资源、人与环境、技术与技术、技术与资源、资源与环境、技术与环境、资源与资源、环境与环境等课堂组成要素之间的良好互动。

从实际操作的角度来讲,未来课堂的物理架构设计具体包括物理空间的设计、多屏显示的设计、桌椅组合样式的设计和相关系统的配置,主要目的在于能够从物理架构上满足促进学习者学习和发展的需求。物理架构的内涵主要包括物理空间设计、多屏显示的设计、桌椅选择和座位编排方式、相关学习支持系统的配置。

2. 课堂学习支持系统设计

在未来课堂中，由于课堂的主要活动不再是以教师教授为主，而更多的是以学习者自主学习和小组合作探究学习、师生交流互动为主的教学，而且这些活动都是在一些技术的支持下发生的。要使这些技术能够很好地与教与学的活动整合在一起，服务于支持课堂中教与学活动的进行，需要有一个完善的学习支持系统。

智慧课堂学习支持系统设计主要包括学习支持系统的架构设计、学习支持系统的功能设计。而系统的架构设计应当满足设备集成与智能化控制、大容量的数据存储和安全管理、不同设备间的数据共享、个性化的学习支持等要求。

（二）智慧教室的课堂教与学的设计

1. 教的设计

基于云学习支持系统的支持，未来课堂的教学应是课前、课中、课后一体化设计的，教师的活动设计包括课前、课中和课后的活动。

（1）课前。课前的教师活动主要包括课前的备课工作，教学者可以利用自己的交互终端进行备课，将预习任务推送到学生终端，并将备课资源（包括集中授课用课件，情境创设用资源，预习检测与学习结束时测试用习题等）上传到云学习支持系统中，也可通过云学习支持系统了解到学习者预习的情况。

（2）课中。在课中，教学者主要进行的活动包括利用交互终端和教学显示屏进行教学情境的创设、重点内容的讲解和小组探究任务的布置等，以及接受学习者在教学过程中的即时反馈（包括对自己教学节奏快慢的反馈和教学过程所需设置的反馈），并依据反馈结果及时调整自己的教学进度、节奏或进行教学补救等。在教学中，如需与远程课堂进行互动，或是将生活和工作场景接入课堂，教师可以启用视讯会议系统来进行。另外，在学生进行小组合作、探究学习过程中，教师要在教室中进行巡回指导，并根据情况参与小组的讨论和交流。通过这种形式的师生互动，可以促进师生之间和谐关系的形成，为学生的学习创建良好的心理环境。教学支持者的活动主要是在课堂教学过程中帮助师生解决遇到的技术问题，以及在小组学习时可以帮助教师对小组学习进行指导和参与小组交流。

（3）课后。在课后，教学者可以利用课堂实录系统记录的课堂教学视频进行分析，反思自己的教学过程，撰写反思日志，促进自己教学水平的提高，也可以利用交互终端批阅学生的作业，对学生进行辅导，或与学生进行交流等。

2. 学的设计

与教的设计一样，学生的活动设计也是分为课前、课中和课后 3 个阶段，未来课堂中的学习活动包括课前的预习、课中的学习和课后的复习与反思等。

（1）课前。在课前，学习者利用自己的学习终端可以从未来课堂云学习支持系统中下载学习资源进行预习，并将预习的结果或遇到的问题上传到学习平台，可以让老师了解到自己的预习情况，也可利用交互学习终端的媒体采集功能（摄影、摄像等），从身边的生活世界中收集跟所需完成任务相关的学习资源，并及时上传到云学习支持系统中，充分体现交互终端的移动接入功能。

（2）课中。在课中，学习者可以利用学习终端对学习资源进行电子批注、做笔记，也可接受教学者推送的学习资源，并利用系统提供的反馈功能对教学者设置的交流或测试的题目进行反馈，也可对教学者的教学节奏的快慢和授课音量的高低进行反馈，这些信息都将汇总呈现在教师的交互终端上。在小组学习过程中，学习者的学习终端都可以与教室内公共显示屏，包括小组交流用的显示屏及教师用的教学显示屏进行交互，以便学习者将自己的学习成果或需要进行交流讨论的内容投影到公共显示屏中，供小组成员进行讨论或进行全班展示、交流等时使用。除了小组交流、合作探究，大班交流展示，学习者还可以根据学习需要进行游戏、辩论、角色扮演等活动，在进行游戏、角色扮演时，学习者可以利用未来课堂的显示和音响设备等进行游戏场景或角色扮演情境的创设。

（3）课后。在课后，学习者可以利用交互终端浏览课堂实录系统记录的课堂视频和老师利用交互白板（电子黑板）进行教学过程中生成的学习资源，以及自己在测试过程中的测试结果等，并进行反思，发现自己学习过程中存在的问题，完成学习支持系统推送的个性化练习等。

（三）智慧课堂的课堂设计案例

以国内外著名的智慧教室的课堂设计实际案例为例，看看融合了上述设计理念实际建成的智慧教室究竟是什么样子。

1. 国外智慧教室的课堂设计案例

为了促进学生学习的积极性与主动性，2011 年加拿大的皇后大学（Queen's University）教学委员会考虑重新设计位于 Ellis Hall 三层的 3 间教室，并在 2012 年受到资助后开始实施该计划，最终于 2014 年的冬季学期（Winter Term）正式开放并投入使用。以下为从中挑选的 3 间教室的简要介绍。

（1）Ellis319。如图 3-12 所示，该教室最大的特点就是学生课桌椅非常具有灵活性，共可容纳 48 人。每把椅子的手臂上都附有写字板，能够放置笔记本电脑或书籍等。由于所有椅子都是可以移动的，所以小组的组合形式灵活多样，可以根据教师实际授课的需要灵活地进行组合。讲台具有控制面板，教师可随时接入 VGA 或 HDMI，需要时也可进行投影。除此之外，白板四边环绕教室墙面，供学生进行组内讨论或组间展示等。

（2）Ellis321。如图 3-13 所示，该教室主要用于小组合作式的学习，共可容纳 136 人。每张桌子都配有一台显示器，供小组进行组内讨论时使用。如需要在全班进行展示，教师可通过切换使所有显示器播放与显示同样的内容。在两台桌子的拼接处，设有四个充电插口、一个单项式话筒（Push-to-Talk Mics）、供学生在 VGA 与 HDMI 之间进行切换的两个按钮与一个电子放大设备。讲台配有交互显示的 PC 机、LCD 触摸屏、实物投影机、USB 电缆，并可接入 VGA 或 HDMI。同时教师可使用头戴式麦克风，在进行授课的同时更方便地在教室内走动。

图 3-12　Ellis319

图 3-13　Ellis321

（3）Ellis333。如图 3-14 所示，该教室最大的特点是具有良好的交互性，共可容纳 70 人。该教室主要用于 6 人一组的合作式学习，每个圆桌配有六把可移动的椅子与一台交互式显示器，供组内交流讨论或组间展示时使用。圆桌中间有 6 个插口供学生给电子设备充电，两个按钮供学生在 VGA 与 HDMI 之间进行切换，还有一条与交互式显示器相连的 USB 线缆（USB Cable）。教师在授课时可佩带头戴式麦克风，学生可使用无线式手持话筒在小组展示时进行讲解。

2. 国内智慧教室的课堂设计案例

在教学创新理念推动下，北京师范大学不断进行教学教法的改革，对于未来教育的探索与教室环境的改善与再设计的碰撞下，最终北京师范大学教七楼五层教学改革创新实验教室于 2014 年 9 月落成，该层融入学习空间设计的概念、多功能教室设计并持续开展不同创新教学与实验。教学改革创新实验教室包含互动讨论教室、互动教学案例教室、分组互动学习教室、教师教育实训教室、国际远程协作教室、未来学习探索实习教室及录播控制室等设施等 7 间不同功能的新形态教室。以下挑选 3 间教室进行简要介绍。

图 3–14　Ellis333

（1）互动讨论教室。

该教室适用于 15 ~ 20 人的小班授课。教室的桌椅都带有轱辘，可以自由移动，非常适用于自由分组探讨教学。同学们可以通过移动设备上的微信扫一扫功能即时加入课堂并随时将问题反馈给老师，让老师能够及时知道学生们的不懂之处，及时对其进行讲解。教室内的吸顶式摄像头、天迈设备可进行全程式的课程录制，方便教师进行课后的研讨、分析。高清摄像头还可以进行录制传输，采用光纤或其他链路与异地教师完成教学活动。老师可以使用自己携带的笔记本，通过 VGA 传输进行课程的讲解。同时，利用苹果 Airplay 技术可以进行终端音视频的实时展现。

（2）国际远程协作教室。

该教室适用于 40 ~ 60 人的三方远距课程、远程听评课指导、网络教研活动。该教室里的各种设备通过 Wi–Fi 无线连接在一起，通过对它们实时操控，进行互动教学。教室内配有 70 寸一体机，通过有线传输，可以接受任何画面，供主副屏幕使用。同时，利用苹果 Airplay 技术可以进行终端音视频实时展现。该教室可进行远程互动视频教学。教室内分别有两个投影幕，两台液晶电视屏，老师可以在这 4 个设备中随意挑选一个作为主讲屏幕，并且 4 个设备可以互相连接，做到互动视频教学。教师在该教室内讲解的课程可以通过视频会议实现远程的课程直播。未来信号可以到大播机房，实现到全国各地的直播。同时，教室内的升降式摄像机能够实现课程的全程录制。该教室可进行多屏互动教学。教室内 4 个屏幕设备可以分别为讨论板、授课主屏、授课辅屏、学生反馈屏。同学们可以通过自己的移动设备上的微信扫一扫功能即时地加入老师所讲的这一堂课中，进行互动讨论。同时，同学们可以把自己的疑问和不懂的地方通过天脉设备的讨论板及时反馈到老师那里，让老师可以马上作出讲解。此外，老师还可以使用自己携带的笔记本，通过 VGA 传输进行课程的讲解。

（3）移动学习教室。

该教室适用于 25 ~ 30 人的移动学习、互动研讨，学生可在教室内了解和体验移动设备学习。学生可自行配带 iPhone、iPad、平板电脑、笔记本等移动设备，利用碎片化时间完成课程学习。在校学生随身携带手机、笔记本完成课堂学习，课后回到家里学生可以利用固定的电脑在网上回顾课程内容，实现课后复习、思考，从而实现固定设备与移动设备的结合。上课过程中，同学们可以通过自己的移动设备上的微信扫一扫功能即时地加入老师所讲的这一堂课中。学生可将课堂笔记通过 Cloud 笔记记录同步到云端，或通过网盘存储将课堂上的课件等资源上传到云端，便于课后复习。同时，同学们可以把自己的疑问和不懂的地方通过天脉设备的讨论板及时反馈到老师那里，让老师可以马上作出讲解。苹果设备可以使用 Airplay 功能直接将移动设备显示到屏幕上。

三、智慧教室的各类系统

（一）教学系统

教学系统由内置电子白板功能的触控投影机一体机、功放、音箱、无线麦克、拾音器、问答器和配套控制软件构成。使用内置电子白板功能的触控投影机代替传统的黑板教学，实现无尘教学，保护师生的健康，可在投影画面上操作电脑，在每个桌位上配置问答器，实现师生交互式课堂教学。

（二）LED 显示系统

广角 LED 显示系统由 LED 面板拼接而成，安装在教室黑板顶部，用于显示正在上课的课程名称、专业班级、任课教师、到课率和教室内各传感器采集的环境数据（室内温湿度、光照度、CO_2 浓度等）。

（三）人员考勤系统

人员考勤系统由 RFID 考勤机、考勤卡和配套控制软件构成。在教室前后门各安装一个 RFID 考勤机，采用 RFID 标签（校园一卡通）对学生进行考勤统计，对进入教室的人员进行身份识别，对合法用户进行考勤统计，对非法用户进行告警。同时，可通过 Wi-Fi 无线覆盖，远程对考勤情况进行监控、统计以及存档打印等。

（四）资产管理系统

资产管理系统由特高频 RFID 读卡器、纸质标签、抗金属标签和配套控制软件构成。

在教室前后门各安装一个特高频读卡器，对教室内的实验仪器、设备等资产（贴有“RFID”标签，标签上存储有设备的详细信息）进行出入教室的监控与管理，对未授权用户把教室内资产带出教室进行告警，方便设备管理人员对教室设备的统一管理。

（五）灯光控制系统

灯光控制系统由灯光控制器、光照传感器、人体传感器、窗帘控制系统和配套控制软件构成。首先通过人体传感器来判断教室内对应位置是否有人，若此位置无人，灯光控制系统及窗帘控制系统处于关闭状态；反之，则处于工作状态。

（六）空调控制系统

空调控制系统由中央空调电源控制器、温湿度传感器和配套控制软件构成。通过温湿度传感器监测室内温度，通过分析数据，根据软件预设值，当室内温湿度高于最高门限值时自动开启空调。当室内温湿度低于最低门限值时自动关闭空调，实现室内温湿度的自动控制。

（七）门窗监视系统

门窗监视系统由窗户门磁模块及配套软件组成。窗户门磁模块用于检测门和窗户的开关状态，并将状态信息及时上传至服务器。同时设置敏感时段，实施对窗户的自动监视和报警。

（八）通风换气系统

通风换气系统由抽风机、CO_2 传感器和配套监控软件构成。通过 CO_2 传感器监测室内的 CO_2 浓度，通过分析数据，根据软件预设值，当室内 CO_2 浓度高于软件门限值时自动开启抽风机来进行换气，通过补充室外空气来降低室内 CO_2 的浓度。

（九）视频监控系统

视频监控系统由 Wi–Fi 无线摄像头和配套监控软件构成。视频监控可为安防系统、资产出入库、人员出入情况提供查询依据。在教室前后门口各安装一个 Wi–Fi 无线摄像头监控人员出入和资产的出入库情况，在教室内安装一个 Wi–Fi 无线摄像头监控教室内部实时情况，所采集的影像经由远端射频单元传送至终端管理电脑，提供实时的监控数据。

第四节　微格教学系统

一、微格教学系统概述

微格教学，曾被译为“微型教学”“微观教学”“小型教学”等，对其表述也有多种。如微格教学的创始人之一阿伦说它是“一个有控制的实习系统，它使师范生有可能集中解决某一特定的教学行为，或在有控制的条件下进行学习”。麦克里斯和恩文说它是“一个缩减的教学实践，它在班级大小、课程长度和教学复杂程度上都被缩减了”。也有学者认为，微格教学是针对师范教育的特点，以教学控制论、教育目标分类学和教育评价学为理论依据，在现代化教学理论指导下，利用视听技术进行实践活动，使师范生有可能集中解决某一特定的教学行为，并在有控制的条件下进行学习和训练，从而达到提高教学技能的目标。简单说来，就是利用电影、电视摄录像设备和技术培养学生教学技能的一种方法。

【视频】
微格教学

微格教学系统是一个融微格教学、多媒体存储、视频点播、数字化现场直播为一体的数字化网络系统。观摩和评价系统均采用计算机设备，并通过交换机连接校园网或 Internet。信息记录方式采用硬盘存储，或刻录成光盘，广大师生可以随时、随地通过网络或光盘进行点播、测评与观摩。

（一）微格教学系统的主要功能

1. 训练教学功能

教室教学的基本功能包括导入教学技能、讲解教学技能、板书板画教学技能、媒体演示操作教学技能、提问教学技能、反馈强化教学技能、归纳总结教学技能、课堂组织教学技能。

2. 示范观摩功能

教学观摩是教师进行教学经验、教学技巧交流的有效方式，或组织学生观看优秀教师课堂录像，给受训学生或老师提供示范。同时也可以举办师范生技能大赛，赛后便于观众和选手观摩上课录像。

3. 反馈评价功能

教学训练重播自己训练的录像，分析优点和不足，进行自我纠正和评价，指导教师也可以根据录像进行点评和指导。

（二）微格教学系统的组成

微格教学系统一般由主控室，一间或多间微格教室和观摩室几个部分组成。

1. 主控室

主控室配置录像控制系统、监视系统、电视特技切换设备、调音台、实时编辑系统、录制系统、信号切换分配系统，可以同时观看和监视并录制多个微格教室的教学信号（如图 3–15 所示）。

图 3-15　微格教学系统的主控室

2. 微格教室和观摩室

（1）微格教室。微格教室是开展模拟训练的场所，是缩小的课堂教学教室，可以根据人数和微格实训的需要分为大微格、中微格和小微格教室。一般来说，大微格教室可以容纳 50～60 人，小微格教室可以容纳 10～15 人左右（如图 3-16），主要承担师范类学生和在职教师教学技能训练的模拟教学活动，同时也可以举办教师技能大赛。微格教室配置了进行模拟教学的各种教学设备，供训练者使用，同时配置了微格教学设备，如话筒、摄像头用于拾取模拟教学过程中的声音和画面，摄像头由主控室进行控制。投影仪或电视机用于重放已录信号，供同步评价分析使用。

图 3-16　微格教学系统的大微格教室（左）、小微格教室（右）

（2）观摩室。观摩室主要用于教师现场评述，或让较多的学生同时观摩、学习和分析，也可以作为搬家教学实况录像的场所，一般可以在大微格教室进行，也可以单独设立一间教室作为观摩室。

二、数字化微格教学系统

数字化微格教学系统由一个主控室和多个微格教室组成，微格教室中的摄像头拍摄现场图像，拾音器（话筒、红外跟踪麦克风）拾取现场声音，信号通过网络传送到主控室的录播服务器和电视墙，微格控制系统可以对各个微格教室的摄像头进行操控，精品课程录制系统进行课程录制，视频录播服务器将每间教室的实时视音频信号进行处理后，广播到网络上，各个终端计算机可以通过视频点播系统的专用客户端软件或 IE 浏览器收看直播和点播。

微格教学系统包括以下设备，如表 3-1 所示。

表 3-1　数字化微格教学系统的设备组成

设备名称	主要性能指标 / 可实现的功能
微格摄像设备	可实现课堂的即时录制，视频刻录，视频回放，视频管理
微格控制系统	微格电源主控，视频摄像头控制，视频广播
精品课程录制系统	多画面录制，摄像头红外跟踪，精品课程
视频点播系统	视频上传至中心服务器，视频下载与在线点播

数字化微格教学系统可以实现以下功能。

（1）教学现场录制和精品课程录制功能。可以将受训者授课、板书、教态、语言、多媒体计算机屏幕的视频与音频信号进行同时组合，实现将视频、音频、VGA 信息同屏多画面同步实时录制成流媒体的课件，保存到系统的视频服务器，并能对录制好的课件添加索引和目录，方便课后的检索和查找。同时也可以作为精品课程的录制，将微格教室内的教学情境，以上述方式录制下来。

（2）网络现场直播功能。校园网内的任何计算机，通过视频点播服务器，既可以收看直播也可以视频点播，还可以将其下载到本机，供全校师生随时随地进行学习。

（3）监视、控制教学进程功能。在主控室中配备了监视的电视墙，可以同时同步实时监听监视各微格教室教学现场的主画面，以及正在录制中的流媒体课件画面。

三、微格教学的实施

微格教学的实施是以微格教学理论为指导，以训练教学技能为目标的教学实践过程。微格教学一般包括以下几个步骤。

（一）理论指导

进行微格教学前，首先要使受训练者了解微格教学的基本理论、微格教学的训练方法、各项教学技能的教育理论基础、教学技能和行为模式。

（二）观摩示范

首先观摩微格教学示范录像，遵循两条原则，一是水平要高，二是针对性要强。示范的水平越高，学习的起点就越高；针对性越强，该技能的展现就越具体、越明确。在观看示范录像的时候，指导教师应首先提出具体要求，明确目标突出重点、边观看边提示。提示时要画龙点睛，以免影响学生观察和思考。然后组织学习、讨论，谈观后感，哪些方面做得好、值得学习，提示自己在教学中应注意的问题。示范的目的是使受训者进行模仿，对受训者理解教学技能会起到十分重要的作用。通过大家相互交流、沟通，酝酿在这一课题教学中应用该教学技能的最佳方案，为下一步编写教案做准备。

（三）确定培训技能和编写教案

当被培训的教学技能和教学课题确定之后，受培训者根据教学目标、教学内容、教学对象、教学条件进行教学设计，编写详细的教案。每次训练只集中培训一两项技能，以便使师范生容易掌握这种技能；指导教师引导学习者钻研教学技能的理论，在熟悉教材的基础上，重点考虑教学技能的运用，根据要求由学员自己备课，编写出教案。在指导教师的指导下，学员交流备课情况，取人之长、补己之短。

（四）角色扮演

角色扮演是微格教学的中心环节，是受训者训练教学技能的具体教学实践活动，在活动中每个受训者都要扮演一个角色，模拟进行教学。在微型课堂中，十几名师范生或进修教师，轮流扮演教师角色、学生角色和评价员角色，由微格教学系统的课程录制系统将此过程记录下来。

（五）反馈评价

扮演教师角色的学员通过观看自己的教学录像，自我进行分析、评价教学技能应用的方式和效果，是否达到了预期目标，再由指导教师和其他学员一起组织讨论评议，学习者对指导教师的评价是十分看重的，指导教师的意见举足轻重。因此，指导教师的评价应尽量客观、全面、准确。对于扮演者的成绩和优点要讲足、缺点和不足要讲主要的，要注意保护学习者的自尊心和积极性，以讨论者的身份出现，讨论“应该怎样做和怎样做更好”，效果会更好。

（六）修改方案再实践

根据指导教师的反馈评价和意见，对教学方案进行修改，并再次进行教学实践，逐步提高技能。

第五节　虚拟实验室

一、虚拟实验室概述

虚拟实验室最早在 1989 年由美国的 William　Wolf 教授提出，用来描述一个计算机网络化的虚拟实验室环境。Wolf 教授形象地把虚拟实验室称为“没有围墙的研究中心”。随着网络技术的发展，虚拟实验室不再局限于其原有的范畴，已经逐渐成为一种崭新的教学形式。

【视频】
VR 技术

所谓的虚拟实验室，就是以计算机网络为核心，将虚拟仪器通过网络连接起来，以实现数据采集、分析，远程操作的一个系统。而虚拟实验，就是按照实验教学的基本要求，建立虚拟的工程实验环境，运用各种虚拟实验仪器仪表和设备，对建立起来的实验模型进行实时仿真，构成新型的教学实验。一些基础性实验，如物理实验、机械基础实验、电子技术实验、自动控制原理与系统实验等，都可以采用虚拟的方法进行实验。

到目前为止，按一般意义上的理解，虚拟实验的发展经历了两个阶段：（1）计算机仿真阶段，它主要利用计算机在处理数据方面的优势，选用的实验对象常是高度抽象的数值关系，较注重逻辑性和确定性，基本上将用户视为旁观者，限制了其应用范围；（2）虚拟现实阶段，虚拟现实技术系统营造虚拟实验室，实验者运用某些设备完全进入虚拟实验室环境中，并可根据需要通过多种交互设备（如头盔、数据手套和刚性外骨架衣服等）来驾驭该环境，同时用于操纵该环境中的物体（如仪器设备、实验对象、实验资料等），突出了实验的形象性和直观性。

从技术层面上看，各类虚拟实验系统的基本思想是一致的，即用软件方法来模拟硬件设备的功能。为了实现上述功能和目的，需要使用一些相关的技术：① VR 技术。虚拟现实技术（Virtual Reality，简称 VR）是以计算机技术为核心，综合使用交互设备融视、听、触，感为一体的模仿现实的三维空间再现技术。②Lab VIEW 技术。Lab VIEW（Laboratory Virtual Instrument Engineering Workbench）程序被称为“虚拟仪器程序”（简称 VI），是一种基于图形编程语言的开发环境。③ Java 作为一种程序设计语言，具有可移植性和安全性，提供了并发机制，具有很高的性能。④ Active X 技术，它可将复杂的任务分割成小的模块，作为组件。采用组件思想为构造虚拟仪器带来了很大方便。⑤ ASP 技术提供一个服务器端的脚本环境，用于产生和执行动态、高效率的网络服务器应用程序。⑥交互式 Flash 技术。Flash 技术用于网络虚拟实验室的开发具有开发速度快、界面美观、视觉冲击效果强、体积小、不需要安装、可直接在浏览器中进行操作等特点，但在交互性方面尚有不足，视觉效果不如 3D。

VR 技术的特点有以下几个方面。

（1）成本低。虚拟实验室基于虚拟原型技术，即利用 VR 在可视化方面的强大优势以及可交互地探索虚拟物体的功能，对对象进行几何、功能、制造等方面交互的建模与分析。

（2）效率高。虚拟实验室省去了大量的基于物理原型实验的简单劳动，使用者可集中精力研究实验对象本身的特性和规律，还可充分利用计算机优势，使虚拟实验室具有良好的在线帮助和学习功能，从而帮助使用者迅速掌握实验研究本身及达到实验研究的具体目标和要求，提高学习和研究效率。

（3）功能全。虚拟实验室的数据库规格品种齐全，并易于升级换代和增加新种类，从根本上解决了实验元器件和仪器仪表不全而影响实验的问题。

（4）协作性。在协同虚拟环境技术下，可实现合作实验、远程实验、协同研究等。

二、虚拟实验室的组成

虚拟实验室包括虚拟仪器系统、数据分析系统、计算机网络系统、虚拟实验室管理系统等，图 3–17 是虚拟实验室的组成原理图。

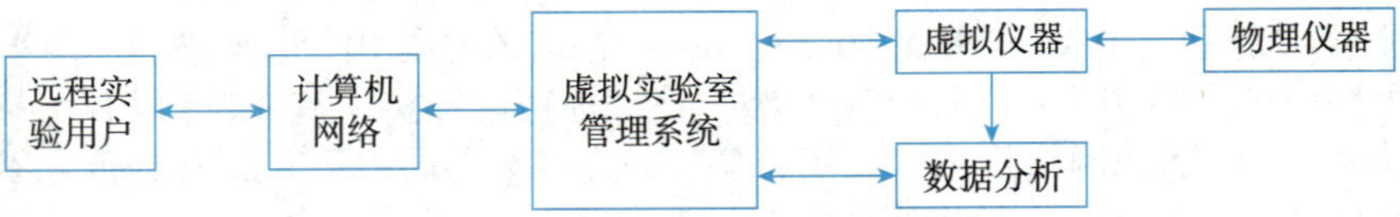

图 3–17　虚拟实验室原理图

远程用户通过 PC 机登录进入 Internet，利用 Web 浏览器访问虚拟实验室。用户选择相应的实验项目后进入虚拟仪器控制台，通过虚拟仪器控制面板发出实验操作指令，输入实验参数，虚拟仪器向物理仪器传输操作指令及实验参数。物理仪器接受指令和参数后执行操作，完成相应的实验内容，最后将实验所获得的实验数据通过虚拟仪器、计算机网络返回到远程实验用户，用户既可以自行分析处理这些数据，也可将这些数据直接交给虚拟实验室的数据处理系统进行分析处理。

虚拟仪器是虚拟实验室的内核，是由基于计算机的功能化硬件模块和计算机软件构成的电子测试仪器，它的基本思想是硬件功能的软件化，即利用计算机软件实现传统测试仪器中需要用硬件完成的功能。虚拟仪器在许多方面都有传统测试仪器无法比拟的优点。由于这些优点，虚拟仪器成为测试仪器的发展新方向。美国 NI（National Instrument）公司提出了“软件就是仪器”的口号，将自动测试系统中所有的独立的软件模块都视为虚拟仪器（包括采集、分析、计算及显示等各个过程）或者把子虚拟仪器通过虚拟仪器层次化的结合，构建复杂的虚拟仪器系统。

三、虚拟实验室的教学应用

虚拟实验室也虚拟现实技术应用研究的重要载体。随着虚拟实验技术的成熟，人们开始认识到虚拟实验室在教育领域的应用价值，它除了可以辅助高校的科研工作，在实验教学方面也具有利用率高、易维护等诸多优点。

近年来，虚拟实验室作为一种新型教学模式，受到了国内外越来越多的科研机构和高等院校的关注。其可以利用计算机图形学、仿真技术、多媒体技术、人工智能技术、计算机网络技术等实现对实验设备参数的测定和实验操作的练习，它的实际应用在理工教学中大有作为，尤其在电工电子、医学、建筑、生化等学科中有重要作用。据了解，目前国内的多数高校都根据自身教学需求建立了虚拟实验室，典型的有：①中国科学技术大学研制的光学虚拟实验室最具代表性，它是我国第一套虚拟教学软件，操作简单、效果逼真，学生通过该虚拟实验室能够完成单透镜和组合透镜的所有实验。②清华大学构建了"复杂连续工业生产过程虚拟仿真实验教学平台""复杂离散工业生产过程虚拟仿真实验教学平台""复杂导航与制导系统仿真实验教学平台""复杂智能交通系统虚拟仿真实验教学平台"4 个平台，建设机械工程领域开放式、创新型的虚拟仿真实验教学中心。③北京航空航天大学在虚拟现实中的建模理论与方法、增强现实与自然人机交互、互联网虚拟现实方法与技术、虚拟现实开发支撑平台与系统 4 个主要研究方向，均取得重要的研究和应用进展。北京航空航天大学计算机系把虚拟现实环境技术使用在了飞行员的日常训练中，对于学院飞行员的保护和飞行技术等的练习方面确保了安全和专业性。④华中科技大学构建了基于 Unity 3D、Solid works 和 My SQL 的液压虚拟实验室教学应用软件，为液压课程教学提供一个自主共享的 3D 虚拟学习平台。⑤上海交大医学院和复旦大学上海医学院等研发的虚拟实验室能够虚拟 9 项医学功能学实验，学生和教师可不受时间和地点的限制，通过登录网络虚拟实验室进行实验和交流等。⑥中国科技大学在虚拟实验室的建设和使用方面形成的如物理仿真实验软件、广播电视大学物理虚拟实验、几何光学设计实验平台、大学物理虚拟实验远程教学系统。此外，复旦大学、上海交通大学、陕西师范大学等一批高校，也相继开发了一批新的虚拟仪器系统供实验教学和科研使用。

在虚拟实验室中，学生既可以在虚拟实验台上动手操作，又可自主设计实验，有利于培养操作能力、分析诊断能力、设计能力和创新意识。在虚拟实验室中，学生更易获得相关的知识、科学的指导和敏捷的反馈。虚拟实验室是未来实验室建设的发展方向。

四、虚拟仿真实验

（一）虚拟仿真实验发展概况

虚拟仿真实验，是指以计算机仿真技术、多媒体技术、网络技术等现代信息技术为依托，在实验室模拟仿真出现实情境，以实现教学目的的一种新型教学方法。近年来，鉴于虚拟仿真技术在教学中应用的优点和教育信息化发展的必然趋势，国家和教育部门越来越重视相关建设，公布的许多重要规划中都有提及相关建设工作。在教育部的大力推动下，国内的许多高校都根据自身科研、教学的需求建立了许多虚拟仿真实验室。这种新的教学模式具有较好的人机交互性、节约实验费用、提高实验效率等诸多优点，因而受到广大师生的欢迎。虚拟仿真实验在专业教学中主要是指采用计算机或其他多媒体技术，模拟出现实情境，让学生对专业应用场景或操作情况有直观的了解和认识，从而达到掌握基本原理或锻炼实际操作能力的教学目的。

【视频】
虚拟仿真

（二）虚拟现实仿真实验的优势

1. 成本低

在实验教学中，许多昂贵的实验器材，由于受价格的限制而无法普及；有些实验因时间持续得很长以致无法开设。利用虚拟现实技术，在多媒体计算机上建立虚拟实验室，学习者便可以如身临其境般操作虚拟仪器，操作结果可以通过仪表显示反馈给学生。这种实验既不消耗器材，也不受场地等外界条件限制，可重复操作，直至得出满意结果，改变了传统演示实验的教学模式，有效地解决了实验条件与实验效果之间的矛盾。

2. 安全性高

药物制剂实验中有很多涉到放射性物质或有毒物质的部分，有些实验是不能让学生做的。虚拟实验教学的一大优点还在于其绝对的安全性，不会因操作失误而造成人身伤亡事故。

3. 虚拟实验系统在实际实验前后都发挥着积极的作用

在实际实验前利用虚拟实验进行预习，有助于学生从实验整体到局部建立起直观的感性认识，能有效地减少在实际实验中出现的盲目操作和实验走过场的现象，缩短实际实验的时间。对于一些难度大的、操作步骤多的实验，在做完实际实验后再做虚拟实验，可以使学生了解每一实验步骤在实验中所起的作用，进一步理解实验原理，消化实验内容。

4. 效率高

虚拟实验室有着良好的在线帮助和强大的学习功能，可以帮助使用者迅速掌握实验研究本身并达到实验研究的具体目标和要求。另外，互联网和相关技术的飞速发展，促进了远程虚拟实验室的发展，拓展了远程教育的领域。在远程虚拟实验室中，实验不再局限在物理空间的实验室中，实验者可以通过网络不受时空限制地利用实验设备进行实验，和其他实验者共享资源，可实现合作实验、指导实验、远程实验等，大大提高了学习和研究效率，为实验教学环节提供了强有力的支持。

（三）虚拟仿真实验教学存在的问题

1. “教”维艰，“学”亦难

在虚拟仿真实验实践的实际教学过程中，由于存在着各类学科相互交叉、各种知识相互作用的问题，需要构建新的适应各专业发展的人才知识体系，这对教师的经验、能力和技术提出了新的要求。目前高校中具有综合能力的教师资源匮乏，加之部分高校受实验实践教学经费不足的影响，进而导致部分课程的开设容易出现以下两种情形。

（1）教师不愿意投入时间和精力来学习和开发新的虚拟仿真教学用软件和课件，虚拟仿真平台不能高水平发挥效果。虚拟仿真实验实践教学的开展需要教师进行一定时间的培训学习，才能基本掌握其应用。在实际教学的过程之中，想要融汇贯通地进行多学科多角度的应用还存在一定的困难，比如设计类课程若结合新工科在虚拟仿真平台开展 3D 设计教学时，教师自身必须首先学会应用 3D 技术设计软件，而对于有丰富设计经验的专业教师，他们的年龄都偏大，之前大多用的是 AUTO CAD 的 2D 制图，现将设计理念从 2D 转换为 3D 还有一个熟悉的过程，加之教师们还有其他科研的压力，有相当一部分年长的老师不愿意再花时间和精力学习新的 3D 设计软件。还有一些实验课程受师资的限制，部分老师没有能力去开发新课件，无法掌握虚拟仿真实验实践课程的要领，课程进行逐渐演变为观看 3D 动画或展示工艺过程，虚拟仿真技术（如材料领域的智能制造及生产数据仿真分析）在领域中的应用得不到充分的讲解和展示，无法让学生领会到虚拟仿真在行业中的应用精髓。

（2）部分高校出现虚拟实验比重偏高现象，虚拟仿真平台不能高效地发挥作用。部分虚拟仿真实验教学中心建设过程中因导向问题和对虚拟仿真教学的理解不到位，在实验实践环节出现“虚高”，导致虚实不能很好地相结合。特别是教学经费不足的院校，为节省实验耗材甚至将学生实际实验操作环节用“虚拟实验”来替代，实验实践教学环节出现虚实、主次颠倒现象，平台不能很好地起到辅助教学的作用。

（3）学生们在学习过程中，想要很好地结合所学的知识，掌握和操作虚拟仿真实验也并不容易，需要学生投入更多的时间来学习新的软件和硬件并加以实时应用，才能按照教师的指导学会相应的基本操作，完成相应实验实践课程的要求内容。部分课程还需要学生结合工程实际，运用一定创新能力加以创造性设计，才能充分发挥虚拟仿真平台的优点。若学生不能正确地认识虚拟仿真教学的重要性或是畏难而退，则均不能很好地通过平台学到相应的知识。

2. 建设投资昂贵，后期维护困难

虚拟仿真实验教学中心后期维护也是一个难题，由于虚拟仿真实验室一般包括中央处理器及配套计算机群（或一体机）、3D、LED 屏和较多交互仪器设备等，若学生和教师未能学会或未能熟练掌握仪器设备的使用，在虚拟实验室对师生免费开放使用时必然存在仪器设备损坏的可能。非专业人员无法完全掌握维修技术，维修相应设备大多须聘请专业人员，使得每年维修经费巨大，后期维护存在一定的困难。

3. 应用效果不明显，宣传力度过小

我国开发的虚拟实验教学系统在教学中实际应用得较少。虚拟实验被教师上课演示得多，被学生实际操作得少；虚拟实验中验证性实验多，设计性和创新性实验少；虚拟实验以作业方式应用得多，单独开设实验课程的很少。虚拟仿真实验系统还对电脑设备要求较高，使用时只能在特定的时间到特定的实验中心进行使用，时间和空间受限，导致使用试验系统步骤过于烦琐，导致学生实际应用减少。

4. 资源共享受限，教学资源开发困难

国家和教育部要求虚拟仿真实验教学中心建设工作必须坚持“科学规划、共享资源、突出重点、提高效益、持续发展”，其核心工作就是共享优质资源。在被调查的高校中，有 72.4% 的高校曾开放过网络实验教学资源，但由于管理体制和运行机制不完善，优质教学资源的持续性共享受到很大限制，资源不均衡现象依然严重，资源共享对网络安全也是一个严峻考验，采用云端共享资源，可能导致云端优质教学资源被盗取。

资源共享受限的又一原因是教学资源开发困难，部分高校想拥有独立自主使用优质实验资源的权利，不愿意将优质实验资源共享，多方共同开发优质教学资源因此受到限制。

（四）虚拟仿真实验教学开展的建议

1. 政府政策正确引导，学校制度有效落实

虚拟仿真实验中心的建设鉴于方向把握和资金问题，必然需要政府部门及社会力量的大力支持。国家和教育部门虽然颁布了相关政策及建设规划，但还需要根据各高校的特点，因势利导地开展正确的虚拟仿真实验中心的建设，而不是“拷贝式”或“口号式”建设，达到如“复旦共识”倡导的目的：工科优势高校通过建设要对工程科技创新和产业创新发挥主体作用，综合性高校要对催生新技术和孕育新产业发挥引领作用，地方高校要对区域经济发展和产业转型升级发挥支撑作用。

2. 加大建设教学团队，引导教与学的兴趣

虚拟仿真实验实践教学中存在着教师需要一段时间去学习该项技术的过程，才能正确地将该项技术引入教学中，所以在建设初期，可以加大建设团队，同期吸引多名跨学科老师来共同建设虚拟仿真实验室和开展实验实践教学工作，这样在建设中能让教师掌握虚拟仿真技术的操作方法，也能领会到虚拟仿真技术在教学中的优势，同时以课程团队的形式精心设计课件，便于后期开设课程。当然，同时也可从学生中引进感兴趣的学生，在建设中培养他们的能力，同时也是后期教学中同学课下交流学习的资源。

加大建设教师团队和引进感兴趣的学生都可以达到增强宣传力度的作用。虚拟仿真技术应用得很广泛，但是不为学生所知会限制其在教学中的发展，所以建设虚拟仿真实验教学中心的过程中应当加大宣传力度，让更多的学生和教师了解虚拟仿真技术，体会该项技术的优势，提高教和学的兴趣，方便后期教学的开展。

3. 创建良好共享机制，促进教学资源开发

教育部门要求共享优质资源，但并没有要求是无偿共享，建设过程中需要创建良好的共

享机制，例如校内局域网可以免费使用本校提供的优质虚拟仿真实验教学资源，外网可以付费使用本校提供的优质虚拟仿真实验教学资源，针对外网可以制定一套严格的收费和服务方案，这样既做到了方便教学和资源共享，也成为后期虚拟仿真技术实验教学建设工作筹备资金和系统维护资金的一个来源。利用共享资源得到的资金进行新的实验系统开发，创建更多的优质资源，也是对资源共享机制的促进。

高校建设虚拟仿真实验教学中心后理应开设相应课程，或者在部分课程中嵌入相关教学内容，以加强学生的学习兴趣，提高学生对知识的掌握程度。虚拟仿真实验教学虽然具有其优势，但是还存在其局限性，虚拟教学内容简化了实验操作过程和实验误差带来的结果变化，学生缺乏对实验的感受和体会。所以虚仿实验教学并不是一味追求虚拟，不能以虚拟仿真实验代替所有的实验项目，在实验教学中仍需形成虚实结合的实验教学体系，在虚拟仿真实验的基础上尽可能地让学生接触实际，“能实不虚”。

4. 校企合作，加强后期设备维护

建立校企联合培养人才机制，充分利用企业的研发实力和技术服务能力，实现专业实验与科学研究、工程实际、社会应用相结合。虚拟仿真实验教学中心建设初期，高校可以充分利用企业资源，与相应企业建立合作关系，利用企业资源可以简化建设难度。

第六节 语言学习系统

一、语音实验室的使用

语音实验室是学生进行口语训练和听力训练的场所。在语音实验室，学生通过听标准的读音，可以跟读并将自己的读音录制下来，与标准读音进行比对，进行模仿纠正，以达到读音准确的目的；同时也可以训练听力，将听到的内容记录下来，达到听写的目的。

（一）语音实验室的分类

语音实验室按照承载的媒体分，可以分为传统语音实验室、数字化语音实验室。语音实验室的基本结构包括教师控制台和学生座位两部分。教师控制台主要用于向学生座位输送各种音视频信号和实现各种控制功能。学生座位通过线路传输接受来自教师主控台输出的教学信息。

传统语音实验室主要采用磁带录音的方式进行语音学习；数字化语音实验室是将音频全部采用数字信号传输的语音实验室。配备高清晰度的液晶显示器，各种教学材料被高质量地传输到每台显示器和耳机，学生可以利用逼真清晰的影像和优质的语音材料进行跟读和听力等练习，（图 3-18 为数字化语音室）。

图 3-18 数字化语音室

（二）数字化语音室功能

数字化语音实验室囊括了传统语音实验室的功能，除此之外还具备以下功能。

1. 授课功能

音频广播、视频广播、平面广播、屏幕监看、网上影院、语音对讲、分组讨论、电子白板、作业提交、电子抢答、数字课件制作、电子举手。

2. 自主学习功能

音频点播、文本点播、IP 电话、电子词典、变速不变速播放、声文同步播放、录音跟读、中英文自动领读、同声传（翻）译、学习交流。

3. 考试功能

自主考试与评估、考试模式与试卷发送、学生答题、试卷制作。

4. 管理功能

远程遥控、黑屏肃静、教师锁定、系统设置、学生耳麦自动检测、远程委托管理、远程备课、资源共享、网络监控与控制、电子点名、个性化教学设置。

数字化语音实验室，教师在上课前用电脑把上课的内容全部准备好，上课可以直接从电脑中选用音、视频同步的资料进行教学，同时可控制音频文件的语速。学生则可以实现自主学习，可以点播各种学习材料。

网络化语音实验室是从数字化语音实验室的基础上，加入了计算机网络技术，其最大特点是实现资源共享、信息量大而齐全。教师不再为收集和保存资料而苦恼，学生也可以实现运用自由点播、自主学习等方式共享校园上的丰富资源。

二、同声传译实训室的使用

同声传译（Simultaneous Interpretation）是译员在不打断讲话者演讲的情况下，不停地将其讲话内容传译给听众的一种口译方式，最大优点是效率高，可以保证讲话者做连贯发言，不影响或中断讲话者的思路，有利于听众对发言全文的通篇理解。译者仅利用演讲者两句之间稍歇的空隙完成翻译工作，这对译员素质要求非常高。（图 3–19 为同声传译实训室）

图 3–19　同声传译实训室

同声传译实训室一般设有同声传译译员间（译员席）、主控台、代表席、二旁听席、言席，可面向外语及导游等专业的本专科学生，主要承担《同声传译》《交替传译》《高级口译》和高年级《口语》等课程的实战训练，同时还可以举办中、小型会议和模拟会议。

同声传译实训室为师生提供模拟同声传译情景，使学生对同声传译有一个身临其境的感受，在观摩模拟情景的同时受到良好的熏陶和锻炼，提高学生应用所学外语知识的能力及提高学生的综合素质。

同声传译实训室主要设备如表 3–2 所示。

表 3–2　同声传译系统组成

设备名称	主要性能指标 / 可实现的功能
同声传译会议系统	支持远程会议功能
同声传译系统	模拟专业数字答疑系统控制操作界面
视频跟读系统	替换视频中的原音
数字化录音系统	译员席和代表席的录音
可视分组会话系统	支持 4 画面的可视分组讨论

思考与练习

1. 校园网的基本功能有哪些？
2. 多媒体教室有哪些特点？
3. 智慧教室有哪些特征？
4. 虚拟实验室的功能有哪些？
5. 数字化微格教学系统具备哪些功能？
6. 同声传译系统包括哪些设备？

技能训练 4　VPN 与全文数据库系统的使用

一、训练目标

1. 了解 VPN 的基本知识。
2. 掌握如何利用全文数据库系统的资源。

二、操作环境（设备）

多媒体计算机、互联网。

三、训练任务

在校外（异地等）使用 VPN 进入校园网查找学校的教学资源、论文数据库资源。

四、训练步骤

VPN 的英文全称是“Virtual Private Network”，翻译过来就是“虚拟专用网络”。顾名思义，我们可以把虚拟专用网络理解成是虚拟出来的企业内部专线。它可以通过特殊的加密的通信协议在连接在 Internet 上的位于不同地方的两个或多个企业内部网之间建立一条专有的通信线路，就好比是架设了一条专线一样，但是它并不需要真正去铺设光缆之类的物理线路。这就好比去电信局申请专线，但是不用付铺设线路的费用，也不用购买路由器等硬件设备（如图 3–20 所示）。

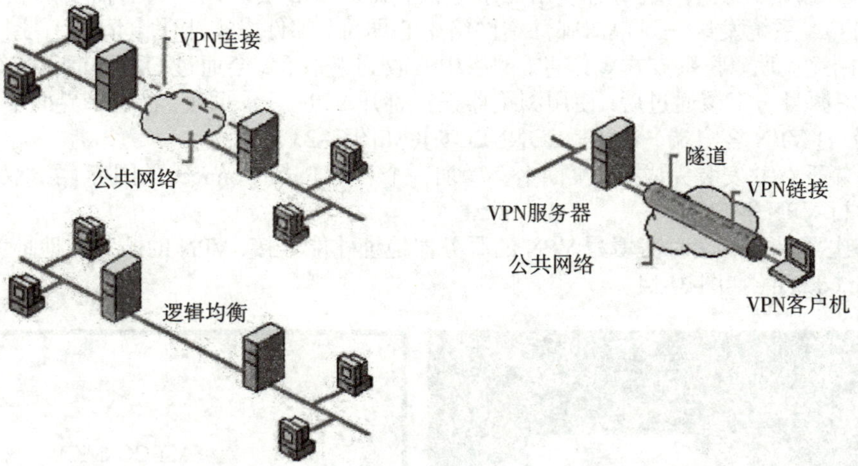

图 3–20　VPN 示意图

VPN 的核心就是利用公共网络建立虚拟私有网，目前很多高校的该系统可以让大家在家里或外地通过登录，访问下面 4 个校园内部的应用：即办公系统、教务系统、电子期刊数据库、网络教学资源。

学校的 VPN 资源分为两种访问形式，基于 WEB 的 VPN 访问和基于 EASY–CONNECT 客户端的 VPN 访问。其中，基于 WEB 的 VPN 访问只能够访问校内的 WEB 资源。而基于 EASY–CONNECT 客户端的访问则可以访问校内的任意资源。

（一）只想访问校内的 WEB 资源（WEB 资源用户）

直接在浏览器的地址栏中输入 https：//vpn.jxstnu.edu.cn，在出现的 VPN 登录页面中输入【教工号 / 密码】即可使用，在使用过程中通过浏览器直接登录，无须下载任何插件和客户端。

VPN 登录成功后浏览器会自动打开校内 VPN 资源页面（如图 3–21、图 3–22 所示）。

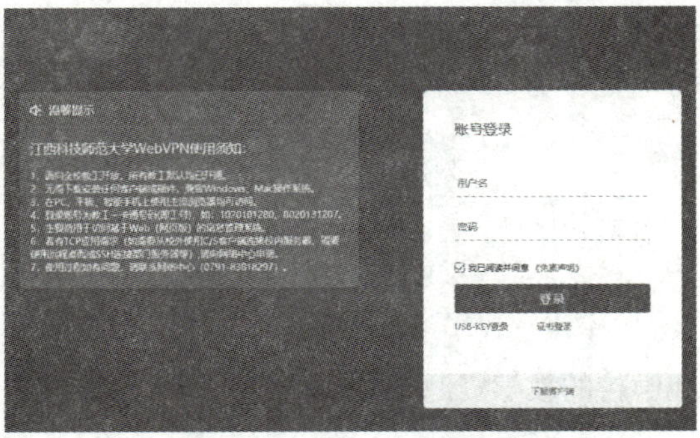

图 3–21　VPN 登录示意图

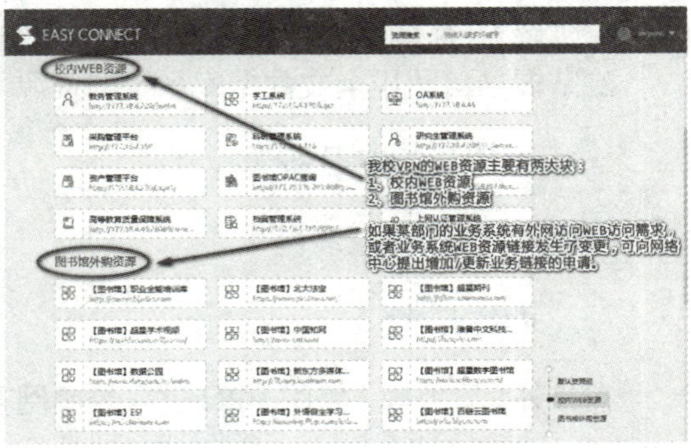

图 3–22　VPN 资源页面

当然也可以通过打开学校主页，选择校园网栏目下的【网络服务 |VPN 登录】菜单项，进入 VPN 的登录页面。或者单击本页面上方的【直接登录 VPN】链接也可以进入 VPN 的登录页面。

（二）需要使用校内的任意资源，如 WEB 资源、C/S 客户端、远程桌面等（SSL 资源用户）

（1）首先用户要向网络中心发出需求申请，成为 SSL 资源用户。有需要的教职工可使用学校的 OA 系统发送一封申请邮件给网络中心即可，邮件中需注明申请人工号、姓名、所属部门、用途说明、联系方式等信息，网络中心收到申请后，会通过 OA 反馈审核结果。

（2）资源身份审核通过后，使用浏览器正常打开 VPN 登录页面，在登录界面中下载并安装客户端—【VPN 客户端—EASY CONNECT】（如图 3–23 所示）。

客户端下载并安装完成后，桌面上会增加一个名为 Easy Connect 的图标 ，双击此图标就可以运行 VPN 客户端。

第一次登录客户端时需填写 VPN 的服务器地址才能连接，VPN 的服务器地址为 https：//vpn.jxstnu.edu.cn（如图 3–24）。

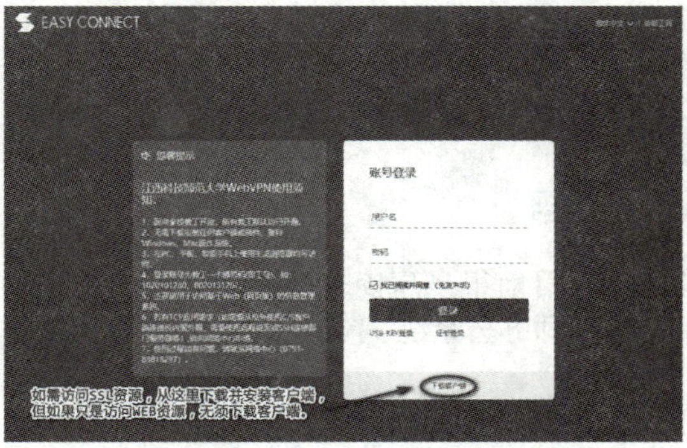

图 3–23　VPN 客户端

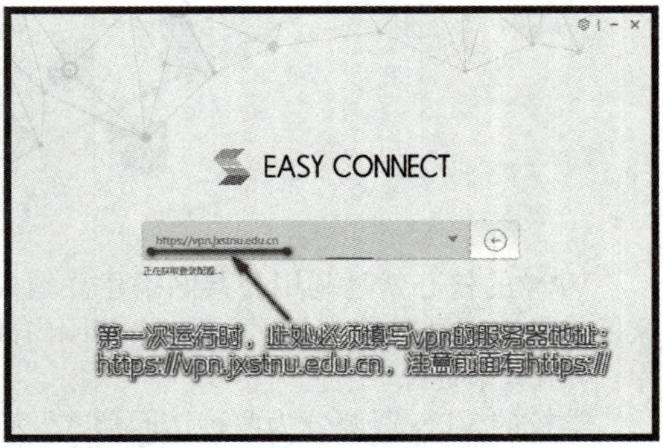

图 3–24　VPN 服务器地址

（3）如果采用了客户端的登录方式，登录成功后会在 Windows 桌面右上角出现一个 Easy

Connect 的悬浮窗口。

（4）以后用户登录时，无论是通过网页端还是通过 Easy Connect 客户端登录，均会自动启动 Easy Connect 客户端并建立 VPN 隧道，这种登录其实相当于在用户的电脑上虚拟出了一块直接接入了学校的校园网【虚拟网卡】，只不过在用户电脑和校园网之间通过互联网通信时，采用了 SSL 加密方式进行数据传输。

至此，用户的电脑就成了校园网的一台终端，可以在其上直接使用校内的各种资源，如可以直接使用浏览器打开校园网主页访问其下任何资源，或者安装教务管理系统、学工管理系统等 C/S 客户端直接连接教务系统和学工系统、使用远程桌面等。

技能训练 5　多媒体教室的使用

一、训练目标

1. 了解多媒体教室的基本设备及其功能。
2. 掌握多媒体教室和多媒体教学系统的使用方法。

二、操作环境（设备）

多媒体教学系统控制台、多媒体计算机、电动投影屏幕、投影仪、视频展台、音箱、话筒（无线 / 有线）。

三、训练任务

1. 了解在教学过程中如何使用多媒体教室。
2. 通过多媒体教学系统播放和演示教学课件。

四、训练步骤

（一）了解设备情况

图 3–25　多媒体教室讲台

多媒体教室设备通常有多媒体计算机、投影仪、投影屏幕、视频展示台、功放、中央控制系统等组成。其中央控制系统如图 3–25 所示。

（二）上课

将校园卡插入读卡器中，所有设备会自动启动，多媒体计算机会自动开启，进入系统，投影仪会自动点亮，投影屏幕会自动下降，功放也会自己打开，进行到授课状态。

（三）笔记本的使用

在上课时，如果教师要使用自带笔记本电脑授课，可以连接讲台右上角的相关电缆，将笔记本电脑电源适配器插头接入 220V 电源插座，将 VGA 电缆线连接到笔记本电脑的外接显示器接口，将音频线插入笔记本电脑的声音输出口，将网线电缆也连接到笔记本电脑 RJ45 的网络接口中（如图 3–26 所示）。

硬件连接完成，可操作控制系统进行信号源的切换，按“笔记本”操作键，对应的指示灯亮，即可。如外接视频展示台，其他视听设备（如影碟机等）可参考这个操作（如图 3–27 所示）。

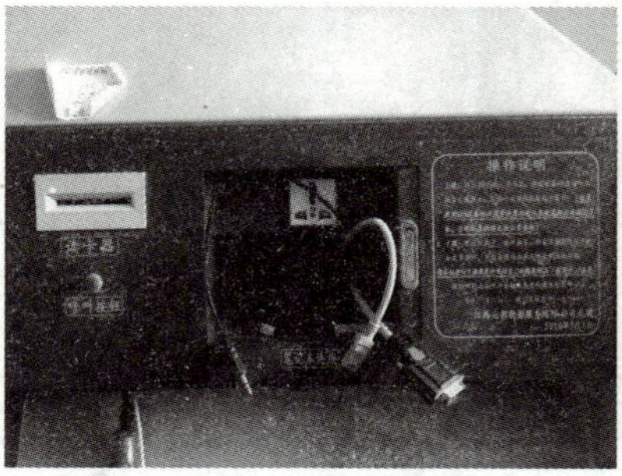

图 3–26　外接笔记本电脑的连接

图 3–27　信号源的切换

（四）下课

拨出校园卡，所有设备就会自动关闭。

注意：投影仪自动关闭后不能立即拔去电源插头（或总电源开关），须等其散热完成（其投影仪上指示灯不再闪烁）。

技能训练 6　微格教学系统的使用

一、训练目标

1. 了解微格教学系统的基本设备及其功能。
2. 掌握微格教学系统的使用方法。

二、操作环境（设备）

数字微格系统、微格教室、摄像头、投影仪、音箱、话筒（无线 / 有线）。

三、训练任务

学会使用数字微格教学系统，以思创华文数字微格系统为例。

四、训练步骤

（1）按中控面板上的系统开关打开电脑和液晶电视。

（2）点击桌面图标，打开数字微格教学系统客户端软件，进行登录，出现系统控制窗口，如图 3-28 所示。

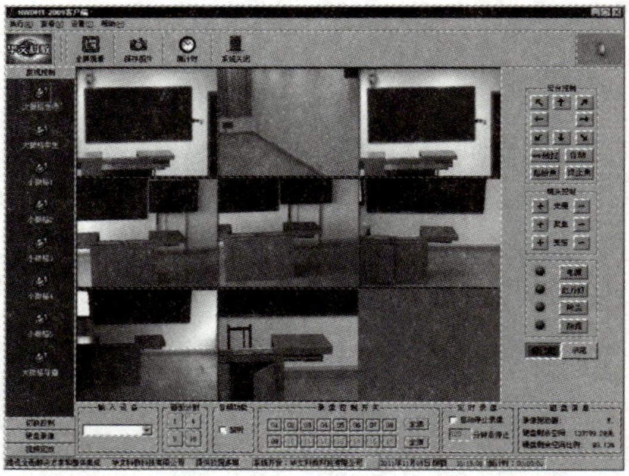
图 3-28　系统控制窗口

（3）云台控制调整摄像头

在云台控制区按 控制云台的左、右、上、下，改变图像位置。

在镜头控制区按变倍的 将图像变远、 图像变近。如不清晰，可按聚焦 使图像调得更清晰。

注：以上控制只能在 按键按下才能控制。如处于灰色状态 锁定，请点击锁定按键获得控制权限。

（4）切换控制。进入系统控制窗口后，移动鼠标至系统工具栏，左键单击“切换控制”按钮，该按钮显示为高亮，这时在系统控制窗口的左边设备栏显示输出通道的设备名和设备图标，右边为切换控制功能窗口，切换控制功能由巡视和监视组成（如图 3-29 所示）。

监视方法：选中切换控制后，系统默认为监视控制，这时“监视”按钮为绿色，在监视控制栏里，监视通道处有一个下拉框，该下拉框里为所有输入通道，用户只需选中所要监视的输入通道（微格教室 1），在监视屏幕将显示该输入通道（微格教室 1）的所有信息（音视频信号）。

巡视方法：进入切换控制后，在设备栏中选中所需巡视的监视器。左键单击“巡视”按钮，即可进入巡视状态窗口，用户可以单击“追加”按钮，添加所需巡视的通道，也可以选中巡视通道。单击“删除”按钮，删除巡视通道；单击“上移”按钮，巡视提前一帧；单击“下移”按钮，巡视滞后一帧。巡视必须单击“播放”按钮，巡视开始，单击“停止”按钮，将巡视停止。

【视频】
多媒体教学

（5）硬盘录像。点击硬盘录像开关控制区（如图 3-30 所示）的 01 按键。系统会弹出输入对话框（如图 3-31 所示），输入学号或姓名，然后在确认名称栏重复输入。再次点击 01 即可停止录像。

（6）视频回放。录像文件存储在 D:\HVCR\……（软件内设置指定目录）以日期为目录，以录像时的时间为文件名称，要回放时点击“视频回放”，再在软件右侧选择“日期”“录像通道”“文件”（如图 3-32 所示），再点击“播放”即可回放指定的文件。注意：回放时请通过电视遥控器选择为“VGA”切换到电脑显示。大教室同样要把投影机切换到电脑图像。在回放时请勿返回到“监视控制”“切换控制”，如需返回，请点击“视频回放”内的“停止”。

（7）系统关机。按中控面板上的系统开关打开电脑和液晶电视。

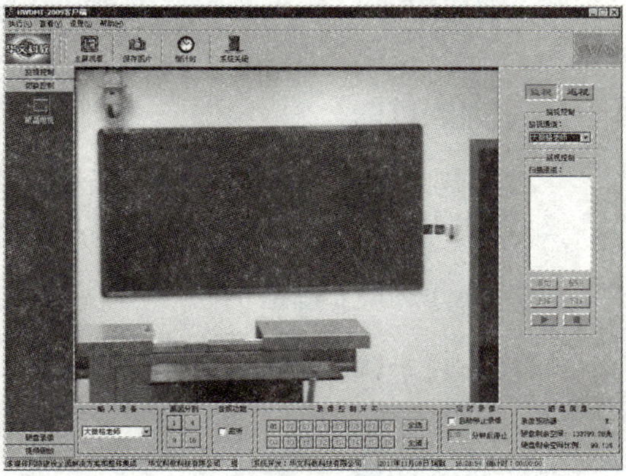

图 3-29　切换控制

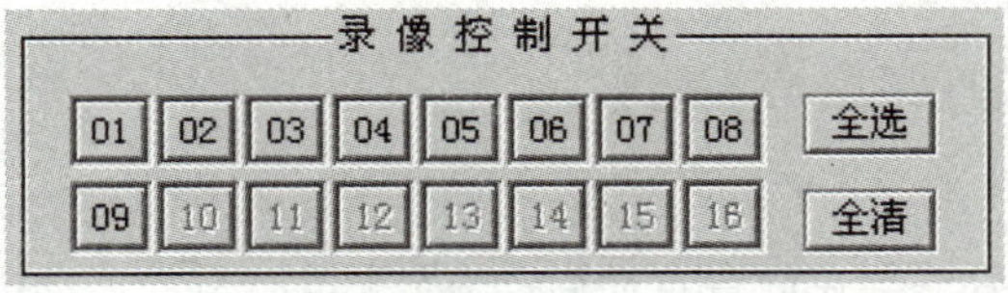

图 3-30　录像控制开关面板

图 3-31　输入对话框

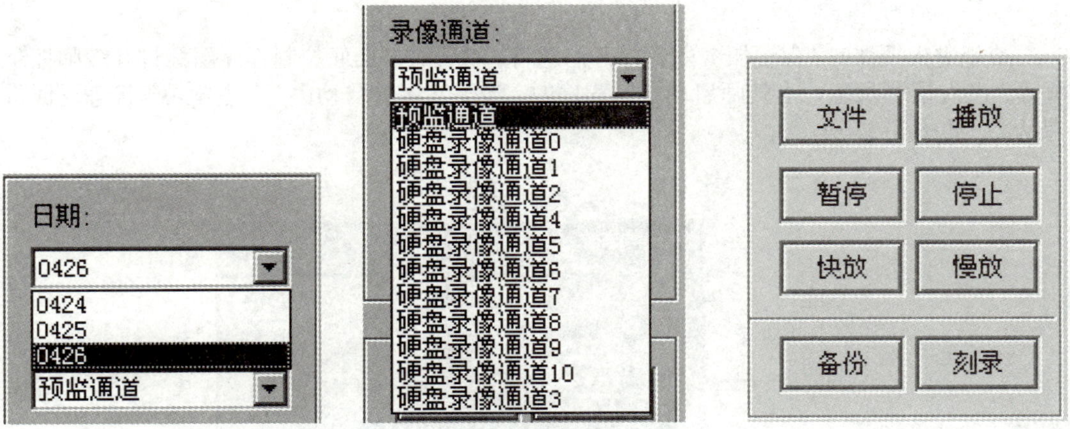

图 3-32　录像日期、录像通道、文件的选择

技能训练 7　同声传译训练室的使用（外语专业学生选做）

一、训练目标

1. 了解同声传译训练室的基本设备及其功能。
2. 掌握同声传译系统的使用方法。

二、操作环境（设备）

同声传译系统控制台、多媒体计算机、电动投影屏幕、投影仪、音箱、话筒（无线/有线）。

三、训练任务

1. 了解在教学过程中如何使用同声传译系统。
2. 掌握同声传译系统的使用。

四、训练步骤

本训练以同传训练系统《New Class DL760 首席翻译官》为例。

（一）系统启动

一般在软件安装好后，开机登录 Windows 后就会在后台自动启动，如果没有自动启动，可以通过双击桌面服务器程序图标，手动操作。

（二）启动教师控制程序

希望进入授课时，保证服务器程序开启运行，然后双击桌面控制程序图标打开教师控制程序，进入授课状态。当教师启动控制程序时，学生终端会自动由“自主学习”状态返回听课状态（如图 3–33 所示）。

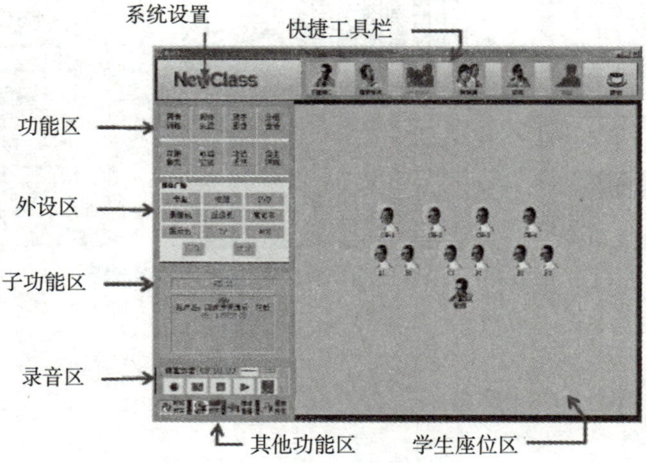

图 3–33　教师控制界面显示

（三）同声训练

New Class 同声传译训练系统 DL760《首席翻译官》包括了 8 个功能模块，同声训练模块是同声传译课堂教学训练中最常用的教学功能，下面作详细介绍。

点击功能区的同声训练，可以进入，代表席终端界面和译员终端界面分别如图 3-34、图 3-35 所示。

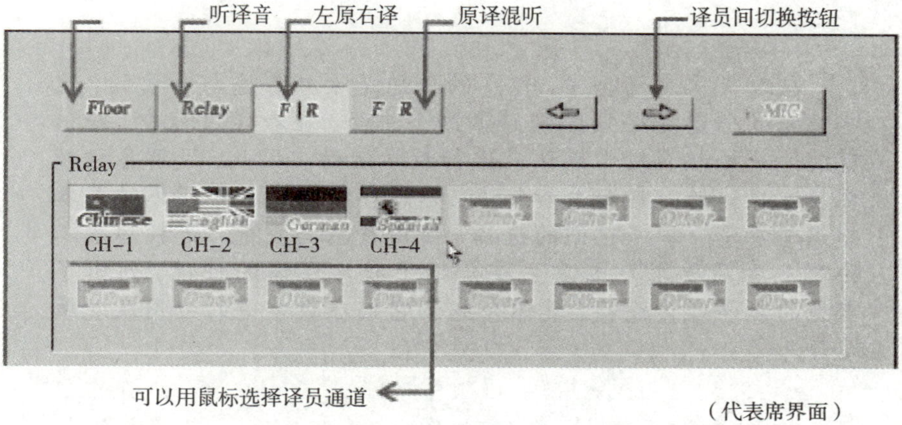

图 3-34 代表席终端界面

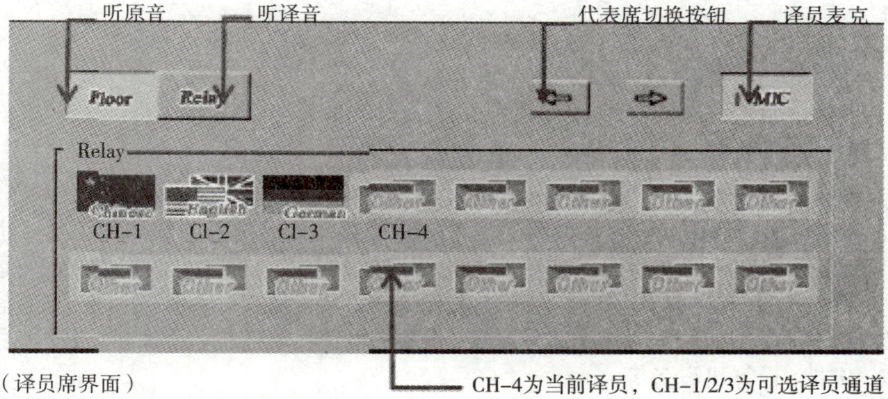

图 3-35 译员终端界面

在使用“同传训练”功能时，子功能区可以对音频文件进行操作。

（1）选择存储在教师机器 New Class 资源库中的 Mp3 资料。

（2）选择来自外部设备的音源（如图 3-36 所示）。

（3）来自发言人主席、译员、代表的讲话。

设置译员翻译的语言：通过下拉菜单选择各种不同语言。

设置代表为译员：点击按键，可以把所有的代表变成译员角色进行授课；也可以通过拖动图标的方式改变译员的设置，方法是点击任意代表图标，按住鼠标左键将其拖动到已经设置好的译员图标上即可。

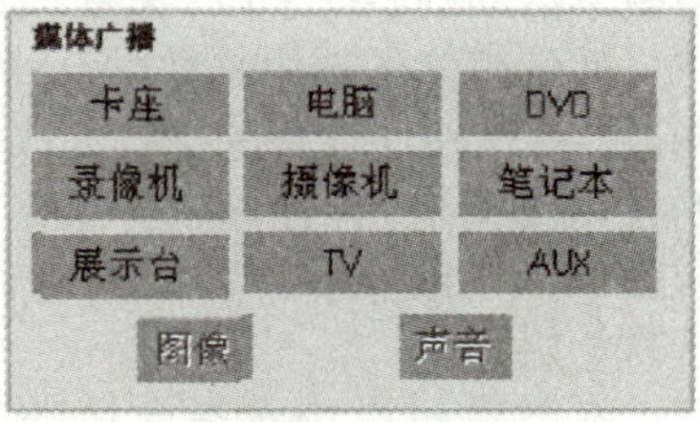

用鼠标单机即可开启功能

图 3-36 外部设备的音源选择

第四章 新媒体与新技术在教学中的应用

内容提要

在现代信息社会中，信息的传递是十分普遍与重要的，这些信息的传递都必须依赖媒体这个中介，在教学过程中，应该有效地选择教育教学媒体来进行教学活动。因此，了解各种教育教学媒体的一般概念和特点，熟悉各种教育教学媒体的基本知识与功能，掌握它们的选择、使用技术与技能，是教师基本的职业素质要求。本章主要介绍了教学媒体的特性，列出了常见的教学媒体设备，具体介绍了它们在教学中的应用及发展趋势。

第一节　教学媒体概述

一、教学媒体的定义

（一）媒体

媒体一词来源于拉丁语“Medium”，是人与人之间实现信息交流的中介，也称为媒介。它是指信息在传递过程中，从信息源到受信者之间承载并传递信息的载体和工具。也可以把媒体看作为实现信息从信息源传递到受信者的一切技术手段。媒体有两层含义，一是承载信息的直接载体，如语言、文字、符号、音响、图像等；二是指储存、呈现、处理、传递信息的实体，如黑板、教材、挂图、照片、杂志、报纸、电视、电影、录音机、录像机、书本、挂图、磁盘、光盘、磁带、计算机设备等。

（二）教学媒体

所谓教学媒体，是指直接加入教学活动，在教学过程中传输信息的手段。人们把在教与学活动过程中所采用的、用于教学目的的媒体，称为教学媒体。教学媒体是教育者进行教育与教学活动的中介手段，是受教育者或任何个体学习的基本条件。

教学媒体的选用是教学设计的核心。一般的媒体要成为教育媒体，往往要解决两个关键问题：一是硬件设备的选择与改制要满足教学活动的要求，方便教师与学生使用；二是软件的选用与编制，保证该软件媒体所存储与传递的信息是教育信息，并且编制的方法与原则符合教学活动的要求。黑板、教材、投影仪、幻灯、录音机、录像、电视、广播、计算机等都属于教学媒体。

在教学过程中选择合适的教学媒体不仅可以开发学生智力，激发学生的积极性，而且还可以给学生提供各种仿真的教学环境，帮助学生形象、感性地学习，大大提升教学效果。

多媒体教学是指在教学过程中，根据教学目标和教学对象的特点，通过教学设计，合理选择和运用现代教学媒体，并与传统教学手段有机组合，共同参与教学全过程，以多种媒体信息作用于学生，形成合理的教学过程结构，达到最优化的教学效果。

二、教学媒体的分类

教学媒体在现在来说应用已十分广泛，其种类也很多。为了使用和研究的方便，我们将它们进行分类。目前对教学媒体的分类方法有很多，下面介绍几种常用的分类方法。

【视频】
教学媒体

（一）按媒体发展先后分类

按教学媒体发展的先后，通常把以前传统课堂教学中使用的媒体称为传统教学媒体，而将近一个世纪以来利用科技成果发展起来的电子传播媒体被称为现代教学媒体。

1. 传统教学媒体

传统教学媒体通常指教学中常用的语言、文字、教科书、黑板、粉笔、挂图、模型、实物、实验演示装置及教师的各种表情、教态等。这些媒体的应用历史悠久，使用简单方便，在过去和现在的教育教学活动中，一直担任着传递教育教学信息的主要或重要媒体的角色。在将来的教育教学活动中，仍然是传递教育教学信息的重要媒体，是人类教学不可或缺的工具。

2. 现代教学媒体

一般来说，凡是使用时不需要使用电源的称为“传统教学媒体”，凡是使用时需要使用电源的称为“现代教学媒体”，也正是如此，我国在 20 世纪 90 年代以前一直把教育技术称为“电化教育”，现在，有的专家仍钟爱这个名称，尽管它的内涵已经发生了较大的变化。

现代教学媒体在我国也称为电化教育媒体，主要包括幻灯、投影、录音、电影、电视、录像、计算机等教学媒体，以及由它们组合成的教学媒体系统，如语言实验室、视听阅览室、微格教学训练系统、闭路电视系统、多媒体综合教室、计算机网络教室、校园计算机网络系统等。

（二）按照作用于人的感官分类

按学习者使用媒体的感官分类，教学媒体可分为以下几种。

1. 听觉媒体

呈现听觉信息的媒体，如广播、录音、唱片、Mp3、复读机、点读机等。

2. 视觉媒体

呈现视觉信息的媒体，如教材、教学挂图、模型、标本、幻灯机、投影器、投影仪等。

3. 视听媒体

呈现视觉与听觉信息的媒体，如电视、电影、录像、可视电话等。

4. 综合媒体

使用者视听触觉可同时参与的媒体，如多媒体课件、语言实验室系统、微格教学系统、三维或四维影院系统等。

（三）按媒体的物理性质分类

根据媒体的物理性质，教学媒体可分为以下 4 类。

1. 光学投影教学媒体

包括幻灯机和幻灯片、投影器和投影片、电影机和电影片等。这类媒体主要是通过光学投影，把小的透明或不透明的图片、标本、实物投影到屏幕上，呈现教学所需要的信息，包括静止图像和活动图像。

2. 电声教学媒体

包括电唱机、扩音机、收音机、语言实验室以及唱片、录音带等。它们的主要特点是存储与传送活动的声音信息。

3. 电视教学媒体

包括电视机、录放像机、影碟机、录像带、学校闭路电视系统、微格教学系统、LD、VCD、DVD光盘等。它们的主要特点是存储与传送活动的声音与图像信息。

4. 计算机教学媒体

包括计算机、计算机网络教室、计算机多媒体教室、校园网系统以及多媒体辅助教学软件、虚拟现实技术系统等。它们能在各种教学活动中实现文字、图表、图像、音频、视频甚至其他触觉、味觉等教学信息的传送、存储与加工处理。

三、教学媒体的功能及特性

（一）教学媒体的功能

将教学媒体应用于教学活动中，能够使教学信息传递更加标准化，使教学过程变得更加生动有趣，从而提高学习者的学习效率。教学媒体在教育传播中的功能通常有以下几点。

（1）传递信息。老师通过媒体向学生呈现信息，学生通过教学媒体来获取、接收和反馈信息，媒体是教育信息传播的中介。

（2）存储信息。为了更有效地利用教育信息，经常需要将信息存储。媒体具有存储信息的功能，如教育信息以文字、图片、图像或声音等形式进行存储。

（3）控制过程。各种信息的传播是一个老师与学生共同活动的过程，这个过程的进行状况，经常对教学的效果产生影响，需要通过媒体加以有效的控制。

（二）教学媒体的特性

各类教学媒体刺激接受者不同的感官，使其所表现的教学功能与特性各不相同。因此，在编制与运用各类教学媒体时，应分析每种媒体的教学功能和特性，根据需要，取长补短，综合运用。以下是教学媒体的特性，当然，不是每种媒体都具备这些特性，而是各有其特点。

1. 表现力

表现力是指教学媒体表现事物空间、时间和运动特征的能力。信息不是事物本身而是事物的表征，它通常用不同的符号去表征或描述，从而决定了各种媒体有不同的表现能力。表现力由以下诸多特性决定。

空间特性：用来表现事物的形状、大小、距离、方位等。

时间特性：用来表现事物出现的先后顺序、持续时间、出现频率、节奏快慢等。

声音特性：用来表现事物的声音与音效属性。

运动特性：用来表现事物的运动形式、空间位移、形状变换等。

颜色特性：用来表现事物的颜色与色调属性。

各类媒体表现事物的各种特性的能力不同，表明了各类媒体表征事物运动状态与规律的能力是不同的。电视与电影等能够以活动的彩色的图像和同步的声音去呈现事物的运动状态与规律，它能全面呈现事物的空间、时间、运动、颜色与声音特征，因此，它具有极强的信息呈现力。但由于它转瞬即逝，不利于学习者细心观察与思考。

幻灯、投影这一类媒体，在呈现事物空间与颜色特征方面有较强的能力，能放映出较大的清晰的彩色图像，在呈现时间、运动特征方面却比不上电影与电视。然而正因为它是静止的图像，才能够让学习者详细地、有目的地、长时间地观察事物的细微部分。

无线电广播与录音是借助语言、音乐与事物实际音响来呈现事物运动状态与规律的，虽然它们具有声音与时间的特征，但对语言描述的空间与颜色特征是抽象的、不具体的，需要学习者自己去想象。

2. 重现力

重现力是指教学媒体不受时间、空间限制，把记录、储存的信息内容重新再现的能力。

教材是最便于重现的媒体，它可以被反复阅读；录音、录像、幻灯片也可以被反复重放，但正在播出的广播与电视瞬间即逝，受实时性的限制，重现困难；而计算机课件可按学习者的需求重现内容。

3. 传播力

传播力是指媒体把信息同时传送到接受者的空间范围。例如广播与电视能将信号传送到十分广阔的范围；计算机网络系统和有线电视播放系统，也能将信号传送至所有终端；至于幻灯、投影、电影、录音、录像等，只能在某些特定的教学场所进行信息传送。

4. 参与性

参与性是指利用媒体开展教学活动时，学习者参与活动的机会。它可分为行为参与和感情参与。

使用模型、录音及录像等媒体方便学生随时中断使用而进行提问、思考、讨论等其他学习活动，给学生提供了较多自己动手操作的可能，行为参与的机会较多。

电影、电视、广播等媒体，其播放不方便中断，行为参与性少，但有较强的表现力与感染力，容易引起学习者感情上的反应，从而激发学习者感情上的参与。

交互式的计算机媒体，使学习者能根据本人的需要和学习程度去控制学习的内容，是一种行为与感情参与程度较高的媒体，师生能以面对面的方式呈现材料、进行学习和讨论。教师可以一边了解学习者的反应，及时得到反馈信息；一边适应学习者的学习进程，逐步呈现材料，组织教学活动。学习者独立选择各类媒体进行自学，是行为参与程度较高的一种学习活动。

5. 可控性

可控性是指使用者对媒体操纵控制的难易程度。幻灯、投影、录音、录像、计算机都比较容易操纵，且适用于个别化学习。对于广播和电视，使用者只能按电台播出的时间去视听，难以控制。

第二节　视听媒体及其教学应用

一、视觉媒体

心理学和人体生理科学的研究表明，人的视觉具有认识能力、理解能力和把握本质的能力。视觉媒体是指用文字符号、图像符号等呈现型信息供学习者的视觉感官来感知、接受的媒体。例如，教材、图表、照片、标本、实物、模型、幻灯片、投影等都是视觉教学媒体。一般来说，载有教学信息的一切视觉材料都是视觉教学媒体。

【视频】
投影仪

（一）视觉媒体的基本特性

（1）视觉媒体能直观、形象地再现客观事物或现象的静止、放大的图形或图像。

（2）视觉媒体的放映，不受时间的限制，完全由教师根据不同的内容与对象，在课堂上灵活操作和讲解，画面可大可小，播放时间可长可短。

（3）幻灯和投影媒体制作简单，成本低、操作方便，价格低廉，而且教师能自行设计与制作，具有容易普及推广的特性。

（二）常用投影视觉媒体

常用的视觉媒体有很多，如黑板是使用率最高的一种教学媒体，虽然十分古老，却非常实用和经济。常用于板书，板书可分为主体板书和辅助板书，主体板书可安排在黑板的左边，包括公式、定理、教学纲目等。辅助板书在黑板的右边，包括讲课时的重要提示、辅助内容、重要人名等，可以随时擦除。

视觉媒体可分为非投影型视觉媒体和投影型视觉媒体两类。非投影型视觉媒体包括粉笔、黑板、印刷的文字材料、图示材料、图片、实物教具与模型等。投影型视觉媒体包括幻灯和投影等。投影视觉媒体通过光学系统把需要展示的视觉材料放大投影到屏幕上，使学习者能够仔细地观察和学习。

1. 幻灯机与幻灯片

幻灯机与幻灯片是最早应用于教学且使用最为普遍的投影型视觉媒体。幻灯机是将光学胶片上的影像通过光路系统放大投射到银幕上的一种光学装置，幻灯机由光源、反光镜、聚光镜、镜头组成，幻灯片置于由凸透镜组成的聚光镜前（实物如图 4–1 所示）。

图 4–1　幻灯机

其主要优点是：在短时间内提供多个高质量静止视觉画面；教师可自己制作幻灯片，使用方便，容易掌握，可遥控翻页；能部分替代板书、板图；可提前准备好，节约课堂时间。它的缺点是信息形式单一，只有视觉方面的刺激，对外部环境（如灯光等）要求高。

2. 投影器与投影片

投影器也是早期学校教学中常用的一种教学媒体，在普通的教室内就可以获得高质量的图像。投影器是在幻灯机的基础上发展起来的，其光学工作原理与幻灯机相似，只是其光路为反射式的。投影器的优点是：结构简单，使用方便，容易操作，使用方式灵活。投影片易于携带、保存，资料来源广泛，可通过打印机、复印机来进行制作，价格便宜。投影的缺点是：信息表现形式比较单调，不能连续放映，仅局限于课堂使用（如图 4–2 所示）现在较少采用这种设备。

图 4–2　投影器

投影器较之幻灯机最大的优点在于它可以采用透明涤纶片，且投影片的尺寸要比幻灯片大得多（如 50 cm × 50 cm），可以用油性笔随意在上面书写、绘画或者用其他方法制作教学投影片。使用时对环境光线的要求也没有幻灯片那么严格，这就给使用者带来极大的方便。

投影器的使用方法可以概括为以下 3 种。

（1）写消法。类似黑板板书，通过书写内容提示重点问题，可实现随写随擦。

（2）教材提示法。呈现教学提纲、主要教学内容及图表等。采用这种方法时应注意将后续内容遮挡起来，以集中学生的注意力。为引起学生对某部分的注意，还可以使用油性笔进行某部分的提示，也可用彩色区分重点。

（3）合成分解法。将两张以上的投影片重叠起来，可用于表现内容的变化和相互关系，帮助理解整体和部分的关系。

（三）视觉媒体的教学应用

由于在学习过程中，人的视觉感受能力最强，所以投影视觉媒体在教育技术中的使用最为普遍。教学使用过程中教师要着重引导学习者观察投射画面中所传递的教学信息，帮助学生最大限度地理解画面内容，并启发学习者思考画面蕴含的内涵。

利用投影片等视觉媒体进行辅助教学，能将复杂、真实、重要的图形、图片在课堂中直观形象地展现给学生，有利于细致、长久地观察事物现象，对于突破教学中的重点、难点是非常有益的。

利用视觉媒体辅助教学常用的方式有以下几种。

1. 图示讲授法

利用投影片讲授教学内容，是最基本的一种教学形式，它可以代替黑板和挂图的部分作用。上课时，教师可以利用课前制作的投影片，边讲解边放映，既可节约板书时间，又容易把问题讲清楚，便于学生接受。同时，在讲授过程中，还可以采用遮盖住投影片部分幅面的方法，根据教学需要逐步显示文字和图像，引导学生由局部到整体理解教材内容，掌握知识。

2. 实物实验演示法

把实物、投影教具或实验演示器件等投影到屏幕上，可以扩大演示物体的可见度，便于教师演示讲解，学生观察。

3. 录音配合教学法

有些教学内容，在用投影显示画面的同时，运用录音机配以语音解说，做到声画同步，可增强教学效果。

投影视觉媒体是通过仪器投射画面传递信息的，因此，在教学使用中要注意控制放映节奏，防止因信息量大而导致刺激强度过大，引起学习者的疲劳或者产生急躁情绪而影响有效学习；对画面中的光、形、色等要给予充分的考虑并协调好，防止这些要素影响学习者注意力的集中、保持和转移。

二、听觉媒体

为了扩大教学规模，在大教室教学或进行远距离教学、语言学习和个别化学习时，人们经常使用扩音机、录音机、CD 唱机、Mp3 播放器等听觉媒体辅助教学或自学，促进了教学方式的改进，提高了学习效率。

（一）听觉媒体的基本特性

（1）听觉媒体是比较便宜的教学媒体。就 CD 激光唱片系统而言，具有记录信息密度高、寿命长、不怕灰尘、功能齐全、操作方便、音质好等优点。一旦设备购买下来，可循环使用，不再需要额外的费用了。

（2）取材方便，使用简单。可以改编，可用于小组或个别教学。

（3）听觉媒体可以提供比印刷材料更富戏剧性的口头信息，教师方面稍微发挥一点创造力，听觉材料就可以做得丰富多彩。

（4）便于复制，需要多少就可以复制多少。

（5）听觉材料的表述顺序基本上是固定的。要改变原来的顺序只能重新录音，这将耗费时间和经费。

（6）单纯听录音，而没有听觉材料相配合，不容易使学生较长时间地集中注意力于学习过程中。

（二）常用听觉媒体

1. 话筒和扬声器

话筒是一种电声器材，属于传声器，是把声音波（机械能）转换成电能的一种器件，通过声音波作用到电声元件上产生电压，再转为电能。话筒根据使用方式，可分为有线式和无线式两种（如图 4-3 所示）。传声器可分为动圈式、电容式、晶体式等多种；在教学中常用的传声器有动圈式和电容式两种。

动圈话筒：由磁场中运动的导体产生电信号的话筒，由振膜带动线圈振动，从而使在磁场中的线圈感应出电压。

电容话筒：这类话筒的振膜就是电容器的一个电极，当振膜振动，振膜和固定的后极板间的距离跟着变化，就产生了可变电容量，这个可变电容量和话筒本身所带的前置放大器一起产生了信号电压。电容话筒中有前置放大器，当然就得有一个电源，由于体积关系，这个电源一般是放在话筒之外的。除了供给电容器振膜的极化电压外，也为前置放大器的电子管或晶体管供给必要的电压。

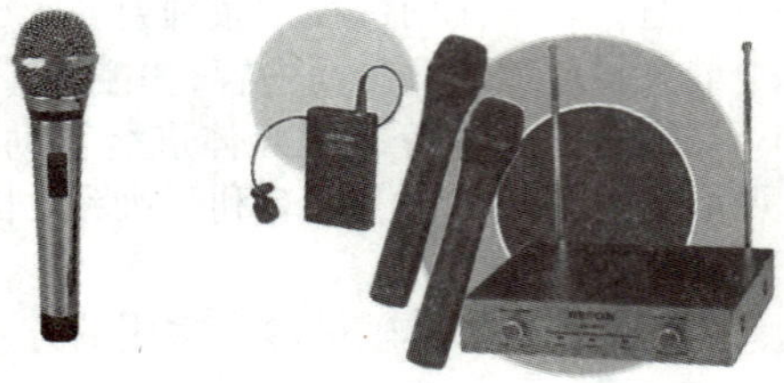

图 4-3　有线与无线话筒

话筒的指向：一般分为心形、超心形、8 字形、枪式、全指向等。使用高质量的传声器时，应选用以双绞线为芯线的金属屏蔽线，一般传声器可以使用单芯金属屏蔽线，避免用普通导线。使用多只传声器时，应配备调音台，将每一路传声器信号单独放大，再混合到一起。为了防止说话时发出气流声，要在传声器上套上话筒罩。

扬声器（俗称喇叭）是把电信号转换成声信号的一种器件。根据构造不同，扬声器可分为电动式、电磁式、压电式等几种，教学中最常使用的是电动式扬声器。

2. 录音机与录音带

录音机与录音带仍然是教学，特别是外语和音乐教学常用的媒体。它的录放音过程是一个声→电→磁→电→声的转换过程。录音时，其信号源可以来自话筒，也可以来自其他录音机（带）、CD 等。录音带的最大优点是可以根据自己的意愿和需要进行反复、方便地制作，使用也很方便，特别适合个别化学习。现在，数字化的 Mp3、Mp4 和智能音箱已经取代传统的录音机与录音带了。

3. CD 机与 CD 光盘

CD（Compact Disc）与传统的激光唱盘（LD，Laser Disc）相比，体积小，其直径最大为 120mm。它的音频信号采用数字处理方式，即脉冲编码调制方式，因而又称之为 CD-DA（DA 即 Digital Audio，数字音频）。采用这种读取信息的方式，具有音质好、信噪比高、动态范围宽、失真度小、无抖晃、自动化程度高的特点。由于 CD 光盘用激光进行非接触式读取信息，无机械磨损，便于长久保存和使用，这些是普通录音带及唱片系统所无法比拟的。

4. Mp3

Mp3 最早起源于 1987 年德国一家公司的 EU147 数字传输计划，它利用 MPEG Audio Layer3 的技术，将声音文件用 1∶12 左右的压缩率压缩，变成容量较小的音乐文件，使传输和储存更为便捷，更利于互联网用户在网上试听或下载到个人计算机。它是一种新型的播放音乐节目的数字音频系统，是目前应用最广泛的有损压缩编码的音乐格式，基本上拥有近 CD 的音质。Mp3 随身听的使用分为准备 Mp3 音乐节目和播放两个过程。为将 Mp3 音乐文件由 PC 机下载到 Mp3 随身听中，通常利用 USB 接口与计算机相连，支持即插即用。

Mp3 播放器体积小，重量轻，不怕震动，便于携带，而且功耗低，连续播放时间长（甚至一节五号电池可播放十多个小时）。它没有机械元件，全部是电子元件组成，不会产生机械磨损，也不存在防震问题，同时，可以随心所欲编辑自己喜爱的音乐，反复录入、编辑、收听。

5. 点读机

点读机（又称为智能电脑读书机，英语互动电子课本、同步读书机、英语智能点读机、电子书、电子课本等）是现代数码信息技术与最新教学需求完美结合的一种有声互动学习产品，如图 4-4 所示。

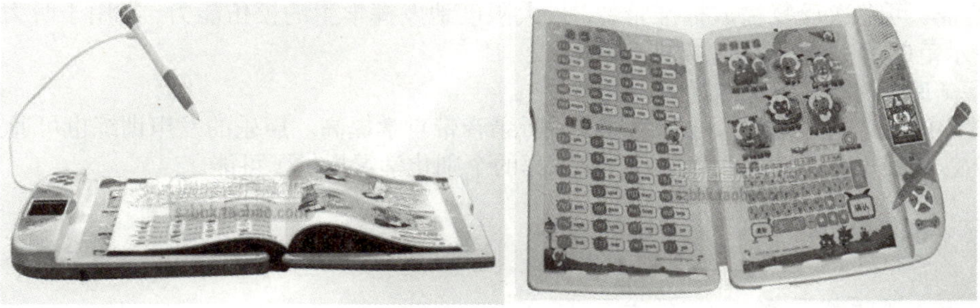

图 4–4　点读机

点读机产品最早出现在美国，该产品一经上市后就迅速风靡全美国。随后，此产品又很快开始风行于日本、东南亚等国家，成为这些国家少年儿童最为喜爱的教学工具之一。点读机是通过万点电磁感应定位系统与无线传感点击技术等高科技手段，将文字化的书本教材变成能按学习需要任意发声的有声教材。通俗而言，它就是能让课本开口说话的一个神奇的教育产品。

点读机是常见的幼教、小学、中学教育的学习电子产品，早期多适用于英语、语文课程教学，现在各科的课程均可以点读学习。点读笔是利用在书本上加印二维码的技术，将声音文件植入书本中，使用者在使用过程中选择要点读的某一页，随便点击该页上的图案、文字、数字等内容，点读笔就能通过笔头上装配的高速摄像头识别书本上的二维码而读出对应内容的声音文件，识别准确率可达 99.8% 以上。

点读机使用的原理是在制作发音文件过程中，给发音文件预先设置好对应书本内容的“坐标位置”。使用者将课本置于机器平板上，用专用的笔点书本上的文字、图画、数字等内容，机器就会发出相对应的声音。

比如：“China”在小学英语的第 N 页从左上角起（X，Y）处，那么选中这一本书这一页后，平板感知到所配备的笔对（X，Y）这一点的点触，就能收到指令从而读出关于这一点相对应的声音文件，即念出“China”的英文发声。

（三）录音教材的制作

录音教材的制作过程比较简单，一般要经过编写稿本、收集整理素材、编辑合成等步骤。编写稿本是根据教学大纲的要求和教学需要，分析具体的教学内容，设计编写稿本；收集整理素材是根据设计的稿本内容和录制的方案去收集素材和资料，如收集电台广播、现有的录音带和唱片等资料，或现场录制素材；编辑合成是录音教材最后的工作，将各种素材经过编辑合成复制在一盘录音带或 CD 上。

（四）听觉媒体的教学应用

听觉媒体辅助教学法，一般应用于中文、外语、音乐、语音教学或渲染情感气氛方面，常采用的方式有：课堂教学中穿插播放教学录音资料的辅助法，配合幻灯、投影画面提供声音的配合法，学生课后自我练习、自我检查用的自学法。

听觉媒体辅助教学的主要作用有以下 3 个方面。

1. 扩大教育规模和范围

广播、录音、扩音等设备的使用，打破了教育时空的限制，人们足不出户，就能收听优秀教师的演讲、悠扬的音乐、准确的外语等声音资料，扩大了教育信息的传播范围和教学规模。

2. 提供标准典型的声音示范

在语言、音乐课的教学中，经常要求提供标准的发音和发声。利用录音教材不失原始声音的特征，可多次反复播放标准录音，最大限度地发挥学生的模仿能力，常用于听力、语音训练、示范朗读、教唱欣赏、模拟音响等。

3. 提供个别化学习的听觉自学材料

学生的外语听说水平，可以通过课后听录音带自学提高。声乐的发声训练也可通过反复听、录磁带来进行模仿等。录音为这些课程的个别化学习提供了可能。

三、视听媒体

（一）视听媒体的基本特性

（1）声画结合呈现知识点。视听媒体既能提供图像、文字、图表、符号等视觉信息，同时又能传递言语、音乐和其他音响等听觉信息，图文声并茂，有较强的艺术感染力。

（2）画面以活动图像为主。视听媒体是一种形象化的教学媒体，它能真实地再现客观事物，能以形象的方式展示客观事物，即使是非常抽象的内容，视听教学媒体也可以采用动画的形式来表示。

（3）能记录储存音像信息，操作形式灵活多样。可以根据教学的需要进行重放、慢放、快放、静止画面等，特别是一些激光影碟机可以通过定点寻找节目内容，进行人机间的交互学习活动。

（4）容易表现复杂的教学内容。可以表现运动状态、运动过程、与时空间有关的、抽象的教学内容，可以演示实验情境，向学生提供各种案例学习材料。在某些情况下，视听媒体还可以代替教师的教学、提供学生不能直接观察和感知的内容。

（二）常用视听媒体

常用的视听教学媒体有电影、电视、录像机、摄像机、VCD、DVD、Mp4、投影仪等。

1. 电影

电影是最早出现的视听媒体。通常有普通银幕电影、宽银幕电影、立体电影、全息电影、4D 电影等种类。电影在认识和鉴别有关动态变化的教学内容和运动技能训练方面具有特殊的效果，是促进学生形成概念、转变态度和培养情感的较好的媒体之一。

电影教学媒体是常规教学媒体中的一个重要组成部分。电影教学是指利用电影对学生进行教学内容传递和情感教学的一种教学方式。实际上，人们正是从电影教学的实际效果中开始认识到电化教育的重大意义。从 20 世纪初开始，无声电影就应用于教育，20 年代末，有声电影刚刚发明，16 mm 电影片就已经用来作为标准教学影片了。几十年来，电影教学一直作为一种重要的教育教学手段，并得到了广泛的应用。

电影在今天的教育中能成为一种重要的数字媒体，原因在于：电影可以表现各种“动”的事物；电影可以控制各种事物的动作、速度和时间；电影可以把过去和远处的事物搬到教室里来；电影可以提供不易重现的事物记录；电影是对学生进行思想教育的有力手段；电影具有观看清晰、表现效果好等功能特点。

但电影也存在着制作费用高、周期长，电影放映设备连接与操作复杂，对放映场地、环境要求较高，对电脑胶片保存困难等局限性。

2. 电视

电视是运用电子技术传送活动图像与声音信息的通信方式，整个电视系统通常由传输发送和接收两部分组成。

根据视频信号的高频调制方式不同，目前世界上有 NTSC、PAL、SECAM 3 种彩色电视制式同时使用。美国、日本、加拿大等国采用 NTSC 制；苏联、法国和东欧一些国家采用 SECAM 制；我国（包括香港地区）和德国、英国及非洲一些国家采用 PAL 制。

电视机大小按其屏幕对角线长度来区分，有 43 英寸、55 英寸、80 英寸等，教学上常用

55 英寸以上的普通电视机或大屏幕电视投影机。电视机使用时应放在合适的观看位置上，收看距离通常为屏幕高度的 4 ~ 6 倍。

运用电视进行教育称为电视教育，用来进行教育的电视称为教育电视。电视具有视听兼备、不受时空限制等特点，给传统的课堂教学带来了蓬勃生机。很早之前，电视教育成为世界上普遍采用的一种教学方式。它比函授教育、广播教育更为完善，效果也更好。

3. 录像机

录像机早期以 DV 磁带为主，近年来都是以光盘、硬盘、闪存为载体的记录载体。录像媒体体积小、重量轻、使用方便，具有常速录放、倍速重放、变速重放、逐帧重放和静止画面等功能，在教学中使用较为方便。

录像可以对电视节目进行记录、存储、重放。学习者可以方便地控制操作录像机，按照自己确定的时间、步调进行学习，适合于个别化教学或集体学习。录像带和录音带一样，可以将已经录制的节目内容反复重录使用。录像容易因其特殊的视听效果而成为娱乐品，弱化了教学功能。

录像被广泛用于广播、工业、教育、医疗卫生、军事和科学研究等领域，既能用于录制、编辑与播放电视教材，也能用于教育训练等教育活动。通过编辑，它还能将这些内容按需要组合在一起，并利用其他辅助设备对各种图像进行转换和加工处理，使录像画面具有特殊的视觉效果。

（1）磁带录像机。磁带录像机是电视节目制作中记录信号的重要设备，它是把电信号转换成磁信号，将信号记录在磁带上，放像时，再把磁信号转换成电信号的记录播放装置。磁带录像通过磁头把视频（电）信号变成相应的磁信号，记录在磁带上，目前已淘汰，不再使用。

（2）光盘录像机 VDR。光盘录像机集录像与播放功能于一身，采用 MPEG–II 数字视频实时编、解码技术，既可以把需要的各式各样的模拟音视频信号通过 MPEG–II 编码技术以数字信号的格式记录在光盘上，也可以通过 MPEG–II 解码技术还原为模拟信号播放出来，简单地说，光盘录像机就是一台具有刻录功能的超级 VCD。

光盘录像机相对影碟机和录像机具备以下优点。

光盘的价格无疑比录像带低，使光盘录像机的大力推广成为现实；同时，光盘保存图像的安全性也远高于磁带，图像不会因为气候潮湿发生衰变，可以永久保持图像质量；另外，光盘录像机独特的产品功能可以更好地适应不同领域的需求。它的放、录一体的功能代表了信息家电未来的发展趋势。

光盘录像机的标准录制时间：使用 CD 音乐光盘时，可录制时间为 70 分钟；使用 VCD 视频光盘时，可录制时间为 68 分钟；使用 DVD+R（w）/DVD–R（w）时可录长达六小时。其目前已淘汰，不再使用。

（3）硬盘录像机（DVR）。

硬盘录像机（DVR）的基本功能是将模拟的音视频信号转变为 MPEG 数字信号存储在硬盘（HDD）上，并提供与录制、播放和管理节目相对应的功能。

其突出特性体现在以下几个方面。

①实现了模拟节目的数字化高保真存储，能够将广为传播和个人收集的模拟音视频节目以先进的数字化方式录制和存储，一次录制，反复多次播放也不会使质量有任何下降。

②多种可选图像录制等级。对于同一个节目源，提供了高、中、低 3 个图像质量录制等级。选用最高等级时，录制的图像质量接近于 DVD 的图像质量。

③大容量长时间节目存储，可扩展性强，用户可选用 40GB、80GB 或更大容量的硬盘用于节目存储。

④强大的网络信息家电中心。用户通过网络通信接口，使用 DVR 量身定制的网络浏览

器，配备相应的网络资源，将可以享用丰富的网络在线信息。

⑤提供随心所欲的播放方式，由于硬盘快速、随机存储的特点，欣赏录制好的和正在录制的节目时，都可以用比当前 DVD 播放机更多种、更灵活的方式进行特技播放，快速播放时图像更加平滑，慢速播放时具有更高的细节分辨率。

（4）摄像机。摄像机是摄取景物及其运动或变化，并将光信号转换成电信号（视频信号）的光电转换装置。摄像机是制作电视节目的关键设备，它的技术性能、功能调整和操作使用对电视节目的图像质量起决定性的作用。

摄像机按记录信号的方式可分为数码机和模拟机两类。随着信息技术的发展，数码摄像机的应用越来越广泛。DVC（Digital Video）格式的数码摄像机让人们能够更加简单地进行摄像操作，由于其自身专业级水平的图像、接近激光唱盘的音质和能够与计算机联机并进行编辑的特性受到使用者的好评。

数码摄像机记录视频不是采用模拟信号，而是采用数码信号的方式，简单地说，就是将光信号通过电荷耦合器件（CCD）转换成电信号，再经过模拟数字转换，以数字格式将信号存储在数码摄像带、刻录光盘或者存储卡上，从而提高了录制图像的清晰度，使图像质量可以达到 500 线以上。

（5）多媒体投影仪与投影屏幕。多媒体投影仪是一种可以将视频信号与计算机信号等进行显示的大屏幕投影系统设备。它可以同步显示高分辨率的计算机和工作站的图像，又能接录像机、电视机、影碟机、VCD 和 DVD 及视频展示台等视频图像信号的输入，已广泛地应用于教育、办公领域，其外形如图 4–5 所示。

图 4–5　多媒体投影仪

多媒体投影仪目前主要通过两种显示技术实现，即 LCD 投影技术、DLP 投影技术。

①液晶投影仪。LCD（liquid Crystal Display，液晶显示）是液晶显示技术与投影技术相结合的产物，它利用液晶的电光效应，即液晶分子的排列在电场作用下发生变化，通过电路控制液晶单元的透射率及反射率，从而影响它的光学性质，产生不同灰度的层次及色彩丰富的图像。LCD 投影仪分为液晶光阀和液晶板两种。

② DLP 投影仪。DLP 译作数字光处理器，这一新的投影技术的诞生，使我们在拥有捕捉、接收、存储数字信息的能力后，实现了数字信息显示。DLP 技术是显示领域划时代的革命，正如 CD 在音频领域产生的巨大影响一样，DLP 将为视频投影显示翻开新的一页。它以 DMD（Digital Micromirror Device）数字微反射器作为光阀成像器件。

DLP 投影仪的技术关键点如下：首先是数字优势。数字技术的采用，使图像灰度等级达 256—1024 级，色彩达 2563—10243 种，图像噪声消失，画面质量稳定，精确的数字图像可不断再现，而且历久弥新。其次是反射优势。反射式 DMD 器件的应用，使成像器件的总光效率达 60% 以上，对比度和亮度的均匀性都非常出色。

投影屏幕是投影机周边设备中最常使用的产品之一，投影屏幕如果与投影机搭配得当，便可以得到优质的投影效果。投影幕一般可分为反射式、透射式两类；反射式用于正投，透射式用于背投；正投幕又分为平面幕、弧形幕；平面幕从质地上可分为玻珠幕、金属幕、压纹塑料幕、弹性幕等（压纹塑料分为白塑、灰塑、银塑等）。

多媒体教室大多选择 100 寸（203 mm × 153 mm）与 150 寸（304 mm × 224 mm）的投影屏幕，为节省教室空间，一般采用正投的方式。

（三）电视教学片的制作

电视教学片用电视的艺术手法来表现教学内容。电视教学片的主要类型包括讲授型、图解型、表演型等几类，制作方法与编制电视艺术片有所不同，一般包括选题、稿本编写、素材拍摄、后期编辑、配音合成等几个步骤。

【视频】
摄像机

1. 选题

电视教学片的编制应选择那些口授困难、需要形象化、无法直接在教室观察或展示，或者奇特罕见的事例等，选题时还应考虑到现有的技术力量和设备条件。

2. 稿本编写

稿本编写包括文字稿本和分镜头制作稿本。

讲授型的文字稿本可用讲稿式或教案式，其中需插入模型、图片、标本或外景的，在稿本的有关部分进行说明。图解型、演示型的文字稿本通常写成对应式，即左边写画面，右边写解说词。需加入动画的地方，还应画出基本图形，写明该动画设计的基本要求和动作过程。表演型的文字稿本可用对应式，也可用画面、解说词前后穿插的混合式。一部完整的电视教学片的文字稿本，大体可分为开头、中间、结尾 3 部分。

分镜头制作稿本编写，指的是根据创作的总体构思，将电视教学片文字稿本按摄像场景、教学需要、视觉心理、蒙太奇艺术手法，划分成一个个可供拍摄的镜头。每个镜头除了用文字阐明所拍摄的具体内容外，还要标明每个镜头的电视艺术处理手法，从而将电视教学片文字稿本创作成为电视教学片分镜头制作稿本。

电视教学片分镜头制作稿本格式，包括镜号、机号、景别、技巧、时间、画面、解说词、音乐、效果声、备注等栏目。

3. 素材拍摄

素材拍摄就是把分镜头制作稿本变成图像画面，按照“平、稳、匀、准”的要求摄像，即画面要平、画面要稳、摄速要匀、摄像要准。素材镜头的拍摄，首先要做好拍摄计划、拍摄场地、拍摄道具、拍摄器材等各项准备工作。素材镜头的拍摄技巧常有推、拉、摇、移、跟等。“推”是指拍摄时将摄像机不断地移近被摄物，画面效果是由整体引向局部，突出介绍重点。“拉”的操作与“推”相反，画面效果是由局部引向整体，突出介绍整体。“摇”是在水平或垂直等轴线上改变镜头的拍摄方向，用以展示环境或多个景物之间的关系。“移”是移动摄像机的机位进行拍摄，主体距离不变，背景变化。“跟”是摄像机镜头跟随主体进行拍摄，常用于表现事物的运动过程。

4. 后期编辑

后期编辑是利用 Premier、快剪辑、绘声绘影等专业的视频剪辑软件把素材镜头组接成连贯教材的过程。为使编辑工作进行得顺利，编辑前要将所有素材镜头检视一遍，并做好时间标记，若有缺失的镜头，还必须先补拍好。编辑制作时要根据教材内容需要，按照分镜头稿本的要求进行。电视教学片的镜头在组接时，要注意连贯流畅，特技、动画要运用恰当，同时注意“动接动”“静接静”“方位一致”等原则，在不同场景内容切换和添加字幕处，要注意留足时间，以利于声音或字幕插入。

5. 配音合成

清楚的解说、优美的音乐、恰当的声乐效果可使整个电视教学片增色不少。配音工作的具体做法是：将筹备就绪的解说词、乐曲和效果声等事先按分镜头稿本的要求，通过声音处理软件如 SoundForge，Adobe Audition 等混录合成，再通过后期编辑软件加入视频文件中，使解说词与画面同步。需注意的是：乐曲声与解说词同时出现的情况下，注意两者的轻重比例，一定要保证解说词的清晰度。在配音时还应注意“对口型”。配字幕一般通过字幕机操作来完成。

（四）视听媒体的教学应用

视听媒体表现手法丰富多样，不受时空限制。视听媒体在教学中应用的主要方式有以下4种。

1. 主体式教学

视听媒体应用于教学实践，可在一门课程或课堂教学中，作为主体手段运用，组织学生利用各种开路或闭路教育电视系统，播放或收视视听教材，按照事先排定的授课时间表进行教学活动。教师作为教学工作的管理者，主要完成辅导答疑、实验指导及批改作业等工作。这种形式较适用于远距离教学和缺少教师的偏远地区，以及函授等形式的教学活动，如广播电视大学、函授教学等。这种形式的视听媒体教学，要求配有高质量的视听媒体教材和认真负责的教学管理工作人员，才能收到低投资、高效率的教学效果。

2. 补充式教学

视听媒体教学应用在常规学校教育或课堂教学中，主要以补充教学活动的形式来运用。教师在课堂讲解中，可适时插入一段视听媒体教材，以补充表现教师讲解中较难以其他形式表现的知识点。如学生平时缺乏感性认识的大宏观知识、小微观内容，言语等其他手段难以描述的情感教学内容，短时间内难有明确效果的自然科学实验内容，那些远距离、跨国度难以见到的风土习俗等人文社科教学内容等，都可以视听媒体作为补充教育手段来完成，提高教学信息传播的容量和速度，提高教学效率与质量。

3. 示范式教学

视听媒体教材可以提供规范标准的行为模式，供学生观摩仿效。如实验操作过程、生产流程教学、行为动作规范技能等方面，学生可通过接收视听信息来指导自己的学习。这对于师资力量缺乏和实验条件欠缺的教学单位尤其重要，可避免教学过程中对学习者的误导，从而提高教学质量。

4. 个别化教学

视听媒体教学手段除了适合集体教学外，还十分适合于自学方式的个别化教学。电视相当于物化了的教师，学习者利用视听教学手段，不但可以提取丰富的教学信息，还可获得具体的教学指导，十分方便其自定步调、因需求学、因材选学的个别化学习方式，有利于发挥各种层次学习者的学习积极性和个体素质优势，适合自学式继续学习。

四、其他媒体（触觉、嗅觉、味觉）

视听嗅味触是指人的5种基本感觉。在日常生活中，除了视觉和听觉以外，触觉、嗅觉、味觉也是我们接收信息的重要媒介。心理学家早就有这样的结论：多种感官参与学习远比单一感官参与学习要强得多、深刻得多。在教学中，运用多种感官参与教学将是教育技术的一个较好的手段。

（一）触觉媒体

皮肤触觉感受器接触机械刺激产生的感觉，称为触觉。皮肤表面散布着触点，触点的大小不尽相同，分布不规则，一般情况下指腹最多，其次是头部，背部和小腿最少，所以指腹的触觉最灵敏，小腿和背部的触觉则比较迟钝。若用纤细的毛轻触皮肤表面时，只有当某些特殊的点被触及时，才能引起触觉。可以预见，通过触觉媒体的参与，物理的力学教学可有更直观的体验，产生更好的教学效果。

（二）嗅觉媒体

嗅觉是鼻腔黏膜对气味的感觉。它由两种感觉系统参与，即嗅神经系统和鼻三叉神经系统。嗅觉和味觉会整合和互相作用。嗅觉是外激素通信实现的前提。嗅觉是一种远感，意思是说，它是通过长距离感受化学刺激的感觉。可以预见，通过嗅觉媒体的参与，化学的教学更直观的体验，产生更好的教学效果。

（三）味觉媒体

味觉是舌头与液体或者溶解于液体的物质接触时所产生的感觉。味觉最基本的有甜、酸、苦、咸四种，是人体重要的生理感觉之一。味觉在很大程度上决定着动物对饮食的选择，使其能根据自身需要及时地补充有利于生存的营养物质。味觉在摄食调控、机体营养及代谢调节中均有重要作用。可以预见，通过味觉媒体的参与，化学、生物等课程的教学更好直观地体验，会达到更好的教学效果。

五、教学小工具的应用

（一）课堂管理的好助手——班级优化大师 App、UMU 互动平台

在日常教学中，不少教师在课堂上会与学生进行互动，对学生的表现进行评价，如在小学低段课堂中，教师常常会奖励小红花或在黑板旁设置评价栏等。此类做法，在某些堂课上能取得不错的效果，但一个学期下来，由于涉及学生多，时间跨度大，在实施过程中往往容易导致评价方式模糊、评价内容片面、评价结果不全面、不客观等。而班级优化大师 App、UMU 互动平台，可以利用手机在任何时候、任何地点实时发送点评，分数排名即时刷新，能很好地激发学生好胜心；可以在教学现场使用白板纸拍照立即上墙，收集学生作业，彼此点赞和讨论教学，关闭提问内容，实时展示大屏幕，关注内容关键词，云展示，课堂氛围被一键优化；可以自定义评价类型，多元化评价，捕捉学生闪光点，奖励的形式也比较丰富多彩；此外，还可以自动生成周报表、月报表、学期报表等各种数据，学生的课堂表现一目了然。

（二）课堂教学的好助手——手机投屏、手机遥控

实物展台和 PPT 演示是课堂上较为常用的教育技术手段，而巧妙地利用一些授课助手 App，如 iTools、希沃授课助手和雨课堂等能够实现手机移动投屏，教师无须其他外部设备，利用手机就可以更加方便地记录、展示学生的课堂学习状态和作品，学生也能够更加方便地看到自己及同伴在课堂中对知识的反馈情况，同时又能增强竞争意识，激发学生的主观能动性。

（三）做笔记的好助手——幕布 App、讯飞语音输入、传图识字小程序

进修、培训是教师日常工作的一部分，通过进修培训，教师可以提高自身的知识水平和工作能力。在培训时，常常需要做笔记，俗话说：“好记性不如烂笔头。”所以经常看到培训时，专家在上面讲，下面的学员在奋笔疾书，记笔记。可是纸质的笔记有几个弊端：一是书写量大，易劳累；二是培训后，因为是纸质笔记，时间久了笔记里的关键内容不便查找，也常常懒得去翻看；三是格式死板，不灵活。而在幕布 App 中，可以通过大纲来组织内容，极为方便地将专家及教授们的讲座要点输入幕布大纲里，并且可以一键生成思维导图，非常直观明了。这种更具条理性的写作方式，给使用者带来了全新的体验。幕布是移动设备上生成的电子笔记，所以更方便储存、搜索和分享。

也许有些教师认为，用手机或平板电脑打字很慢，不方便，可以配合两种方式来做电子

笔记：一是使用讯飞语音输入法，对着话筒就可以把语音转成文字输入手机上了。二是使用传图识字小程序，将讲座的课件或者教材内容拍照并上传，传图识字小程序可以将照片上的文字自动转为可复制的文档，十分便捷。

（四）多媒体课件制作的好助手——美图、VUE 爱每刻、Focusky 动画演示大师、万彩动画大师

当今课堂，利用图片、视频、动画等多媒体辅助教学已经普遍成为大部分教师的选择。多媒体辅助教学的好处不言而喻，但是早期处理和制作这些多媒体素材，对于大多数教师来说是一件很困难的事情。如今，随着各种各样小程序的发展和普及，这些工作也变得越来越简单，更易上手。例如，利用美图秀秀处理简单的图片、利用 VUE 制作小视频、利用 Focusky 动画演示大师、万彩动画大师制作动画。在大多数时候，辅助教学所用到的多媒体素材只是简单的加工，并不需要太复杂的处理，如果教师能灵活选择和利用各种小程序，就可以不用再大费周折去学习 Photoshop、Premiere、Flash 等专业软件。

（五）资料分享和数据统计的好助手——草料二维码、问卷星

相比于传统的纸质资料和问卷，电子资料和问卷有着无可比拟的优势：成本低、效率高。草料二维码和问卷星无疑是电子资料和问卷制作领域的佼佼者。

草料二维码是一个二维码在线服务网站，提供二维码生成、美化、印制、统计、管理等技术支持和行业解决方案，帮助用户在不同行业、不同场景下，通过二维码减少信息沟通成本，提升营销和管理效率。

草料二维码可以制作多种内容的二维码，可在二维码中添加图片、文件、音视频等，通常用于展示商品详情、使用说明书、多媒体图书等，同时可实时统计扫描量，也可以进行二维码的批量生成，一次性生成几百、几千个二维码，提高效率。

问卷星是一个专业的在线问卷调查、测评、投票平台，专注于为用户提供功能强大、人性化的在线设计问卷、采集数据、自定义报表、调查结果分析系列服务。与传统调查方式和其他调查网站或调查系统相比，问卷星具有快捷、易用、低成本的明显优势，已经被大量企业和个人广泛使用，典型应用包括以下几种。

企业：客户满意度调查、市场调查、员工满意度调查、企业内训、需求登记、人才测评、培训管理。

高校：学术调研、社会调查、在线报名、在线投票、信息采集、在线考试。

个人：讨论投票、公益调查、博客调查、趣味测试。

利用它们，教师可以轻松地进行导入问卷、多渠道分享资料、大数据统计和分析等各种操作。

（六）远程电脑控制好帮手——向日葵远程控制

向日葵是由 Oray 自主研发的一款远程控制软件，主要面向企业和专业人员的远程 PC 管理和控制的服务软件。无论你在任何可连入互联网的地点，都可以轻松访问和控制安装了远程控制客户端的远程主机，进行文件传输、远程桌面、远程监控、远程管理等。支持主流操作系统 Windows、Linux、Mac、Android、iOS 跨平台协同操作，在任何可连入互联网的地点，都可以轻松访问和控制安装了向日葵远程控制客户端的设备。整个远控过程，可通过浏览器直接进行，无须再安装软件。向日葵远程控制开发了多款智能硬件，如开机棒、开机插座、控控、向日葵 UU 等，通过软硬结合的方式，解除部分用户使用软件限制，有更完善的远程控制体系。向日葵远程控制还支持定制化解决方案，针对个人、企业等不同类型用户，提供较为安全、稳定、高效的远程方法。

第三节 新媒体技术在教育中的应用

一、虚拟现实技术

（一）虚拟现实技术概述

虚拟现实技术（Virtual Reality，简称 VR）又称“虚拟环境”“灵境技术”“赛伯空间”等，是20世纪发展起来的一项全新的计算机实用技术，也是目前计算机领域中发展最快的多学科的综合技术。虚拟现实技术是指以计算机技术为核心的现代高科技手段进行生成逼真的视觉、听觉、触觉等一体化的虚拟环境，用户借助一些特殊的输入与输出设备，采用自然的方式与虚拟世界中的物体进行交互，相互影响，从而产生亲临真实环境的感受和体验。它已成为计算机相关领域中继多媒体技术、网络技术之后广泛关注及研究、开发与应用的热点。

它通常以计算机技术为主，利用计算机及一些特殊设备营建一个“看起来像真的、听起来像真的、摸起来像真的、闻起来像真的”三维虚拟世界，在这个虚拟世界中，人们可以感受到与虚拟世界融为一体，能实时产生与真实世界相同的感觉，也可以与虚拟世界中的物体之间进行自然交互，即人们可以通过说话、走动、转动头等来改变并影响这个虚拟世界。在这个虚拟世界中，人与虚拟世界可进行自然的交互，并能实时产生与真实世界相同的感觉，使人与虚拟世界融为一体，即人们可以直接观察与感知周围世界及物体的内在变化，与虚拟世界中的物体之间进行自然的交互（包括感知环境并干预环境）。

如图4-6所示是基于头盔式显示器的典型的虚拟现实系统，该系统首先由计算机生成一个虚拟世界，由头盔式显示器输出一个立体的显示，用户由计算机、头盔式显示器、数据手套、力反馈装置、话筒、耳机等设备组成可以采用头的转动、手的移动、语音等与虚拟世界进行自然交互，计算机能根据用户输入的各种信息实时进行计算，即对交互行为进行反馈，由头盔式显示器更新相应的场景显示，由耳机输出虚拟立体声音、由力反馈装置产生触觉（力觉）反馈。

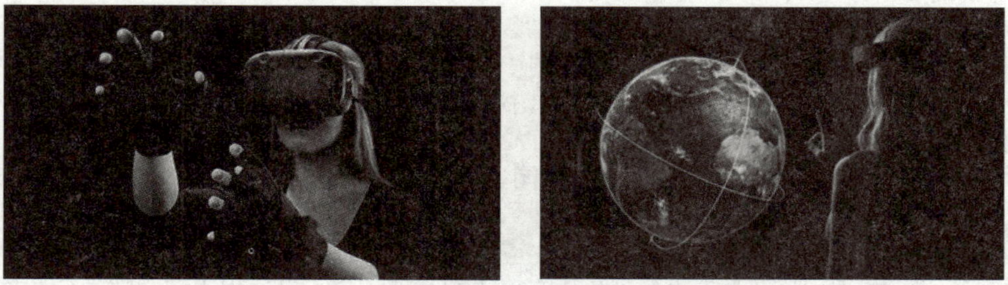

图 4-6 虚拟现实系统

虚拟现实系统提供了一种先进的人机界面，通过为用户提供视觉、听觉、触觉等多种直观而自然的实时感知交互的方法与手段，最大限度上方便了用户的操作，从而减轻了用户的负担、提高了系统的工作效率。虚拟现实技术具有3个突出特征：沉浸性、交互性和想象性。

近年来，在虚拟现实技术基础上，根据虚拟现实系统的相关特点，对虚拟现实技术进行了扩展，形成了 VR、AR、XR 等新技术。

增强现实（Augmented Reality，简称 AR），它通过电脑技术，将虚拟的信息应用到真实世界，真实的环境和虚拟的物体上，实时地叠加到同一个画面或空间。增强现实技术，不仅展现了真实世界的信息，而且将虚拟的信息同时显示出来，两种信息相互补充、叠加。在视觉化的增强现实中，用户利用头盔显示器，把真实世界与电脑图形多重合成在一起，便可以看到真实的世界围绕着它。

混合现实技术（MR）是虚拟现实技术的进一步发展产生的，该技术通过在虚拟环境中引入现实场景信息，在虚拟世界、现实世界和用户之间搭起一个交互反馈的信息回路，以增强用户体验的真实感。

也就是说，MR 是将真实世界和虚拟世界混合在一起来产生新的可视化环境，环境中同时包含了物理实体与虚拟信息，并且必须是“实时的”。

（二）虚拟现实技术在教育中应用

由北京师范大学主办的 2020 全球智慧教育大会上，北京航空航天大学教授、中国工程院院士赵沁平指出，作为智慧教育中重要的支持技术，VR 具有沉浸感、交互性、构想性和智能化的特征，其对现有技术的颠覆性将催生新的教育教学方法和模式。教育是虚拟现实技术中非常重要的应用领域。VR 可以实现任何能设想到的教育教学环境，使学习者沉浸式体验学习对象和教学过程。

同时，VR 和 AI 技术有着天然的关系，并呈现出“你中有我、我中有你”的融合发展趋势，从而有力地催生类人助教，促进高阶的探究式、自适应学习，拓展智慧教育场景应用，推动智慧教育的不断发展与深化。赵院士认为，“VR + AI 有可能成为终极性的教育技术，将对未来教育产生深刻的影响”，建议要加强 VR、AI 等应用于教育教学的相关研究，关注人工智能和虚拟现实环境对学生身心的影响和对社会的影响，希望教育、人文社科领域的专家与科技界人士携手合作，研究“人工智能、虚拟现实 + 教育”，共同推动智慧教育的发展，培养面向未来的创新性人才。

VR 在教育中的应用主要有以下几个方面。

1. 虚拟校园

虚拟校园是指从互联网、VR 技术、网上虚拟社区和 3S 技术的发展角度，对现实大学三维景观和教学环境的虚拟化和数字化，是基于现实大学的一个三维虚拟环境，用于支持对现实大学的资源管理、环境规划和学校发展。运用虚拟校园技术可以将学校风光和地图有机结合，使来访者足不出户便可浏览校园风光，非常直观地看到、感受到校园中的各个角落，对于学校展示校园。宣传学校形象。规划校园的建设都有重要的意义。

大学校园对每个人来说是有特殊的感情，大学校园的学习氛围、校园文化对我们具有巨大影响，教师、同学、教室、实验室等校园的一草一木无不潜移默化地影响着我们，大学校园赋予我们的教育从某种程度来说，远远超出书本所给予我们的，因此虚拟校园成了 VR 技术与网络、教育最早的具体应用。先后有浙江大学、清华大学、北京大学、中国人民大学、南昌大学等高校，都采用 VR 技术构建了虚拟校园。

2. 虚拟演示课堂教学与实验

在学校教育中，虚拟现实技术在教学中应用较多，特别是对于理工科类课程的教学，尤其在建筑、机械、物理、生物、化学等学科有着质的突破。它不仅适用于课堂教学，使之更形象生动，也适用于互动性实验中，很多大学都有虚拟现实技术研究中心或实验室。

虚拟现实实验是指在虚拟现实环境的基础之上将现实中真实的实验进行模拟呈现。虚拟实验室的设立，在很大程度上可以降低学生做实验过程中存在的风险，也能够降低一些实验昂贵的成本，减少学校的开支，使得学生们能够足不出户地、不限次数地进行各种实验的操作，同时也能获得与现实中进行真实实验时一样的体验。

2018 年 5 月，由杭州师范大学潘志庚教授作为首席科学家承担的国家重点研发计划项目“多模态自然交互的虚实融合开放式实验教学环境”获得国家重点研发计划科研课题项目（图 4–7 所示为多模态自然交互的虚实融合开放式实验教学环境）。项目通过对中学主干课程实验教学中多种交互模型的融合共存、多模态交互意图的精确理解，提供复杂实验教学环境中虚实融合的实时仿真、多通道感知（视觉、听觉、触觉、嗅觉）的同步呈现，研究探究式学习过程建模与行为量化评估等科学问题，以期实现我国优质教学资源远程教育的共建共享，更好地阐释和展现科学原理，并开发新型的教学实验，解决现有中学实验课程中探究性弱、自主性差、精准性低、实验成本高等系列难题。

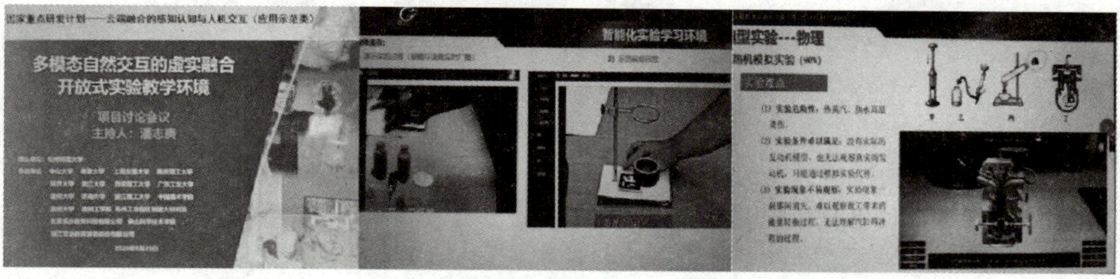

图 4-7　多模态自然交互的虚实融合开放式实验教学环境

3. 远程教育

在远程教育中，VR 技术能辅助继续教育学习远程教育，主要体现在以下几个方面。

（1）提供了全新的教学手段和学习场景。主要有 3 个部分：由教师和其他专业人员协作开发的多媒体网络学习资源；教室、图书馆、学术报告厅共同组成的虚拟学习社区；“虚拟教师”或“虚拟同学”。

（2）VR 技术支持的交互式合作学习使学习成为乐趣。学生可以在网络虚拟学习社区中找到“虚拟教师”，并与之交流，如同课堂上真实地面对面交流一样，从而极大地提高了学习的质量。同时，也可以与“虚拟同学”结成学习伙伴，实现协作式学习。

4. 技能培训

将 VR 技术应用于技能培训可以使培训工作更加安全，并节约了成本。比较典型的应用是训练飞行员的模拟器及用于汽车驾驶的培训系统，交互式飞机模拟驾驶器是一种小型的动感模拟设备。舱体内前面是显示屏幕，配备飞行手柄和战斗手柄，在虚拟的飞机驾驶训练系统中，学员可以反复操作控制设备，学习在各种天气情况下驾驶飞机起飞、降落，通过反复训练，达到熟练掌握驾驶技术的目的。

二、云计算

（一）云计算概述

云计算（Cloud Computing），是一种基于互联网的计算方式，通过这种方式，共享的软按需提供给计算机和其他设备。

【视频】
云计算

云计算是当前是一个热门的技术名词，很多专家认为，云计算会改变互联网的技术基础，甚至会影响整个产业的格局。正因为如此，很多大型企业都在研究云计算技术和基于云计算的服务，亚马逊、谷歌、微软、戴尔、IBM、SUN 等 IT 巨头都在其中。几年之内，云计算已从新兴技术发展成为当今的热点技术。

通过使计算分布在大量的分布式计算机上，而非本地计算机或远程服务器中，企业数据中心的运行将与互联网更相似。这使得企业能够将资源切换到需要的应用上，根据需求访问计算机和存储系统。好比是从古老的单台发电机模式转向了电厂集中供电的模式。它意味着计算能力也可以作为一种商品进行流通，就像煤气、水电一样，取用方便，费用低廉。最大的不同在于，它是通过互联网进行传输的（图 4-8）。

图 4-8　云计算

云计算具有以下几个主要特征。

（1）资源配置动态化。根据消费者的需求动态划分或释放不同的物理和虚拟资源，当增加一个需求时，可通过增加可用的资源进行匹配，实现资源的快速弹性提供；如果用户不再使用这部分资源时，可释放这些资源。云计算为客户提供的这种能力是无限的，实现了 IT 资源利用的可扩展性。

（2）需求服务自助化。云计算为客户提供自助化的资源服务，用户无需同提供商交互就可自助得到的计算资源能力。同时云系统为客户提供一定的应用服务目录，客户可采用自助方式选择满足自身需求的服务项目和内容。

（3）网络访问便捷化。客户可借助不同的终端设备，通过标准的应用实现对网络访问的可用能力，使对网络的访问无处不在。

（4）服务可计量化。在提供云服务过程中，针对客户不同的服务类型，通过计量的方法来自动控制和优化资源配置，即资源的使用可被监测和控制，是一种即付即用的服务模式。

（5）资源的虚拟化。借助于虚拟化技术，将分布在不同地区的计算资源进行整合，实现基础设施资源的共享。

（二）云计算在教育中的应用

云计算对用户端的设备要求很低，这一特点决定了云计算将会在学校大受欢迎。云计算能把分布在大量的分布式计算机上的内存、存储和计算能力集中起来成为一个虚拟的资源池，并通过网络为用户提供实用计算服务。为了满足越来越多的计算需求，学校不得不经常更新电脑设备。而在云计算背景下，绝大部分计算任务将交给云端（分布式计算机服务器）来完成，只需让电脑接入互联网即可，学校师生可以使用原有的旧电脑，或采用性能一般的低价笔记本电脑以及智能手机接入云服务，从而享受云计算提供的虚拟桌面带来的乐趣。可见，使用云计算服务，学校能极大地节约计算机硬件购买和维护的成本。

云计算为学校提供经济的应用软件定制服务。软件即服务（SAAS）是云服务的一种类型。学校接入这类云计算服务后，无须再花费大量资金购买商业软件授权，一些常用的应用软件如 office 系列，云服务已经提供，收费低廉，有的甚至是免费的。作为客户端的本地电脑只需运行图形界面的 Linux 操作系统和浏览器即可享受云服务，不用担心应用软件是不是最新版本，这也极大地减少了学校为维护和升级操作系统、应用软件所投入的费用。

云计算能为学校提供可靠和安全的数据存储中心。在病毒猖獗的互联网时代，数据存储的安全可靠越显重要。而信息安全的问题在专业人员欠缺的学校特别突出。学校使用云计算服务，数据储存在云端，因此无须担心病毒的入侵和硬件的损坏而导致数据丢失。

采用开源云计算项目，布置校园网中的云计算服务。目前有很多云计算项目是开源的，比如：想构建类似与 Googleapps 的云平台，可以采用 AppDrop 或 10gen 开源云计算项目。许多学校都有大量接近淘汰的旧电脑，这类电脑有些只是因为硬件配置问题无法升级到新的操作系统或安装新的应用软件而被淘汰，硬件本身还可以正常工作。这类电脑除了可以作为客户端接入云计算服务继续使用外，还可以选择使用开源云计算项目在此类电脑上布置学校自己的云计算服务。

三、移动网络技术

（一）移动网络技术的概述

移动网络技术指的是用移动设备，如手机、掌上电脑或其他便携式工具连接到公共网络，实现互联网访问的方式。随着智能手机和以 4G 为代表的通信技术的成熟，再加之 5G 时代的到来，移动网络技术已经成了人们日常生活、工作、学习的重要平台和工具（如图 4-9）。

计算机技术的不断升级，其硬件变得越来越轻、越来越小，其软件的信息储存能力越来越大，计算能力越来越强，这直接带动了智能手机和掌上电脑等移动终端的成熟，再加上移动通信技术让信息的交流互动更快，在这些综合条件的作用下，移动网络技术应运而生。

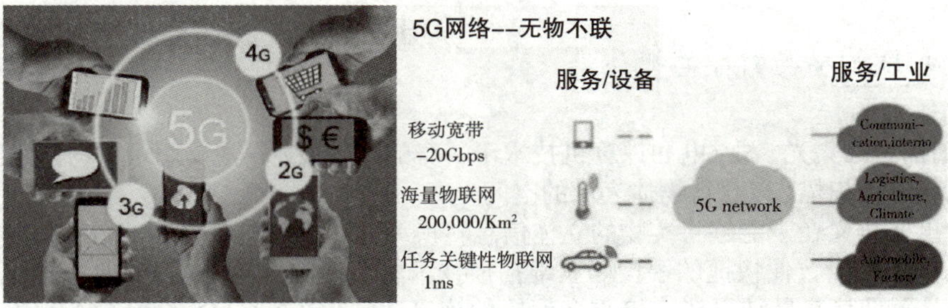

图 4-9　5G 移动网络技术

（二）移动网络技术在教育中的应用

移动网络技术的发展和大范围普及，为教学带来全新的思路，借助移动网络开展理论和实践教学活动，不但可以突破传统课堂对学生思维的限制，转变教师课堂主导角色为多重角色，还可为学生学习提供丰富的资源，带给学生行业内新技术和新理念，增强学生自主学习的针对性。具体而言，由于在传统教学模式中，教师过于重视对基础知识和技能的讲解，使课堂成为教师的主导，学生处在被动接受的客体地位，学习的效果不理想。而移动网络技术的参与，可为教师带来新的教学理念和技术，使教师从繁重的工作中解脱出来，更多地引导学生思考和解决问题，增加学生的课堂参与度和自主性，最终达到学生自主构建知识体系的目标。

相比较传统互联网必须在电脑面前工作、办公和学习的局限性，移动互联网更加轻松方便，更加自由高效，首先移动终端体积小、重量轻，它只要在信号允许的情况下，可让用户可以在任意时间段、任意场景进行相关操作；其次，基于移动互联网发展而来的智能交互时代的兴起，比如以微信、微博、抖音等为代表的新媒体，以移动云课堂、教师在线直播为代表的新平台，能够提供更加多元化、个性化和定制化的信息服务，而且这种服务具有即时性、高频性、深度互动性和跨越时空的信息持久性等特点，从而能够提供更好的体验和更高的信息运行效率。

1. 构建移动学习平台，完成课前导学和新课导入

针对学生学习基础不牢固，自主学习主动性不强的问题，教师可以在课前预习环节和新课导入环节充分利用移动网络技术优势，对学生展开指导和监督，在课堂中达到有的放

矢的教学目的。在课堂预习阶段，教师可提前为学生布置学习任务，并发布到线上学习平台中，组织学生自主登录移动网络查找相关资料，完成对所学内容的理解。还可以由教师制作教学课件，利用文字、图像、音频融为一体的指导内容，增加学生预习的直观性。在课上导入阶段，传统案例导入的方式过于死板，学生很难集中注意力在新课内容上，对新课讲解知识的理解不够全面。为此，教师可在案例讲解的基础上引入移动网络技术，为学生搭建虚拟学习场景，并将案例讲解放置在虚拟空间中，使新课内容更具代表性，引导学生进入真实场景，完成对案例的分析和问题的解决。

2. 重视操作练习，增强学生实践能力

移动网络技术的快速发展，使各大院校在网络信息化教学上的投入逐步增大，例如某些仿真软件、线上教学平台等建设，为学生深度学习提供机会。在课上和课下，学生可充分利用课余时间进行具体案例的分析和学习，并在移动网络平台上进行模拟操作，针对遇到的学习困惑可利用线上沟通功能，与其他学生和教师共同讨论和解决，增强学生学习的时效性，同时实现学生实践能力的有效提升。

四、3D 扫描与打印

（一）3D 扫描与打印的概述

1. 3D 扫描概述

3D 扫描是指集光、机、电和计算机技术于一身的高新技术，主要用于对物体空间外形和结构及色彩进行扫描，以获得物体表面的空间坐标。

它的重要意义在于能够将实物的立体信息转换为计算机能直接处理的数字信号，为实物数字化提供了相当方便快捷的手段。三维扫描技术能实现非接触测量，且具有速度快、精度高的优点，而且其测量结果能直接与多种软件接口，这使它在 CAD、CAM、CIMS 等技术应用日益普及的今天很受欢迎。

在发达国家的制造业中，三维扫描仪作为一种快速的立体测量设备，因其测量速度快，精度高、非接触、使用方便等优点而得到越来越多的应用。用三维扫描仪对手板、样品、模型进行扫描，可以得到其立体尺寸数据，这些数据能直接与 CAD/CAM 软件接口，在 CAD 系统中可以对数据进行调整、修补，再送到加工中心或快速成型设备上制造，可以极大地缩短产品制造周期。

三维数据信息的获取按照原理不同，可以分为接触式和非接触式两种。常见的白光扫描、蓝光扫描等光栅扫描仪和点激光扫描、线激光扫描、面激光扫描等激光扫描仪均属于非接触式三维扫描仪的范畴。扫描过程中由光栅发射器向被扫描物体表面投射一系列编码好的光栅条纹，条纹经物体表面调制产生变形，利用左、右相机同步采集变形条纹图像，并由计算机进行处理，获取物体表面点的三维坐标值。扫描过程中，扫描设备不动，通过不断翻转物体至合适的角度并执行扫描，完成整个物体的测量。

2. 3D 打印概述

3D 打印（3DP）即快速成型技术的一种，它是一种以数字模型文件为基础，运用粉末状金属或塑料等可黏合材料，通过逐层打印的方式来构造物体的技术。

3D 打印通常是采用数字技术材料打印机来实现的，常在模具制造、工业设计等领域被用于制造模型，后逐渐用于一些产品的直接制造，已经有使用这种技术打印而成的零部件。该技术在珠宝、鞋类、工业设计、建筑、工程和施工（AEC）、汽车、航空航天和医疗产业、教育、地理信息系统、土木工程及其他领域都有所应用（如图 4-10 所示）。

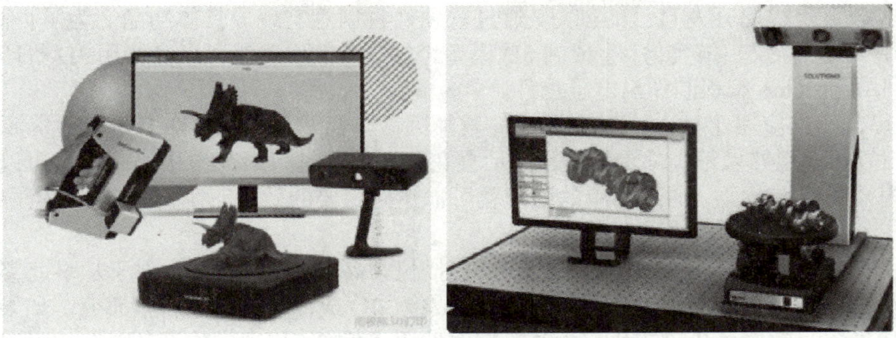

图 4-10　3D 扫描

三维打印的设计过程是：先通过计算机建模软件建模，再将建成的三维模型“分区”成逐层的截面，即切片，从而指导打印机逐层打印。打印机通过读取文件中的横截面信息，用液体状、粉状或片状的材料将这些截面逐层地打印出来，再将各层截面以各种方式黏合起来从而制造出一个实体。这种技术的特点在于其几乎可以造出任何形状的物品。

用传统方法制造出一个模型通常需要数小时到数天，根据模型的尺寸以及复杂程度而定。用三维打印技术则可以将时间缩短为数个小时，当然，其是由打印机的性能以及模型的尺寸和复杂程度而定的。传统的制造技术如注塑法可以以较低的成本大量制造聚合物产品，三维打印技术则可以以更快、更有弹性及更低成本的办法生产数量相对较少的产品，如图 4–11 所示。

图 4–11　3D 打印

（二）3D 扫描与打印在教育中的应用

1. 3D 扫描在教育中的应用

（1）3D 扫描应用于创客教育中。如果说，3D 打印是学生想法的输出，那么三维扫描就是输入了。三维数字化特别适用于一些原理复杂、对空间要求比较高的创客教育中，三维数字化特别适用于一些原理复杂、对空间要求比较高的创客教育中，三维数字化教学让使用者如同身历其境，可以及时、没有限制地观察三度空间内的事物，带来更真实、更精细、更震撼的视觉感受，进而对所学的知识有更深刻的理解。同时，这种多样性和情境性有助于启发学习者积极的学习心态，激发和维持学习者的学习动机，促进智慧学习的发生。

三维扫描可以帮助学生在计算机上方便地修改设计，展示不同的设计方案，对整个系统进行不断改进，直至获得最优设计方案，这样做大大节约了设计的成本，加快了设计的速度。

创客教育是提倡开发自己的创意，通过软硬件将创意实现成具体物品。为了提高效率，可以使用 3D 扫描仪扫描实物，生成的 3D 模型经过简单的修改就可以直接用 3D 打印机打印出来，利用 Arduino 编程制作出电子物件。

（2）3D 扫描应用于建立模型资源库。教师因教学需求，需要对许多模型的资源进行打印，而相似的模型如果每次都重新设计的话会花费大量的时间，结合 3D 扫描，就可以实现快速建立基本的三维模型，通过简单的处理就可以达到想要的效果，对于建立模型资源库极其方便。

（3）3D 扫描应用于教学研究。由于 3D 扫描仪为高科技光学仪器，对于从事此类研究的研究人员可以结合 3D 扫描仪实物来研究光学成像、3D 成像等方面的科学研究。如果让他们自己先研发出一个设备再进行研究太过于费时费力，直接使用现成的设备会节约很多的时间及精力。

2. 3D 打印在教育中的应用

（1）3D 打印应用在学科课堂教学中。3D 打印出的教学模型具有具体、直观、形象的特点。教师利用 3D 打印出的教学模型在课堂上进行讲解，使教学内容直观、生动、形象，有利于学生理解复杂抽象的教学内容，从而突破教学的重点、难点。

（2）3D 打印应用在自制教学模型中。过去，教师在自制教学模型时，尽管有很好的灵感和设计方案，但由于材料及制作工艺的限制，自制的教学模型往往比较简陋，甚至有时因为材料难找或者造型加工困难而不得不放弃，3D 打印技术的出现，使得这一问题迎刃而解。利用 3D 打印，不仅可以快速打印教学模型，还可以对教学模型进行修改。

（3）3D 打印应用在学生科技活动中。3D 打印机可制造传统方法难以加工甚至无法加工的复杂构体，打破了传统制造的局限。学生只要能把“想象”转化成三维数据模型，就可以通过 3D 打印机打印出实物成品，从而缩短了设计“想象”与“实物成品”之间的距离。因此，我们可以将 3D 打印机、电脑、各种测试仪器等组建成创客实验室，在实验室里，学生可以将自己的“想法”打印出来，使其变为现实。

（4）3D 打印应用在毕业设计中。3D 打印的快速打印功能，可以快速将毕业设计变成实物，极大地方便了毕业设计的效果检测及修改，提高了设计的效率。例如，在做桥梁设计时，学生利用 3D 打印机打印出桥梁部件后，通过实物组建桥梁，不仅可以观察到设计的实际效果，还可以分析检测桥梁的受力情况，如果发现达不到设计要求，可以及时对设计方案进行修改，直到达到设计要求。

（5）3D 打印应用在教学模型资源库使用及共享中。3D 打印的基础是建立三维建模，有了三维模型，才可以打印实物。因此，教师在教学应用中可以分门别类地建立各学科的 3D 教学模型资源库，如物理教学模型资源库、生物教学模型资源库等，供各学科师生使用。在教学中，教师可以根据教学需要，从教学模型资源库调取所需的教学模型进行打印，也可以对教学模型资源库中的教学模型进行修改后打印，还可以将自己设计的新教学模型添加到教学模型资源库中共享，供其他教师使用。

五、大数据

（一）大数据的概述

大数据（Big Data），IT 行业术语，是指无法在一定时间范围内用常规软件工具进行捕捉、管理和处理的数据集合，是需要新处理模式才能具有更强的决策力、洞察发现力和流程优化能力的海量、高增长率和多样化的信息资产。

大数据技术的战略意义不在于掌握庞大的数据信息，而在于对这些含有意义的数据进行专业化处理。换而言之，如果把大数据比作一种产业，那么这种产业实现盈利的关键，在于提高对数据的“加工能力”，通过“加工”实现数据的“增值”。从技术上看，大数据与云计算的关系就像一枚硬币的正反面一样密不可分。大数据必然无法用单台的计算机进行处理，必须采用分布式架构。它的特色在于对海量数据进行分布式数据挖掘，但它必须依托云计算的分布式处理、分布式数据库和云存储、虚拟化技术（图 4–12）。

图 4–12 大数据

（二）大数据在教育中的应用

在教育领域特别是在学校教育中，数据成为教学质量考核的重要指标。过去，这些数据主要是指考试成绩，当然，也可以包括入学率、出勤率、辍学率、升学率等。在具体的课堂教学方面，数据应该是能说明教学效果的，如教师评改作业次数、学生识字的准确率和作业的正确率等，还有积极参与课堂科学的举手次数，回答问题的次数、时长与正确率，师生互动的频率与时长。这些具体的数据经过信息技术的收集、分类、整理、统计和分析之后就成为大数据。

【视频】
大数据技术

1. 教育改革

大数据为基础教育和高等教育提供技术支持，分析从学生的心理活动、学习行为、考试分数到职业规划等所有重要的信息。现有许多教学数据已经被诸如美国国家教育统计中心之类的政府机构储存起来用于统计和分析。大数据分析最终目的是改善学生的学习成绩，并利用它们为改善学生的成绩提供个性化的服务。与此同时，它还能改善学生期末考试的成绩、平时的出勤率、辍学率、升学率等，并促进教育领域方面的均衡化发展。

2. 学习分析

现今的老师通过大数据得到的不再是过去那种只展示学生分数与作业的结果，而是通过监控学生浏览数字化学习资源次数、提交电子版的作业完成度、在线师生和生生互动指数、考试与测验完成度，就能让其系统持续和精确分析每个学生参与教学活动的数据，比如，阅读材料的时间长短和次数等这样更为详细的重要信息，这样老师就能及时诊断问题的所在，提出改进的建议，并预测学生的期末考试成绩。

3. 考试评价

大数据要求教育工作者必须更新和超越传统观念，不能只追求正确的答案，学生是如何完成整个教学过程的行为过程也同样重要。在一次考试中，学生在每道题上花费了多少时间？最长的是多少？最短的是多少？平均用时又是多少？哪些此前已经出现过的问题学生答对或答错了？哪些问题的线索让学生获益了？通过监测这些信息，通过学习自适应系统，为学生提供个性化的学习方案和学习路径，形成个人学习数据档案，能够帮助教育工作者理解学生学习的全过程，并有助于对他们进行“因材施教”。

六、人工智能与计算思维

（一）人工智能与计算思维的概述

1. 人工智能概述

人工智能（Artificial Intelligence），英文缩写为 AI。它是研究、开发用于模拟、延伸和扩展人的智能的理论、方法、技术及应用系统的一门新的技术科学。

【视频】
AIoT

人工智能是计算机科学的一个分支，它企图了解智能的实质，并生产出一种新的能以人类智能相似的方式做出反应的智能机器，该领域的研究包括机器人、语言识别、图像识别、自然语言处理和专家系统等。人工智能从诞生以来，理论和技术日益成熟，应用领域也不断扩大，可以设想，未来人工智能带来的科技产品，将会是人类智慧的“容器”。人工智能可以对人的意识、思维的信息过程进行模拟。人工智能不是人的智能，但能像人那样思考，也可能超过人的智能。

关于什么是“智能”，就问题多多了。这涉及到其他诸如意识（Consciousness）、自我（Self）、思维（Mind）[包括无意识的思维（Unconscious-Mind）]等问题。人唯一了解的智能是人本身的智能，这是普遍认同的观点。但是人类对自身智能的理解非常有限，对构成人的智能的必要元素也了解有限，所以就很难定义什么是“人工”制造的“智能”了。因此人工智能的研究往往涉及对人的智能本身的研究。其他关于动物或其他人造系统的智能也普遍被认为是人工智能相关的研究课题。

2. 计算思维概述

计算思维是运用计算机科学的基础概念进行问题求解、系统设计，以及人类行为理解等涵盖计算机科学之广度的一系列思维活动，由周以真于 2006 年 3 月首次提出。2010 年，周以真教授又指出计算思维是与形式化问题及其解决方案相关的思维过程，其解决问题的表示形式应该能有效地被信息处理代理执行（图 4-13）。

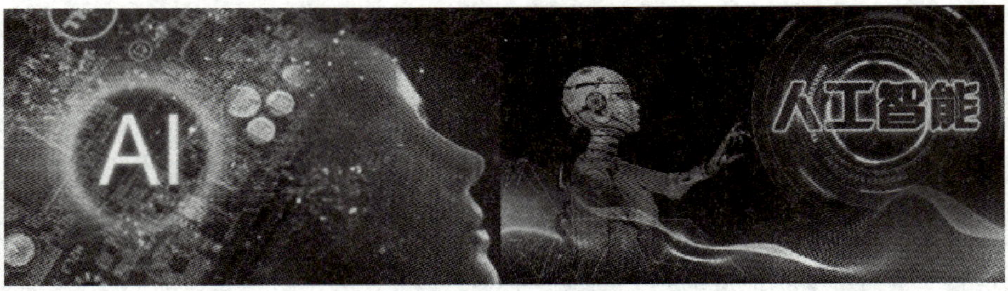

图 4-13　人工智能

通过简约、嵌入、转化和仿真等方法，把一个看起来困难的问题重新阐释成我们知道的问题怎样解决的方法；是一种递归思维，是并行处理，是一种把代码译成数据又能把数据译成代码，是一种多维分析推广的类型检查方法；是一种采用抽象和分解来控制庞杂的任务或进行巨大复杂系统设计的方法，是基于关注分离的方法（SoC 方法）；是一种选择合适的方式去陈述一个问题，或对一个问题的相关方面建模使其易于处理的思维方法；是按照预防、保护及通过冗余、容错、纠错的方式，并从最坏情况进行系统恢复的一种思维方法；是利用启发式推理寻求解答，也即在不确定情况下规划、学习和调度的思维方法；是利用海量数据来加快计算，在时间和空间之间、在处理能力和存储容量之间进行折中的思维方法。

计算思维有以下 5 个特性。

（1）概念化，不是程序化。计算机科学不是计算机编程。像计算机科学家那样去思维意味着远不止能为计算机编程，还要求能够在抽象的多个层次上思维。

（2）根本的，不是刻板的技能。根本技能是每一个人为了在现代社会中发挥职能所必须掌握的。刻板技能意味着机械地重复。具有讽刺意味的是，当计算机像人类一样思考之后，思维可就真的变成机械的了。

（3）是人的，不是计算机的思维方式。计算思维是人类求解问题的一条途径，但绝非要使人类像计算机那样思考。计算机枯燥且沉闷，人类聪颖且富有想象力，是人类赋予计算机激情。配置了计算设备，我们就能用自己的智慧去解决那些在计算时代之前不敢尝试的问题，实现“只有想不到，没有做不到”的境界。

（4）数学和工程思维的互补与融合。计算机科学在本质上源自数学思维，因为像所有的科学一样，其形式化基础建筑于数学之上。计算机科学又从本质上源自工程思维，因为我们建造的是能够与实际世界互动的系统，基本计算设备的限制迫使计算机学家必须计算性地思考，不能只是数学性地思考。构建虚拟世界的自由使我们能够设计超越物理世界的各种系统。

（5）是思想，不是人造物。不只是生产的软件硬件等人造物将以物理形式到处呈现并时时刻刻触及生活，更重要的是还将用以接近和求解问题、管理日常生活、与他人交流和互动的计算概念；而且，面向所有的人、所有地方。当计算思维真正融入人类活动的整体以至不再表现为一种显式之哲学的时候，它就将成为一种现实（图 4–14）。

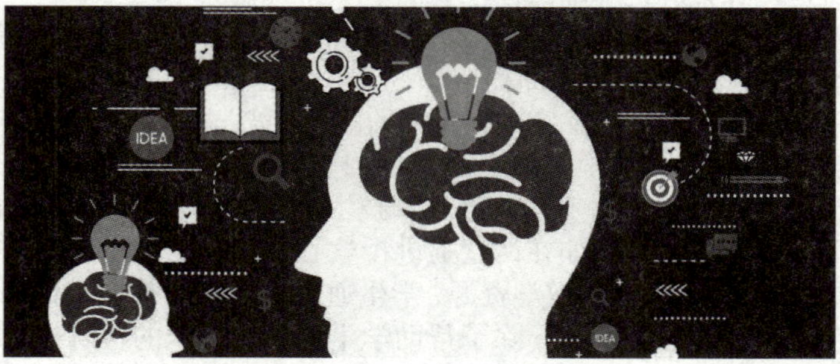

图 4–14　计算思维

（二）人工智能与计算思维在教育中的应用

1. 人工智能在教育中的应用

（1）智能测评。传统教育工作中，教师除了上课教学的工作，还有一项重要任务，即批改作业。随着大数据、文字识别、语音识别和语义分析等技术的发展，规模化的自动批改作业、个性化的即时反馈等逐渐变为现实。智能测评旨在简化批改流程，深刻变革传统的测评方法和形式，能够在短时间内得到高效一致的测评结果，极大减轻了教师的工作负担，使教师更专注于教学反馈，进一步提高教学效率，为今后的教学决策提供真实、可靠的依据。

【视频】
计算思维

（2）智能导师系统。智能导师系统是一种自适应学习系统，改变了传统教师与学生之间单向传输的学习方式，与课堂一对多教学、一对一的老师辅导进行对比，结果令人振奋。人工智能在教育领域已经取得了极大进步，展示了明显的教学效果。智能导师系统根据每一位学生对学习内容的掌握情况、学习速度及学习过程，向学生提供个性化的学习路径、学习资源和学习同伴等，帮助学生实现具体目标。智能导师系统在与学生的交互过程中，根据学生的面部表情、言语表情、知识反馈等可察因素，实现情感感知、预测和调节，进而对学生的情感状态做出积极干预和调节。事实上，智能导师系统目前还处于早期发展阶段，焦点在于学生的课后自学和答疑，而不是课堂教学，其进一步推动则需要依赖一些关键技术的发展。

（3）教育仿真游戏。寓教于乐是现代教育理念之一，教育仿真游戏是人工智能研究内容的一部分。教育应用领域，教育仿真游戏不再是传统意义上的单一性娱乐活动，而是专门针对特定教育目的而开发，在仿真环境下运行的数字化游戏。通过充分开放的类游戏学习环境和无缝整合的激励游戏因素，给学生提供一种观察、认识事物的新视角，促使学生应用个人知识和技能，主动探究、尝试新的技巧解决问题，并且还能自觉处理多个任务。在仿真游戏环境下，学生在角色扮演中有责任和义务获得新知识，得到新结果。教育仿真游戏的教学应用，可以培养与发展学生的可视化思维和解决问题的技巧，同时考验了学生的耐力，锻炼了学生的注意力提升了学生对专业知识的掌握。

（4）教育机器人。教育机器人技术综合了多学科的发展成果，融合了多种先进技术。教育机器人的学科教学、辅助教学、管理教学等，将给学生的学习活动增添新的智能活力，成为培养学生创新能力、信息素养的优秀平台。教学过程中，用机器人充当智能化的教具，辅助教师开展教学活动，当学生和机器人交流互动时，机器人是一个不断联网搜索答案和自我学习的过程。机器人对学生的情绪和特性了解得越清晰，就代表和学生交流得越多，从而可以根据学生大数据因材施教、精准推送，为更多的学生带来智能时代的全新学习体验。

2. 计算思维在教育中的应用

（1）计算思维应用在计算机基础课程教学中

● 优化教学内容。计算机基础知识体系繁杂，不易掌握，教学过程中，一定要改变以往的教学方式，优化和调整计算机基础课程知识，梳理和优化课程中的知识点，采用学生易理解和掌握的教学方式，注重计算机在实际生活中的应用，培养学生的计算思维意识。

● 理论和实践相结合。培养学生的实践能力，只依靠课堂讲授无法取得良好效果，一定要将理论和实践相结合。分析基本理念、原理和技术时，一定要注重技术的运用。教师讲授知识时，一定要进行实践教学，比如在课堂上讲授核心知识理论和主要操作技术，可以通过网站进行教学。网站会提供丰富的教学资源，学生通过网站能够掌握知识和技术。此外，要经常上机练习，安排计算机实践课程，除了帮助学生加深对知识的理解外，还能培养和提高学生的创新实践能力。

● 创新计算机基础课程的教学方法。传统讲授式的教学方式已落后，为了培养学生的实践能力，一定要创新计算机基础课程的教学方法。将计算思维融入计算机基础课程教学，能够切实培养学生利用计算机解决问题的能力和实践能力。因此，教师一定要将计算思维运用到教学过程中，采用启发式教学方法，通过提出问题让学生独立思考，从而培养学生的发散性思维，引导学生自主探索和研究。

（2）计算思维在大学英语教学中的应用

● 用计算思维编制文章词云，分析理解英语文本，其通常通过文章标题来预测，但它过于宽泛，学生往往很难抓住文章的核心，理解其深层意义。词云是帮助学生精准把握文章的核心内容和重要词汇的预测工具。

● 对文章相关数据进行统计和易读性分析。除了制作词云，还可以对上述录入的课文文本的相关数据进行统计和文章易读性分析。

● 用计算思维分析句子的语法结构。汉语的句子结构和英语的不同，中国学生对英语的句法感到很困惑，可以让学生将句子录入计算机相应软件中，用软件解析句子，帮他们更快、更好地完成对句子结构的分析和理解。

（3）计算思维在小学信息技术课教学中的具体培养策略

● 创设生动教学情境，激活学生计算思维意识。为了激活学生的计算思维意识，教师要抓住小学生的学习特征，结合他们的兴趣点，灵活地创设一些具有启发性的生动课堂教学情境，引导学生在良好的教学情境中进行积极思考，利用情境的感染作用来促使学生调用自己的生活经验与已学知识，帮助他们完成知识迁移，最终激活他们的计算思维意识，提高他们学习的主观能动性与有效性。

● 优化课程教学流程，落实计算思维培养目标。计算思维的培养与发展并非一蹴而就的，必须本着循序渐进的原则开展，期间要始终注意贯彻落实计算思维培养目标，持续改进和优化信息技术课程教学的流程，确保信息技术课程教学内容及知识体系可以满足实际的教学需求，这样才能够通过教学流程的优化设计来提升计算思维的整体培养效果。

● 创新课堂教学方式，提升计算思维培养效果。计算思维的培养必须本着持之以恒的原则，时刻注重锻炼学生的分解思维等计算思维，帮助学生在进行深入思考活动当中逐步提升自身的计算思维能力。基于此，在平时的信息技术教学中，教师要从调动学生的计算思维出发，灵活地利用思维导图或流程图等手段辅助学生理解相关的信息技术知识，或者组织学生开展多种多样的教学活动，确保可以促使学生积极参与到信息技术知识学习活动当中，不断提升他们自身的计算思维能力。

七、区块链

（一）区块链的概述

从科技层面来看，区块链涉及数学、密码学、互联网和计算机编程等很多科学技术问题。从应用视角来看，简单来说，区块链是一个分布式的共享账本和数据库，具有去中心化、不可篡改、全程留痕、可以追溯、集体维护、公开透明等特点。这些特点保证了区块链的“诚实”与“透明”，为区块链创造信任奠定了基础。而区块链丰富的应用场景，基本上都基于区块链能够解决信息不对称问题，实现多个主体之间的协作信任与一致行动。区块链是分布式数据存储、点对点传输、共识机制、加密算法等计算机技术的新型应用模式。

区块链起源于比特币，2008 年 11 月 1 日，一位自称中本聪（Satoshi Nakamoto）的人发表了《比特币：一种点对点的电子现金系统》一文，阐述了基于 P2P 网络技术、加密技术、时间戳技术、区块链技术等的电子现金系统的构架理念，这标志着比特币的诞生。两个月后理论步入实践，2009 年 1 月 3 日第一个序号为 0 的创世区块诞生。几天后，2009 年 1 月 9 日出现序号为 1 的区块，并与序号为 0 的创世区块相连接形成了链，标志着区块链的诞生。

近年来，世界对比特币的态度起起落落，但作为比特币底层技术之一的区块链技术日益受到重视。在比特币形成过程中，区块是一个一个的存储单元，记录了一定时间内各个区块节点全部的交流信息。各个区块之间通过随机散列（也称哈希算法）实现链接，后一个区块包含前一个区块的哈希值，随着信息交流的扩大，一个区块与一个区块相继接续，形成的结果就叫区块链。

区块链有以下 5 个特征。

（1）去中心化。区块链技术不依赖额外的第三方管理机构或硬件设施，没有中心管制，除了自成一体的区块链本身，通过分布式核算和存储，各个节点实现了信息自我验证、传递和管理。去中心化是区块链最突出、最本质的特征 。

（2）开放性。区块链技术基础是开源的，除了交易各方的私有信息被加密外，区块链的数据对所有人开放，任何人都可以通过公开的接口查询区块链数据和开发相关应用，因此整个系统信息高度透明。

（3）独立性。基于协商一致的规范和协议（类似比特币采用的哈希算法等各种数学算法），整个区块链系统不依赖其他第三方，所有节点能够在系统内自动安全地验证、交换数据，不需要任何人为的干预。

（4）安全性。只要不能掌控全部数据节点的 51%，就无法肆意操控修改网络数据，这使区块链本身变得相对安全，避免了主观人为的数据变更 。

（5）匿名性。除非有法律规范要求，单从技术上来讲，各区块节点的身份信息不需要公开或验证，信息传递可以匿名进行（图 4–15）。

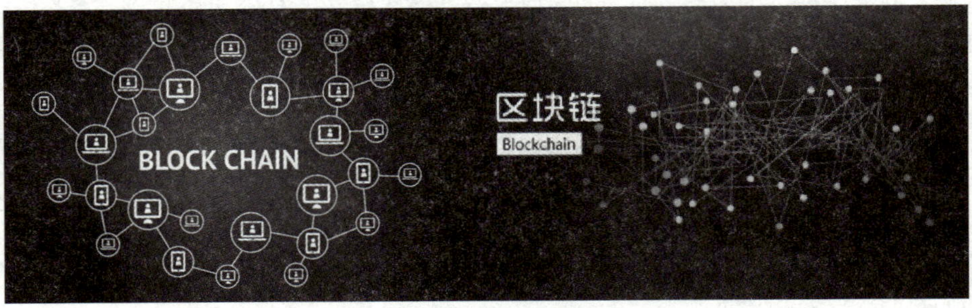

图 4–15　区块链

（二）区块链在教育中的应用

（1）区块链技术利用块链式数据结构来存储数据，通过分布式数据来生成和更新数据。当区块链技术运用于在线教育网络架构时，老师授课，学生听讲的教学记录信息在系统内全程留痕，结合记录、核实等机制，做到老师评价、学生反馈和教学结果的透明、可信，实现了非人工操作的管控，辅助智能化决策，提升了教育管理效率，有利于课后管理的科学合理，解决了家长担心的课后无人管的担忧。

（2）利用区块链去中心化、可验证、防篡改的存储系统，将学历证书存放在区块链数据库中，能够保证学历证书的真实性，使得学历验证更加有效、安全和简单，这将成为解决学历文凭和证书造假的完美方案。

（3）通过嵌入智能合约，区块链技术可以完成在线教育平台合约的生成和存证，构建虚拟经济教育智能交易系统。

（4）利用区块链技术开发去中心化教育系统，将有更多的第三方教育机构来承担专业教育服务提供商的角色，并且基于区块链的开源、透明、不可篡改等特性能保证其教育过程与结果的真实可信。

（5）互联网技术产生了线上学习和视频直播等互动手段。区块链则可以对在线教育社区里面的知识内容制作者，学习者的参与度，推广者的推广效果等进行统一的记录，让每一方参与者都被激发出能动性，让处在这个在线教育社区生态体系中的人都能得到可持续、可发展的利益。

八、教育游戏

（一）教育游戏概述

【视频】
区块链技术

教育游戏是严肃游戏的一种，是专门针对特定教育目的而开发的游戏，具有教育性和娱乐性并重的特点，是以游戏作为教育的手段，设计游戏的时候以成熟的教育理论作为理论支撑，取得教育性和游戏性的平衡，从而通过游戏的方式来完成教育过程的产品实现；教育游戏属于严肃游戏的一个分支，严肃游戏是指那些以教授知识技巧、提供专业训练和模拟为主要内容的游戏。

目前国内外关于教育游戏的描述主要集中在操作层面，可归纳为两种：做加法和做减法。做加法：通过将一些具备游戏潜质的软件进行改造，增加一些必要的游戏要素而制作成教育游戏。这方面工作比较突出的是我国香港学者李芳乐、李浩文等提出的“轻游戏”说。

做减法：通过对一些有教育品性的电脑游戏进行改造，删除所有与教学不相关的内容而制作成教育游戏。这方面研究工作比较突出的有 Kirriemuir 和 McFarlane（2004）的“清淡（Lite）”游戏说。

不同的学者对教育游戏有不同的分类方式，苏联学者根据游戏在教育实践中的作用将游戏分为两大类：创造性游戏和规则性游戏。西华师范大学学者罗莎是这样分类的：按照教育目标的不同，分为知识型教育游戏和益智型游戏；按照传播媒介的不同，分为在线教育游戏和线下教育游戏；按照教学内容的不同，分为单学科的教育游戏和多学科的教育游戏。

教育游戏按设计目标可以分为 4 种类型：教学游戏、模拟游戏、意义游戏和目的游戏。教学游戏是与学科融在一起的教育游戏，游戏设计的意图是为教学服务，主要用到游戏的互动、反馈、激励等机制；模拟游戏是角色扮演游戏，玩家模拟游戏里面的人物角色，模拟知识真实场景，玩家真切与游戏内情节进行互动；意义游戏就是游戏能够帮助玩家构建价值观，感受教育意义，在玩家决策过程中，感受游戏需要表达的意义；目的游戏是通过游戏产生结果，游戏在完成一系列规定的任务后能够实现一个目标。

目前教育游戏市场上已经出现了很多教育游戏，主要是针对儿童学习的，像语言学习类、识字类、能力培养类等，如图 4-16 所示，将教育游戏应用于英语教学中；除此之外，模拟、仿真类教育游戏；游戏化虚拟学习环境；增强现实型教育游戏也都出现在大众视野中。

图 4-16　英语教育游戏

（二）教育游戏在教育中的应用

教育游戏作为教育信息化的一个新元素，越来越受到人们的关注。在信息化时代，国内外教育工作者更多的是借助各种游戏软件或网络平台（一般称为教育游戏），实现教育与游戏的结合，在一定规则的引导下，从学习者的动机出发，让其在愉悦、自愿的状态下补偿情感需求，实现知识储备或能力提升。

【视频】
教育游戏

1. 运用不同游戏类型的教学方式

操作性游戏。快速操作性游戏：这类游戏一般用在课前，为了让学生快速回忆单词、复习旧知识。例如：教师出示已学过的单词图片、卡片，学生一个接一个地快速拼读单词并说出汉语意思，就是课堂上常说的“开火车”，如出示“Apple”的图片或词卡，学生快速拼出 a-p-p-l-e apple 苹果；反复性操作性游戏：这类游戏一般是在新学完一组单词后，要通过反复操作来巩固知识。如拼接单词：看生词卡片，请学生每人拼出一个单词，说到最后一个字母，这几个学生一起站起来把这个单词读出。

趣味性游戏。如游戏猜猜看，这个游戏不但复习了大量的词汇和句子，为学习新课做了铺垫，而且由于学生急于想知道教师手里的东西究竟是什么，从而促使其动脑、动口，激发了学生的学习兴趣。

合作性游戏。a. 展示性合作游戏：以展示学习成果为目的。如角色表演。教师可以把要掌握的重点句子写在黑板上，引导学生根据这些句子创设情境、揣摩人物。然后在小组内根据具体情况进一步加工，合作表演。合作是把知识转化为能力的环节，是学生最兴奋的时刻，也是训练学生运用英语进行交际的机会。学生此时可以尽情发挥自己的交际能力。教师应抓住这一契机，努力营造英语表演气氛。教师还可以准备一些简单的道具和头饰，让表演更加有趣。b. 竞赛性合作游戏：竞赛是学习、练习的一种好形式。例如：淘汰游戏。教师在发出指令前可以说“Sam Says”，则学生做此动作，指令前没有“Sam Says”，学生则不做此动作，如教学一年级五官一单元时教师说“Touch your nose”，而学生做了摸鼻子的动作，便算错了。全班分四组，反应慢或做错的同学被淘汰并回到座位。留下的人最多的小组获胜。

拓展性游戏。如游戏 Last Letter。学生 1 任意说出一个单词，如 Girl，学生 2 可以接 Letter。学生 3 可以接任何一个以 r 开始的单词，但是不能重复别人说过的单词。在这种游戏中每个学生的大脑都在进行活动，要么想下一个单词可以接什么，要么考虑别人说的是否重复。课堂气氛十分活跃。

2. 应用于不同授课环节的游戏方式

a. 导入环节

小学英语教学导入环节中常用的游戏类别有 5 种：词汇类游戏、语音类游戏、角色扮演类游戏、句型类游戏和拼写类游戏。使用这几类游戏，可以提高学生的学习兴趣，帮助他们在学习知识的同时，获得其他领域的进步；同时可以提高学生们的课堂参与度，激发起强烈的学习欲望，强化学生的主体意识，缓解师生紧张的情绪，在师生的配合下完成教学目标。

b. 新授环节

教育游戏在小学语文课堂的应用

游戏一：以《九色鹿》教学游戏设计为主。九色鹿因为心地善良而救了即将淹死的落水人，落水人许下诺言不将九色鹿的住处泄露出去，可他因为贪恋财富，违背了自己的诺言，受到了国王的重罚。教学《九色鹿》时可以采用角色游戏启发学生，如果你是落水人或者国王，你会怎么做？通过学生进行角色扮演，调动学生的积极性和主动性，培养学生的独立思考能力。

游戏二：以拼音 ā á ǎ à 的教学游戏设计为例。我们可以设计这样一个故事：喜羊羊有一天突发奇想，想出去看看外面的世界，于是他骑着单车，开始了自己的旅行。首先，看见平坦宽阔的大平原，喜羊羊喊道：（ā ā ā ā 一声）平原宽又平；接着，看见了土坡，大声唱道：（á á á á 二声）就像上山坡；好不容易爬上了坡，又看见了大峡谷，不禁感叹道：（ǎ ǎ ǎ ǎ 三声）就像下坡又上坡；继续向前走，又碰到了向下的斜坡，发现最后又绕回了羊村，大声说道：（à à à à 四声）就像下山坡。最后，教师带领学生唱出儿歌：ā ā ā ā 一声平原宽又平；á á á á 二声就像上山坡；ǎ ǎ ǎ ǎ 三声下坡又上坡；à à à à 四声就像下山坡。

c. 练习环节

以初中生物《激素调节》第二课时教学设计的练习巩固环节设计为例

游戏一：抽图判断游戏。两人一组，利用教师自己设计的抽图，Flash 随机抽取人体腺体，向同伴说出腺体类型及分泌物，轮番完成，说错停止。此游戏是围绕“内分泌腺的特点判断内外分泌腺”这个学习目标设计的。学生通过随机抽图，快速判断内外分泌腺，让学生在与同伴的良好互动下，在轻松、愉快积极的环境下进行学习，促进知识内化，突破难点。

游戏二：小医生日记 Flash 游戏。学生作为实习医生在医院内分泌科实习，患者进来看病，医生要根据患病原因判断疾病，正确加分，限时 1 分钟，按照积分升级，最高等级为医院院长。此游戏是围绕“说出几种激素的主要功能及分泌异常时的表现”这个学习目标设计的。通过游戏中的角色扮演活动，学生可以将琐碎的知识点内化，体会激素在参与生命活动调节中的重要作用，从而有效突破本节课的重难点。

游戏三：丛林射手。电子书包内置的游戏练习，根据本节课的学情分析设置的五道达标测试题，全部答对者即可通关。教师 Ipad 可以及时收到反馈数据，再进行有针对性的指导。利用电子书包平台内置的游戏练习，将达标测试题用游戏情境进行表现，大大提高了学生的兴趣和答题体验。同时电子书包平台可以将学生做题数据第一时间反馈给教师，可以快速掌握学生本节课的知识目标达成情况，评价学生的学习效果。

思考与练习

1. 教学媒体有哪些常见的分类方式？
2. 简述教学媒体的功能与特征。
3. 虚拟现实技术在教育中的应用主要有哪些方面？
4. 云计算有哪些主要特征？
5. 谈谈你对区块链的理解，并简述它在教育中的具体应用。
6. 教育游戏对教育教学产生了哪些影响？

技能训练 8　3D 打印课堂教学案例

一、训练目标

1. 认识 3D 打印笔的结构。
2. 掌握 3D 打印笔的使用方法。

二、操作环境（设备）

3D 打印笔、打印耗料、透明隔板。

三、训练任务

1. 认识 3D 打印笔。
2. 使用 3D 打印笔制作小物件。

四、训练步骤

任务 1：认识 3D 打印笔

（一）3D 打印笔的概念

3D 打印笔是一种将 PLA 或 ABS 等原材料加入通电的打印笔，经过高温熔化，将材料进行再塑造，甚至可以自由地在空气中作画，除了原材料不需要其他介质的支撑，并且无须电脑或电脑软件支持，相比 3D 打印更便捷和随意。其设备及使用成本都极低，易于普及使用。3D 打印笔是基于 3D 打印技术，具有 3D 打印功能的笔。

（二）3D 打印笔的结构

图 4-17 所示为一种常用的 3D 打印笔，市场上各种笔外形有所不同，但功能与使用方法却大同小异。

（三）3D 打印笔的使用步骤

（1）将打印笔的电源适配器 AC 端插入 220V 电源插座，另一端 DC 插头插入 3D 打印笔的电源口。

（2）长按打印笔的“出料键”后开机，液晶屏上显示 PLA 或 ABS 的字样，ABS 塑料相当容易打印，无论用什么样的打印笔，都会滑顺地挤出材料，但是由于这种材料具有遇冷收缩的特性，会从加热板上局部脱落、悬空。打印时会产生强烈的气味。PLA 经常会堵塞热端，这是因为 PLA 熔化后容易附着和延展。而 PLA 这种材料几乎不会收缩，即使是开放式的打印机，也能打印巨大的物体，不必担心成品从板子上悬空、歪斜或破损。打印时不会有刺鼻的气味，为生物分解性塑料，既能回收，也会降解，适合制作盒子、礼物、模型和原型的零件。通过位移液晶屏幕上下的按

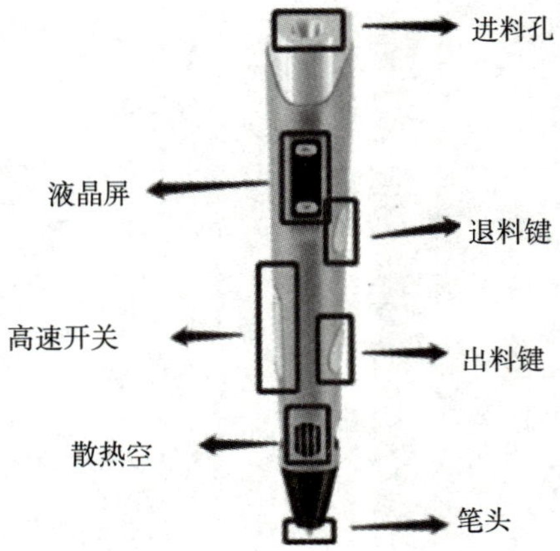

图 4-17　3D 打印笔结构图

钮进行材料选择(如图 4–18)。

(3)选择打印耗材类型后，点按“出料键”，LED 灯点亮，表示 3D 打印笔已经进入预热状态，此时液晶屏幕显示实时加热温度，当 LED 等由红变黄，表示预热结束，3D 打印笔可开始使用。

(4)将耗材插入进料口，装载前保证材料端口平整，长按“出料键”，耗材便由内置马达进行向内输送，待喷嘴端有料吐出，即装载成功(如图 4–19)。

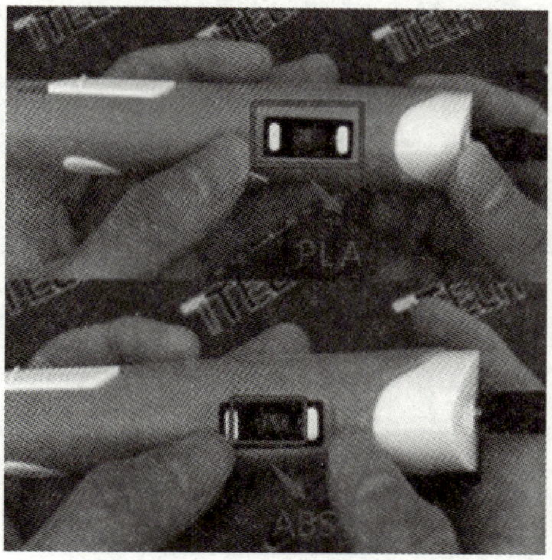

图 4–18　切换材料模式

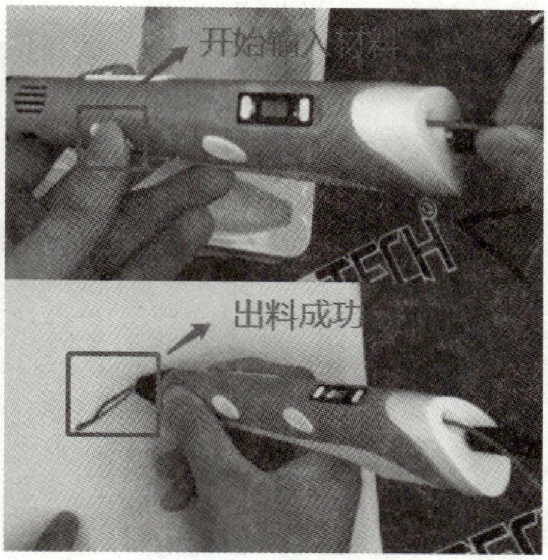

图 4–19　出料

(5)在使用过程中可以进行微调，3D 打印笔有“变速”开关，创作中可以实时调整出料速度(如图 4–20)。

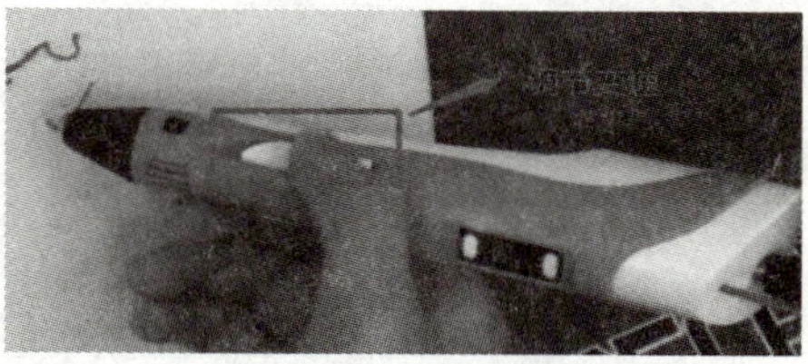
图 4–20　调节出料的速度

(6)当 3D 打印笔停止工作一分钟后，此时液晶屏显示 SLP，表示自动进行了休眠状态，如再次使用，点按“出料键”重新进行预热，预热完成即可工作。

(7)当按下“退料键”约 3 秒，程序自动退料，不同材料更换需要切断电源后，重新选择相应的材料程序即可。

(8)创作完毕，卸载耗材，清理笔头。

任务 2：使用 3D 打印笔制作“摩天轮”

(1)准备好所需要的设备。3D 打印笔、PCL 材料、透明隔板、小木棒、摩天轮的图片等。

(2)确定外框架。将透明隔板放在摩天轮的图片上，根据图片用 3D 打印笔描绘出摩天轮的轮廓(如图 4–21)，即两个相同的圆、两个相同的三角形，要注意圆的半径要小于三角形的高。

图 4–21　3D 打印笔制作的摩天轮

(3)内部填充。首先，用 3D 打印笔在透明隔板上画出两个略大于小棒的圆环，把圆环放在大圆的中心，大圆与小圆环用多条线段连接，完成后，在大圆与小圆环中间再画几个不同颜色的圆形，使之覆盖在刚画好的线条上；其次，将两个完成的圆面从透明隔板上取下，在他们的周围用平行线条连接，色彩缤纷的转盘已经完成了，这时平面图形就组合成了三维的立体图形；最后，填充三角形，把三角形放在透明隔板上，用 3D 打印笔将三角形的腰用平行线或交叉线连接，使摩天轮的底座更坚固。

（4）拼接。将完成后的三角形从透明隔板上取下，竖立，用小木棒穿过圆柱的中心后搭在三角形的顶点上，顶点处也用 3D 打印笔画出材料进行固定，立体的能旋转的摩天轮就完成了。

技能训练 9　教育游戏教学应用案例

一、训练目标

1. 了解教育游戏的基本知识。
2. 学会如何将游戏化教学的方式运用到教学中。

二、操作环境

多媒体计算机。

三、训练任务

1. 学习运用不同游戏类型的教学方式。
2. 学习不同授课环节的游戏方式。

四、训练步骤

任务 1：学习运用不同游戏类型的教学方式

（一）操作性游戏

（1）快速操作性游戏。这类游戏一般用在课前，为了让学生快速地回忆单词、复习旧知识。

游戏一：教师出示已学过的单词图片、卡片。学生一个接一个地快速拼读单词并说出汉语意思，就是课堂上常说的“开火车”。如出示“apple”的图片或词卡，学生快速拼出 a–p–p–l–e apple 苹果。

游戏二：用课件快速闪烁一组五个学过的单词，学生看后快速在本子上写出。然后再逐个呈现一次，对照、改正并说出汉语的意思。

（2）反复性操作性游戏。这类游戏一般是在新学完一组单词后，要通过反复操作来巩固知识。

游戏一：拼接单词。看生词卡片，请学生每人拼出一个单词，说到最后一个字母，这几个学生一起站起来把这个单词读出。

游戏二：拼读游戏。准备正面有单词、背面注有音标的卡片。教师把卡片背在后面，快速出示。如果是正面就大声地读一遍，并用手指在课桌上写一遍。如果是背面就把这个单词拼读出来，并说出汉语意思，可以根据熟练程度逐个增加单词。

（二）趣味性游戏

游戏一：猜猜看。这个游戏不但复习了大量的词汇和句子，为学习新课做了铺垫，而且由于学生急于想知道教师手里的东西究竟是什么，促使其动脑、动口，从而激发了学生的学习兴趣。

游戏二：我来描述你来猜。老师用简单的英语描述一件事物，请学生来猜。这样正好利用了孩子的好奇心，激发学生动脑思考，继续学习。

（三）合作性游戏

1. 展示性合作游戏：以展示学习成果为目的

游戏一：角色表演。教师可以把要掌握的重点句子写在黑板上，引导学生根据这些句子创设情境、揣摩人物。然后在小组内根据具体情况进一步加工，合作表演。合作是把知识转化为能力的环节，是学生最兴奋的时刻，也是训练学生运用英语进行交际的机会。学生此时可以尽情发挥自己的交际能力。教师应抓住这一契机，努力营造英语表演气氛。教师还可以准备一些简单的道具和头饰，让表演更加有趣。

游戏二：作品展示。小组协作完成一些英语小作品，展示给大家看。如在教学四年级时，就可以让学生小组合作定出一张自己理想的并认为合理的英语课程表，还可以让学生根据学过的各种动物及其特点，根据一组熟悉的旋律分组填词配动作，以表演的形式展示给大家，让学生在英语活动中体验到成功的快乐，激发学生自主学习的兴趣。

2. 竞赛性合作游戏：竞赛是学习、练习的一种好形式

游戏一：淘汰游戏。教师在发出指令前可以说"Sam Says"，则学生做此动作，指令前没有"Sam Says"学生，则不做此动作，如教学一年级五官一单元时教师说 Touch Your Nose，而学生做了摸鼻子的动作，便算错了。全班分四组，反应慢或做错的同学被淘汰请回到座位。留下的人最多的小组获胜。

游戏二：单词竞赛。每组发一张标有该组序号的白纸，请学生以小组为单位在五分钟内尽可能多的写出所能想到的单词，然后打乱组互评，要求把你认为对的单词标上汉语意思，一词一分，认为不对的做上标记。最后教师审评，给其他组判分无误的可为自己组赢得五分。分高者胜。这个游戏大大提高了学生自主学习的积极性。很多孩子为了为难其他组或是不被他人为难，学习了很多课外单词。

（四）拓展性游戏

游戏一：Last Letter。学生 1 任意说出一个单词，如 Girl，学生 2 可以接 Letter，学生 3 可以接任何一个以 r 开始的单词，但是不能重复别人说过的单词。在这种游戏中，每个学生的大脑都在进行活动，要么想下一个单词可以接什么，要么考虑别人说的是否重复。课堂气氛十分活跃！

游戏二：Word Association。给一个单词，让学生说出与这个单词有关的内容。如出示 Hotel 这个单词。学生会说出 Five-Star Hotel、Travel、Food、Equipment in the Hotel、Tourist、Waiter、Waitress、Room、Restaurant 等许多单词，这样使得众多的相关单词在学生面前又呈现了一次。

任务 2：学习不同授课环节的游戏方式

（一）导入环节

小学英语教学导入环节中常用的游戏类别有 5 种：词汇类游戏、语音类游戏、角色扮演类游戏、句型类游戏和拼写类游戏。使用这几类游戏，可以提高学生的学习兴趣，帮助他们在学习知识的同时，获得其他领域的进步；同时可以提高学生们的课堂参与度，激发起强烈的学习欲望，强化学生的主体意识，缓解师生紧张的情绪，在师生的配合下完成教学目标。

（二）新授环节

教育游戏在小学语文课堂的应用。

游戏一：以《九色鹿》教学游戏设计为主。九色鹿因为心地善良而救了即将淹死的落水人，落水人许下诺言不将九色鹿的住处泄露出去，他却因为贪恋财富，违背了自己的诺言，受到了国王的重罚。教学《九色鹿》时可以采用角色游戏启发学生，如果你是落水人或者国

王，你会怎么做？通过学生进行角色扮演，调动学生的积极性和主动性，培养学生的独立思考能力。

游戏二：以拼音 ā á ǎ à 的教学游戏设计为例。我们可以设计这样一个故事：喜羊羊有一天突发奇想，想出去看看外面的世界，于是他骑着单车，开始了自己的旅行。首先，看见平坦宽阔的大平原，喜羊羊喊道：（ā ā ā ā 一声）平原宽又平；接着，看见了土坡，大声唱道：（á á á á 二声）就像上山坡；好不容易爬上了坡，又看见了大峡谷，不禁感叹道：（ǎ ǎ ǎ ǎ 三声）就像下坡又上坡；继续向前走，又碰到了向下的斜坡，发现最后又绕回了羊村，大声说道：（à à à à 四声）就像下山坡。最后，教师带领学生唱出儿歌：ā ā ā ā 一声平原宽又平；á á á á 二声就像上山坡；ǎ ǎ ǎ ǎ 三声下坡又上坡；à à à à 四声就像下山坡。

（三）练习环节

（以初中生物《激素调节》第二课时教学设计的练习巩固环节设计为例）

游戏一：抽图判断游戏。两人一组，利用教师自己设计的抽图，Flash 随机抽取人体腺体，向同伴说出腺体类型及分泌物，轮番完成，说错停止。此游戏是围绕“内分泌腺的特点判断内外分泌腺”这个学习目标设计的。学生通过随机抽图，快速判断内外分泌腺，让学生在与同伴的良好互动下，在轻松、愉快、积极的环境下进行学习，促进知识内化，突破难点。

游戏二：小医生日记 Flash 游戏。学生作为实习医生在医院内分泌科实习，患者进来看病，医生要根据患病原因判断疾病，正确加分，限时 1 分钟，按照积分升级，最高等级为医院院长。此游戏是围绕“说出几种激素的主要功能及分泌异常时的表现”这个学习目标设计的。通过游戏中的角色扮演活动，学生可以将琐碎的知识点内化，体会激素在参与生命活动调节中的重要作用，有效突破本节课的重难点。

游戏三：丛林射手。电子书包内置的游戏练习，根据本节课的学情分析设置的五道达标测试题，全部答对者即可通关。教师 ipad 可以及时收到反馈数据，再进行有针对性的指导。利用电子书包平台内置的游戏练习，将达标测试题用游戏情境进行表现，大大提高了教师学生的兴趣和做题体验。同时电子书包平台可以将学生做题数据第一时间反馈给教师，可以快速掌握学生本节课的知识目标达成情况，评价学生的学习效果。

第五章　现代远程教育

内容提要

现代远程教育对于推动教育信息化、深化教学改革和构建终身学习体系具有举足轻重的作用。本章主要介绍什么是远程教育、现代远程教育及其特征，要求学生理解现代远程教育的重要意义，现代远程教育与终身教育的关系及网络课程开发的一般过程。

第一节　远程教育概述

一、远程教育的定义

远程教育也称为远距离教育，是相对于近距离教育而言的，也就是相对于传统的学校教育而言的，从字面上，可以将远程教育理解为非面对面的、有空间距离的教育活动。远程教育是现代教育发展的一种新模式，是信息技术、媒体在教育中运用的另一种典型形式。

广义的远程教育是指通过远程教学或远程学习实现的教育（包括各类学校和其他社会机构组成的教育和社会生活情境中的教育）的总称。包括在师生时空分离或学习者独立自主的各种情境（包括传统学校校园情境和社会生活情境）中，作为方法或手段的技术在教育和学习中的应用。

狭义的远程教育是指通过远程教学或远程学习实现的各类学校和其他机构组织的教育，也可以称为机构远程教育或学校远程教育。“学校远程教育是对教师和学生在时空上相对分离，学生自学为主、教师助学为辅，教与学的行为通过各种教育技术和媒体资源实现联系、交互和整合的各类学校或社会机构组织的教育的总称”。

二、远程教育的发展

远程教育从 19 世纪中叶产生以来，主要经历了以下 3 个阶段。

（一）第一阶段：印刷教材为主要媒体的函授教育

函授教育为远程教育的第一阶段，有人也称之为第一代远程教育，它起源于 19 世纪的英国，是现代教育中最初的远程教育形式。师生之间主要依据函授材料、信件和面授辅导组织教学。

1840 年，英国人伊萨克 · 皮特曼（Issac Peterman）把速记教程通过邮局寄给学生，他被世界教育界公认函授教育的创始人。1849 年，英国伦敦大学首创校外学位制，允许英国和英联邦各国任何高等学校的学生报考伦敦大学的学位课程，并为注册报考者提供函授教学。因此，人们把 1849 年看作世界远程教育的诞生年。

（二）第二阶段：视听媒体为主的广播电视教育

进入20世纪后，随着电子信息技术的发展、视听技术的广泛应用和大众媒体的大规模发展，使幻灯、录音、电话、电影逐步介入教学领域，即广播电视教育。它与函授教育相比，加入了声音和视频图像等新媒体，从而扩大了教育规模，并保留了函授教育的优点。1969年，英国开放大学的创建是第二代远程教育的重要里程碑。之后，各国也相继掀起了兴办远程教育的热潮，中国也在此影响下，经批准成立了中央广播电视大学。

（三）第三阶段：多媒体和网络通信技术为核心媒体的现代远程教育

20世纪90年代以来，随着计算机多媒体和网络技术的发展，现代远程教育得到了跨越式的发展。除传统的媒体外，现代远程教育的通信媒体或传播媒体主要是互联网、多媒体个人电脑、通信软件和教学软件、光盘、电视和使用光缆的有线电视、录音机和录像机、微波通信、数字电话、通信卫星等，允许教师和学生之间同步（实时）或异步（非实时）地以文本、图形、图像、声音和视频等多媒体形式进行交互式教学活动。现代远程教育是将面授、函授和自学等教学形式融为于一体，多种媒体优化、有机组合的教育方式。它继承了传统远程教育的优点，并充分发挥各种教育资源的优势及网络的强大交互功能，为各种社会成员学习提供更加方便、广泛的教育服务。

天网（卫星电视网络）（如图5-1）、地网（互联网）的结合使得现代远程教育体现出了交互性、网络化、实时性、综合性和适应性等特征，从而使学习和教育更具有个性，因此，从某种意义上说，现代远程教育是“网络教育”的同义语。现代信息技术的出现给远程教育带来了极大的变革，更加方便了师生之间的信息传递和交流，还把学校教育的功能和资源延伸到全社会，为构筑终身教育、学习化社会创造了良好的条件。1998年，教育部《面向21世纪教育振兴行动计划》中提到，现代远程教育是随着现代信息技术的发展而产生的一种新型教育方式。它是构筑知识经济时代人们终身学习体系的主要手段。因此，在我国教育界，第三代远程教育被称为“现代远程教育”。

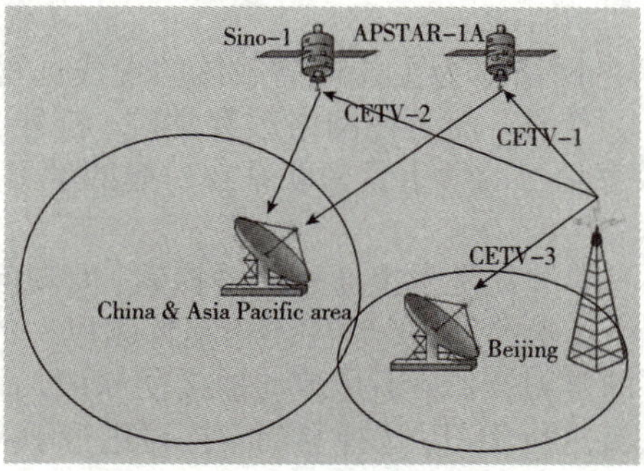

图5-1 天网

第二节 现代远程教育的特征及分类

一、现代远程教育的特征

（一）远程教育的特征

【视频】
网络远程教育

远程教育有这样几个显著的特征：在整个学习期间，师生准永久性地分离；教育机构或组织通过学习材料和支持服务两方面对学生的学习施加影响；

利用各种技术媒体联系师生并承载课程内容；提供双向通信交流；在整个学习期间，准永久性地不设学习集体，学生主要是作为个人在学习，为了社交和教学目的进行必要的会面。世界著名远程教育专家基根在20世纪80年代曾总结了远程教育的5个特征，并以此作为远程教育的一般定义和要素。

（1）教师与学生的地理位置相互分离。

（2）受到某个教育机构的指导和影响。

（3）应用各种通信媒体来传播教育内容。

（4）提供教师与学生的双向通信交流。

（5）对学生的教学很少集体进行，没有或基本没有学习团体。

（二）现代远程教育的主要特征

随着远程教育的发展，信息技术媒体突破了时空的局限，突破了传统教学媒体的局限，调动多媒体手段为教学服务。

现代远程教育的新特征主要体现在以下几个方面。

1. 交互方式的多样性

学生和教师处于时空上的准分离状态是现代远程教育的基本特征之一，现代远程教育有了现代信息技术的支持，教育活动得到了极大的延伸和扩展。学生上课不再受时间的限制，也不再受教室、学校、地域甚至国家的限制。教学活动可以同步进行，也可以异步进行；可以实时进行，也可以非实时进行，彻底打破了传统课堂讲授的单一模式。学生可以自己决定在何时、何地，以何种进度和何种方式，进行什么内容的学习。在现代远程教育中，只有教师和学生、学生和学生在地理位置上的分隔，没有学习上的距离差别。

2. 师生的双向交流性更强

在现代远程教育中，教师通过计算机网络等向学生传送远程教育的多媒体教学信息，充分发挥视频流媒体的优势；学生则可以通过钉钉、QQ、微信、电子邮件等方式向教师提出学习上所遇到的问题，得到来自教师的反馈。

3. 虚拟学习团体

以计算机网络和多种信息网络作为主要传播载体的现代远程教育，使学生在远程学习的过程中，不再是孤单的学习个体，而是使网络教育学院、校外学习中心、现代远程教育、教师及其他参加现代远程教育学习的学生紧密联系在一起的学习共同体。

4. 学习的个性化

学生是学习的主体，学习的过程是学生通过主动探索、发现问题、意义建构的过程。在现代远程教育阶段，由于网络技术的发展，学生不再是依赖单一的学习资源，而是通过多种渠道和途径，获取自己需要的学习资源；不是被动地接受知识，而是主动探究知识、建构知识。学生可以选择与教师交流进行学习，选择与同学探讨进行学习，也可以自己浏览学习资源进行自主学习。总之，学生可以根据个人的需求来选择学习方式，使得学习的个性化更加突出。

5. 教学资源丰富、高度共享

现代远程教育突破了教育教学传播形式的单一性，有利于教育资源的共享，提高了教育的效率。现代远程教育利用各种网络给学习者提供了丰富的信息，实现了各种教育资源的优化和共享，打破了资源的地域和属性特征，以满足学习者自主选择信息的需要，提高了教育资源的使用效率，降低了教学成本。互联网对于现代远程教育来说，不仅是传播载体，更是共享教学资源的所在地，目前，世界各国都很重视把各自优秀的文化成果放在互联网上，现代远程教育机构通过建立网上分布式资源库，向学生提供系统、翔实、优秀的超文本和超媒体学习资料。

二、现代远程教育的分类

（一）远程教育的分类

远程教育是一种新型的教学形式，这种形式随着媒体和社会的发展变化而产生了多种多样的模式。从不同的研究角度出发，可以将远程教育划分成不同的教学模式。

1. 从教学媒体角度划分

从教学媒体角度划分，可分为函授教学模式、无线电广播教学模式、电视教学模式和计算机网络教学模式。

2. 从感觉通道角度划分

按照感觉通道的表现形式，可以将远程教育模式划分为以下 4 类。

阅读型远程教育模式。以印刷媒体为主要信息源的函授学校主要采用该种类型的教育模式。

听觉型远程教育模式。以无线电广播为主要信息源的广播学校主要采用该种类型的教育模式。

视听型远程教育模式。以广播电视、卫星电视和闭路电视为主要信息源的广播电视学校和教育电视台主要采用该种类型的教育模式。

交互型远程教育模式。这是一种以多媒体计算机网络为主要信息源的个别化学习模式。

3. 从办学和管理的角度划分

基更曾经从办学方式和教学管理的角度对远程教育机构的特征进行分析，并在他的《*Foundations od Distance Education* 远程教育基础》（1991 第 2 版）一书中提出了一种远程教育系统的分类方法，他将远程教育系统分为两种不同的大类，即独立的远程教育机构和常规院校中的远程教育部门。

（二）现代远程教育的分类

对于以现代信息网络技术与多媒体为主要技术手段的现代远程教育，人们通常从实现技术、信息传输通道、教学形式、传输时效等角度划分类型，但是这些划分只是相对的。

1. 按实现技术分

通常可以分成以下 4 种类型：利用 WWW 技术的网络教学、窄频带的视频会议系统、宽频带的实时群播系统、交互式视频点播系统（VOD）。

2. 按照信息传输通道划分

通常可以分为以下两类方式："天网"，即利用卫星地面站，通过卫星传输信息，该方式适合实时的单向视频传输；"地网"，即通过互联网或各类专用线路传送信息。

3. 按照教学形式划分

通常可以分为 3 种常见类型：实时群播教学系统、虚拟教室教学系统、课程随选教学系统。

4. 按照信息的传输时效划分

通常可以分为同步传输方式（Synchronous Delivery）和异步传输方式（Asynchronous Delivery）两类。

第三节 现代远程教育与终身学习

现代远程教育，对于推动教育信息化，深化教学改革和构建终身学习体系具有举足轻重的作用。随着信息化时代的来临，终身学习已经被越来越多的人接受，人们也逐渐意识到"活到老，学到老"的更深层次的内涵。

一、终身学习

终身学习（Lifelong Learning）是指社会每个成员为适应社会发展和实现个体发展的需要，贯穿于人的一生的、持续的学习过程。古人云："吾生而有涯，而知也无涯。"当今时代，知识更新的速度大大加快。人们要适应不断发展变化的客观世界，就必须把学习从单纯的求知变为生活的方式，努力做到活到老、学到老，终身学习。"终身教育"这一术语自 1965 年在联合国教科文组织主持召开的成人教育促进国际会议期间，由联合国教科文组织成人教育局局长法国的保罗·朗格朗（Parl Lengrand）正式提出以来，短短数年，已经在世界各国广泛传播。20 世纪 60 年代中期以来，在联合国教科文组织及其他有关国际机构的大力提倡、推广和普及下，1994 年，"首届世界终身学习会议"在罗马隆重举行，终身学习在世界范围内形成共识。

现代远程教育是随着现代信息技术的发展而发生的一种新型教育形式，是构筑知识经济时代的人们终身学习体系的主要手段。现代远程教育成为人们比较理想的再教育的首选形式和接受终身教育的有效手段，但是目前仍然停留在学历教育的阶段，还没有真正转变为提高国民素质的终身教育，还没有真正使现代远程教育由适应经济和社会发展转变为拉动和推动社会经济发展，使其成为知识经济时代国民经济增长的持续增长点和亮点，成为全民素质教育和终身教育的有效途径和重要手段。

二、学习方式的革命

终身学习理念逐渐渗透到人们的日常生活和工作中，在此背景下，新型的学习方式也应运而生。随着科技的进步，学习方式也发生了翻天覆地的变化。下面介绍几种新型方式。

（一）E-learning

E-learning（Electronic Learning 的简称），直译为"电子（化）学习"，也可意译为"数字（化）学习""网络（化）学习"等。其强调的都是数字技术，强调用技术来改造和引导教育，强调要把数字化内容与网络资源结合起来。在网络学习环境中，汇集了大量数据、档案资料、程序、教学软件、兴趣讨论组、新闻组等学习资源，形成了一个高度综合集成的资源库（如图 5-2）。

美国 E-learning 专家罗森伯格认为，E-learning 是利用网络技术传送强化知识和工作绩效的一系列解决方案。他指出 E-learning 要基于三大基本标准：

（1）互联成网，能即时更新、储存、利用、分配和分享教学内容或信息。

（2）利用标准的网络技术，通过电脑传送给终端学员。

（3）注重的是最宏观的学习，是超越传统培训典范的学习解决方案。

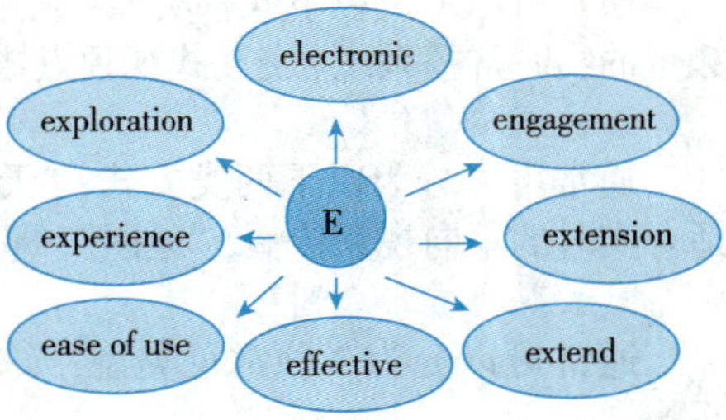

图 5-2　E-learning 的解读

E-learning 并不只是意味着远距离的教育，在线教学同样可以在传统校园教学中发挥重要的作用，同样，在远程网络教育中，一些常规的教学手段与教学方法同样是非常重要的。但是 E-learning 不能完全取代面授学习。

基于新技术和互联网的发展，传统的企业培训方式正面临着各种冲击和挑战，应用 E-learning 进行企业培训，解决了很多培训难题。E-learning 在世界上取得了令人瞩目的成就，如在英国的开放大学、中国的电视大学，都取得了很好的教学效果。E-learning 已经占美国企业教育培训市场的三分之一，达到数百亿美元的市场规模。国内企业培训方面，E-learning 应用较早的行业，包括政府、银行、保险、电信等，虽然也投入了大量的资金、人力，但因为所应用的单位多为国有企业，在实际应用中还存在诸多问题。

E-learning借助先进的通信和网络技术构建了信息化的学习环境，通过多媒体技术表现学习内容，大大增加了学习的趣味性；通过基于网络的自主和协作学习，极大地促进了知识的创造、交流和共享。具体而言，E-learning主要具有以下几方面的特点。

1. 自主性

E-learning环境中，教师、学生、知识内容这些教学的基本要素之间的相互作用关系发生了根本的变化：学生成为E-learning环境下的主动学习者，可以利用E-learning资源进行自主发现性的学习、情境探究性的学习，借助信息技术工具，通过解决具体的问题，进行创新性、实践性的问题解决学习。

2. 体验性

E-learning创设了学习者与计算机模拟的仿真学习情境之间的互动学习环境，促使学习者在真实情境中感悟学习内容，深度体验学习活动。例如，加入诸如虚拟课堂、仿真实验室、虚拟学校、虚拟图书馆、虚拟教学培训系统并开展相应的学习活动。

3. 协作性

E-learning克服了时间和地点对远距离学习者合作学习的限制，具有共同学习兴趣的学习者可以借助网络平台自主结成学习团体或学习社区，通过协作学习、共同研讨，促使共同体成员的隐性知识转化为集体的显性知识，使学习的效率和效果最大化。

（二）M-learning

M-learning（Mobile Learning的简称），通常被翻译成移动学习。它是指在终身学习的思想指导下，利用现代通信终端，如手机、PDA等设备（通常不包括具备无线上网功能的笔记本电脑）进行远程学习（如图5-3）。

M-learning研究领域人数正在迅速增多，还未形成完整的理论体系，经典专著比较稀少，其中比较著名的是爱尔兰教育技术专家“基更”（Desmond Keegan）。他的“From d-learning, to e-learning, to m-learning”一文，得到了众多学者的支持，我国著名远程教育专家丁兴富翻译成中文著作《从远程学习到电子学习再到移动学习》。

图5-3 移动学习

Keegan根据学习的形式与手段的不同，把远程学习分为3个阶段。

（1）D-learning（Distance Learning，远程学习）。一般可以通过邮件、电话进行师生间的联系。

（2）E-learning（Electronic Learning，电子学习）。主要使用卫星电视、视频会议系统、计算机网络等技术。

（3）M-learning（Mobile Learning，移动学习）。这是远程教育的新的发展阶段。特点是可以随时、随地进行自由的学习。它采用的技术是移动通信装备和Blue Tooth，IEEE 802.11等无线通信协议。

M-learning的出现极大地推动移动通信与网络的融合及移动通信与教育的结合，从而能够充分利用教育资源开展随时随地的学习，降低了学习的成本，扩大了学习群体，丰富了学习的时间和空间。具体而言，M-learning主要具有以下几方面的特点。

（1）移动性。M-learning的学习支持设备突破了有线连接所带来的束缚，能够随身携带，有效实现随时随地的网络连接，从而及时便捷地链接最广泛的学习资源并进行浏览、查询和实时交互。在地铁、汽车、机场等任何地方，只要人们想学习又处于空闲，就可以进行学习。

（2）个体性。M-learning 中学生具有高度的自主性，学习者能够自主地支配学习时间，选择学习内容，开展学习活动。和传统学习相比，移动学习使得教和学能够发生在适当的时间和地点，移动学习技术让学习者方便灵活地进入学习。

（3）灵活性。M-learning 方便学习者充分利用零碎的时间片段，灵活自由地进行学习。移动学习的材料存储在互联网上，可以及时更新。移动信息设备可以记录文本、音频和视频信息，能够随时记录学习者的想法并使其电子化。

（三）B-learning

B-learning（Blending Learning 或 Blended Learning 的简称），翻译成混合式学习或结合式学习，即把传统学习方式的优势和 E-learning 的优势结合起来，使二者优势互补，从而获得最佳的学习效果，这是国际教育技术界在教育思想与教学观念上的一次重大提升。B-learning 还强调自主学习与协作学习相结合，使学习方式更加灵活，它将成为网络教育发展的未来，如图 5-4 所示。

北京师范大学何克抗教授认为，"所谓混合式学习就是要把传统学习方式的优势和网络化学习的优势结合起来，也就是说，既要发挥教师引导、启发、监控教学过程的主导作用，又要充分体现学生作为学习过程主体的主动性、积极性与创造性。"

国际教育技术界的共识是，只有将这传统学习与网络化学习结合起来，使二者优势互补，才能获得最佳的学习效果。

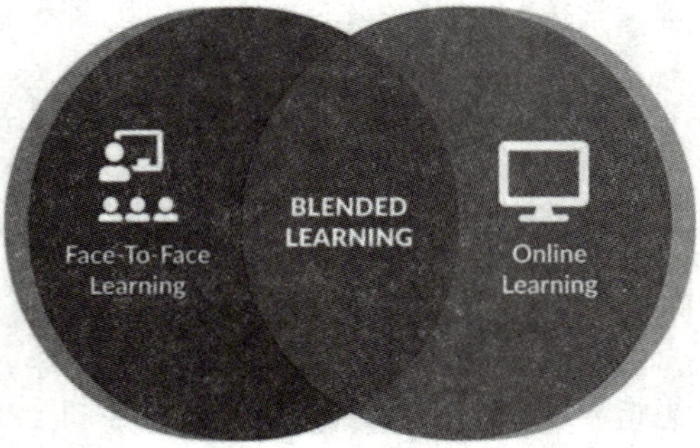

图 5-4　混合式学习

（四）U-Learning

U-Learning 译为泛在学习，又名无缝学习、普适学习、无处不在的学习等，就是指每时每刻的沟通、无处不在的学习，是一种任何人可以在任何地方、任何时刻获取所需的任何信息的方式。就是利用信息技术提供学生一个可以在任何地方、随时、使用手边可以取得的科技工具来进行学习活动的 4A（Anyone，Anytime，Anywhere，Anydevice）学习。

1. 特点

（1）持续性（也称永久性）。学习者能一直保持在学习状态，除非自己取消学习要求，并且学习过程是连续的、无缝的。

（2）可访问性（也称可获取性）。学习者可以访问到的学习资料形式包括文字、图片、视频、音频等任何形式。

（3）直接性（也称及时性）。学习者不管在哪里，都可以直接从服务器或是从对等网络中获取信息，通常是及时的，如点击学习在线视频即可实现即时播放（在网速得以保证的情形下）。

（4）交互性。学习者可以通过同步或异步的方式与其他学习者讨论交流，实现信息交互、学习互动。

（5）主动性。当服务器定位到有用户进入所属区域时，会主动发送服务内容，供用户选择，主动提供服务。

（6）教学行为的场景性。学习可以融入学习者的日常生活中。学习者所遇到的问题或所需的知识可以以自然有效的方式被呈现出来。这会帮助学习者更好地注意问题情境的特点。

2. 优势

就泛在学习的本质特点而言，它是"以人为中心，以学习任务本身为焦点"的学习。

在泛在学习环境下，学习是一种自然或自发的行为。学习者可以积极主动地进行学习。学习者所关注的将是学习任务和目标本身，而不是外围的学习工具或环境因素。

一个优势是具有泛在性。学习者可以在任何地方、任何时间，接入他们所需要的文档、数据和视频等各种学习信息。这些信息的提供是基于学习者自身的需求的，因此，学习是一种自我导向的过程。另一个优势是计算设备便携先进。随着互联网的普及深入，泛在学习将会是普适计算环境下未来的主流学习方式。

这也是无缝学习的方向，很多学习时间就需要短时间、零碎时间来补充以形成终身学习的习惯。

3. 实现

作为一种新型的学习理论体系，泛在学习的实现需要数字化技术环境、数字化学习资源、复合教学模式和灵活学习支持服务等多方面资源的支撑。从学习模式上看，泛在学习包含以下 3 类。

（1）正式的课程学习。正式的课程学习，是指基于学习资源和教师的正式学习，如一个专业课程学习或一个学历教育的课程学习。专业教育机构（教师）要进行课程设置、编制教学大纲、编制泛在学习资源、安排教学活动、进行学习测评，并不断改进整个过程；学习者则要选择学习的课程、明确学习目标、选择学习方式、参加学习活动、参加学习测评并达到测评成绩。尽管教师和学习者的教学活动是处于“准分离”状态，但二者是密不可分的。

（2）非正式资源学习。非正式资源学习，是指完全基于数字化学习资源的非正式学习。一般的学习过程是：学习者依据自我学习需求，查找合适的学习资源，利用学习资源进行学习，如果资源不能满足自己的需要，学习者会重新查找更合适的学习资源。通过学习，学习者可能会在进行思考、分析、总结后，撰写一些心得、体会，甚至编写一些新的资源，提供到资源系统中，形成生成性的共享资源。可利用的资源可以是一段文本、一张图片、一段视频、一个课件，也可能是一门完整的课程资源。学习的目标、行为、过程、效果均由自己决定，不受任何外部因素的制约。

（3）准正式主题学习。准正式主题学习，是指基于学习资源和教师的、介于正式学习和非正式学习之间的一种学习模式，如“在线学习网”。

主题学习的广义概念是指就社会生活或现象的某一方面内容的学习，如某种职业需要的知识、技能的学习，某种体育、文艺、健身爱好的学习等。之所以称之为准正式，原因是对于这类主题学习，一般是由教育或者培训机构依据学习主题的共性需求，设计主题培训项目，创设泛在学习环境，编制泛在学习资源，设计学习过程，并在学习过程中提供教师的指导、辅导。学习者则是要依据自己的需要，查找并选择适合的培训项目，按照教育或者培训机构创设的环境、条件、过程，并利用编制的资源进行学习、交互。准正式主题学习的学习目标、行为、过程、资源等均会受到教育机构的制约，但是，对学习者的学习评价没有严格的、强制性的规范或者规定性，因而称为“准正式”的学习。作为准正式主题学习的典型代表有新东方英语培训、北大青鸟 IT 培训等。

泛在学习（U-learning）是数字学习（E-learning）的延伸，克服了数字学习的缺陷或限制。由于移动通信技术的进步，移动学习（M-Learning）逐渐纳入泛在学习体系。

第四节　网络课程的开发

随着现代远程教育，尤其是网络远程教育的发展，对于推动教育信息化、深化教学改革和构建终身学习体系具有举足轻重的作用。在现代远程教育工程中，网络课程的开发是基础，是网络教学的基本保障，更是目前大力发展网络学院的重要支撑条件。

一、网络课程简介

（一）网络课程定义

我国教育部现代远程教育资源建设委员会在《现代远程教育资源建设技术规范》中对网络课程作了如下定义：网络课程是通过网络来表现的某门学科的教学内容及实施教学活动的总和。

（二）网络课程结构

它包括两个组成部分。

（1）按一定的教学目标、教学策略组织起来的教学内容。网络课程的教学内容以知识点为基本教学单元、教学内容呈现。

（2）网络教学支撑环境，特指支持网络教学的软件工具、教学平台、教学资源以及在网络教学平台上实施的教学活动。

网络教学平台是指支持网络课程教学活动各个环节的网络教学支持系统，为学生和教师在网络环境下完成教学活动的各个环节提供技术支持。软件工具一般集成在教学平台中。

网络课程的教学资源特指与网络课程相关的媒体素材、试题库、多媒体 CAI 课件、试卷、教学案例、文献资料、常见问题解答库、资源目录索引和网络课程等资源。

在网络教学平台上实施的教学活动一般包括实时讲座、实时答疑、分组讨论、布置作业、作业讲评、协作学习、探索式解决问题等。

（三）网络课程与传统课程的差别

网络课程与传统课程有着极大的差别，它的突出优势在于以下 5 个方面。

（1）开放性。学生参与的开放性；网络课程平台的开放性；教学内容的开放性。

（2）交互性。网络课程不仅可以进行人机交互，更重要的是教师与学生之间、学生与学生之间也可以通过网络实现人与人之间的交互。

（3）共享性。网络课程通过链接等多种方式引入丰富的动态学习资源，从而可实现最大范围内的、跨时空的资源共享。

（4）协作性。网络课程可以让教师、学生通过讨论、合作、竞争和角色扮演等多种形式完成一个确定的学习任务。

（5）自主性。自主性是指网络课程以学生自主学习、自主探索为主，这样有助于学生在学习过程中根据自己的需要和实际情况，自主地选择学习内容、学习方式、学习地点和学习时间。

二、网络课程开发平台

Learning Management Systems 和 Course Management System 是目前网络课程开发十分热门的平台，课程管理系统（CMS）和学习管理系统（LMS）的功能不完全相同，学习管理系统（LMS）几乎能够包含课程管理系统（CMS）的全部功能，所以目前网络课程开发平台大都是指学习管理系统（LMS）。下面来对比一下两者的组成要素，看看两者的组成要素和侧重点分别是什么。

【视频】
网课

课程管理系统（CMS）的基本组成要素是：

- 学生注册管理。
- 课程目录与内容管理。
- 教学活动与过程管理。

- 学生学习过程评价与成绩管理。
- 学习社区管理。
- 相关学习工具。
- 跟踪和记录学习历程。
- 管理者使用的汇总管理记录报告。

学习管理系统（LMS）的基本组成要素是：

- 一个中央用户门户，所有用户，管理员和课程创建者可以安全地登录并完成任务。
- 内置了与 Experience API（Tin Can API）兼容的内容管理系统，用于创作内容和添加元素。这部分的功能和 CMS 基本是一样的。
- LMS 培训系统涉及事件管理和计划功能，可指导用户完成特定的学习计划。
- 学习者可以共享以证明其知识的证书、学习徽章和资料。
- 基于用户行为的自动化测试评分和绩效管理系统。
- 远程教师和学生的实时教室和网络研讨会环境，客户演示等。
- 技术和课程开发支持，包括内置的教程和课程计划。

从中我们可以看出，课程管理系统（CMS）主要侧重点是提供课程内容、教学内容和过程以及学生学习过程的管理。而学习管理系统（LMS），在包含课程管理系统（CMS）功能的基础上，其侧重点还囊括了对学习过程的评分、师生交流环境以及学习成果认定的管理。相比课程管理系统（CMS），学习管理系统（LMS）包含了对整个学习过程各个环节的管理，功能更为强大。

尽管它们用于类似目的并且其组成要素也大致相同，但课程管理系统（CMS）和学习管理系统（LMS）还是有一些主要区别。用户可以根据自己的需求去选择使用课程管理系统（CMS）和学习管理系统（LMS）。两者之间的主要区别如下。

（一）学习管理系统提供更大的扩展能力

课程管理系统（CMS）的功能扩展能力几乎不如学习管理系统（LMS）。课程管理系统是学习管理系统的简化版本，所以，如果打算扩展课程管理系统的能力，那么在开发初期就使用学习管理系统是较好的选择。

（二）学习管理系统可以跟踪学习情况

学习管理系统跟踪课程的参与情况并监控学习者，而课程管理系统（CMS）实质上只是简单管理学习者使用的课程资料，对学习过程和进度的监督不够完善。另外，它还提供了有价值的反馈，因此可以根据需要调整和改进课程。

（三）课程管理系统不那么互动

许多组织偏向于使用免费的学习管理系统而不是课程管理系统的主要原因之一是多媒体功能。学习管理系统（LMS）允许您利用视频、图像、PowerPoint 幻灯片、Flash、VR 和其他工具来使课程内容更具吸引力。

（四）学习管理系统提供更多功能和灵活性

在许多方面，课程管理系统（CMS）是电子学习的最简单选择。如果课程需求自定义界面外观、云存储、游戏化、奖励徽章、轻松分级以及其他有用功能之类的选项，那么具有创新性选项和技术的学习管理系统会是更好的选择。

（五）学习管理系统（LMS）可以更好地沟通

课程管理系统（CMS）将提供诸如讨论板之类的交流工具，但大多数学习管理系统都可以集成到当今的社交媒体网络中，并且可以在许多移动平台上访问。

（六）学习管理系统（LMS）的部署和运维更加复杂

学习管理系统（LMS）虽然在功能上比课程管理系统（CMS）更加强大，但是其价格、部署的复杂性和运维成本也会随之提高。课程管理系统（CMS）精简且轻便，学习管理系统（LMS）复杂且庞大，而学校可以结合自身的需求灵活选择。

目前常用的网络课程开发平台如中国大学 MOOC、超星学习通、网易云课堂，该类网络课程开发平台将在下一章作详细介绍。

三、网络课程开发的要求

由于网络课程的课程载体相比传统课堂发生了巨大的变化，从之前的面对面授课变成了依靠网络多媒体作为媒介进行远程授课。为了保证参与网络课程学生的学习效果能够达到和参与面对面课程学生的学习效果同等的程度，再结合网络课程特殊的授课媒介，网络课程的开发要求也会发生相应的变化。

（一）明确的课程导航

利用课程（学习）管理系统（如 Web CT）开展的网络教学课程一般包括八个部分："从这里开始（教学索引）""学习大纲（教学大纲）""学习单元""通信工具""作业""考试""参考资料"及"成绩查看"等部分。这一基本框架简明扼要，为网络学生提供了便利且明确的导航，有利于学生在课程内找到他们所需要的材料及工具，从而顺利开展学习活动。

其中，从这里开始（教学索引）部分尤为重要。索引部分能够让学生清晰、快速地了解本堂课程的结构及学习路径，从而快速进入学习中去。如果索引部分内容不够明确，或者根本就缺失了索引部分的话，会让学生在拿到课程后还需要花费许多时间去明确学习的结构和路径，从而让学生产生挫败感和混乱感，降低后续的学习效果。

（二）吸引学生的注意力

吸引学生的注意力，激发学习兴趣是网络课程特别需要关注的内容。由于网络课程的特殊媒介，在课程引入时就应把学生吸引到要讲的新课上来，否则后续有效的学习过程就很难发生。在网络课程设计中，我们可以用一段简短的视频，或者提出几个有趣并令人深思的问题来吸引学生的注意力，激发他们的好奇心。

学生在网络上非常容易分心，所以在整个课程的过程中，需要在学生注意力容易分散的时间节点，提供吸引学生注意力的内容，保证学生整堂课程的注意力。

（三）先进且适宜的课程媒体

当今的网络课程中，如果课程制作者还是选择以关于文本格式为基础的学习内容，学生学起来会多么枯燥乏味。在这里需要强调的是，先进且适宜的媒体的使用关系到网络教学的质量。

目前网络课程中使用较为广泛的媒体格式，将会由 PPT 向 VR 课件转变。由于 PPT 课件限制了学生的想象与体验，VR 重在强调学习过程的参与性，让学生亲身体验，主动思考，积极学习，进行全真模拟展示和交互，增加了教学的实践性和真实感，丰富了师生对 3D 立体展示和实践性的需求。加上目前的技术和网络的传输速度，大部分上网用户均是 4G、固定宽带、Wi-Fi 或者是 5G，其传输速率和稳定性已经非常可观，使用制作精良的媒体课程已经不是问题。

所以课程开发人员在选择课程媒体时，不仅需要了解课程本身的相关内容，还需要了解最新的媒体技术，这样才能制作出足够优秀的网络课程。

（四）师生之间的顺畅交流

通信工具 / 交流工具是网络教学的心脏。没有交流工具，师生之间无法沟通，同学之间无法协作，也就很难产生有效的学习。在制作网络课程时，需要优先考虑到师生之间的沟通渠道和方法，利用 LMS 和 CMS 提供的各式各样的交流工具，如电子邮件、电子公告板（讨论组）、聊天室、电子白板等，也可以利用目前非常发达的社交媒体如钉钉、微信、QQ 等进行交流。不同的工具适用于不同的交流方式，均有各自的使用场景。

（1）电子公告板（讨论组）是异步的交流工具，也是目前网络教学使用最多的交流工具。学生可以全天 24 小时登录讨论组，阅读同学和老师发表的内容，也可以随时发表自己的见解、观点。教师可以根据教学目标和内容精心设计若干个供学生讨论的题目，发表在电子公告板上不同的讨论组内，让学生在指定的时间内（一般为 1 至 2 周内）发表自己的见解。这种办法有利于学生通过自主与协助的学习方法达到预期的学习目标。

要充分利用好讨论组这一便利的交流工具，课程设计者需要花费更多的时间来设计题目，分配小组及监督讨论组的进行。

（2）聊天室及钉钉、微信、QQ 等社交媒体均是同步的交流工具。

（3）电子白板也是一种同步的交流工具。参与者可以使用绘图工具在白板上画图、上传图片并使用不同的颜色。它有利于教师和学生之间传达那些用纯文本所不能表达的概念、公式等。目前电子白板已经基本集成在社交媒体、聊天室等同步交流工具之中。

四、网络课程的开发步骤

网络课程的开发步骤大致可以划分为两大阶段：前期设计阶段和开发实施阶段，分为 9 个步骤，图 5-5 所示的虚线框中我们可以看成是前期设计阶段，其余部分为开发实施阶段。

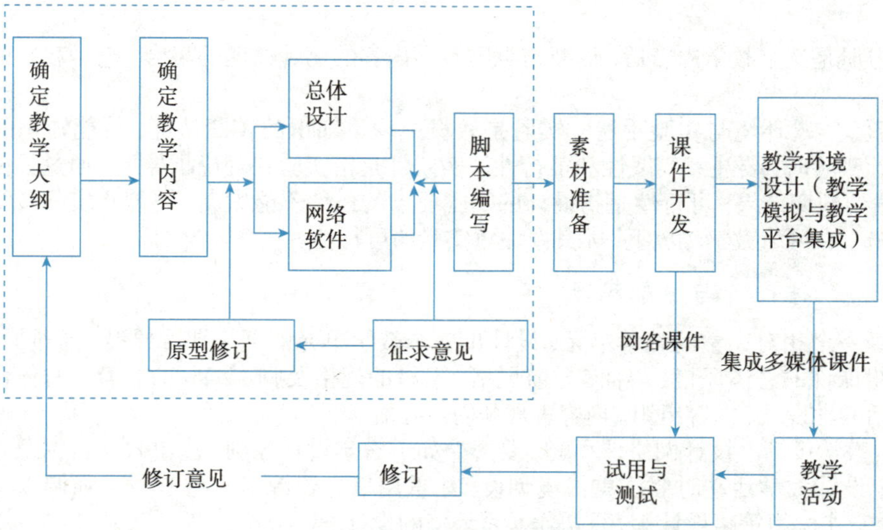

图 5-5　网络课程开发的基本流程

网络课程的具体开发应满足如下基本要求。

（1）网络课程建设要充分体现远程教育的特点，能提高学习者的学习兴趣与自觉性。

（2）网络课程都必须满足在互联网上运行的基本条件，还应具备安全、稳定、可靠、下载快等特点。

（3）网络课程应有完整的文字与制作脚本（电子稿）。

（4）网络课程文字说明中的有关名词、概念、符号、人名、定理、定律和重要知识点都要与相关的背景资料相链接。

（5）对课程中的重要部分，可适当采用图片、配音或动画来强化学习效果，但要避免与教学内容无关的、纯表现式的图片或动画。

下面分别对网络课程开发的关键环节做简要介绍。

前期设计阶段的主要环节如下。

（一）确定教学大纲

教学大纲是以纲要的形式规定出学科的内容、体系和范围，它规定了课程的教学目标和课程的实质性内容，是编写网络课程的直接依据，也是检查网络教学质量的直接尺度。教学大纲一般由说明、正文、实施要求几个部分构成。

（1）说明。扼要介绍本学科的目的和任务，选材的主要依据，以及有关教学与学习的原则性建议。

（2）正文。列出按层次结构自制的知识点条目（一般是编章节目），知识点的简要说明，知识点的教学要求、教学时数、教学活动及其所用时间说明。

（3）实施要求。列出编写教材的参考书目，教学环境要求，教学仪器设备，辅助教学手段、说明等。

（二）确定教学内容

根据教学大纲，编写教材、配套的练习册、实验手册。

教学内容选择时，要选择切合社会实际需求，反映本学科最新发展动态的教材，对于那些已经过时的内容要坚决地删除。教材应能够把一门学科的基本概念、基本原理和基本技能要求提炼出来，形成一个具有逻辑性、系统性的知识体系，使之有利于学生对知识的理解与迁移。

练习册是选定教学内容后，诊断与巩固教学内容的测验试题的集合，它是教材的重要组成部分。

实验、实验环境与实验手册。实验是教材中理论知识的实践认证，技能知识的具体体现。设计实验时，要注意实践性和可行性。实践性是指实验在理论指导下，通过具体的操作步骤，达到预期结果；可行性是指设计的实验要求的条件不能太高，要能在实际教学过程中得到实施。在网络教学环境下，尤其要注意实验的可行性。

（三）总体设计与原型实现

选择一个相对完整的教学单元，设计出一个教学单元的网络课件原型，通过原型设计，确定网络课件的总体风格、界面、导航风格、素材的规格及脚本编写的内容。总体设计部分主要包括教学设计、内容组织、内容表现和内容导航。

（1）教学设计。设计网络课程时，要遵循如下教学设计原则：注重教学目标及教学内容的分析；设计教学活动时要注重情境创设；注重用信息资源来支持“学”；强调以学生为中心，注重自主学习策略设计；注重协作学习环境的设计。

（2）内容组织。课程内容采用模块化的组织方法，模块的划分应具有相对的独立性，基本以知识点或教学单元为依据。

每一个教学单元的内容都有如下几个部分：学习目标、教学内容、练习题、测试题（每一章）、参考的教学资源、课时安排、学习进度和学习方法说明等。在关键知识点上提供多种形式和多层次的学习内容。根据不同的学习层次设置不同的知识单元体系结构。

模块组织结构应具有开放性和可扩充性，课程结构应为动态层次结构，而且要建立起相关知识点间的关联，确保用户在学习或教学过程中可根据需要跳转。

（3）内容表现。内容的表现形式主要有文字说明、背景资料支持、配音阐述、重点过程动画表现、小画面的教师讲授录像播放等。在具体的开发过程中，要注意以下几个方面。

①描述性文字要精炼、准确。

②在画质上，应要求构图合理、美观，画面清晰、稳定，色彩分明、色调悦目，动画、影像播放流畅、具有真实感，图形图像应有足够的清晰度。

③色彩的选择应清晰、明快、简洁，颜色搭配合理。

④构图的基本要求是设计好屏幕的空间关系，使画面新颖简洁、主体突出，具有艺术感染力。

⑤动画的造型要合乎教学内容的要求，比喻和夸张要合理，动作应尽量逼真，动画要尽可能接近事实。

⑥由于动态影像的信息量大，受网络带宽的限制，播放可能会出现停顿现象，这时应适当减小影像的播放窗口，尽可能采用流媒体技术。

⑦在声音质量上，要求解说准确无误，通俗生动，流畅清晰；音响时机恰当，效果逼真，配乐紧扣主题，有利于激发感情，增强记忆。

⑧在内容结构上，同一网页中不宜同时出现过多动态区域。

每门课程的网页应保持统一的风格和操作界面；控制功能、操作方法符合常规习惯。

（4）内容导航。网络课程的信息量很大，没有内容导航，学习者容易迷失方向，无法进行有效的学习，因此有必要对内容导航进行精心的设计。网络课程可以提供的导航方法有：列出课程结构说明、网络课程的文件结构、页面结构、直接导航、浏览历史记录、检索表单、帮助、导航条、演示控制、书签、框架结构等。

（四）脚本编写

脚本描述了学生将要在计算机上看到的细节。例如，用各种媒体展示的教学信息；计算机提出的问题；计算机对学习者各种回答（正确的或错误的）的反馈；在不同的情况下，学生应进行的正确操作等。这个步骤起着承上启下的作用，它既是设计阶段的成果，又是开发和实施阶段的依据。注意：脚本编写不是课本或教案的简单复制，而是网络课件中教学内容和教学方法的体现。它主要分为文字脚本的编写和制作脚本的编写两大部分。

1. 文字脚本的编写

文字脚本是按照教学过程的先后顺序，描述每一个环节教学内容及其呈现方式的一种形式，其主要目的是规划教学软件中知识内容的组织结构，帮助教学软件开发者将所要传授的知识清晰化，并对软件的总体框架有一个明确的认识。

（1）使用对象与使用方式的说明：阐明教学软件的教学对象，软件的教学功能与特点以及软件的适用范围与使用方式。

（2）教学内容与教学目标的描述：阐明教学软件的知识结构，以及组成知识结构的知识单元和知识点，并详细介绍教学的目标和要求。

（3）网络课件的总体结构：根据教学大纲和总体教学目标，确定网络课件的总体体系结构，划分软件的基本组成模块，并确定各模块间的联结与导航关系。

（4）知识单元的教学结构：表述一个知识单元的教学结构，它是文字脚本设计的主体，一般都由多个文字卡片组成，每个卡片一般都有序号、具体的教学内容、教学媒体类型、教学模式、教学内容的呈现方式、教学方法、教学活动以及教学的组织结构等。

2. 制作脚本的编写

制作脚本包含学习者将要在计算机屏幕上看到的细节，例如，用各种媒体展示的教学信息；计算机提出的问题；计算机对学习者各种回答（正确的或错误的）的反馈；在不同情况下，学生应进行的正确操作等。制作脚本一般采用卡片式格式，在卡体部分将这些信息的内容及显示的位置描述出来，同时用相应的符号表示这些信息的类型。在卡体的注释部分，详细地说明卡体中各种信息显示的逻辑关系，即先显示什么内容，后显示什么内容；后来的内容显示时，先前的内容是否还保留；操作信息的作用；等等。

开发和实施阶段的主要环节如下。

（一）素材准备

（1）素材准备。根据脚本的要求，准备所需要的素材，包括文字、图片、声音、动画、视频、案例等，通过课件原型的设计和脚本的编写，可明确素材的规格、数量、种类和具体内容，便于进行批量制作，可大大降低开发的时间与成本。

（2）素材采集。通过扫描仪扫描图形，把准备好的音频和视频素材，通过声卡和视频采集卡，转换为计算机可识别的数据文件。

（3）素材整理。制作好素材后，要根据《现代远程教育资源建设技术规范》对素材进行属性标注，纳入网络课程的素材库中，供学生和教师在学习和教学中参考。

（二）课件开发

（1）集成课程内容。根据脚本的要求和建议，并参考开发的软件原型，利用课件开发工具集成课程内容，形成网络课件。

（2）界面设计和制作。对屏幕上将要显示的信息的布局进行设计，包括主菜单、不同级别的操作按钮、教学信息的显示背景、翻页和清屏方式等。

（3）编写文字材料。完成软件的制作之后，还要编写相应的文字材料，例如，软件的内容适合何种程度的学生使用，软件的使用环境、使用的机型，软件的使用方法及其他的配套使用的文字材料等。

（三）教学环境设计

这里的教学环境设计主要指在统一的教学支持平台下的自主学习资源设计，而不是网络教学软件的设计，教师只需关注如何在网络平台设计具体的学习支持资源，而无须关注具体的程序设计，比如与网络课程学习直接有关的课程简介、课程大纲、课程公告、教师个人信息、设计讨论论题及内容、设计课程疑问及解答、计划在线交谈话题、设计课程资源、设计测验试题等，所有内容直接在统一的网络教学平台界面中录入，或通过标准的TXT或RTF文件提供。平台开发的程序设计交由教育技术学专业人员和程序开发人员来完成。

网上学习强调以学为中心，强调学生的自主学习，在网络课程设计过程中应注意设计大量帮助学生进行自主学习的资源，促进学生的自主思维，促进学生的思维深度，促进学生学习的参与度。在一个典型的网络教学系统中，促进学生自主学习的课程资源有讨论论题、疑问及解答、课程辅助资源、测验试题、自主学习活动等。这些资源都应该在统一的网络教学环境下管理与使用，自主学习资源、自主学习活动设计是网上课程设计与传统基于教科书的课程设计的基本区别之一。

（四）教学活动设计

教学活动是网络课程的核心内容。在一门完整的网络课程中，教师至少需要设计如下教学活动：实时讲座、实时答疑、分组讨论、布置作业、作业讲评、协作学习、探索式解决问题等。因此，在网络课程平台的开发过程中，必须具有支持这些教学活动的系统功能模块。教师在网络课程中从事的教学活动可以用图5-6来表示。

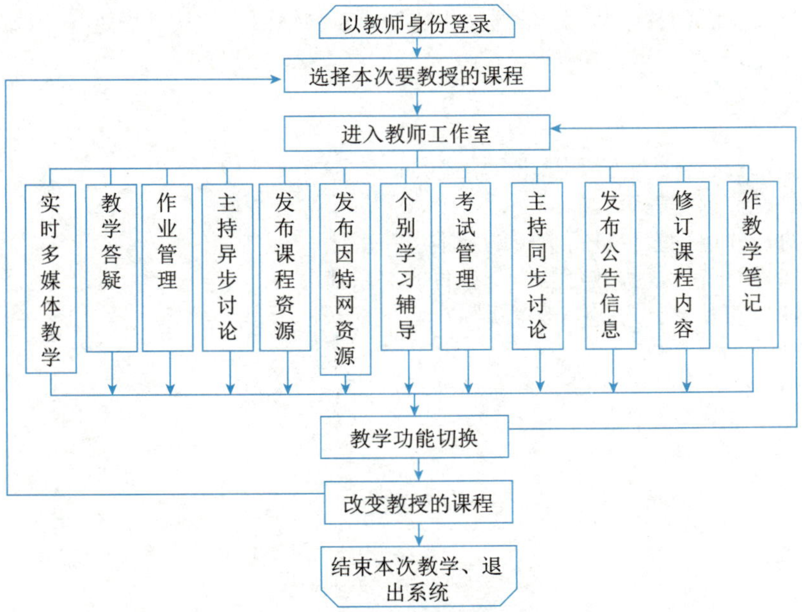

图 5-6　教师在网络课程平台中的教学活动

学生的学习活动同样在网络课程平台上进行，如图 5-7 所示。

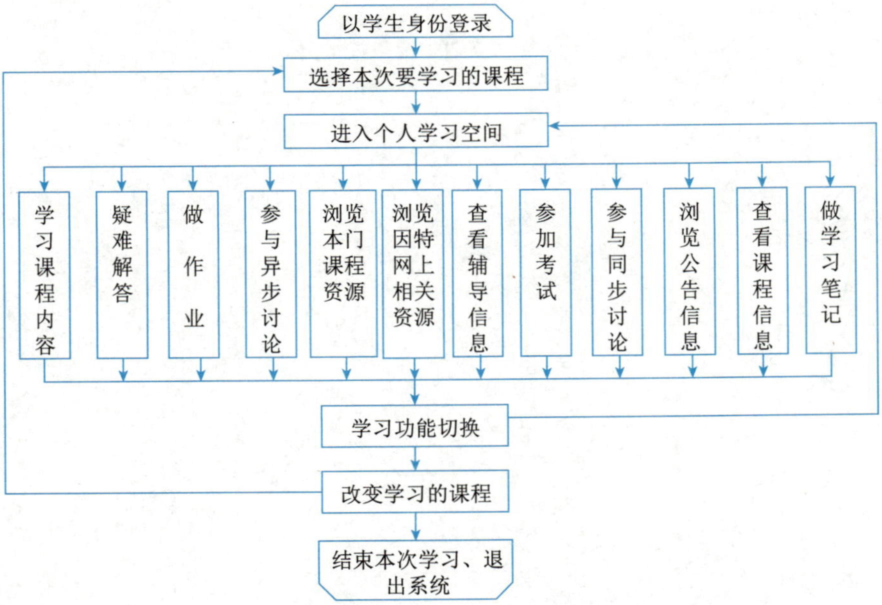

图 5-7　学生在网络课程平台中的学习活动

（五）运行维护与评价

网络课程与传统的课程内容不同，支持它的网络教学环境是动态的、开放的，在网络课程的运行过程中，会产生很多有价值的教学资源，这些教学资源通过相应的管理系统的管理，本身就可以纳入网络课程中并成为网络课程的重要组成部分。

网络课程的设计也不可能一步到位，需要在网络课程的运行过程中，不断收集教师与学生的反馈意见及实际的教学数据，根据这些数据再对网络课程的设计做进一步修订。

思考与练习

1. 什么是远程教育，经历了哪几个阶段？
2. 什么是现代远程教育？
3. 试述对现代远程教育进行分类的基本思路。
4. 你如何理解现代远程教育与终身教育的关系？
5. 网络课程的开发分为哪些基本步骤？

第六章　网络教学平台

内容提要

网络教学平台具有随时随地组织实时课堂教学、多种方式进行师生互动，提高学生学习积极性、利于教师及时掌握学生学习程度等优势。本章主要介绍了同步在线教学平台和异步在线教学平台两大类现代在线教学平台软件系统的基础知识与使用方法。

广义的网络教学平台包括支持网络教学的硬件设施和支持网络教学的软件系统。狭义的网络教学平台是指建立在互联网的基础之上，为网络教学提供全面支持服务的软件系统的总称。

第一节　同步在线教学平台

同步在线教学平台是指在网络教学平台的基础上，以教师和学生同时在线进行授课与学习为特点的一种在线教学系统。随着网络社会的不断发展以及科学技术的进步，近几年同步在线教学平台也得到了飞速发展，接下来本节针对时下比较常用的几款同步在线教学平台进行介绍。主要有：QQ 群课堂；钉钉；腾讯会议；雨课堂。

一、QQ 群课堂

（一）平台介绍

QQ 群课堂是基于 QQ 聊天软件所开发出来的一个在线教学功能平台，教师和学生可以通过此功能随时随地进行在线教学与学习。

（二）注册登录

（1）使用 QQ 群课堂需要用户提前注册一个 QQ 号，用户可以通过百度搜索 QQ 注册进入腾讯 QQ 注册官网，填写相应个人信息后即可完成注册，如图 6–1 所示。

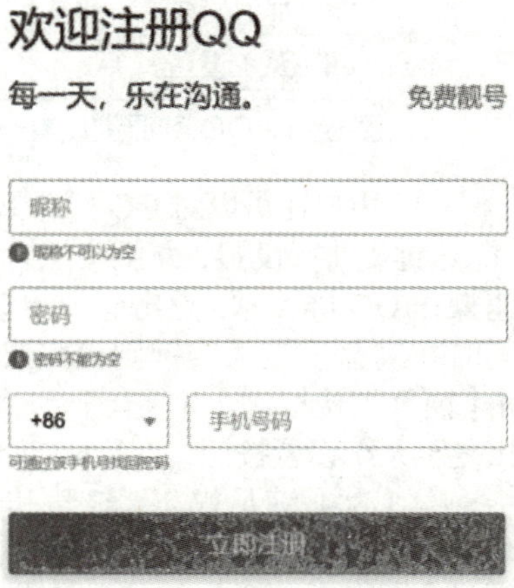

图 6–1　QQ 注册

（2）用户注册完成后首先需要登录 QQ 聊天工具，进入班级群中才可以使用 QQ 群课堂功能，若无相应班级群则需要建立群聊。用户可以在 QQ 聊天工具联系人界面右上角的【+】位置建立新的群聊，由于现在 QQ 群课堂分享需要进行身份验证，完成验证前无法随意分享，所以建立完成 QQ 群后需要将所有需要参加学习直播的成员拉入

QQ 群，如图 6–2 所示。

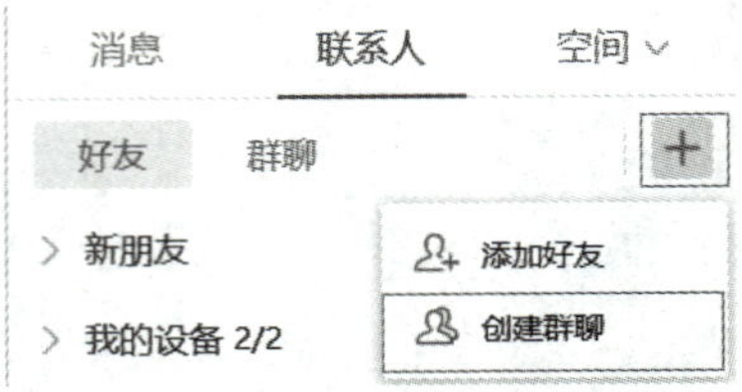

图 6–2　QQ 群课堂建立群聊

（三）功能介绍

（1）用户进入准备授课的 QQ 群后，可选择对应群课堂图标，如图 6–3 所示。正式进入 QQ 群课堂主界面，如图 6–4 所示，若教师在开始上课前勾选了录制课程功能，则系统会自动将课堂视频录制下来，方便用户和群成员后续再次进行观看。

图 6–3　加入 QQ 群课堂

图 6–4　QQ 群课堂主界面

（2）在进行直播授课前，用户应检查电脑设备是否正常，点击直播界面右上角【设置】图标，选择【系统设置】，如图 6–5 所示，即可对麦克风、扬声器、摄像头设备进行选择与设置。此功能主要是以上设备出现故障需要检查或者更改时使用，系统多数情况下默认选择的设备可进行正常使用，如图 6–6 所示。

【视频】
网络教学

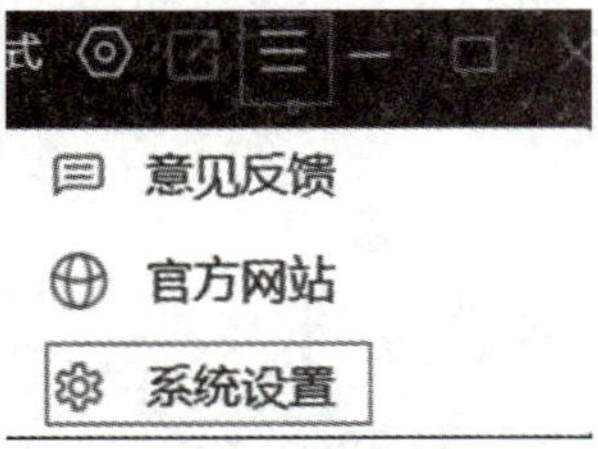

图 6–5　QQ 群课堂设置一

图 6–6　QQ 群课堂设置二

（3）用户还可以对 QQ 群课堂的快捷键（即热键）进行设置，方便按照自身习惯快速操作 QQ 群课堂，点击想要更改的热键，同时在键盘上按下按键则可完成更改。点击【恢复默认按键】将所有个人设置的热键恢复至系统设置按键，如图 6–7 所示。

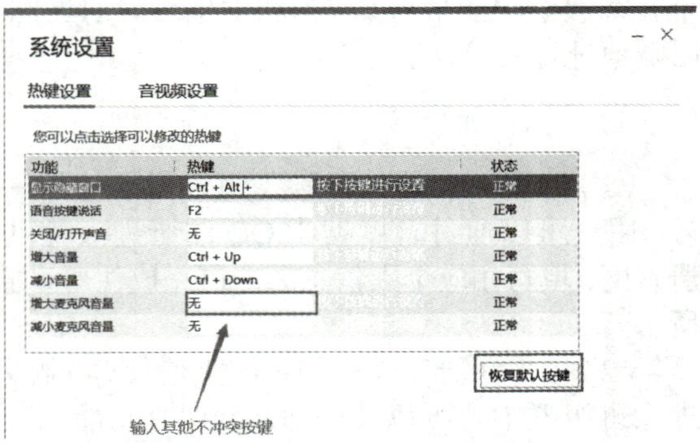

图 6–7　QQ 群课堂热键设置

（4）为了满足娱乐、教学和开会的需求，QQ 群课堂房间模式主要分为 3 种，分别是自由模式、主持模式和麦序模式。其余两种模式通常不用于在线教学，所以本书主要对 QQ 群课堂主持模式进行讲解与使用。

（5）在做好上述准备工作以及选择好合适的房间模式后，用户可正式开始进行主持授课，点击主界面【开始上课】按钮后会跳转至课前调试界面，如图 6–8 所示。用户可自行设置是否打开摄像头，如不打开摄像头，用户还可设置自己想展示的语音背景，选择【添加语音封面】按钮可更换背景图片，设置完成后再次点击【开始上课】即可正式上课。

图 6–8　课前调试

当用户进入开始授课界面后，我们可以看到界面底部有许多功能按钮，接下来我们便对这些按钮逐一进行介绍。如图 6–9 所示，【 】是音量调节按钮，用户可以通过鼠标点击拖动控制音量大小；【 】是摄像头打开 / 关闭按钮，用户可以通过点击此按钮选择随时打开或者关闭摄像头；【 】是分享按钮，点击此按钮后可以选择播放影片、分享屏幕，或者是演示 PPT。播放影片可将事先准备好的视频素材进行选择播放；分享屏幕是将用户所用设备屏幕分享给所有正在观看直播课堂的群成员，群成员可以看到用户实时的操作；演示 PPT 是将 PPT 播放给群员观看。三个功能中通常使用分享屏幕功能，因为此功能也同样可以实现其他两个功能的效果。【 】是打开 / 关闭语音按钮，用户可以通过点击此按钮选择随时打开或者关闭语音设备；【 】是更改直播语音背景图片按钮在上文中已做介绍，此处不再详述；【 】是添加 / 关闭课堂背景音乐按钮，用户通过点击此按钮可以选择无伴奏、播放系统音乐或者 QQ 音乐这三种选项。

图 6–9　功能界面栏

（6）当群成员想要在此课堂授课过程中进行语音发言时需要进行申请，用户将会在发言申请图标处看到群成员的申请，如图 6–10 所示，只有经过课堂主持人即教师同意后，群员方可在课堂上进行发言，此功能一般用于主持人向某位学员进行提问或者是学员有疑问需要解答时使用。同时用户可以在界面右侧在线栏看到本次课堂在线人数与具体成员，便于用户进行课堂点名或者人数统计，如图 6–11 所示。

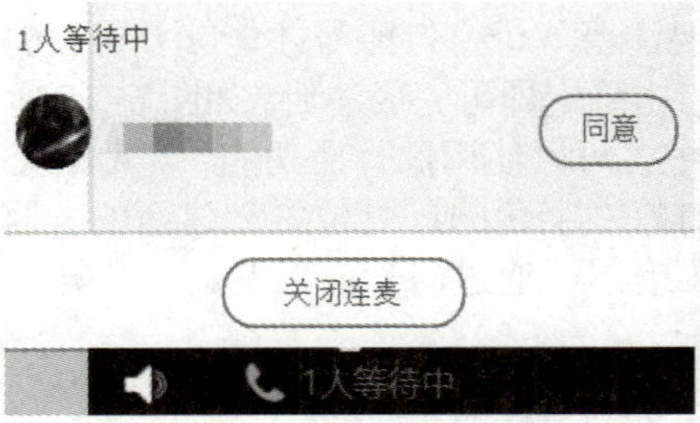

图 6–10　发言申请

图 6–11　在线人数

（7）用户可以在右侧群聊界面输入文字或者是查看群成员所发聊天内容，如图 6–12 所示。当用户需要维持课堂秩序，不允许成员随意发布消息时可以在界面右上角房间模式【设置】按钮进行房间权限设置，可直接屏蔽所有学员的文字发言，如图 6–13 所示。最后当课堂授课完成后，教师可以通过点击【结束课堂】按钮退出本次授课。

（8）当用户完成课堂授课后，用户和群成员还可以点击群聊天界面 QQ 群课堂按钮选择【课程回放】，如图 6–14 所示，此功能实现的前提条件需要用户在开始授课时先选择视频录制功能。

图 6-12　群聊信息

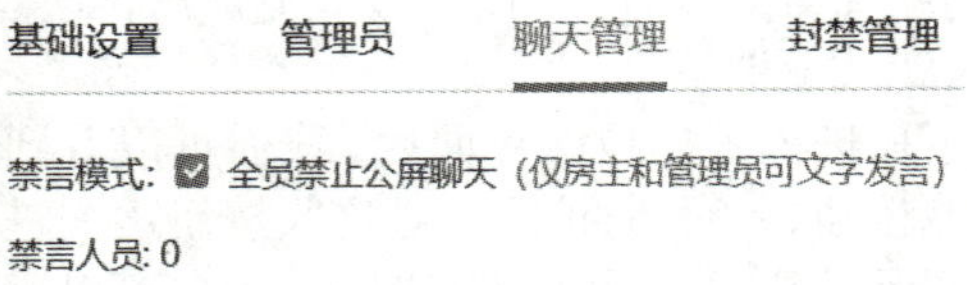

图 6-13　房间权限管理

（四）优缺点分析

QQ 群课堂的优点：操作简单快捷，易于上手，教师如果本次授课内容不过于复杂，那么使用 QQ 群课堂可以很简单地达成目标。

QQ 群课堂的缺点：群课堂分享功能需要进行审核才能够进行分享，在一定程度上保证了直播安全性，同时也加大了限制。其不具有类似课堂黑板之类的功能，教师在使用时缺乏更加方便的实时演示工具。

图 6-14　课程回放

二、钉钉

（一）平台介绍

钉钉是阿里巴巴集团专为中国企业打造的免费沟通和协同的多端平台，本部分主要介绍钉钉的群直播功能。群直播是钉钉针对群使用场景提供的一个新功能，开播和观看都在群内，安全可控、使用便捷，具有一键可开播、多群联播、直播录像可回看、观看数据可统计等特点，适合用于员工培训、各类会议、在线教学等直播场景。

（二）注册登录

（1）用户在钉钉官方网站下载安装完成后，需要注册一个钉钉账号才能够登录钉钉，使用手机号进行短信注册并填写相应个人信息，最后点击确定即可完成注册，如图 6-15 所示。

（2）用户注册完成后需要登录钉钉进入聊天群中才可以使用群直播功能，若无相应聊天群则需要建立群聊。如图 6-16 所示，用户可以在钉钉左上角的【+】位置创建新的群聊，创建完成后用户可以随时邀请群成员，或者可生成群二维码，通过向其他人发送二维码也可以邀请新成员加入。

图 6-15　新用户注册

图 6-16　创建新群聊

（三）功能介绍

（1）在开始直播前，用户应当填写本次直播主题，并且选择对应的直播模式，如图 6-17 所示。因为教师主要以授课为主，所以这里选用屏幕分享模式，本书也主要以此模式为例进行介绍。在选择好直播模式后还可以对其他选项进行设置，例如选择直播保存回放，则直播内容会被自动记录下来方便学员课后继续观看；选择支持连麦，则学员可在直播过程中申请与教师连麦互动；选择打开点赞功能，则成员可以在直播过程中为用户点赞，一般为了维护直播教学的秩序不选择打开点赞功能。所有选项设置完成后点击创建直播可进入直播界面。

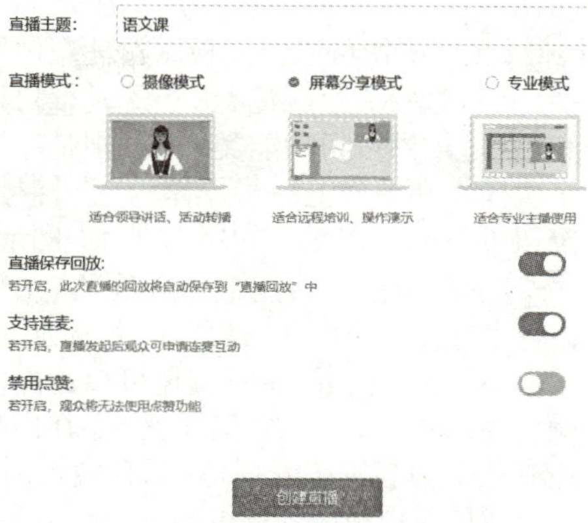

图 6-17　直播设置

（2）进入直播界面后可以在电脑屏幕上方位置看到如图 6-18 所示界面，可以看到现在直播还处于未开始状态，在开始直播前用户可以选择是否露脸，点击【露脸】按钮后系统将会打开摄像头功能，用户在直播过程中可以随时选择露脸或者不露脸，同时用户需要检查电脑麦克风、扬声器等设备是否正常运作；点击【声音设置】按钮，可以选择对应的设备，如图 6-19 所示，若选择的设备输入级别出现绿色波动条说明设备正常使用中，用户还可以拖动【输入音量】以调节直播时的声音大小。最后点击最右侧【开始直播】按钮后，未开始状态将变为直播中【 】，表示现在已经正式开始了直播授课。

图 6-18　直播功能栏

（3）多群联播功能是可以同时向多个群成员进行直播，点击【多群联播】按钮，可根据需要添加其他群，但是添加群数量不宜过多，如图 6-20 所示，此功能方便教师同时向多群布置任务或者教授课程。

图 6-19　声音设置

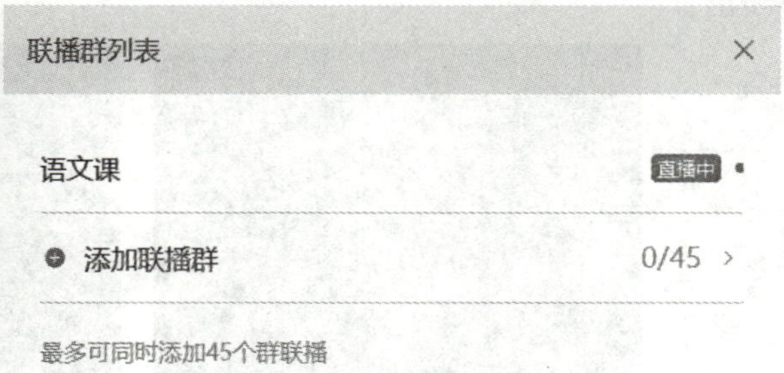

图 6-20　多群联播

（4）点击【白板】按钮将打开系统自带的白板功能，类似教师上课时所使用的黑板，如图 6-21 所示，界面左侧是白板功能选项。点击【 】打开文件夹按钮可以选择打开文件夹中的 PPT、PDF 等多种格式文件直接进行展示；点击【 】指针按钮可以对白板中的对象进行框选操作，选中后即可进行缩放、移动等操作；点击【 】画笔按钮可以选择更换白板画笔的颜色、大小、线条样式等；点击【 】绘制形状按钮可以绘制例如圆形、矩形、椭圆等若干形状，并且同样具有更改绘制图形大小、颜色等功能；点击【】文字按钮可以在白板画布任意位置输入文字，可以选择文字颜色、大小等；【】撤销按钮和【】重做按钮功能类似，分别是撤销一次或多次操作和返回上一步操作；点击【】橡皮擦按钮可以擦除白板上的所有线条、图形与文字；【】工具箱按钮功能主要是激光笔，特点是在白板上标记时不会在白板上留下痕迹，字迹会直接消失；点击【】主题按钮可以选择白板画布颜色为白色、黑色或者墨绿色等；在白板右上方还有几个功能按钮分别是：保存白板内容、授权其他成员对白板内容进行修改、将白板内容发送给好友。

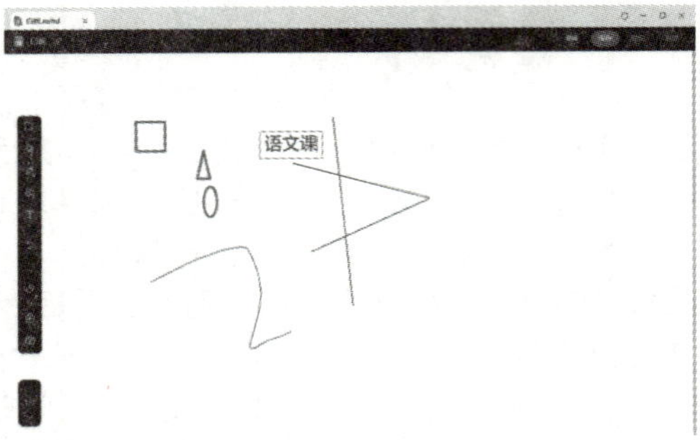

图 6-21　白板功能

（5）点击上方互动面板功能按钮可以唤出互动面板，在互动面板上可以看到用户和群成员所发送的所有互动消息、目前连麦的人员以及观看的人数。用户可以输入问题或者消息，如果没有连麦人员则可以主动邀请连麦，该功能主要用于教师向学生提问或者交流互动，如图 6-22 所示。直播时如果需要成员签到可在消息界面点击签到按钮发起签到，如图 6-23 所示，点击立即发起即可。

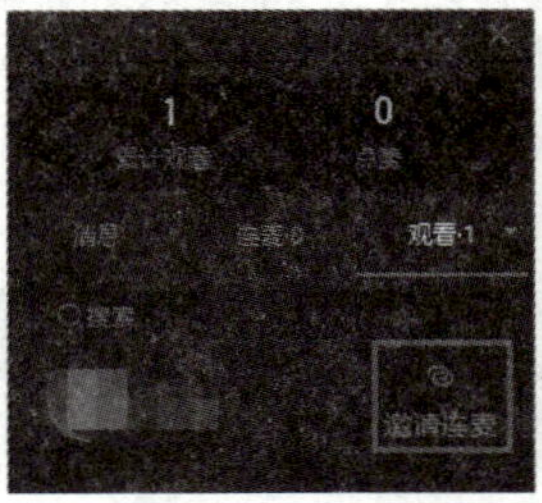

图 6-22　互动邀请

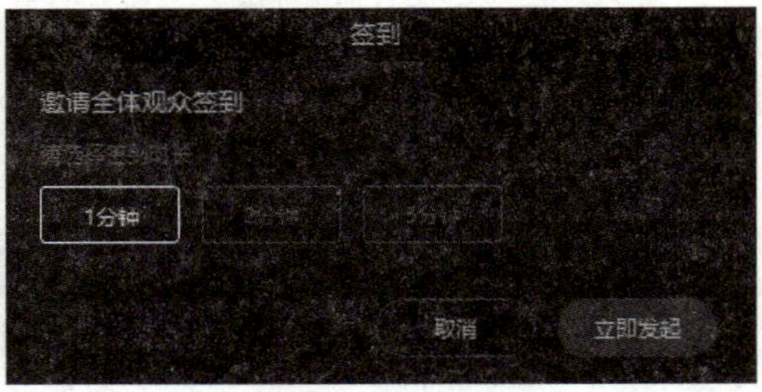

图 6-23　直播签到

（6）当用户在直播过程中需要向所有群成员发起提问时，可以点击互动面板消息界面的【答题卡】按钮，形成答题卡并在对应栏中输入问题和选项等信息，如图 6-24 所示。完成后即可发布给所有学员回答，回答结束后教师会收到所有答案反馈与统计，如图 6-25 所示。答题卡功能以及签到功能除了在互动面板中可以操作，在顶部面板中选择【更多】也可以唤出。

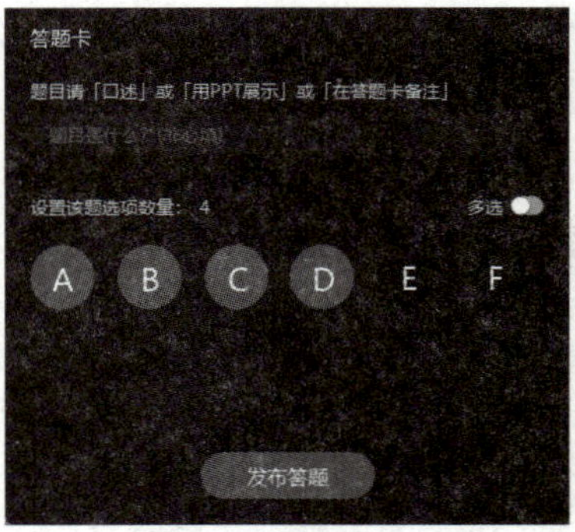

图 6-24　答题卡

图 6-25　答题统计

（7）当教师在顶部面板中选择【退出共享】时，直播课堂将会从屏幕分享直播模式转化为窗口分享直播模式，如图 6-26 所示。在此模式下点击屏幕分享，可再次转化为全屏分享直播模式。

图 6-26　窗口分享直播模式

（8）屏幕分享和窗口分享的区别在于屏幕分享的内容是电脑全屏显示的内容，而窗口分享只会显示用户指定的窗口视图。如图 6-27 所示，电脑目前打开了三个窗口界面，用户应当从中选择所要展示的界面，若要展示多个画面，则可以选择【更多】功能按钮选择【打开多画面功能】。同时在【更多】功能按钮还可以选择为【画面添加图片】或者是【添加视频】等功能。

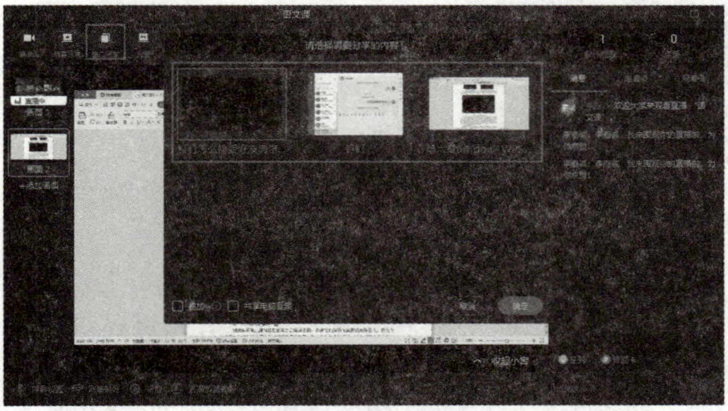
图 6-27　多画面设置

（9）在直播过程中用户如若需要暂时停止直播，则可以点击【暂停按钮】暂停直播。需要注意的是，暂停时间超过十分钟则会自动结束直播，如图 6-28 所示。

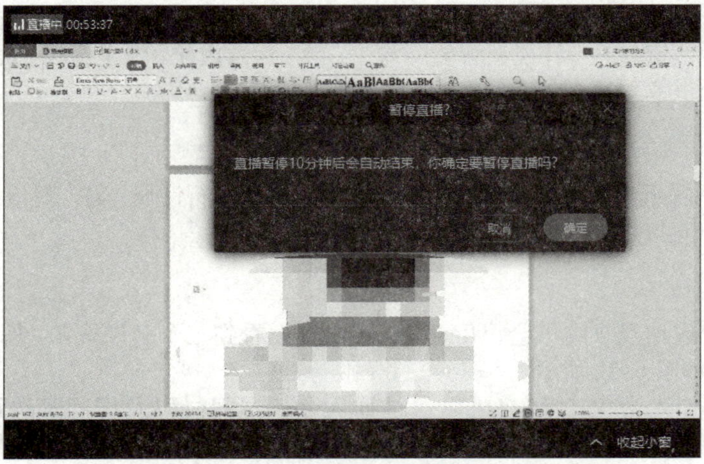

图 6-28　暂停直播

（10）当教师直播授课结束后可直接点击【结束直播】按钮以结束所有直播，并保存视频进行分享等其他操作，如图 6–29 所示。

（11）钉钉软件除了可以进行群直播授课外还具有一个独特的功能——钉盘。用户可以将文件直接存储在钉盘中进行共享。通过点击【钉钉文档】→【钉盘】可进入钉盘。钉盘主要分为企业盘和私人盘，私人盘无须创建可以直接作为个人文件存储工具使用，用户可以将文件文档上传到钉盘。而企业盘需要进行创建才可以使用，如图 6–30 所示。点击【创建团队】按钮后将会跳转至钉钉官网，进行短信验证并且输入网页所要求填写的团队信息后即可完成团队创建。团队创建完成添加团队成员后，所有团队成员可以使用企业盘。钉盘的主要功能是方便用户快捷安全地使用文件与资料，提高团队工作效率。

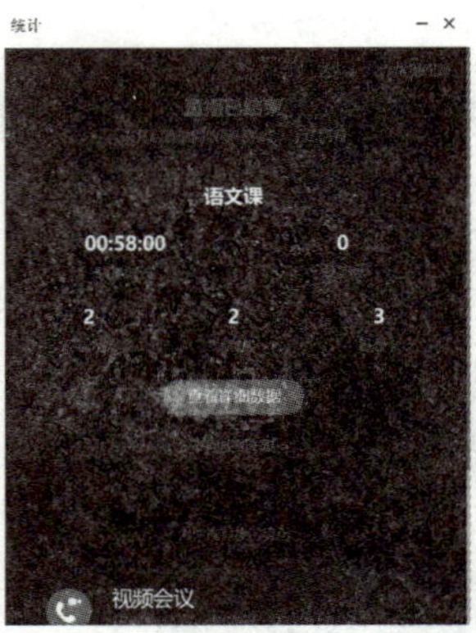

图 6–29　结束直播

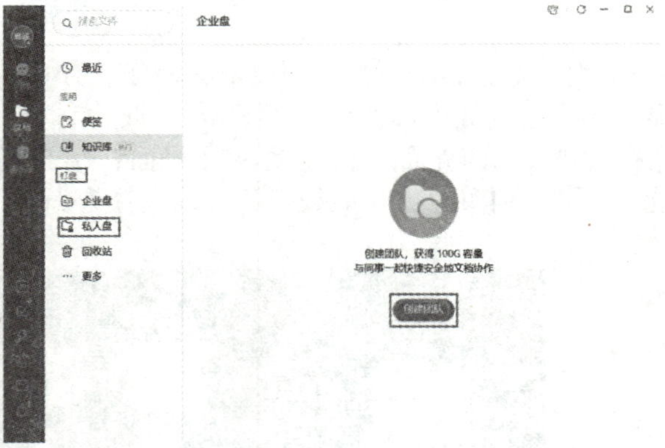

图 6–30　钉盘功能介绍

（四）优缺点分析

钉钉平台的优点：白板功能便于用户在直播时更加生动地讲解，而其独特的钉盘功能更加能够方便班级或者企业进行文件资料等的分享与交流。

钉钉平台的缺点：相比较 QQ 群课堂，操作方面的要求更高，使用难度稍高。

三、腾讯会议

（一）平台介绍

腾讯会议是腾讯云旗下的一款音视频会议产品，于 2019 年 12 月底上线，具有 300 人在线会议、全平台一键接入、音视频智能降噪、美颜、背景虚化、锁定会议、屏幕水印等功能。该软件提供实时共享屏幕、支持在线文档协作等功能。

（二）注册登录

用户在使用腾讯会议平台前需要在腾讯会议官网上进行注册，输入对应的信息并且勾选已阅读协议后可直接完成注册并登录平台，如图 6–31 所示。

（三）功能介绍

（1）当用户成功登录腾讯会议后，可以在主界面看到三个会议按钮：加入会议、快速会议、预定会议，如图 6–32 所示。

（2）点击【加入会议】，用户可以通过输入会议房间号以及房间密码进入会议，如图 6–33 所示，同时可以选择加入会议的同时直接打开摄像头；点击【快速会议】系统平台会快速创建一个会议房间并将用户加入其中，但是除了该用户外不会有其他成员，需要用户主动添加成员，邀请成员加入会议功能将在下文详细介绍；点击【预定会议】则会弹出预定会议界面，用户可以设定会议主题、开始的时间等，如图 6–34 所示，预定完成的会议将会显示在主界面。

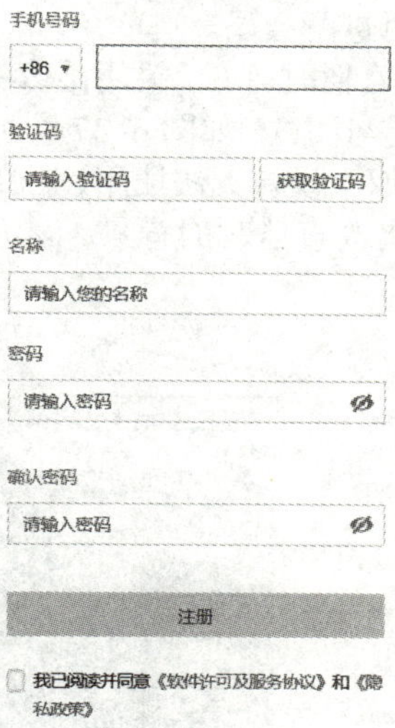

图 6–31　腾讯会议网上注册

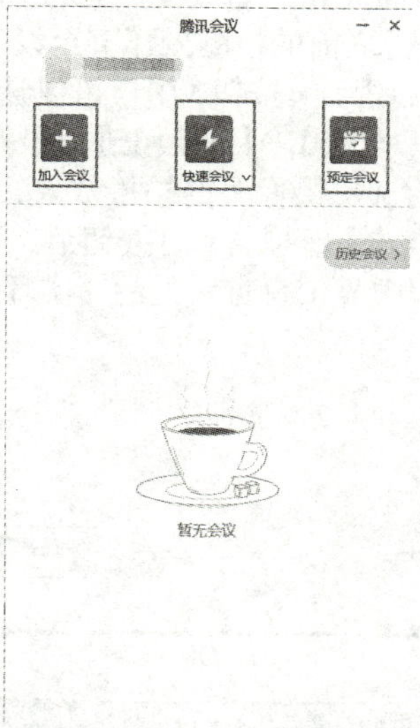

图 6–32　腾讯会议主界面

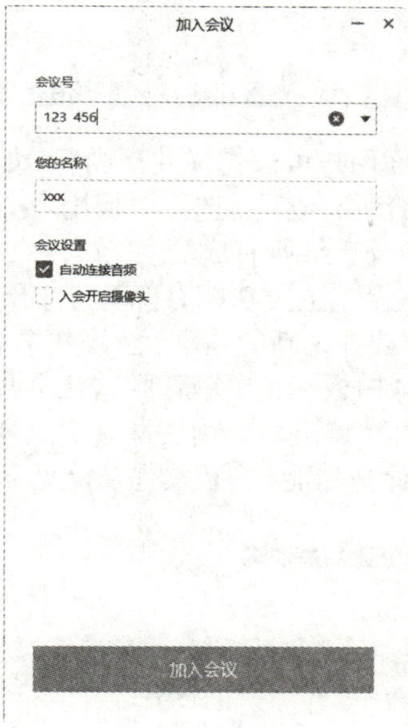

图 6–33　加入会议

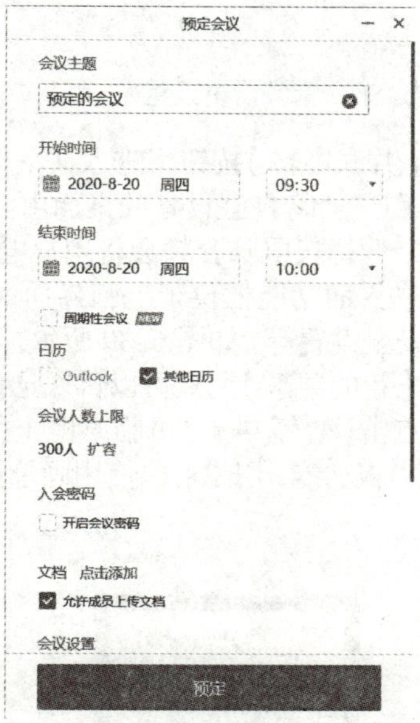

图 6–34　预定会议

（3）用户正式进入会议后，我们可以在会议界面下部看到会议功能栏，如图 6–35 所示。

图 6–35　会议功能栏

（4）点击【解除静音】按钮，用户可以选择在会议直播时打开/关闭麦克风语音，同时用户可以点击【更多】→【设置】→【音频】进行麦克风设备的选择与测试，如图6-36所示，点击检测扬声器麦克风按钮并说话，若扬声器输出等级进度条和麦克风输入等级进度条会随之发生变化则表示设备正常。若设备不正常，用户可以点击系统默认下拉栏选择系统检测到其他设备，并再次进行之前的检测操作直至设备正常后可进行会议。

（5）点击【开启视频】按钮，用户可以选择在会议直播时打开/关闭摄像头，同时用户可以点击【更多】→【设置】→【视频】进行摄像头的选择与测试，如图6-37所示。用户可以在视频画面看到目前选用摄像头的拍摄效果，若目前摄像头设备无法使用，用户可以点击选择设备进行更换。点击【虚拟背景】按钮后，用户可以更改直播时的背景，该功能主要是用户不想直播会议过程中显示自身所处的真实环境时使用。

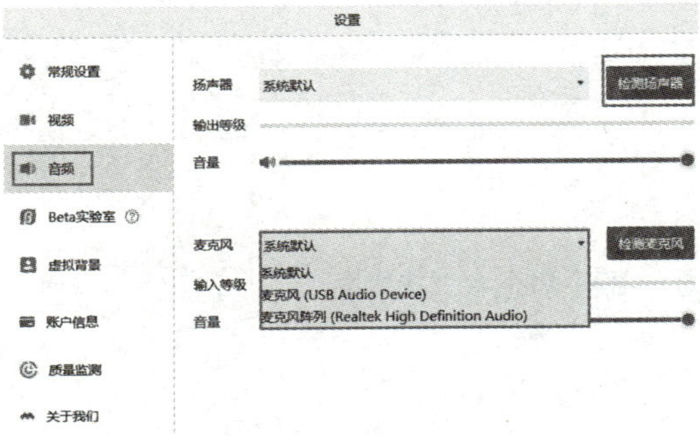

图6-36　音频设备设置

图6-37　视频设备设置

（6）点击【共享屏幕】按钮将进入共享设置界面用户可以选择共享内容，如图6-38所示。选择共享桌面用户会将自己设备的桌面内容共享给所有成员；选择白板用户会将白板内容共享给所有成员；选择仅电脑音频会将用户电脑音频分享给所有成员。

（7）在分享界面功能栏位于电脑界面最上方位置，主要功能有静音/打开麦克风、关闭/打开摄像头、安全设置等，如图6-39所示。这里主要介绍新的共享、暂停共享、开启批注这几个功能。点击【新的共享】用户可以再次选择桌面、白板和仅电脑音频这几个共享选项中的一个进行分享；点击【暂停共享】可临时停止共享，再次点击可继续共享；【开启批注】将会为分享的桌面增加白板功能，用户可以使用画笔标记与涂抹功能，白板具体功能见下文介绍。

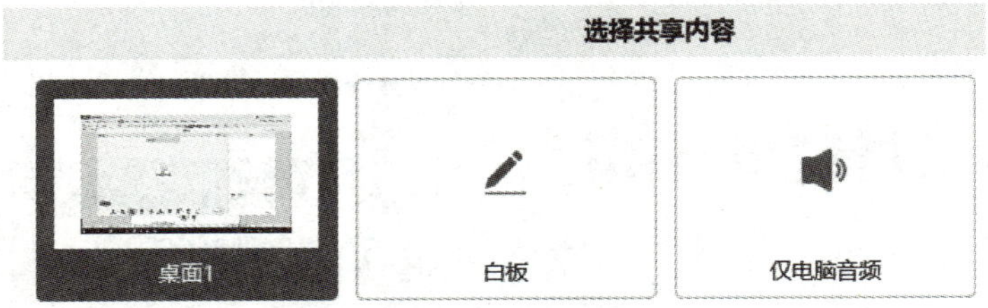

图6-38　共享设备设置

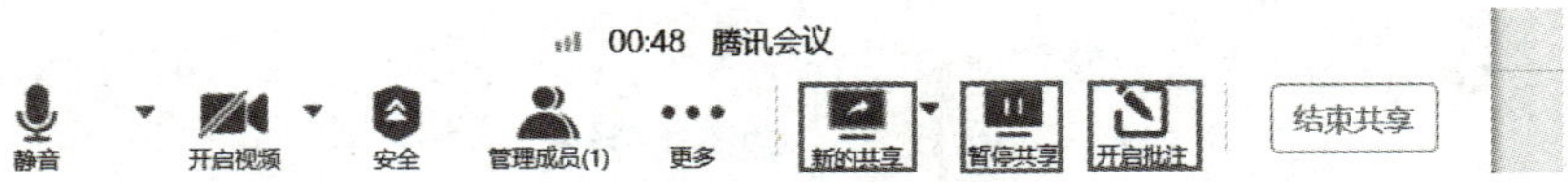

图6-39　音频设备功能栏

接下来我们对白板功能进行介绍，白板功能主要有选择、激光笔、画笔等功能，如图 6–40 所示。

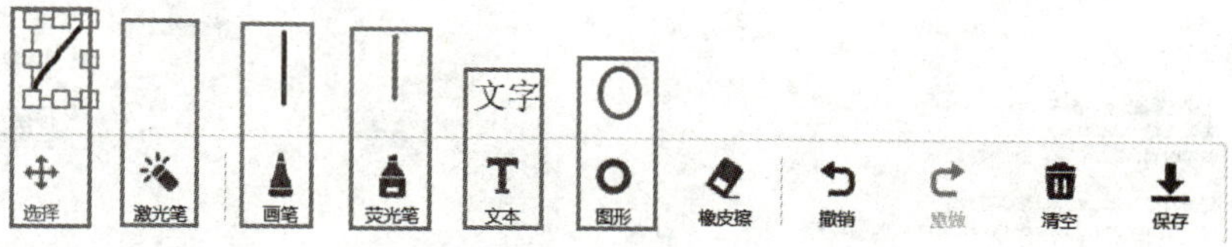

图 6–40　白板功能

选择。点击后可对白板中所画图形或者文字进行框选，进行移动缩放等操作。

激光笔。点击后会显示一个红色光点，激光笔在白板中的操作不会留下痕迹，只会起到提示观看的效果。

画笔。点击后可对画笔粗细、颜色等进行选择，画笔工具主要用于在白板上进行绘画。

荧光笔。荧光笔功能与画笔类似，但是所显示的颜色更加柔和。

文本。点击后可在白板任意位置输入文字，同样也可以选择文字的大小、颜色等。

图形。点击后可以在白板任意位置绘画矩形、圆形等图形，同样也可以选择图形的大小、颜色等。

橡皮擦。选取后点击可擦除相应的文字或图形。

撤销。点击后会返回上一步操作，多次点击将多次返回。

重做。与撤销功能类似，点击会返回上一次撤销操作。

清空。点击后将清空白板所有内容。

保存：点击后会将白板内容保存到本地电脑。

（8）点击【共享屏幕】右侧三角按钮可以进行共享设置，直播主持人可以对会议共享人员进行设置，如图 6–41 所示，可选择全体成员共享或者仅主持人共享。

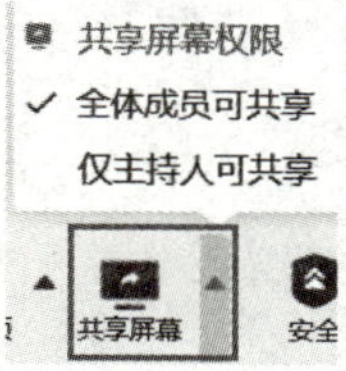

图 6–41　屏幕分享功能

（9）点击【安全】按钮可对直播进行权限设置，如图 6–42 所示。

锁定会议。会议锁定后其他成员将无法再加入会议。

开启等候室。加入会议的成员需要进行等候，主持人同意后方可加入。

隐藏会议号和密码。会议不显示会议号和密码。

参会者权限和录制权限分别是对这两项功能权限的设置。

（10）点击【邀请】按钮后系统将自动生成一条会议邀请信息，再次点击复制邀请后可将会议信息分享至 QQ、微信等软件以邀请其他成员加入会议直播，如图 6–43 所示。

（11）点击【管理成员】后可以对所有群成员进行管理，分别可以进行成员静音 / 解除、全体成员静音 / 解除、改名操作等，如图 6–44 所示。

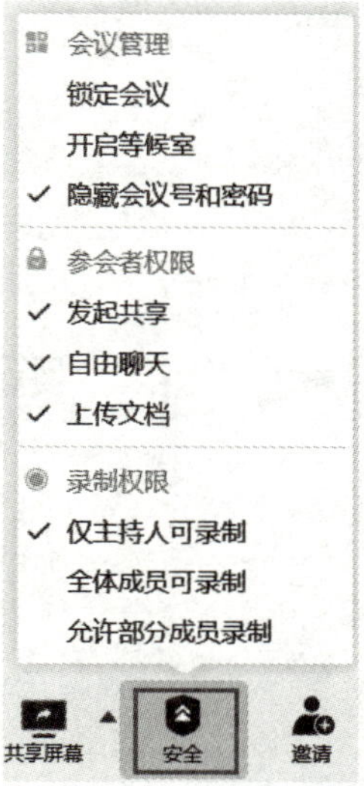

图 6–42　会议直播安全设置

（12）点击【聊天】按钮后可进入会议直播互动面板，所有成员可以在信息栏发送文字信息，同时主持人可以对所有成员的聊天权限进行管理，如图 6–45 所示。

（13）点击【录制】后按钮用户可以对会议直播内容进行录制，点击右边三角主持人可以对会议录制权限进行设置，如图 6–46 所示。

（14）点击【更多】功能按钮可以选择文档选项，从而进行新建文档、表格、导入文档等操作，如图 6–47 所示。

（15）当会议直播结束之后，用户应当点击【结束会议】按钮结束会议。

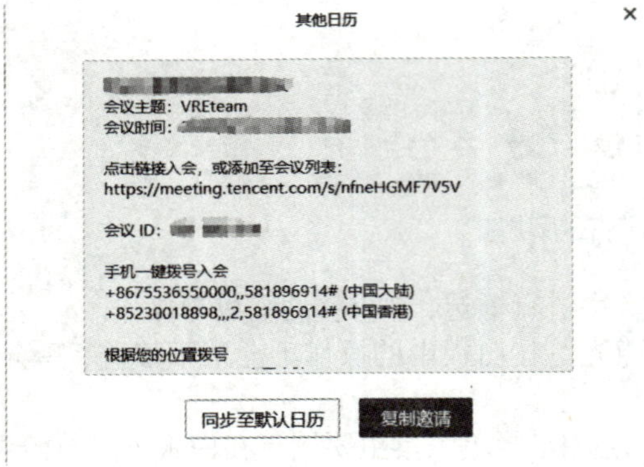

图 6–43　会议邀请

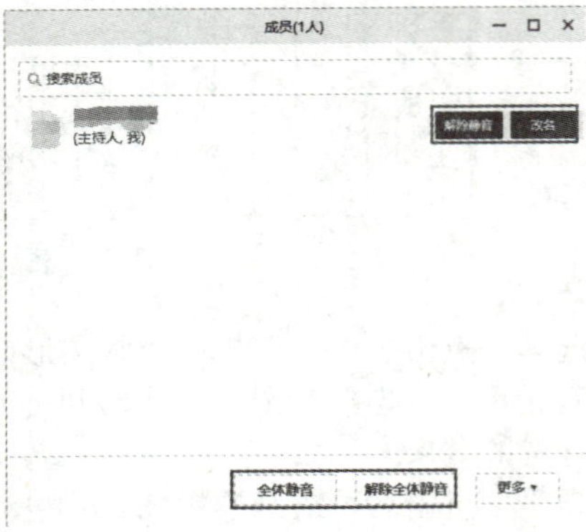

图 6–44　成员管理功能

图 6–45　会议聊天管理

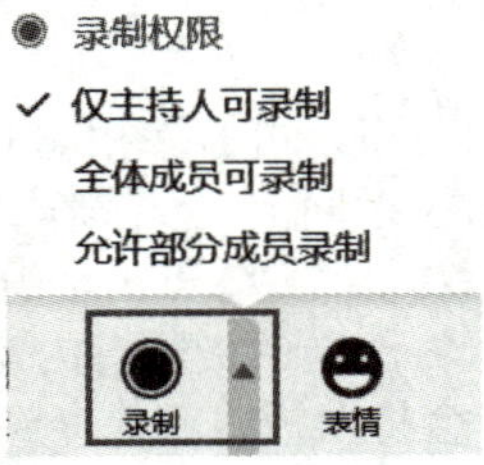

图 6–46　会议录制权限管理

（四）优缺点分析

腾讯会议优点：腾讯会议支持所有会议成员同时打开语音和摄像头进行直播，增加了成员间的互动性，同时功能也十分全面。

腾讯会议缺点：相比较 QQ 群课堂，操作方面的要求更高，上手难度较高。

四、雨课堂

（一）平台介绍

雨课堂（Rain Classroom）由学堂在线与清华大学在线教育办公室共同研发，旨在连接师生的智能终端，将课前—课上—课后的每一个环节都赋予全新的体验，最大限度地释放教与学的能量，推动教学改革。

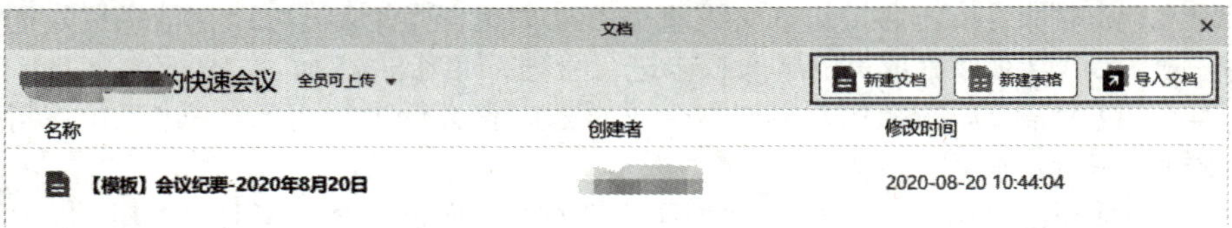

图 6–47　会议文件上传

它将复杂的信息技术手段融入 PowerPoint 和微信，在课外预习与课堂教学间建立沟通桥梁，让课堂互动永不下线。使用雨课堂，教师可以将带有 MOOC 视频、习题、语音的课前预习课件推送到学生手机，师生沟通及时反馈；课堂上实时答题、弹幕互动，为传统课堂教学师生互动提供了完美解决方案。雨课堂科学地覆盖了课前—课上—课后的每一个教学环节，为师生提供完整立体的数据支持、个性化报表、自动任务提醒，让教与学更明了。

（二）下载安装

1. 安装环境

（1）电脑端。

对于操作系统来说，雨课堂插件支持 Windows7 SP1（Windows Service Package 1）或以上版本，MAC 用户，可通过安装 Windows 及 OS X 双系统或虚拟机 Windows 安装使用雨课堂。

对于 PPT 来说，雨课堂支持 Microsoft Office2007、Microsoft Office2010 及以上所有版本，支持 WPS Office 个人版（6929 及以上版本）。

（2）手机端。

手机操作系统：支持安卓 4.4.4 及以上版本或 IOS 8.0 及以上版本。雨课堂是基于微信开发的课堂工具，无须安装 App，只需在微信上关注雨课堂公众号或者添加雨课堂小程序。

2. 下载插件

电脑端登录雨课堂官网（https：//www.yuketang.cn/download）进行插件的下载并进行安装，安装时既可以根据自己使用电脑的网络情况选择安装最新版本的在线安装包和离线安装包，也可以选择安装往期版本。如图 6–48 所示。

如果在公共教室使用雨课堂进行上课，可以选择安装雨课堂预装版本，预装版去除了更新提示，让老师能够更加安心地上课；开启公共电脑优化，每次使用雨课堂时，都会收到确认身份提醒，以此保护老师课件的安全；并且设置了粘贴在教室计算机上的功能提示贴，给老师们温馨提示。

下载完成后即可根据安装提示进行安装，由于雨课堂是内置在 PPT 中的一个小插件，安装完成后，打开 PPT，在顶部菜单栏中即可看到多了一个雨课堂选项卡。如图 6–49 所示。

图 6–48　雨课堂网站首页

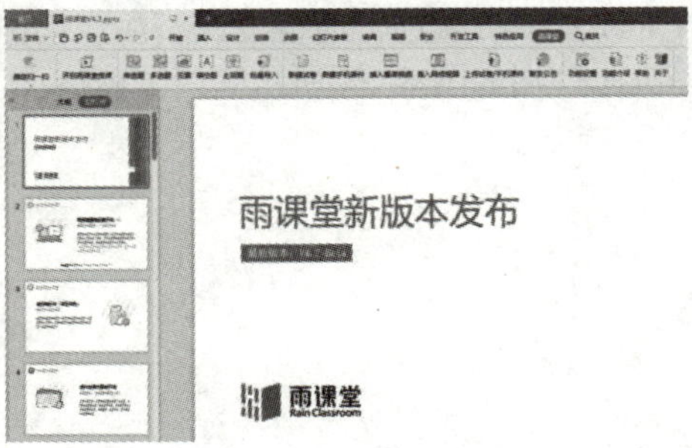

图 6–49　安装成功界面

（三）操作指南

1. 注册登录

手机端搜索“雨课堂”，并关注公众号即可。注意：初次使用的用户需要填写相关信息，如图 6–50 所示。

2. 使用雨课堂授课

（1）选择登录方式。

打开 PPT 后，点击上方的“雨课堂”选项卡，即可进入“雨课堂”插件，点击“微信扫一扫”，选择微信 / 蓝牙登录，再使用微信扫一扫功能来获取验证码进行开课，如图 6–51 所示。

在电脑网络情况不佳或无网络时，可使用“蓝牙登录”的方式，登录成功后，雨课堂使用手机流量进行课件的上传授课，需要保持手机网络通畅，其登录方式如图 6–52 所示。

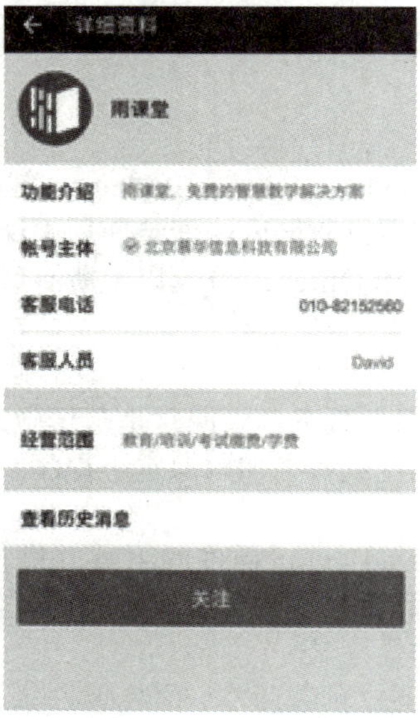

图 6–50　雨课堂公众号首页

图 6–51　扫码开课

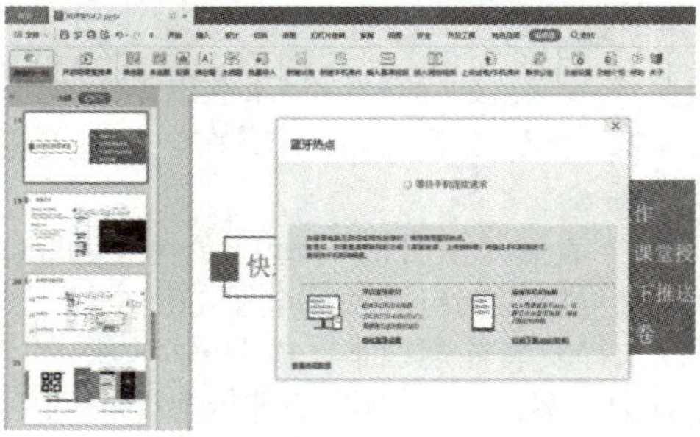

图 6–52　蓝牙登录

（2）创建课程和班级。

登录成功后，需要创建课程和班级，点击上方“开启雨课堂授课”，即可开始根据提示进行创建，填写好课程、班级和标题后即可开启雨课堂进行授课，如图 6–53 所示。

学生可以使用“微信扫一扫”或“课堂暗号”加入雨课堂，此时教师可以使用电脑端切换 PPT 或者手机端进行遥控授课。注意：电脑端退出全屏播放即暂停上课，全屏即可重新开始。手机遥控端如图 6–54 所示。

图 6–53　授课码

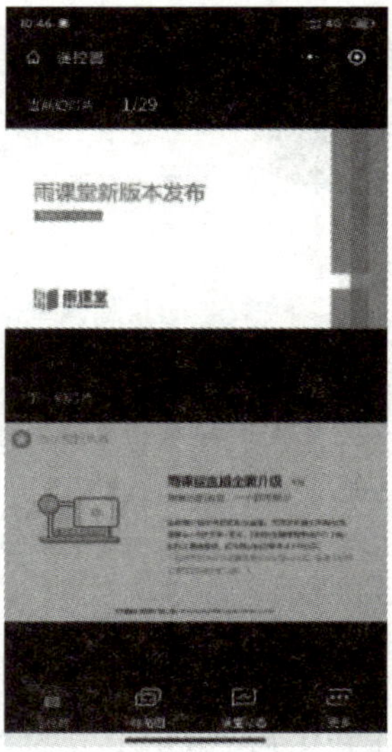

图 6–54　手机端遥控界面

授课流程总结如图 6–55 所示。

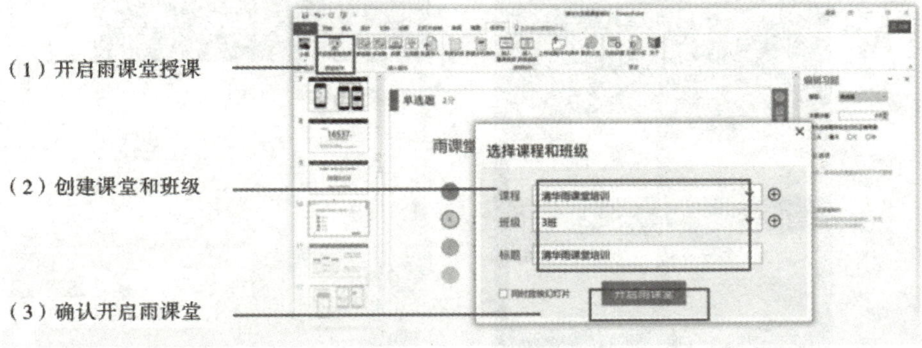

图 6–55　雨课堂授课流程

3. 后台管理

教师在使用雨课堂进行授课时，手机既相当于遥控器，又相当于后台管理器，掌握一定的后台管理知识是必要的。

（1）随机点名。

教师通过雨课堂进入授课后，可通过手机端右下角“更多”调出“随机点名”功能，通过此功能可以提高同学的专注度，活跃课堂气氛。并且 V4.2 版本发布之后，老师可以对随机点名进行小窗操作，点名的同时不再影响学生浏览问题。其功能如图 6–56 所示。

（2）学生视角。

“学生视角”模拟学生加入课堂的情况，教师如果想在课前调试讲课效果、课中时刻监控听课画面，无须准备另一个账号进行测试，从遥控器可以随时转换成学生视角查看，让教师讲课更安心。如图 6–57 所示。

图 6–56　随机点名界面

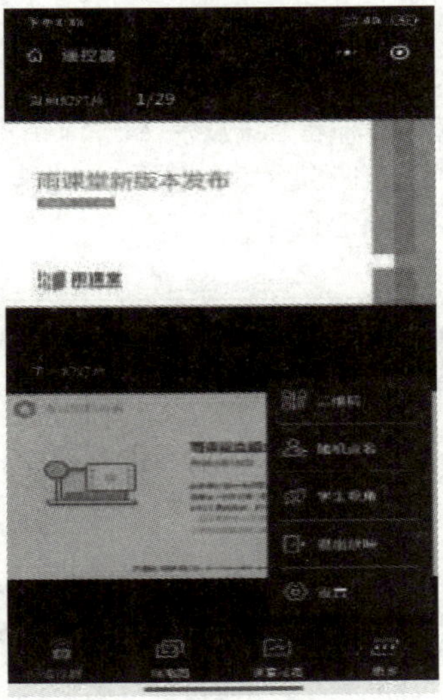

图 6–57　手机端学生视角

（3）PPT 缩略图。

教师进行授课时，可以随时点开 PPT 缩略图，查看切换 PPT，相关习题和学生不懂情况进行反馈。如图 6–58 所示。

（4）课堂动态。

课堂动态可以随时查看当前学生的人数、试卷库、弹幕和分组情况，老师也可在此处进行学生的随机点名。如图 6-59 所示。

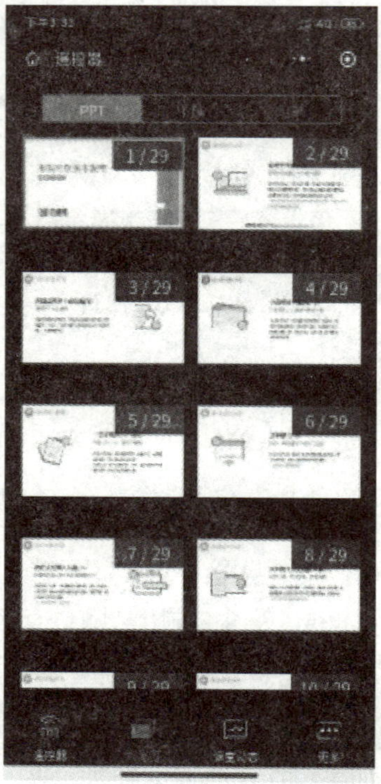

图 6-58　PPT 缩略界面

图 6-59　课堂动态

4. 网页版登录

为方便教师可以随时随地进行授课，雨课堂特开发网页版。网页版可以给学生更好地视频观看体验，同时支持教师教学数据批量导出、群发公告、添加附件等。

网页端为教师提供微观、科学、精准的教学数据，有更多可视化的数据图表、更高效的教师工作台、详细的教学数据导出功能，助力一线教师教学改革探索。图 6-60 为新版本网页版，图 6-61 为旧版本网页版。

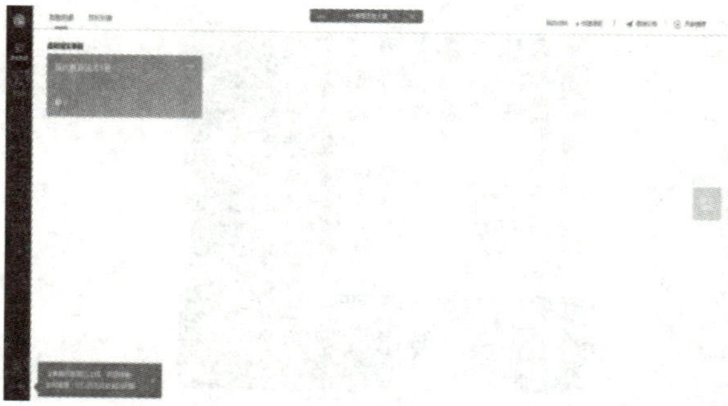

图 6-60　新版网页版

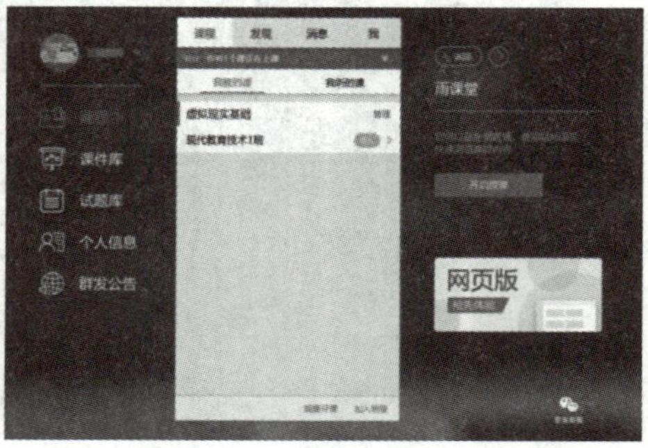

图 6-61　旧版网页版

（四）功能介绍

1. 在 PPT 中插入题目

（1）电脑端。

1）点击所需题型模板。

点击上方选择需要插入的题型模板，雨课堂设计了几种常用的题型模板，分别是“单选题”“多选题”“投票”“填空题”“主观题”，若导入题目过多，可以选择“批量导入”。

2）编辑题干和选项。

以单选题为例，点击“单选题”选项之后，会弹出一张新的选择题题干编辑 PPT，即可编辑你的题目及选项。

3）对题目进行编辑。

为了增加趣味性，方便课后老师检验学生的学习情况，雨课堂还设置了编辑习题的选项卡，老师可以根据题目来设置分值、正确答案、添加选项以及答案解析，且发送题目时可以设置答题时间。其具体步骤如图 6–62 所示。

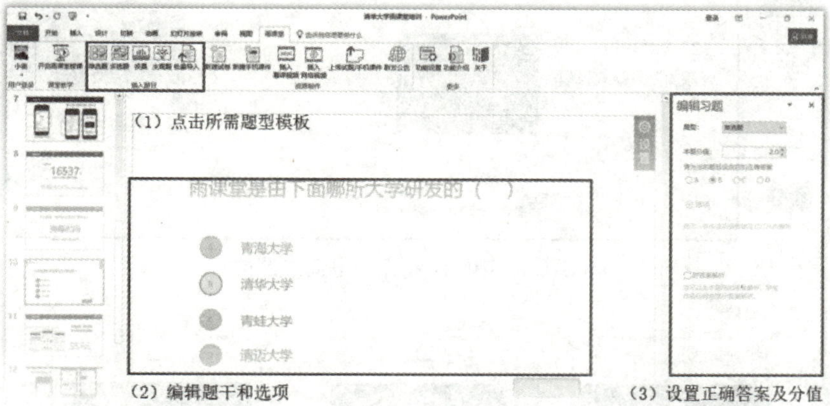

图 6–62　在 PPT 中插入题目

（2）手机端。

电脑端编辑好题目之后，也可以选择手机端发送试题，如图 6–63 所示，且教师发送习题后，手机端可以出现学生答题实况，以便老师能及时检查学生掌握知识的情况。

2. 制作课下追送课件

（1）电脑端。

1）新建手机课件。

需要使用雨课堂创建新的手机课件时，点击上方的“新建手机课件”，即可创建一个新的 PPT 作为手机课件的载体，教师可以根据自己的需要制作课件内容。

2）制作手机课件。

新制作的 PPT 可以根据老师的需要添加内容，添加的内容可以是题目，且题目添加方式与授课 PPT 相同，如果添加的是主观题，则可支持学生上传文字、图片以及音频作答（课堂环节不允许学生上传音频），通过网页版还可上传附件；也可以是一些视频，包括一些慕课视频或者网页视频。如果教师已经做好相关的课件，也可以直接把课件发送到手机端。

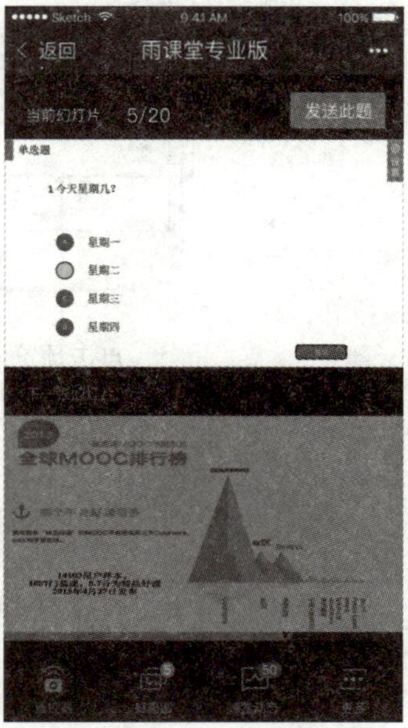

图 6–63　手机端发送题目

3）上传手机课件。

手机课件制作完成后，点击上方“上传试卷 / 手机课件”进行上传，即可将课件同步到手机端的“课件库”或其中指定文件夹。如图 6–64 所示。

（2）手机端。

手机课件上传完成后，将课件保存至“个人课件库”，可从手机上随时调用。此时手机端就会收到PPT同步成功的消息，并支持课件预览。在预览过程中，教师可以根据课件添加相应的语音讲解并进行发布。发布时可以设置“课件名称”“发布时间”“截止时间”“发布班级”后进行确认发送。其具体流程如图6-65所示。

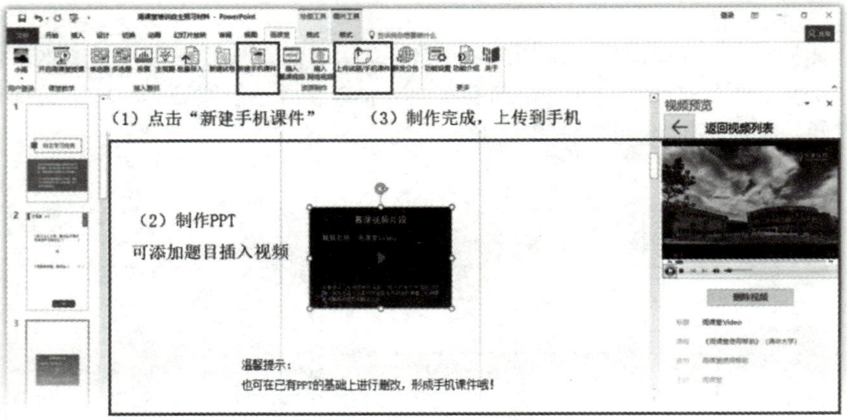

图6-64　电脑端制作课下追送课件

图6-65　手机端制作课下追送课件

3. 制作试卷

老师可以在课后发送试卷进行课后检测，雨课堂也开发了相关的功能。其发送方法大体分为两种。

方法一：点击上方“新建试题”，即可自动新建一个PPT文件，教师即可在其中插入各种试题。

方法二：如果教师要添加的试题过多，或者已经有相关的试题文件，教师可以选择习题批量导入的方法进行导入，即可在导入过程中添加相应的试题文件，选择相应的文件即可新建试卷并进行导入。其添加方式如图6-66所示。

试卷同步到手机后，保存在“个人试题库”中，老师可以直接发送给学生，也可以在课堂授课时从试题库中调取，进行随堂考试。

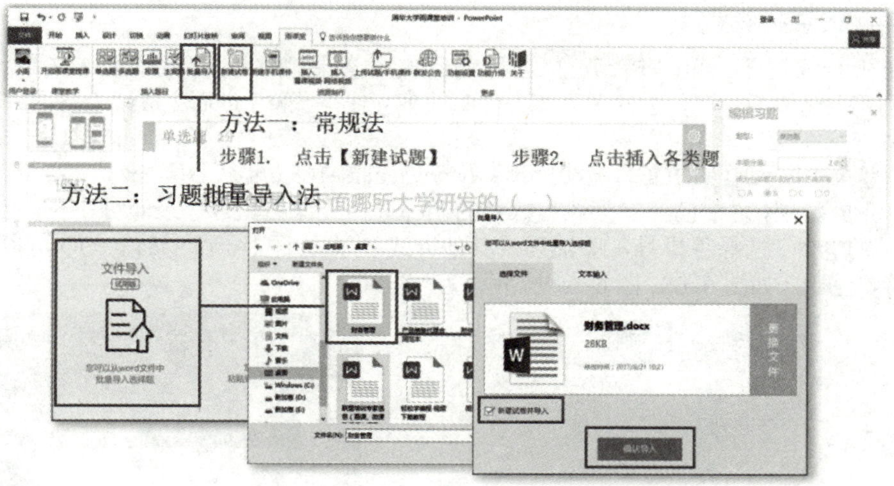

图 6-66　制作试卷

第二节　异步在线教学平台

由于网络技术在教育应用上的优势，以及互联网的不断普及，使得网络教学成为远程教育的重点和发展趋势。而网络教学平台，尤其是异步在线教学平台在全世界范围内得到了重用。因此，有必要明确异步在线教学平台的基本功能和特点，以及了解当前我国先进的异步在线教学平台的基本情况。

一、中国大学 MOOC

（一）平台介绍

【视频】
中国大学 MOOC

中国大学 MOOC 是由网易与高教社携手推出的在线教育平台，承接教育部国家精品开放课程任务，向大众提供中国知名高校的 MOOC 课程。MOOC 是 Massive Open Online Course（大规模在线开放课程）的缩写，是一种任何人都能免费注册使用的在线教育模式。MOOC 有一套类似于线下课程的作业评估体系和考核方式。每门课程定期开课，整个学习过程包括多个环节：观看视频、参与讨论、提交作业、穿插课程的提问和终极考试。

“中国大学 MOOC” 平台的课程由各校教务处统一管理运作，高校指定负责课程的教师，教师制作并发布课程。教师制作一门 MOOC 课程需要涉及课程选题、知识点设计、课程拍摄、录制剪辑等九个环节，课程发布后教师会参与论坛答疑解惑、批改作业等在线辅导，直到课程结束颁发证书。这一系列的工作也意味着对高校提出的三点要求：一是在人力资源方面，高校须动员并组织教师团队积极开展 MOOC 建设工作。从 MOOC 课程的框架搭建、视频录制到在线答疑、批改作业，都要配备足够的人员，尤其是课程上线之后的跟进、辅导和评价等工作。二是在物质资源方面，高校需为教师视频录制、剪辑等工作提供一定的设备和技术指导，以确保课程视频的质量。三是在宣传推广方面，高校须利用教学设备和教学团队建设 MOOC 课程，并在 “中国大学 MOOC” 平台上线。然而高校作为课程建设的主要参与者，通过在 MOOC 平台上不断进行设计和探索，利用中国大学 MOOC 平台也将获得三个显著优势：一是与国内各高校竞争，不断提高学校知名度。二是对无形的教学资源进行整合，有利于提升核心竞争力。三是转变教学模式，创新人才培养机制。MOOC 平台可以作为传统教学模式的辅助手段、助力高校的日常教学工作，使人才培养机制更加完善。

（二）教学功能

线下混合式授课、线上查看汇总数据，教师应用慕课堂的操作流程如图 6–67 所示。教师可以利用慕课堂教学工具创建关联线上课堂或独立线下课堂，进而完成线上备课。

1. 教师注册及认证

（1）登录中国大学 MOOC 平台（https：//www.icourse163.org）。

（2）完成登录，之前已经有爱课程账号的老师选择爱课程账号登录即可，还未有爱课程账号登录的老师，选择手机号 + 验证码或其他方式登录。手机号码、微信、QQ 可以直接登录，不需要注册。如图 6–68、图 6–69 所示。

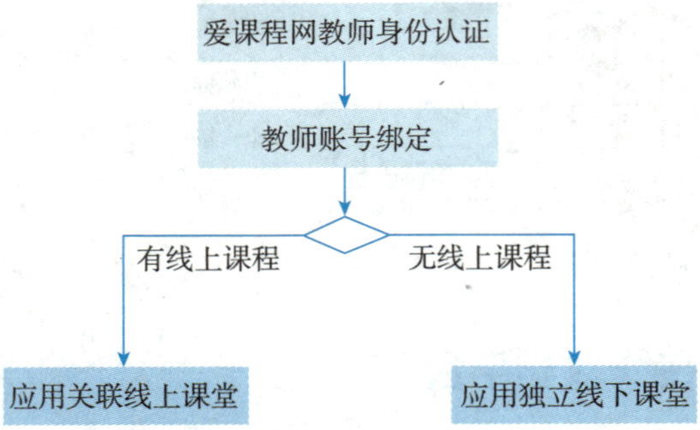

图 6–67　慕课堂操作流程

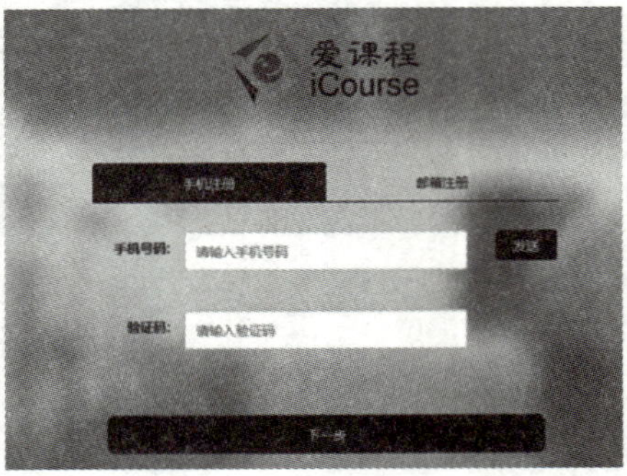

图 6–68　爱课程注册

图 6–69　爱课程登录

2. 账号绑定

建议教师在使用慕课堂教学工具前，先在中国大学 MOOC 的电脑端个人设置中，将教师账号绑定微信和手机号，方便在慕课堂中使用微信一键登录。如果您注册过中国大学 MOOC，绑定已有的账号，可以实现同步（之前已经在中国大学 MOOC 平台注册学习过或上传过资料的老师，请选择绑定已有账号）。

教师用爱课程账号登录中国大学 MOOC 的电脑端，通过点击右上角，进入个人设置，绑定微信和手机号，如图 6–70、图 6–71 所示。

提示：如未将教师账号和微信账号提前绑定，则用微信登录慕课堂时，该微信账号为普通账号，不具备教师上课权限。如果出现“绑定失败”的提示，则教师必须通过“爱课程”方式登录慕课堂微信小程序。

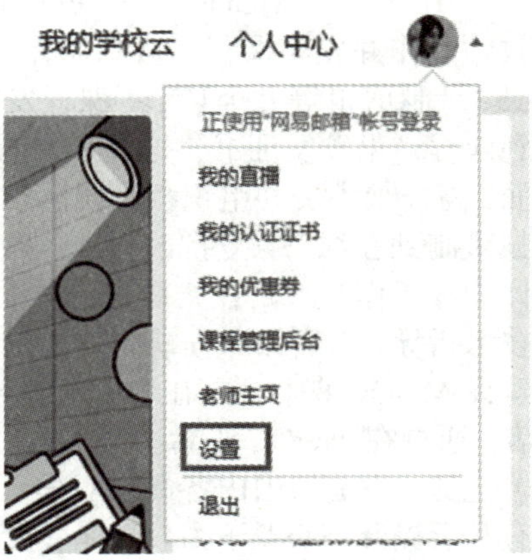

图 6–70　个人设置

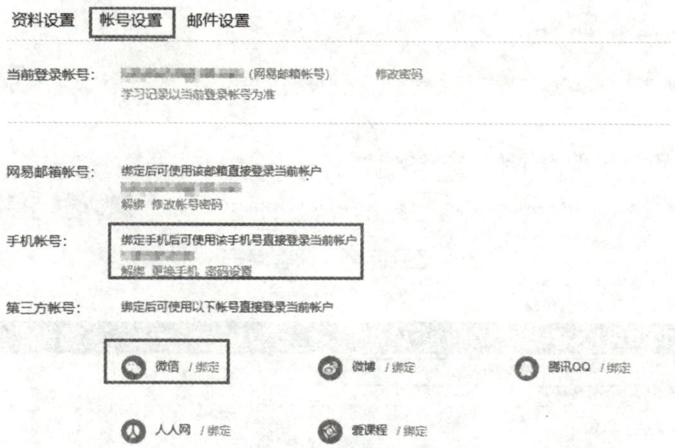

图 6–71 账号绑定

3. 校管理员为老师增加教师权限

老师将昵称、真实姓名、身份证号等信息保存发送给管理员进行授权。如图 6–72（1），图 6–72（2）所示。

授权后（有课程管理后台即已经授权成功）。鼠标移动到右上角小头像上，点击课程管理后台。如图 6–73 所示。

4. 课堂的创建与管理

（1）创建课堂。

1）通过电脑端后台创建课堂。

线上课程的课程团队中的教师（不可以是助教），通过课程管理后台，进入自己管理的 MOOC 或 SPOC 课程（确认该课程是正在进行中的），如图 6–74 所示。

点击上方导航的【慕课堂管理】进入慕课堂管理界面，如图 6–75 所示。

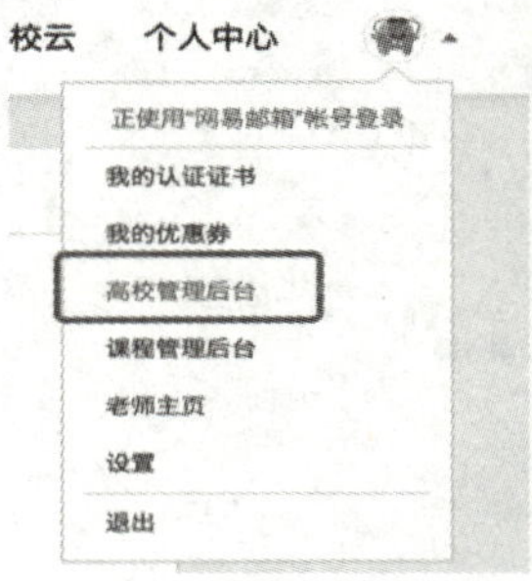

图 6–72（1） 教师权限

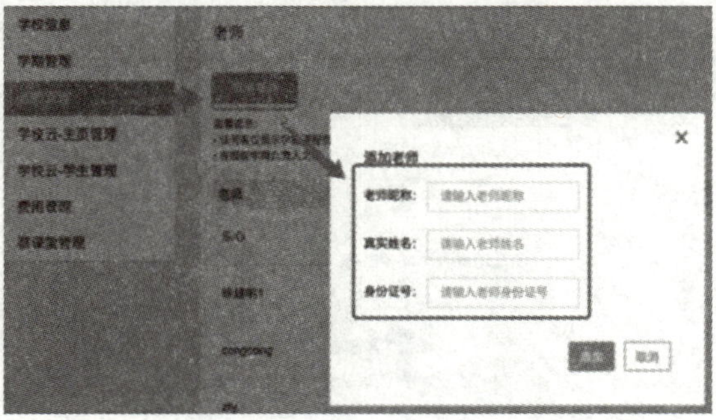

图 6–72（2） 教师权限

图 6–73 课程管理后台

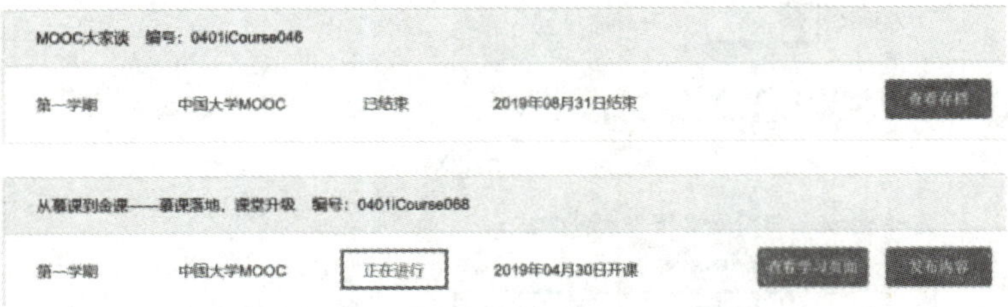

图 6–74 课程管理

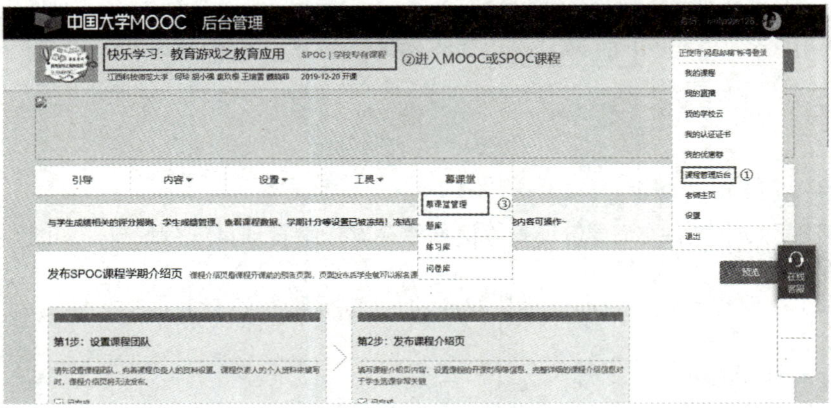

图 6–75 慕课堂管理界面

点击【＋创建课堂】，输入课堂名称、上课时间等，点击【保存】，课堂创建成功，并且系统会分配六位字符的课堂码，学生可以通过小程序工具输入课堂码加入课堂，也可以通过扫描课堂二维码加入课堂，如图 6–76，图 6–77 所示。

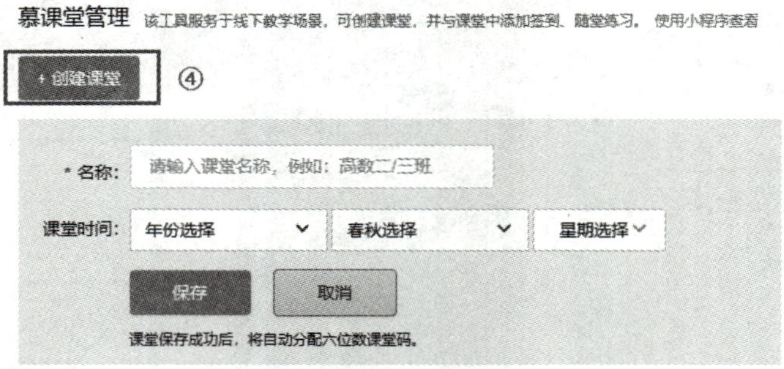

图 6–76 课堂创建

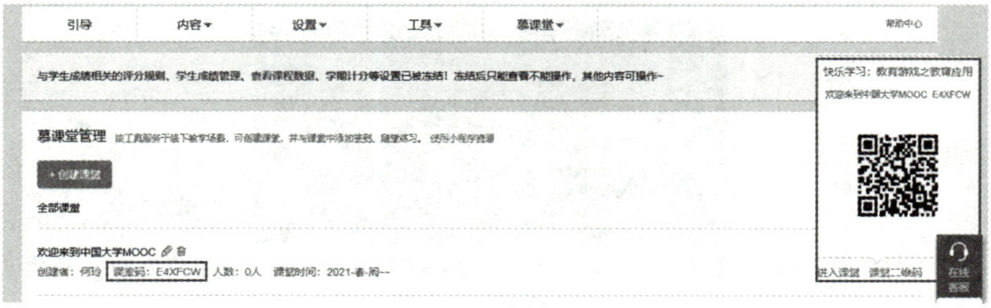

图 6–77 课堂二维码

点击课堂名称后的【 ✎ 】，可以修改课堂信息，如图 6–78 所示。

图 6–78　修改课堂信息

未产生上课记录的空课堂，可以点击课堂名称后的【 🗑 】删除，如图 6–79 所示。

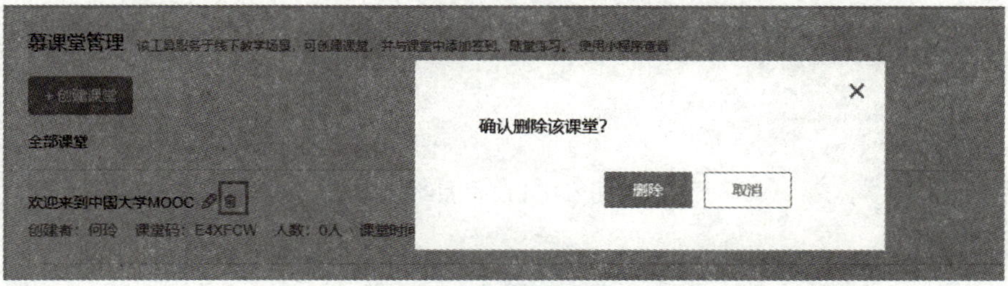

图 6–79　删除课堂

2）通过微信小程序创建课堂。

已在电脑端建过慕课堂的教师，可以在微信小程序继续创建新的慕课堂。教师扫微信小程序码进入，或者在微信内搜索“慕课堂”，即可找到“慕课堂智慧教学”小程序，如图 6–80 所示。

图 6–80　慕课堂小程序

用爱课程账号登录微信小程序端，进入课程列表，已创建课堂会按照课程分类显示，教师可以根据需要在对应的右侧点击【＋添加课堂】创建课堂，如图 6–81 所示。

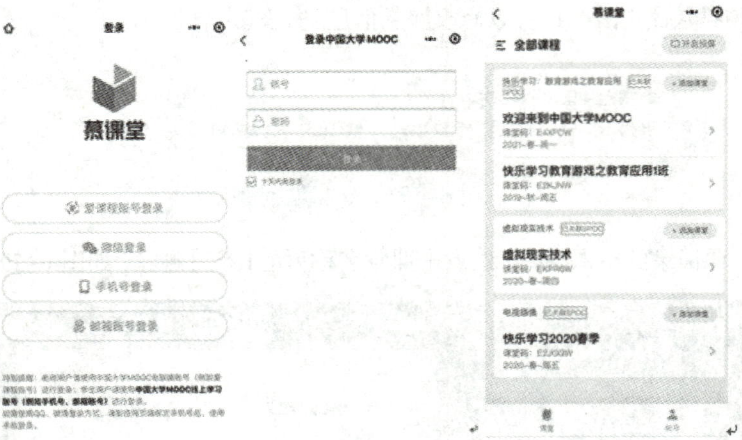

图 6-81　添加课堂

输入课堂名称，点击完成，课堂创建成功，系统同样会分配课堂码，便于学生加入课堂，如图 6–82 所示。

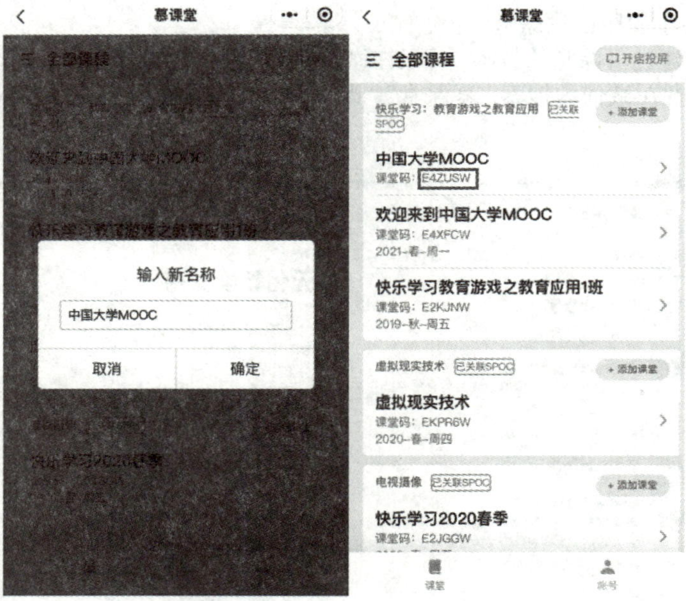

图 6–82　完成创建

在微信小程序的课堂列表中，左滑某个课堂名称，可以修改该课堂名称，如图 6–83 所示。

（2）备课。

教师创建慕课堂后，可以在课程管理后台的左侧导航中，点击【慕课堂管理】，进入慕课堂的管理后台，看到自己已经创建好的课堂，如图 6–84 所示。

点击【进入课堂】，在【课堂与备课记录】中，点击【创建备课】，设置备课日期（即上课日期），如图 6–85 所示。

在备课页面中，可以添加四类教学活动：课堂练习、调查问卷、课堂公告、话题讨论，如图 6–86 所示。

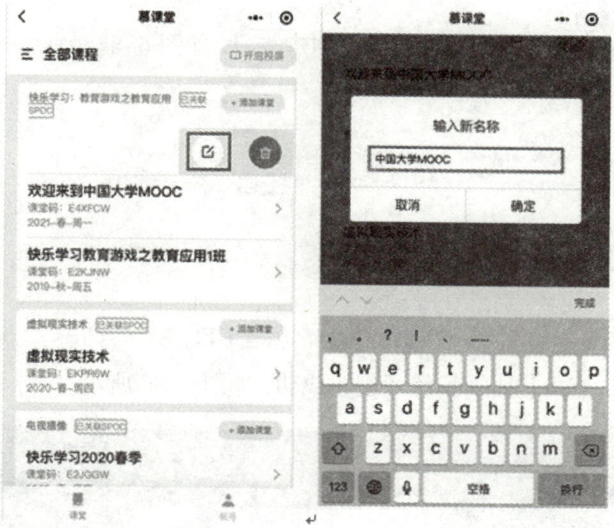

图 6–83 修改课堂名称

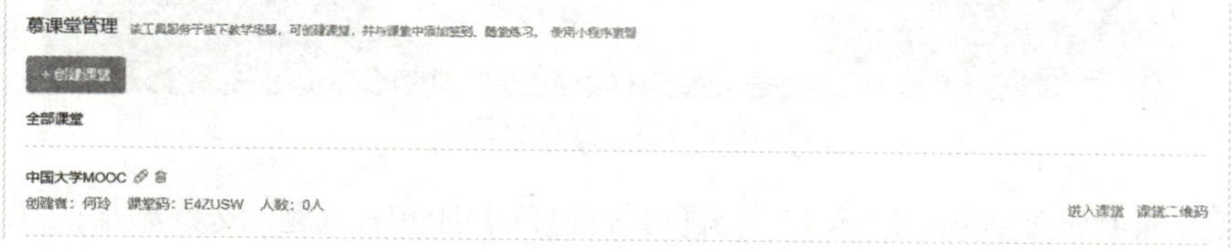

图 6–84 管理后台

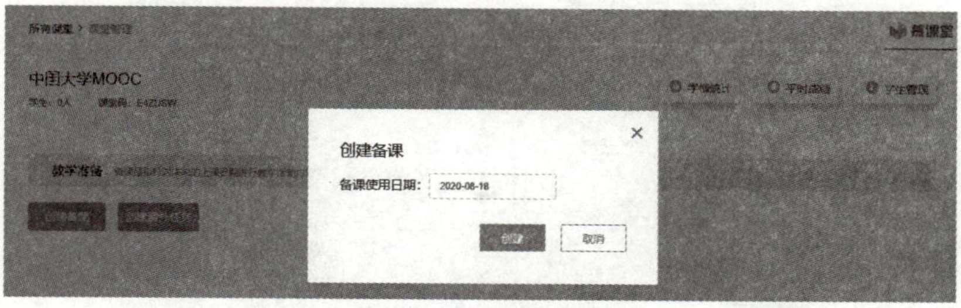

图 6–85 创建备课

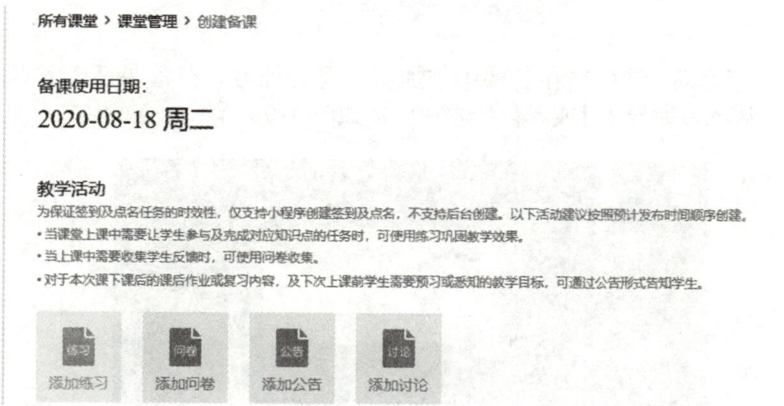

图 6–86 备课页面

1）课堂练习。

点击导航栏【慕课堂】下的【练习库】，创建练习，如图 6–87 所示。

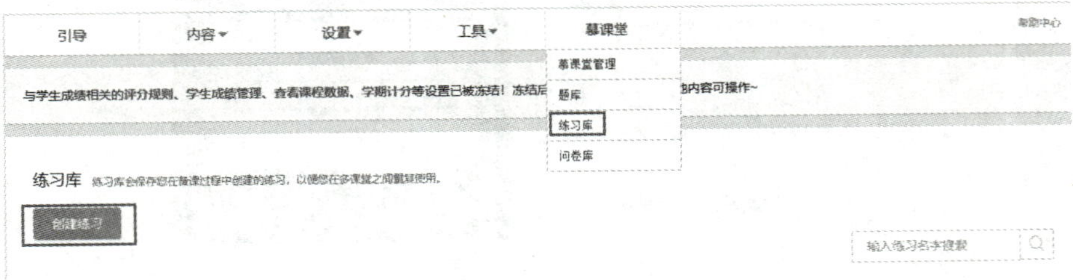

图 6–87　创建练习

输入练习名称，点击【保存】，练习创建成功，如图 6–88 所示。

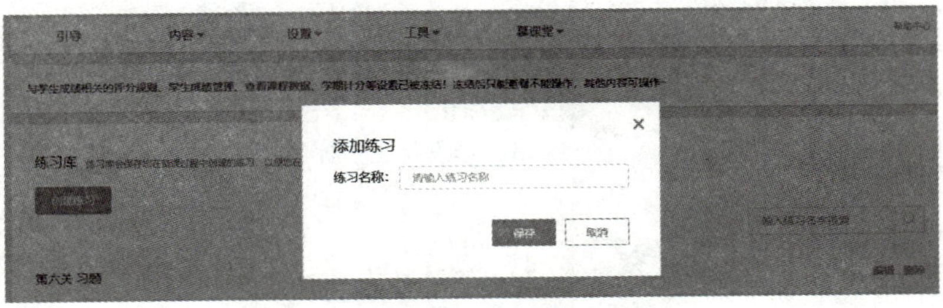

图 6–88　保存练习

可以为练习添加说明（选填），点击【添加题目】创建练习题，支持添加的题目类型有“单选题”“多选题”“填空题”和“判断题”，如图 6–89 所示。

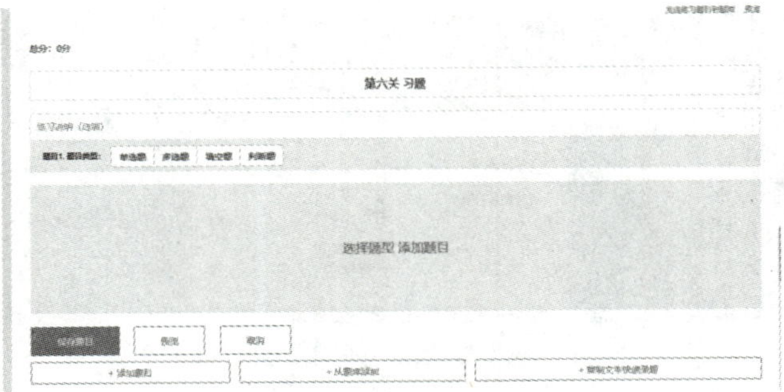

图 6–89　练习题类型

建立好练习库之后，就可以在备课中添加所需要的练习。在备课日期下点击【添加练习】，可以选择【从练习库导入】或者【创建练习】，如图 6–90 所示。

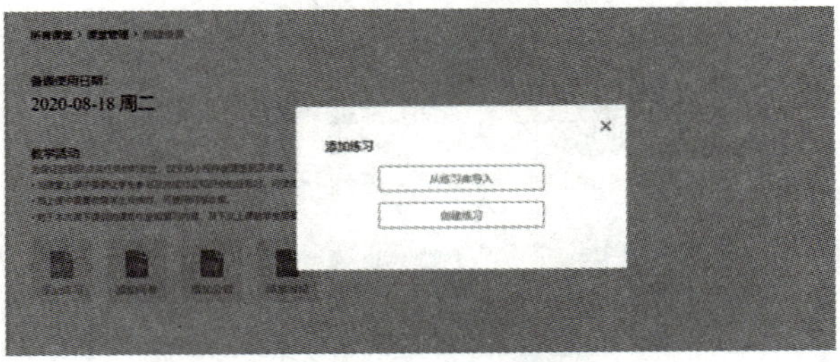

图 6–90　添加练习

【创建练习】需要手动输入题目，题目不能重复使用；【从练习库导入】可以选择之前在练习库中已经准备好的题目，然后直接导入即可，如图 6–91 所示。

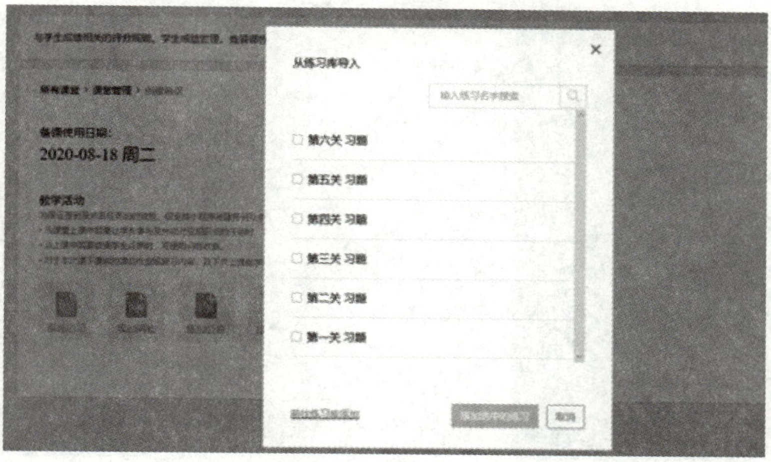

图 6–91　添加题目

2）添加问卷。

点击导航栏【慕课堂】下的【问卷库】，创建问卷，如图 6–92 所示。

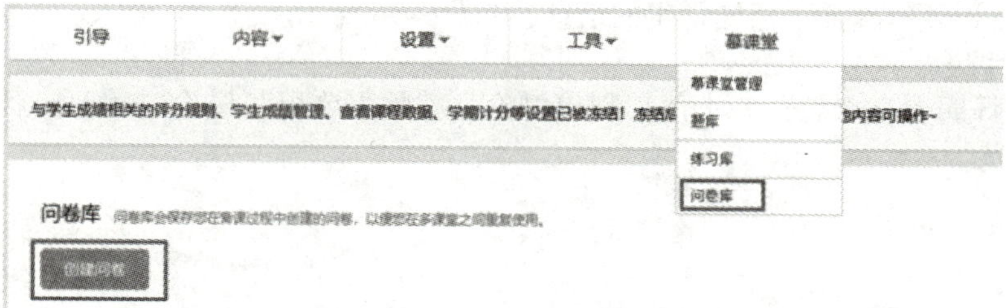

图 6–92　创建问卷

输入问卷名称，点击【保存】，问卷创建成功，如图 6–93 所示。

维护好问卷库之后，就可以在备课中加入所需要的问卷。在备课日期下点击【添加问卷】，可选择【从问卷库导入】或【创建问卷】，如图 6–94 所示。

图 6–93　问卷保存

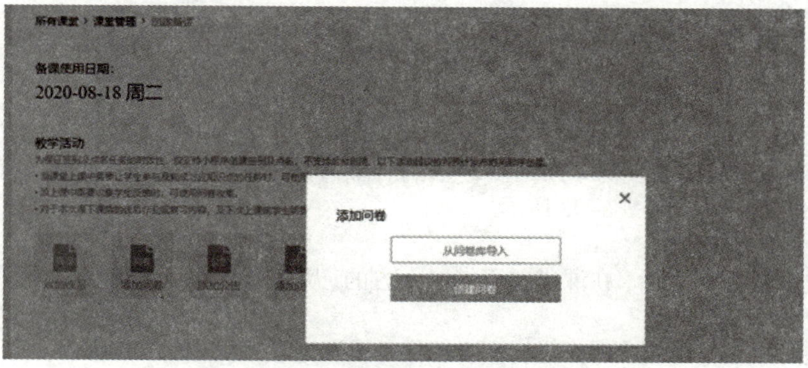

图 6–94　添加问卷

【创建问卷】需要手动输入问卷题目和内容，题目不能重复使用；【从问卷库导入】可以选择之前问卷库中已经做好的问卷，然后直接导入即可，如图 6–95 所示。

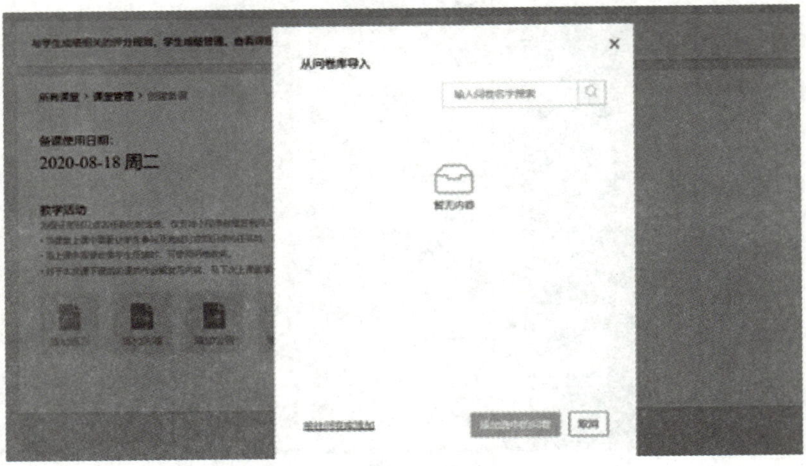

图 6–95　问卷导入

3）课堂公告。

在备课日期下点击【添加公告】，创建公告。利用默认的公告模板，可发布课后作业、课前预习任务，以及其他需要通知学生的信息，如图 6–96 所示。

4）话题讨论。

在备课日期下点击【添加讨论】，创建讨论。教师需要填写讨论主题及内容，如图 6–97 所示。

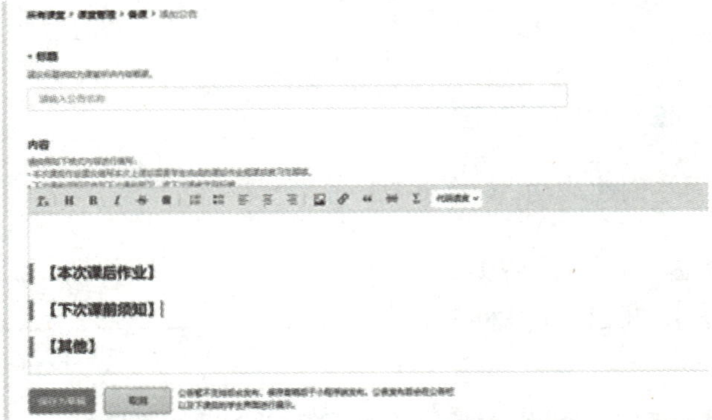

图 6–96　发布公告

图 6–97　添加讨论

（3）上课 / 下课。

进入小程序之后，点击【课堂】，进入课堂首页，初始为未开始上课状态，点击【开始上课】即开始当前课程，当上课结束之后，点击【下课】并确认下课，即可结束当前课堂，并结束进行中的教学任务，如图 6–98 所示。

（4）查看课堂数据。

教师进入小程序之后，在课堂首页点击上方的【历史课堂】，可以查看以往的上课记录，如图 6–99 所示。

教师也可以在电脑端慕课堂后台查看以往的上课记录，如图 6–100 所示。

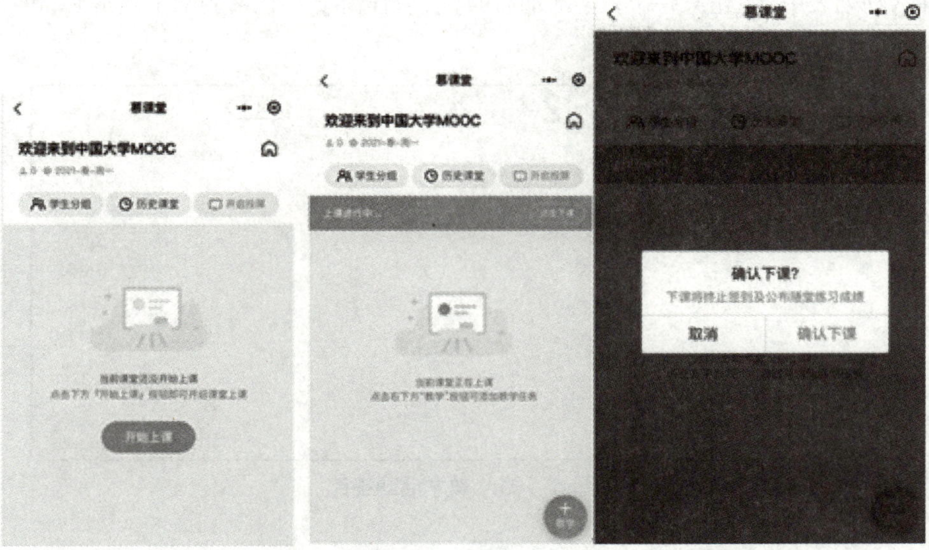

图 6-98　课堂结束

图 6-99　查看课堂记录

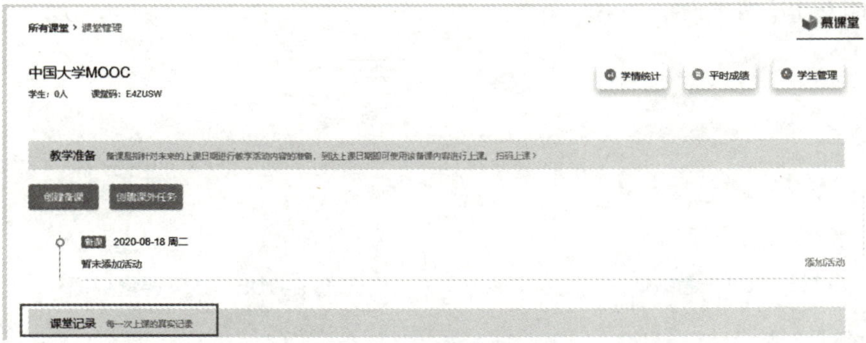

图 6-100　上课记录查看

在活动列表中，点击某一个教学活动后的【查看详情】，可以看到每个教学活动的统计详情，如图 6–101 所示。

图 6–101 教学活动统计

（5）学情统计。

在慕课堂后台，点击【学情统计】，可以查看慕课堂班级学生在当前课程中关于线下课堂和线上课堂两个维度的统计数据。线上课程包括了学生的平均学习进度及人数分布，如图 6–102 所示。

视频学习情况可以按照时间段查询每个视频课程的已学习和未学习的学生名单，并可以导出数据，如图 6–103 所示。

图 6–102 学情统计数据

图 6–103 视频数据导出

考核完成情况可以按照时间段来查询以往已完成测验和未完成测验的学生名单，如图 6–104 所示。

线下课堂数据包括了学生的课堂活动类型统计图和针对某一活动的以往课堂的状态趋势图，如图 6–105 所示。

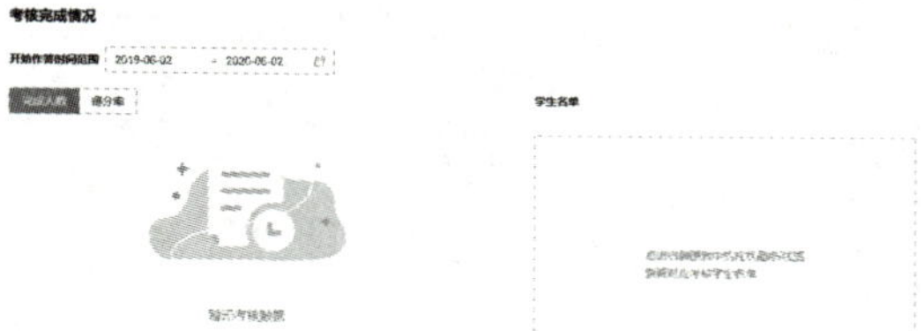

图 6–104 考核情况

图 6–105 线下课堂数据

（6）平时成绩。

点击【平时成绩】，可以查看学生维度的统计数据，关联 MOOC 或 SPOC 课程的慕课堂，可以在学习表现中看到学生的视频观看个数、次数、时长、讨论主题数、评论数、回复数、线上课程的学习总成绩。这里需要注意的是，学生在MOOC/SPOC中观看视频、参与互动的数据每天一次同步到慕课堂后台，学生在MOOC/SPOC中参加测验/作业的成绩需要教师确认后才会同步到慕课堂，如图6-106所示。

（7）学生管理。

在慕课堂后台，点击【学生管理】，可以查看慕课堂班级学生的信息，并可以导出数据。此处如果教师发现学生的账号有误，可以点击【踢出课堂】去除多余的学生账号。如图6-107所示。

图6-106　平时成绩查看

图6-107　学生管理界面

MOOC作为一种教育与技术、商业相互结合而形成的新生事物，有别于我国以往的网络课程、精品课程和精品开放课程等，它在课程建设和教学模式上的创新，得到了世界学习者的认可，是技术与教育深度融合的重要发展方向。为更进一步推进MOOC中技术与教育的深度有效融合，我国各大高校应充分发挥师资力量、知识内容、科学研究等方面的优势，推进基于互联网等技术媒体的教学模式改革。

二、超星学习通

（一）超星学习通概述

超星学习通是面向智能手机、平板电脑等移动终端的移动学习专业平台。学生通过手机中的应用商店，即可进行下载和安装。超星学习通中有许多资源，包括报纸、图书、讲座等多种内容，学生只需在移动设备上下载移动客户端，便可使用多种多样的资源，来实现自身的学习需要。超星学习通带有小组讨论功能，学生可以建立超星小组，和具有相同学习兴趣的人进行探讨和交流，以便于获取更多的学习经验。相对于电脑端来说，使用学习通可以让学习者的学习更加方便，能够在短时间内获取最大的知识效益，学习者拥有最大的自主选择权，可以根据自己的时间空闲选取自己感兴趣的知识进行学习。学习者既能在软件上订阅学习内容，也能分享自己觉得好的内容，最大化促进资源的利用率。另外，超星学习通中的作业、投票、签到等多种功能，为教师教学提供了方便，有效减轻了教师的工作负担。

在超星学习通中进行课堂教学时，教师可以利用该平台的签到功能，考察学生的出勤情况。一方面，教师需要以学生为中心，以超星学习通中的内容为基础，适时增添学生感兴趣的内容，提高学生的学习兴趣，以此来促进学生对知识点的充分掌握。教师则需要统计学生在进行课前预习时出现的共性问题，对于学生的学习问题，有针对性地提出解决策略。对于学生出现的个性问题，教师需要根据学生实际情况，因材施教，促进学生的个性化发展。另一方面，教师可以利用多媒体设备，播放超星学习通中的教学视频、文献资料，刺激学生感官，使学生产生深刻印象。

最后，作为一款移动教学工具，超星学习通相比于同类产品，其最主要的优势有以下几点：一是在资源查找方面，大量的学习资源可以通过平台的界面首页进行一键方便搜索，包括各类电子书、期刊、论文、报纸、专题和视频等。二是数据同步方面，学习通与电脑端网络教学平台学习数据同步，包括建课数据、学习数据和课堂互动数据等。三是它的社交功能，通过单位账号方式实名登录，可进行同校间的或校际网络社交，加入各类兴趣小组等。

（二）超星学习通的教学功能

【视频】
超星学习通

1. 开课准备

（1）申请开课。

进入平台→教学空间→创建课程→填写信息→完成。

输入教学平台网址（www.fanya.chaoxing.com）。

点击【登录】，输入账号和密码完成登入，账号为教师工号，初始密码为123456;（如果没有账号联系教务处添加），如图6–108所示。

进入教学空间之后，点击课程页面右上方【创建课程】按钮，输入课程名称、教师、说明等信息（信息之后可以更改），完成课程的创建，如图6–109所示。

（2）编辑课程信息。

一门课程的进行，需要满足拥有老师及学生两个对象，并拥有教授学习的课程。此系统中，教师先确定要开设课程，如果多个老师共建一门课程，则主建老师申请建课，提交申请通过后，添加教师团队（课程会自动对应到教师团队每个老师教学空间中，不需多人重复申请）。

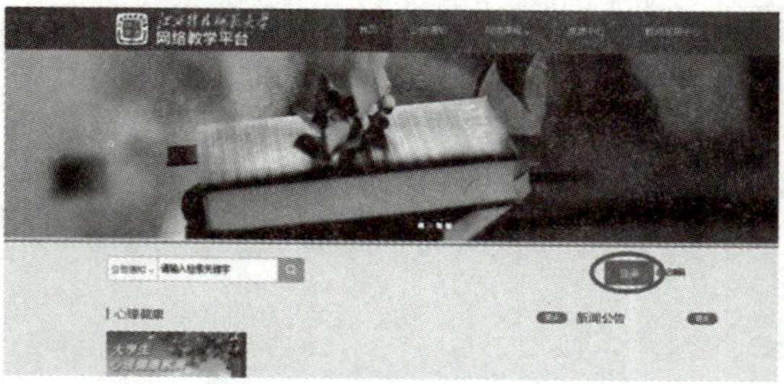

图6–108　账号登录

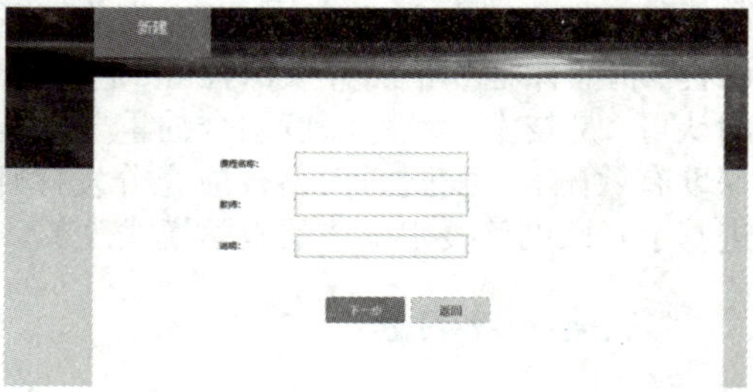

图6–109　课程创建

1）在教学空间中点击要编辑的课程，进入课程页面。

2）点击教学互动导航栏中的【设置】按钮，如图6–110所示。

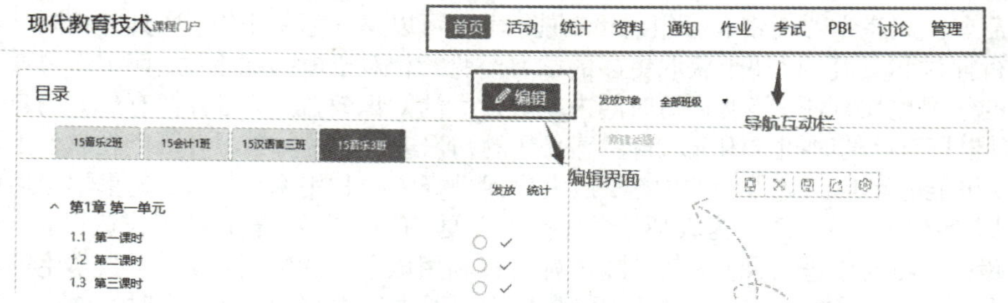

图6–110　课程编辑

3）点击【教师团队】，如图6–111所示。

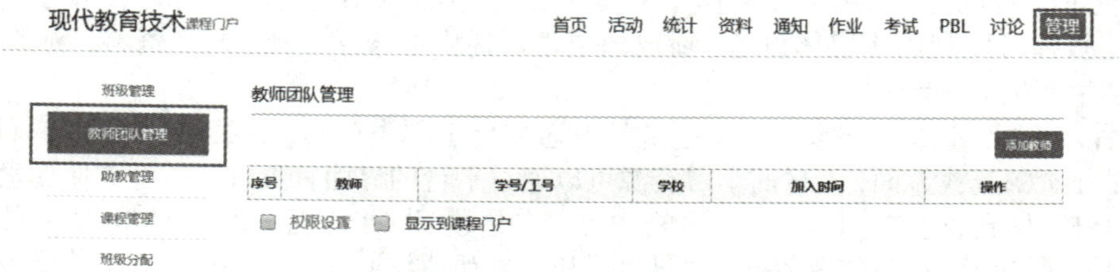

图6–111　教师团队管理

4）两种方式添加共建人。

第一种：可以直接输入教师姓名和教师的账号（工号），点击【添加共建人】，如图 6–112 所示。

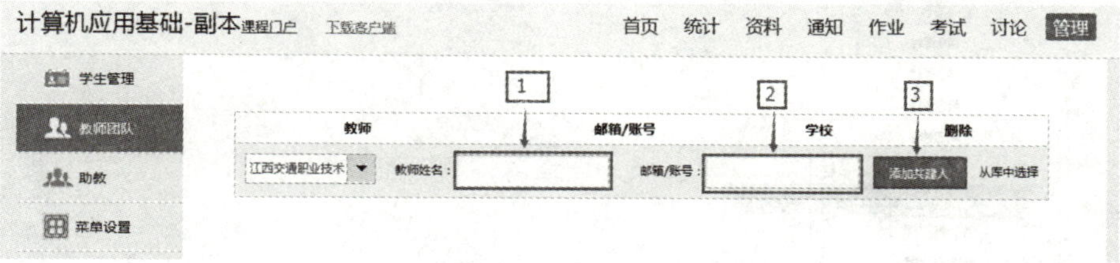

图 6–112　输入添加教师

第二种：点击【库中选择】→输入教师工号或者姓名搜索→选中点击【添加】即可（推荐这种方法），如图 6–113 所示。

（3）编辑课程目录

课程首页→【编辑】按钮→添加一级目录→添加子目录→知识点卡片（可选择）。

一级标题下，系统默认不编辑课程内容。为了美观，一般建议不设置超过三级目录，建议第二级为佳，可选择在二级目录下设置卡片。

1）课程首页中，点击【编辑】按钮进入编辑页面，如图 6–114 所示。

2）添加一级目录，点击【第一单元】，点击【同级目录】，按照课程需要依次添加“第二单元”“第三单元”等（编辑页面中的目录是不自动生成单元的初始目录），如图 6–115 所示。

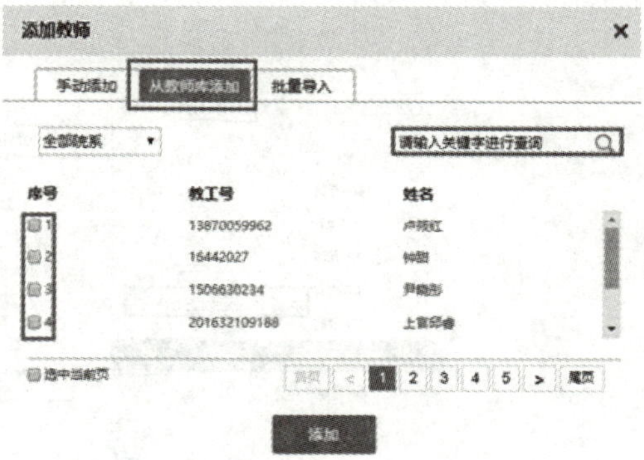

图 6–113　导入添加教师

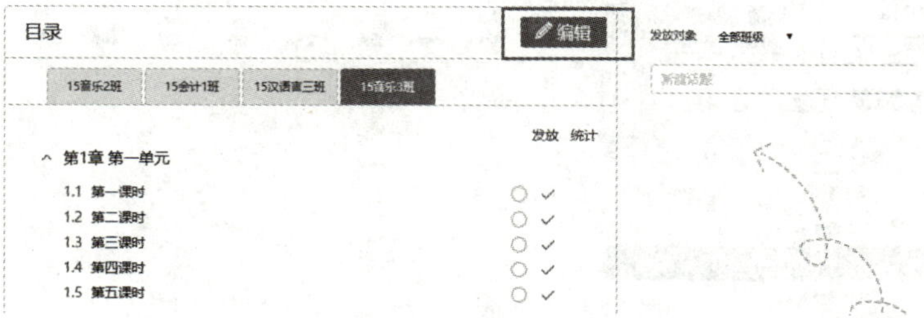

图 6–114　目录编辑

3）想在某一个单元下面添加子目录，则点击某一单元，然后点击子目录添加第一课时，然后点击第一课时根据课程需要点击同级目录依次添加，如图 6–116 所示。

4）点击对应的目录可以进行名称的修改和目录删除，以及上下移动，如图 6–117 所示。

5）知识点卡片添加，每个知识卡片下都可以添加相应的内容，包括卡片添加、命名、删改调整顺序等，如图 6–118 所示。

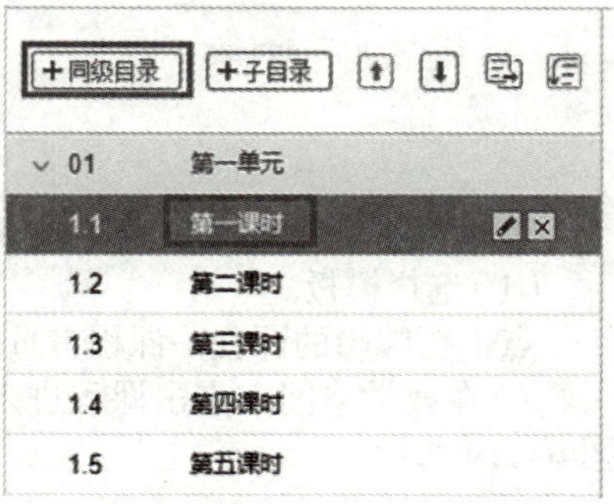

图 6–115　生成目录

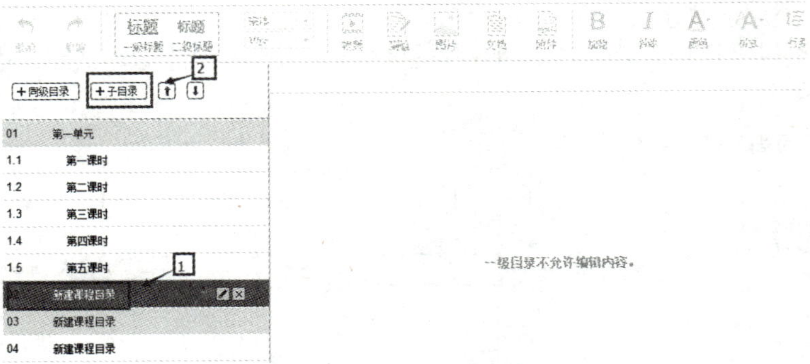

图 6-116　添加子目录

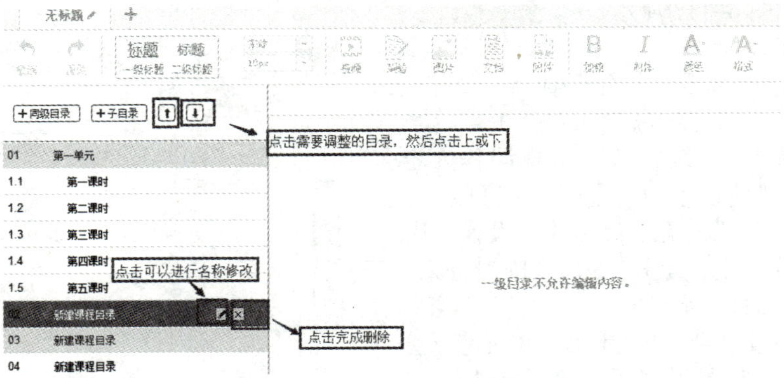

图 6-117　目录修改和删除

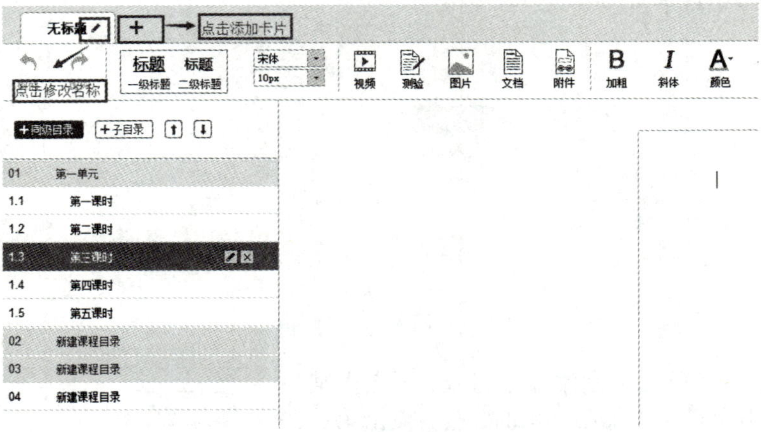

图 6-118　内容编辑

2. 制作课程门户

（1）选择模板。

点击要编辑的课程→课程首页→点击【课程门户】→点击【编辑本页】。

1）在教学空间中点击课程进入课程首页后，点击课程名称右边的【课程门户】按钮，如图 6-119 所示。

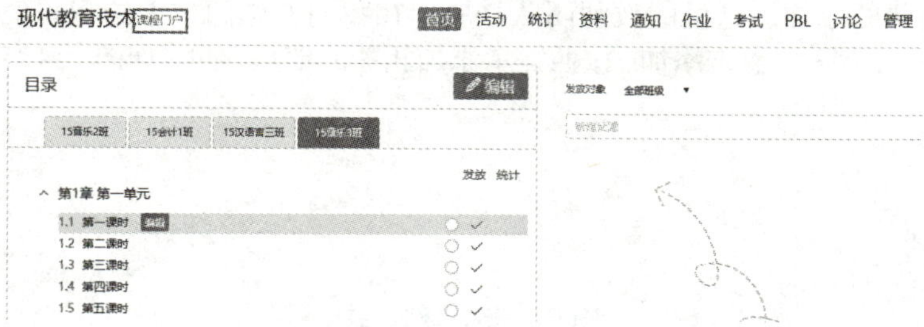

图 6–119　课程门户

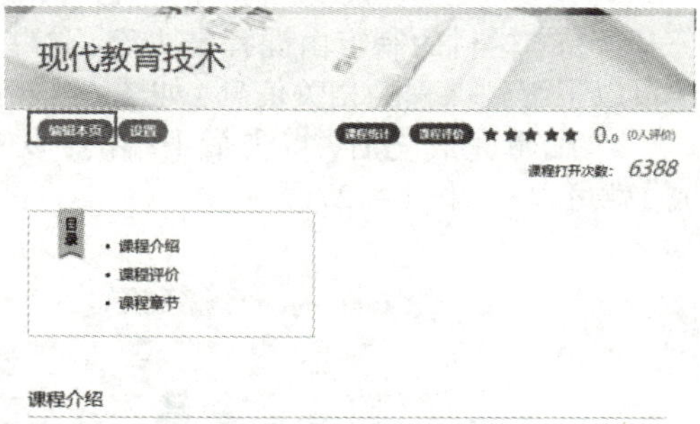

图 6–120　编辑课程门户

2）在课程门户中点击课程名称下方的【编辑本页】按钮，如图 6–120 所示。

3）点击编辑本页之后，进入课程门户编辑页面，有六种不同的风格模板，根据课程门户展示的需要来选择，模板只是页面展示和排版框架不同，如图 6–121 所示。

（2）上传片花和封面。

1）片花。就是我们课程宣传片或者简短的课程相关介绍，点击【上传文件】，然后在电脑中找到确定即可，如图 6–122 所示。

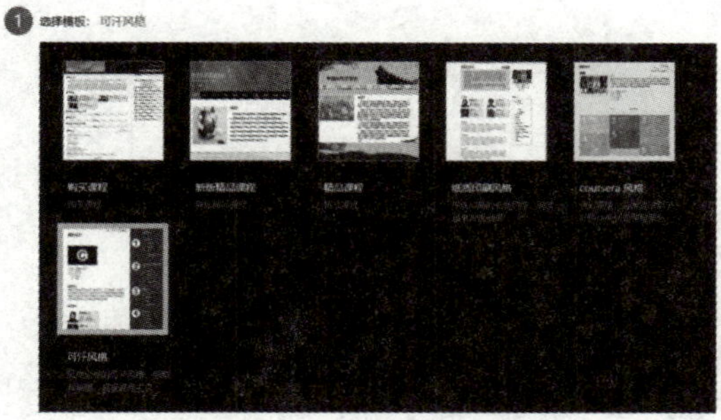
图 6–121　模板选择

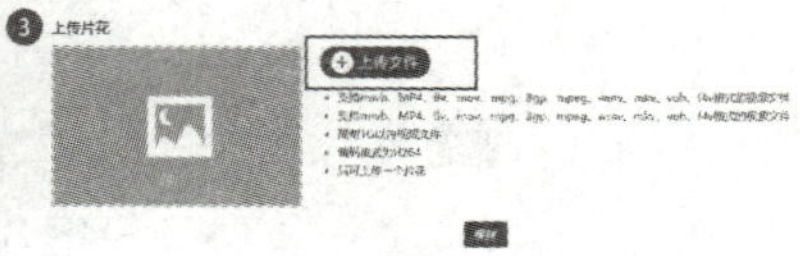

图 6–122　文件上传

2）封面。好比我们一本书的第一页或者封面，学生看到封面就可以了解到相关的课程信息。如果有找好或者设计好的封面就点击【上传文件】；如果没有，可以暂时选择我们系统提供的图片，如图 6–123 所示。

（3）编辑课程栏目。

1）在上传封面之后我们可以看到 5、6、7 等一系列的课程栏目，首先我们需要把课程相关信息和课程介绍先完善，输入相关信息即可，“课程章节”仅仅只是我们目录的一个名称而已，如图 6–124 所示。

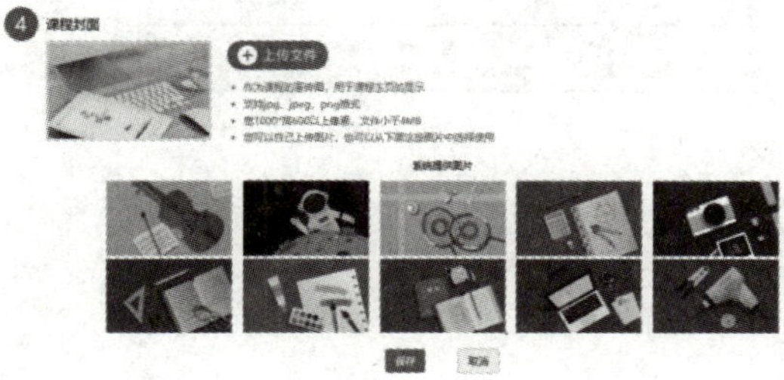

图 6–123　封面设计

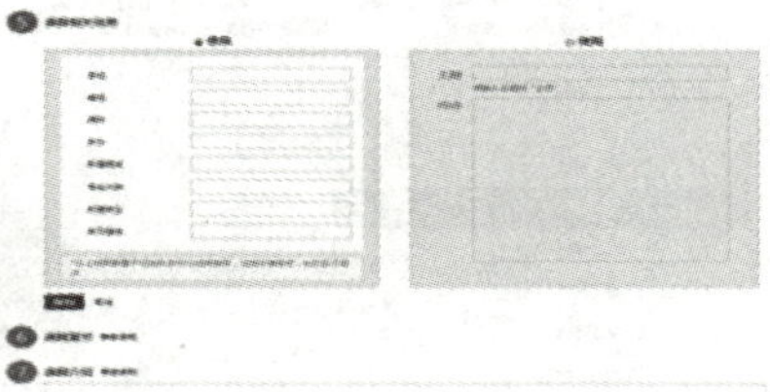
图 6–124　课程章节

2）教师团队的添加。这里的教师团队是展示在我们课程门户上的相关信息，作为课程的师资力量的一个展示，点击添加，按照提示添加相关的信息即可，如图 6–125 所示。

图 6–125　教师添加

3）其他栏目的编辑。剩下的栏目可以自由修改名称、编辑内容、调整顺序、删除、添加、公开等待，栏目的制定由课程来决定，这些栏目旨在让学生或者其他人在看到课程门户的时候可以了解到课程的相关信息，如图 6–126 所示。

4）编辑完成之后，点击最下端的【发布】（课程门户信息同步并不是课程发布）和【完成】就可以，如图 6–127 所示。

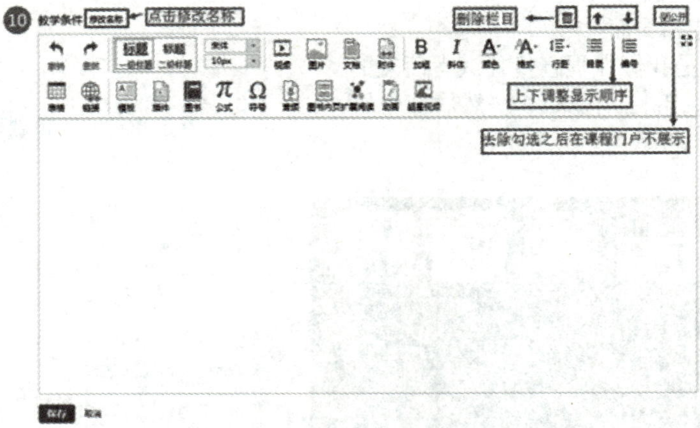

图 6–126　其他编辑

3. 课程内容的制作

（1）编辑文字。

1）文字录入。选择要编辑的章节，然后手动输入或者将编辑好的文字复制到文本框内；

2）格式修改。选择需要调整格式的字体，根据需要调整字体、行距、格式等，如图 6–128 所示。

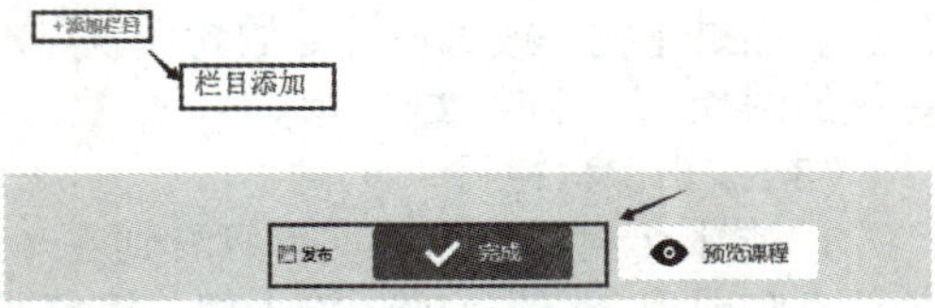

图 6–127　课程发布

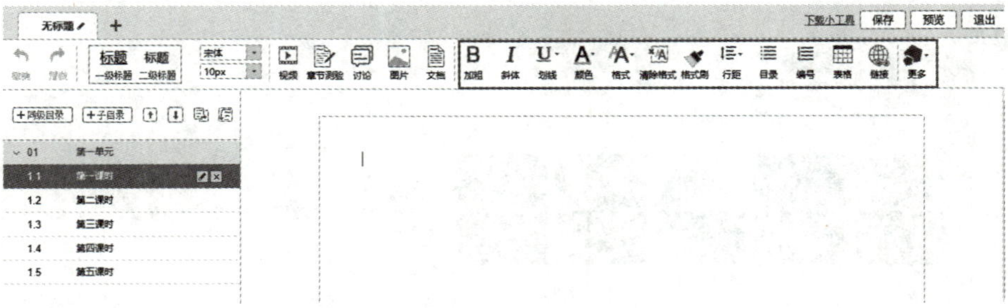

图 6–128　文字编辑栏

（2）编辑表格。

1）点击【表格】，选择对应的行列数，如图 6–129 所示。

2）在表格中单击鼠标右键可以完成表格其他属性修改和内容填充，如图 6–130 所示。

（3）编辑图片。

1）通过图片来美化我们的课程，在需要添加图片的地方点击【图片】按钮，如图 6–131 所示。

2）点击图片进入下一级菜单之后，可以选择四种图片上传方式，分别是本地上传、远程图片、电脑同步云盘、资源库，如图 6–132 所示。

（4）编辑文档。

1）课件、讲义、参考资料等文档可以通过点击【文档】来完成上传，如图 6–133 所示。

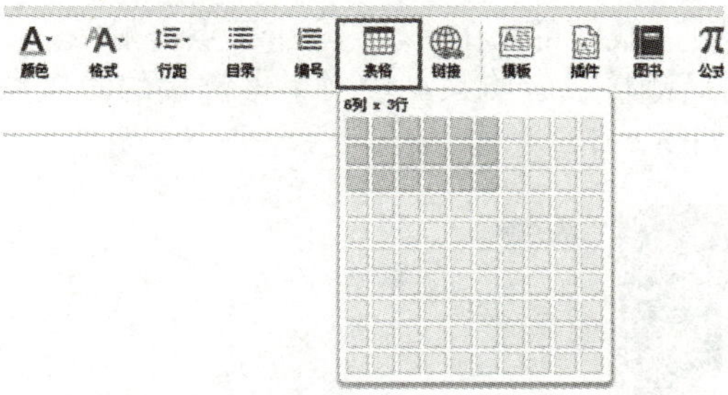

图 6–129　插入表格

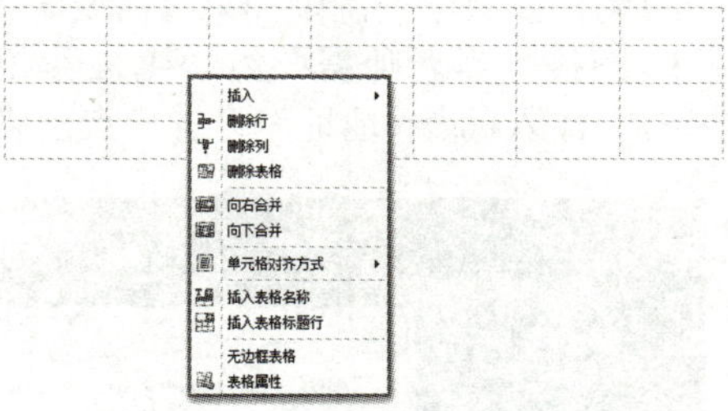

图 6–130　属性修改

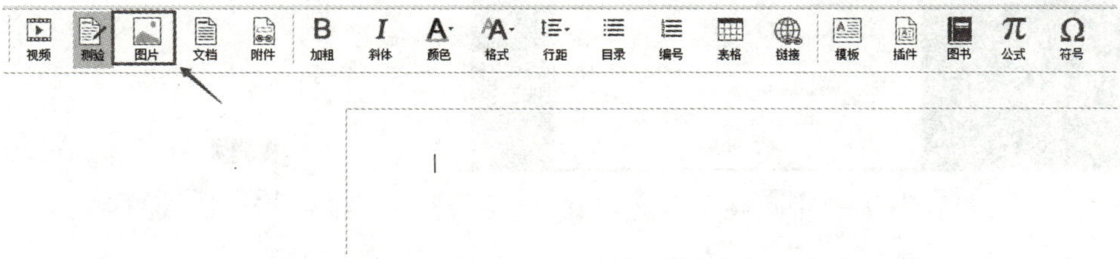

图 6–131　插入图片

2）点击文档之后有三种添加方式：电脑同步云盘、资料库（从教学互动导航栏中的资料中添加）、本地上传，如图 6–134 所示。

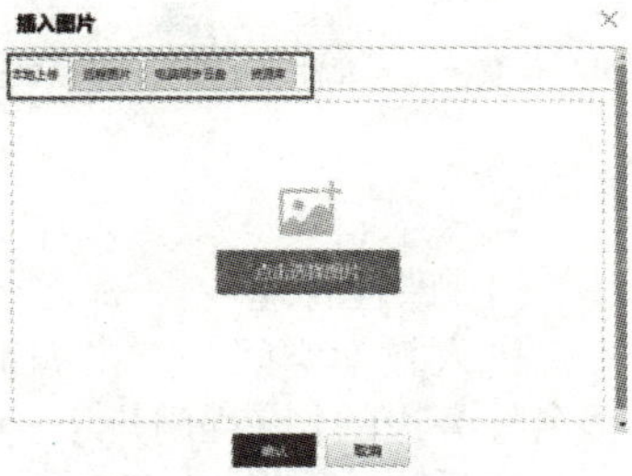

图 6–132　上传图片

（5）编辑视频。

视频是教学中最重要的媒体手段，超星学习通平台支持所有的常见视频格式。

点击编辑页面的【视频】按钮，有三种上传方式：泛雅云盘、资料库、本地上传，如图 6–135 所示。

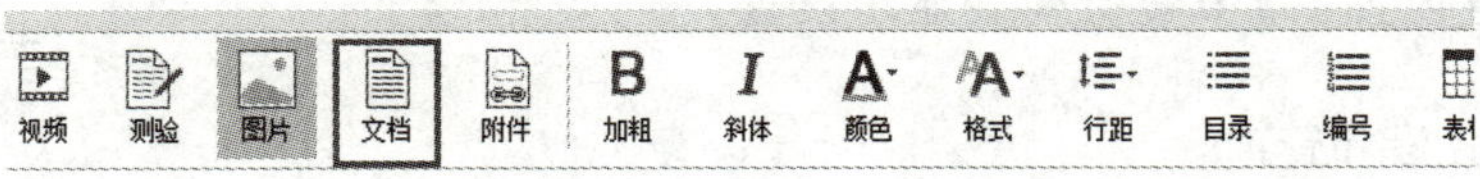

图 6–133　文档编辑

（6）其他编辑功能。

1）测验。在学生学习一个知识点或者章节后，我们可以在知识点后面添加一个测验，完成我们传统课堂当中的“课堂练习”。

点击【测验】→输入测验名称→确定→点击【创建】→选择提醒并编辑内容→高级设置（针对测验做相关的设置）→保存 / 完成，如图 6–136 所示。

图 6–134　文档上传

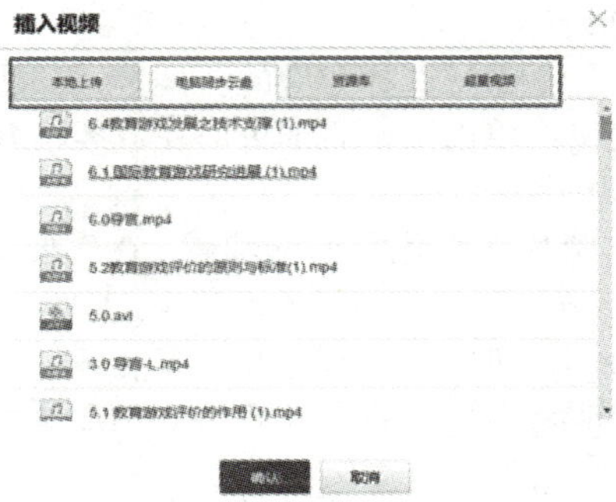

图 6–135　视频编辑

2）附件。教学资源中如果有需要学生下载的，我们可以在更多选项卡下点击附件。

3）链接。当老师需要给学生推荐相关网页链接或者给某一段文字做链接的时候点击【链接】→输入标题、地址→设置→点击确认，如图 6–137 所示。

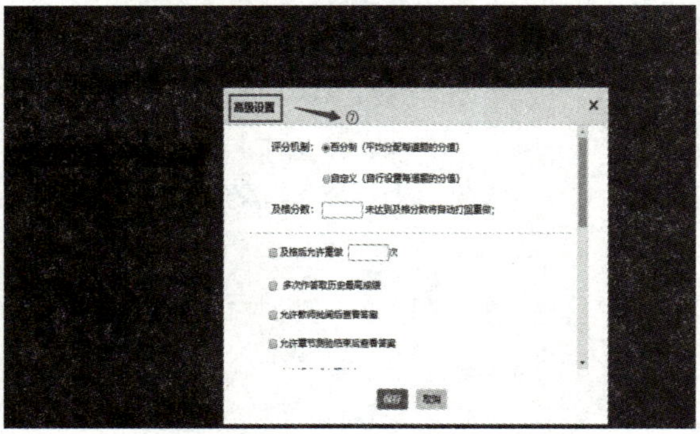

图 6–136　添加测验

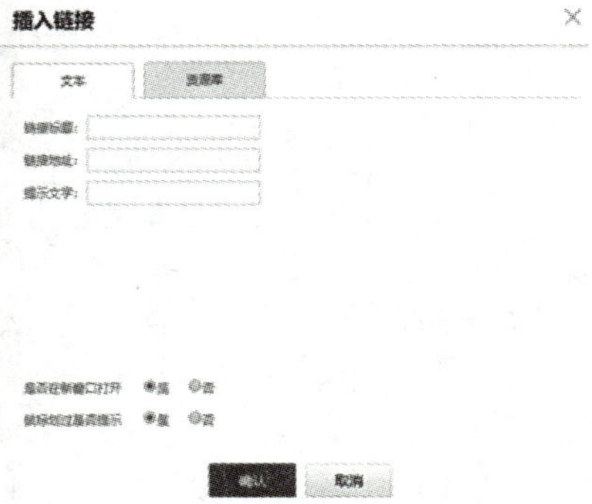

图 6–137　插入链接

4）其他编辑功能。动画、录音、音频、公式、符号等，如图 6–138 所示。

图 6–138　其他编辑功能

4. 教学管理

（1）课程管理

进入教学空间→点击编辑的课程→点击课程名称旁边的【课程门户】→点击【设置】。

之后进入如图 6–139 所示界面，可以进行章节标题位置设置、章节资源列表显示设置、课程评价设置。

（2）班级建设和管理。

进入教学空间→点击编辑的课程→进入课程首页→点击教学互动导航栏中的【管理】按钮。

1）班级建设。

点击【管理】之后默认进入学生管理这一块，如图 6–140 所示。

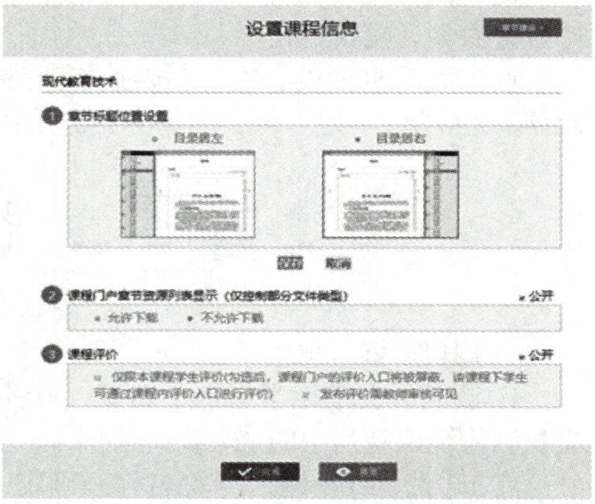

图 6–139　设置课程信息

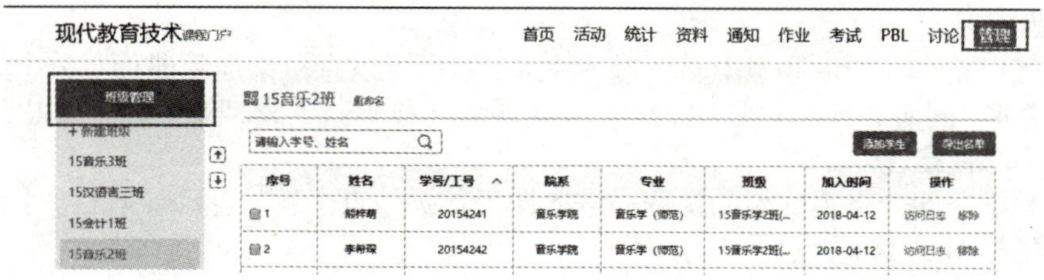

图 6–140　班级管理

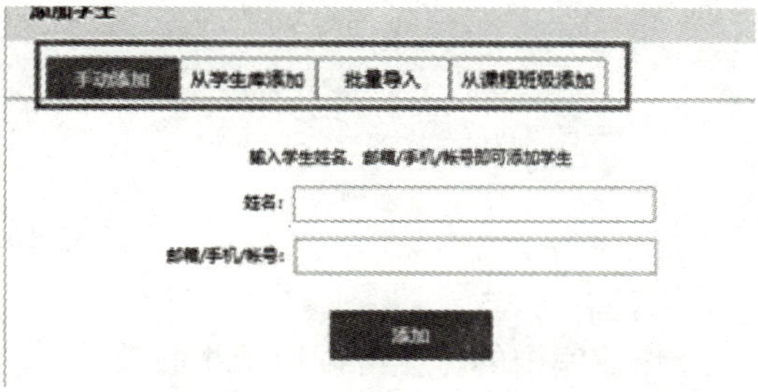

图 6–141　学生添加

2）学生添加。

手动添加。手动输入学生的账号和姓名（一般账号是学号，学校会统一账号）。

从学生库中添加。学校的老师和学生数据都已经导入在了后台当中，老师只需要根据需要筛选院系、专业、班级来添加即可。如图 6–141 所示。

（3）教学组织。

教学组织是根据老师的授课安排，针对课程和对应的班级选择不同的发放模式。

进入教学空间→点击要编辑的课程→进入课程首页→点击状态栏下【发放】；

公开。学生可以根据自己的喜好、安排来选择性学习；

定时发放。设置章节或课程的开始和结束时间，学生只能在这段时间内进入章节学习，时间之外对课程不能进行学习，处于关闭状态；

闯关模式。学生需一个个章节的学习，不能跳跃式浏览和学习；

关闭。学生不能进入课程学习，课程已经关闭学习功能，如图 6–142 所示。

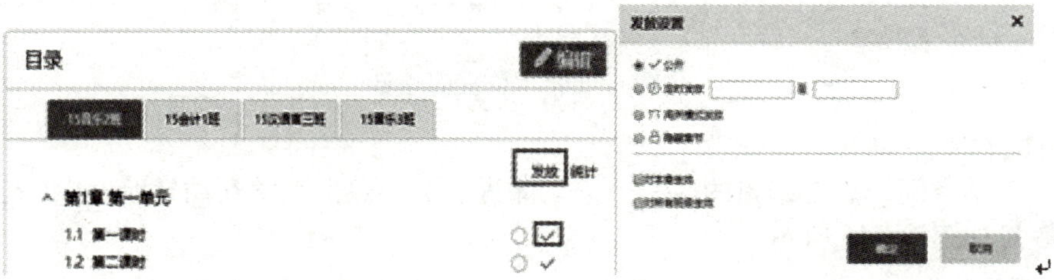

图 6–142　定时发放

5. 课程资源库建设

（1）管理课程资料。

进入教学空间→点击编辑的课程→进入课程首页→点击教学互动导航栏中【资料】，如图 6–143 所示。

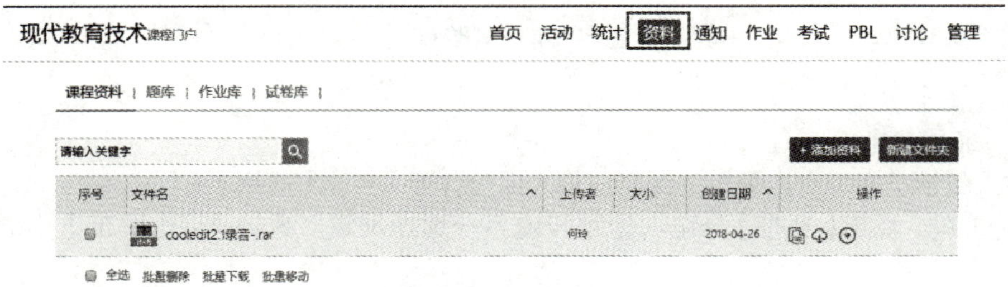

图 6–143　资料管理

（2）题库。

教师可以将设计好的题目上传到题库中来，然后可以直接添加到课程章节中的测验、作业、考试中来，同时题库可以导出，也可以随课程迁移到新的学期来，这样可以大大提高题目的使用率和便捷性。

进入教学空间→点击编辑的课程→进入课程首页→点击教学互动导航栏中【资料】→点击【题库】，如图 6–144 所示。

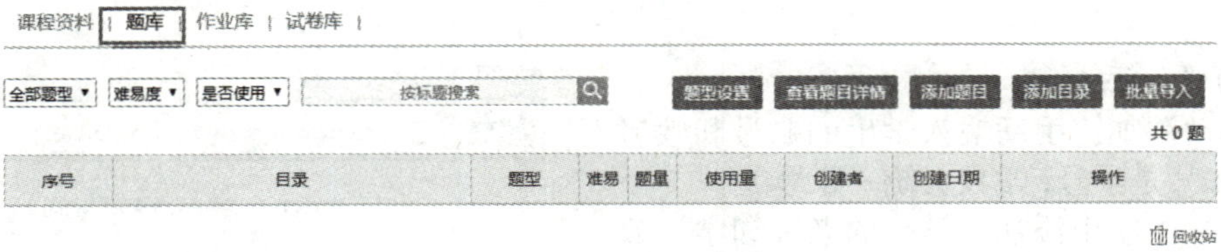

图 6–144　题库设计

（3）作业库。

作业库中的作业可以用于我们教学互动导航栏中的“作业”中发布，作业库中作业可以手动输入，也可以直接从我们题库中选择题目来组织作业；章节中添加的测验会出现在“资料”的“作业库”中。

进入教学空间→点击编辑的课程→进入课程首页→点击教学互动导航栏中【资料】→点击【作业库】，如图 6–145 所示。

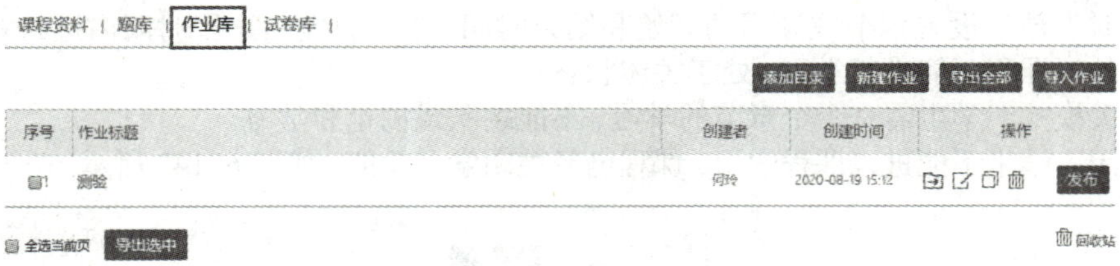

图 6–145　作业库设计

（4）试卷库。

进入教学空间→点击编辑的课程→进入课程首页→点击教学互动导航栏中【资料】→点击【试卷】，如图 6–146 所示。

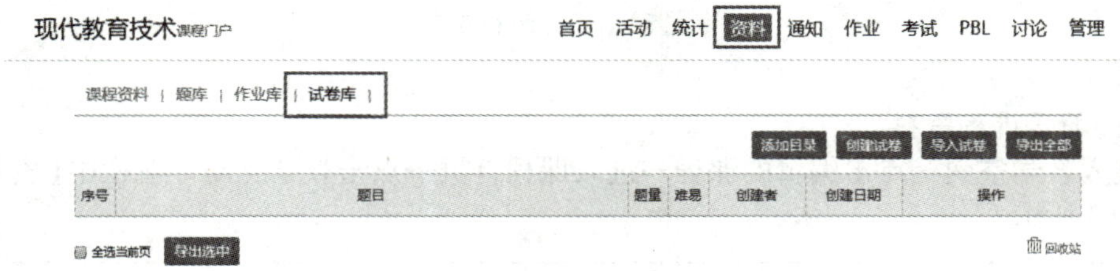

图 6–146　试卷库设计

6. 教学互动

（1）通知与讨论。

进入教学空间→点击编辑的课程→进入课程首页→点击【通知】或【讨论】。

1）通知。点击【发布】→输入标题和内容→选择发送对象→点击【发布】，如图 6–147 所示。

2）讨论。点击【讨论】→新建话题→编辑话题内容→发布，如图 6–148 所示。

（2）批阅作业。

进入教学空间→点击编辑的课程→进入课程首页→点击【作业】。

作业当中的选择、判断为客观题，填空题也可以设置成客观题，客观题会自动批阅，主观题需要老师登录进行批阅，如图6–149所示。

（3）批阅试卷

进入教学空间→点击编辑的课程→进入课程首页→点击【考试】。

试卷当中的选择、判断为客观题，填空题也可以设置成客观题，客观题会自动批阅，主观题需要老师登录进行批阅，如图6–150所示。

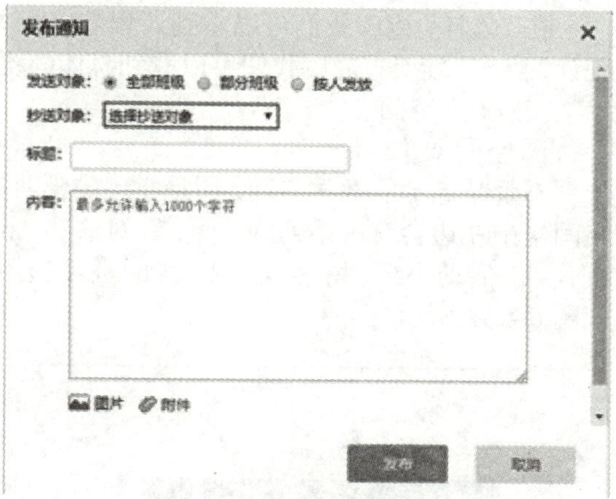

图6–147　发布通知

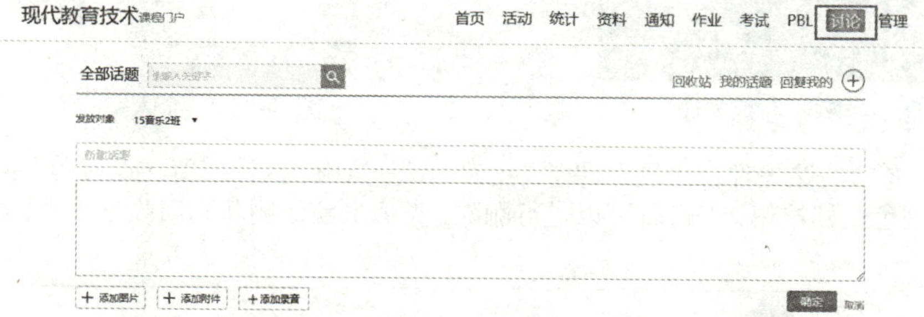

图6–148　创建讨论

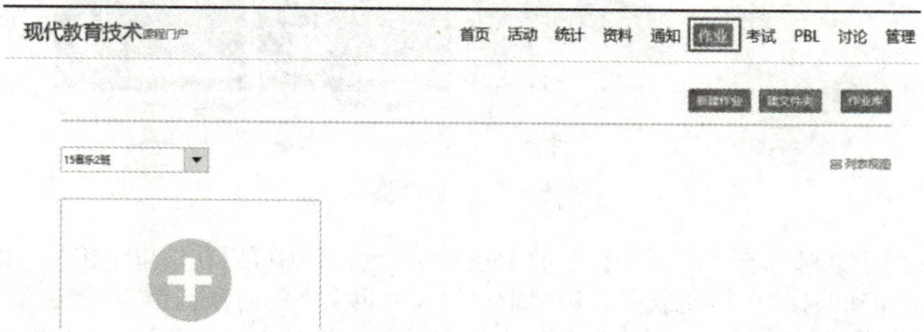

图6–149　作业管理

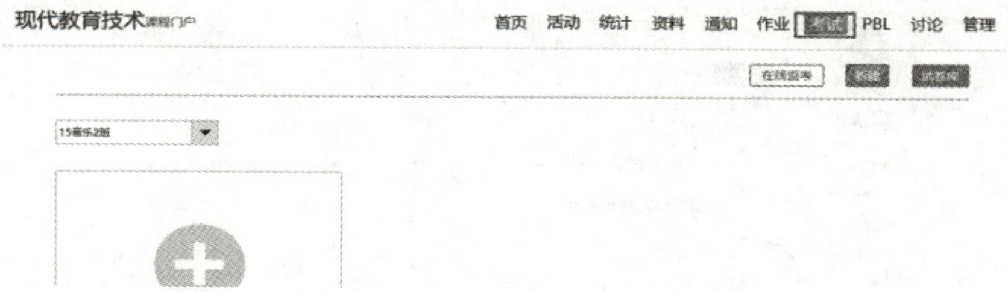

图6–150　试卷管理

（4）统计。

进入教学空间→点击编辑的课程→进入课程首页→点击【统计】。

在“统计”当中我们可以看到课程整体相关数据、学生学习的详情、成绩、作业等数据的统计；点击“统计”之后我们可以看到总体的统计信息，如图 6–151 所示。

（5）个人空间。

1）空间架构。

不管是老师的教学空间，还是学生的学习空间，学习通都是采用学习空间 +App 架构，在空间当中左边会有一系列的 App，针对这些 App 应用我们可以进行对应的管理；除课堂之外，有收藏、活动小组、博客、云盘、我的班级、论文检测、云阅读等，学生可以自由添加并使用，如图 6–152 所示。

图 6–151　数据统计

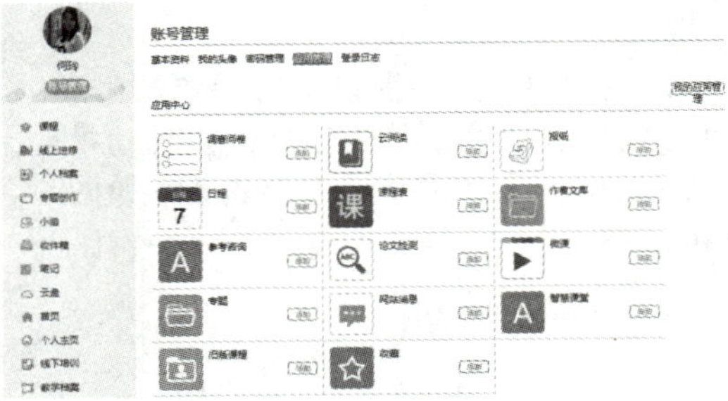

图 6–152　个人空间

课堂：老师的课程都会出现在课堂“我教的课”当中，鼠标停留在课程上，在课程封面上有一个橙色归档按钮，点击就可以进行删除，类似电脑的删除到回收站当中，如图 6–153 所示。

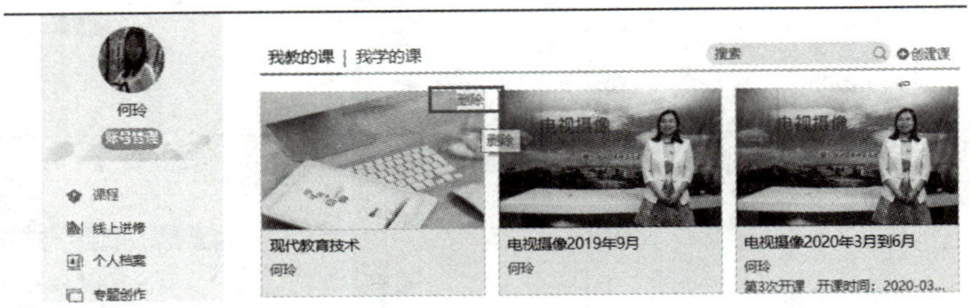

图 6–153　课程删除

云盘：每个老师都有一个属于自己的 150G 的云盘，老师可以在这里上传相应的资料，然后把资料添加到课程当中，也就是在讲编辑视频和编辑文档的时候选择“泛雅云盘”。

我们编辑课程时本地上传的资料都会出现在云盘 upload 的文件夹当中，我们也可以下载云盘 PC 客户端完成批量上传，类似于百度云盘的 PC 端，如图 6–154 所示。

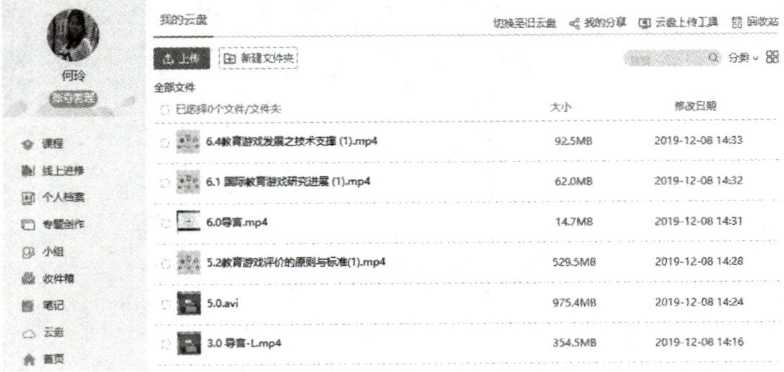

图 6–154　云盘管理

2）设置信息。

点击头像下方的【账号管理】按钮，可以完成相关信息的设置。

可以对基本资料、头像、密码、应用管理进行设置，如图 6–155 所示。

超星学习通在教学过程中的应用，无疑为丰富课堂教学的模式提供了极大的便利，更大程度上调动学生课堂参与的主动性。更为重要的是，超星学习通的使用，可以帮助教师为个性化差异明显、不同学习需求的学生提供摆脱时间与空间束缚的以教师为主导、以学生为中心的移动教与学空间。

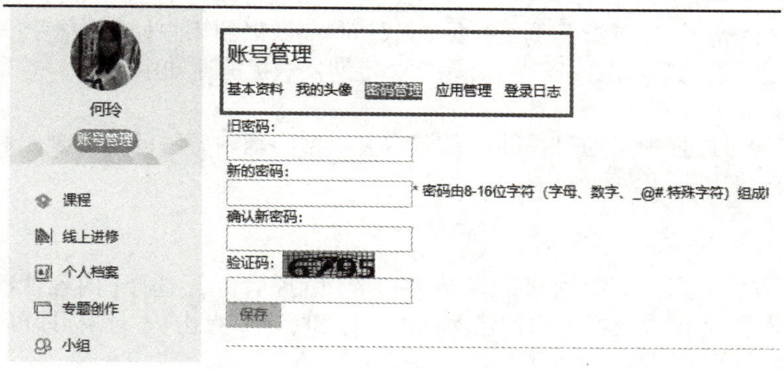

图 6–155　账号管理

三、网易云课堂

（一）网易云课堂平台概述

网易云课堂，是网易公司打造的在线实用技能学习平台，该平台于 2012 年 12 月底正式上线，主要为学习者提供海量、优质的课程，用户可以根据自身的学习程度，自主安排学习进度。立足于实用性的要求，云课堂精选各类课程，与多家权威教育、培训机构建立合作，课程数量已达 10 000+，课时总数超 100 000，涵盖实用软件、IT 与互联网、外语学习、生活家居、兴趣爱好、职场技能、金融管理、考试认证、中小学、亲子教育等十余大门类，其中不乏数量可观、制作精良的独家课程，从用户生活、职业、娱乐等多个维度，为用户打造实用学习平台。云课堂目前拥有 Web 端、移动端（Android、iOS）。

1. 特色板块

（1）微专业。

微专业是由网易云课堂联合各领域知名专家，以就业为导向，直达企业具体刚需岗位而精心打造的职业培训方案，解决传统教育与社会需求脱节的问题，让学员快速、全面地掌握相关技能，并获得工作机会。按要求完成学习，考试通过可获得专业认定证书，令你求职或加薪多一份独特优势。

（2）系列课程。

将某一领域的内容进行打包并有序地呈现，给用户提供完整的、有体系的学习方案。解决用户有计划学习某项技能，但是又不知道应该如何开始学起的问题，同时能够让学员快速、全面地掌握相关知识点。

（3）题库。

题库是云课堂为各类热门考试的考生研发的题目类学习模块。目前用户可参加公务员、建筑师、会计等多类考试的真题练习测试，并参与题目的分析讨论。同时，题库会和相应考试类课程、学习计划有机整合，完整辅助考生整个备考过程。

2. 特色功能

（1）笔记。

云课堂笔记功能为视频学习做了专门设计。学习者添加笔记时会自动保存视频的当前时间点，回顾笔记时就可观看当时视频。学习者还可以对视频截图或上传本地图片保存到笔记当中，使得保存老师的板书、重要信息更快捷。学习者可将笔记公开，也可评论、收藏他人笔记，加强了用户间学习交流。

（2）进度管理与学习监督。

云课堂更关注用户个人学习的效率和效果。学习者学习过程中，云课堂支持自动/手动标记课时完成状态，或标记为“重要\有疑问”等，以便用户回顾和把控学习进度。另外，用户可设置课程的学习时间安排，云课堂会定期发送提醒通知用户。

（3）问答。

学习者在学习过程中可随时提问。云课堂会根据问题内容将问题呈现给相关学习者或讲师，帮助用户快速获得答案。

（二）网易云课堂的教学功能

成为开课方后，登录云课堂，点击头像左边的【管理后台】，选择【内容管理】，进入左边导航栏的【课程管理】，页面将出现创建课程的图标和字样，点击【+】图标即可创建课程，如图 6–156 所示。

创建课程步骤：

创建课程→课程讲师信息→课程其他推广与设置→课程安排→提交审核。

1. 创建课程

（1）课程名称：是对课程内容的高度概括，需要简洁、通顺、突出主题。

（2）适用人群：是对课程的适用人群进行介绍，方便用户快速匹配是否为该课程的用户。

（3）课程分类：是根据课程内容选择对应恰当的分类。

（4）课程介绍：是对课程内容进行详细介绍。课程内容越完善，对用户的吸引力越大，越有利于平台对课程的推荐。云课堂推荐课程介绍使用图文的形式进行展示，模板可在课程介绍页面进行下载。如图 6–157 所示。

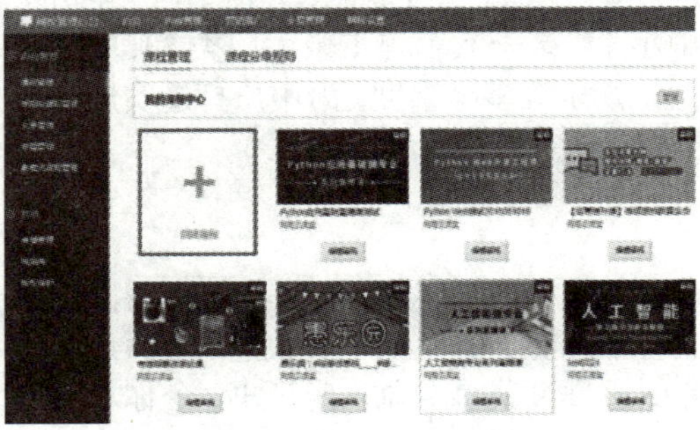

图 6–156 课程创建

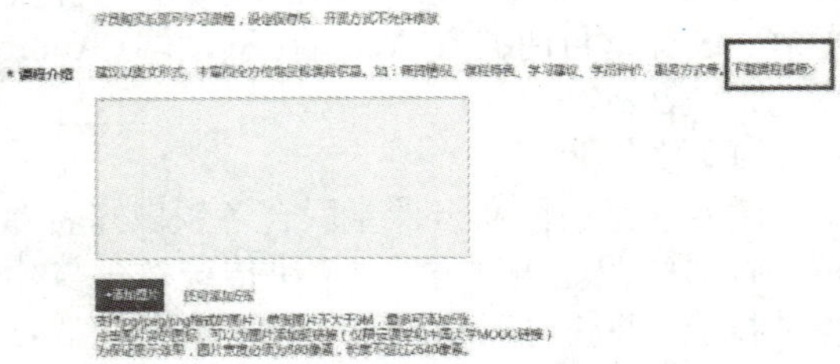

图 6–157 模板下载

（5）课程封面图片：须高清、简洁，图片尺寸为440*248，小于20M，支持jpg、png、bmp格式。

2. 课程讲师信息

（1）若已认证，可直接搜索昵称添加。

（2）若未认证，可在管理后台→网校设置→员工账户管理→其他员工账号中新增员工后再搜索昵称添加。

3. 课程其他信息设置与推广

（1）价格与折扣：免费课程不用填写；收费课程，老师可在后台设置课程价格折扣，如需发放优惠券，请在课程创建完成后至管理后台→网校设置→优惠券管理中进行创建。

（2）课程有效期：分为永久生效、指定日期自动下载、到期后用户需要重新付款学习，老师需要根据课程内容合理设置期限。

（3）服务咨询方式：每门课程都可以添加答疑客服，填写云课堂注册账号昵称保存即可。如图 6–158 所示。

图 6–158　添加账号

4. 课程安排

（1）章节、课时名称需体现视频具体的内容。

1）章节、课时名称不能以排序代替，如“第一节”“第二节”。

2）章节、课时标题中无须重复出现课程标题、讲师、机构名称，务必简明扼要。

3）付费课时必须至少设置 1 个预览课时。

（2）创建课时要求。

a. 章节、课时名称需体现章节、课时的具体内容，确保简洁、清晰，请勿添加联系方式，如 QQ、微信等。

b. 非连载课程至少需包括 3 个课时（直播课程除外），连载课程要求请查看下方“连载课程要求”。

c. 如果是付费课程，至少需要设置 1 个可以免费预览的课时。

付费课程要求：

a. 试看课时数量 / 时长。

所有付费课程至少设置 1 个试看课时，视频 / 音频总课时时长必须大于 5 分钟，文档、直播不做时长要求。

b. 试看课时顺序。

出于用户学习和浏览顺序考量，试看课时一般为课程第 1 个，或者前面几个课时；也可以将课程中间的精彩课时开放试看。

c. 试看内容规范。

试看内容必须包含课程总览介绍或知识点教学。

不可上传与课程内容无关的内容。

严禁出现机构宣传片、导流广告。

连载课程要求：

a. 连载类课程至少需要 30 个课时，提交审核时，课时数不得少于总课时数的 30%，若课程的数量超过 100 节，则至少上传 30 节。

b. 提交审核时必须在课程介绍中写明预计的总课时数、课程大纲、更新周期、完成时间，更新周期最长六个月。

c. 课程发布后，一周内必须进行首次更新，同时在半年内更新完结。

勾选“连载”后，用户将看到课程为“连载”状态，如图 6–159 所示。

（3）四种课时类型

1）视频：符合国家法律法规以及道德标准，视频内容积极向上，能给用户以正确的价值观引导，如图 6–160 所示。

2）文档：课时内容的文档要具体详细。应清晰、有条理地描述章节内容，给您所开设的课堂传输出来的知识一个完整的架构，同时保证课时丰富。文档支持 pdf 格式，文件最大为 50M，如图 6–161 所示。

3）直播：由于直播的实时性，请先创建测试课程进行测试，确保直播设备稳定，网络顺畅后再进行正式的直播。直播类型、时间请根据课程内容合理选择，如图 6–162 所示。

4）音频：上传音频文件和音频内容，上传的音频文件要求讲师语言清楚，无噪声。音频内容应选有代表性和价值的内容，可上传图文或纯文字内容。音频支持 mp3 格式，最大为

100M，如图 6-163 所示。

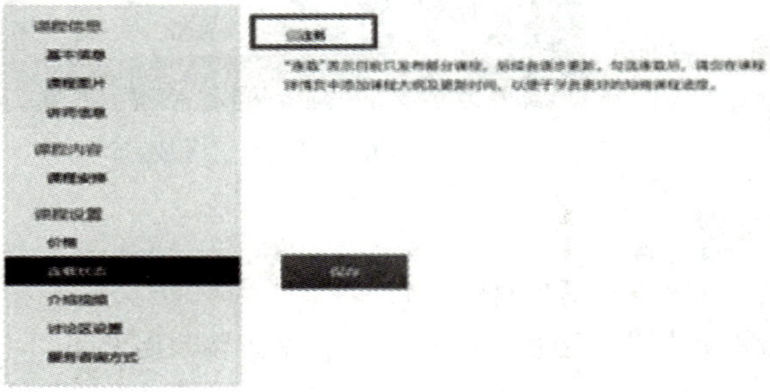

图 6-159　设置连载

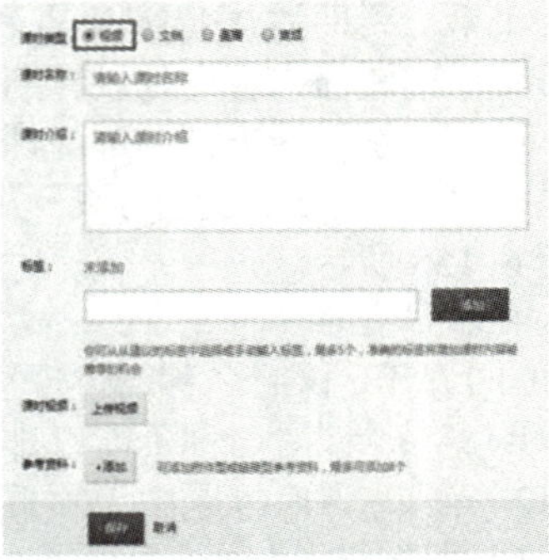

图 6-160　视频类型

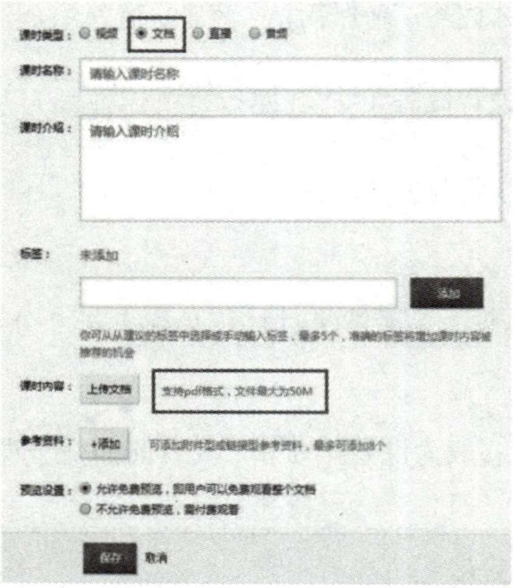

图 6-161　文档类型

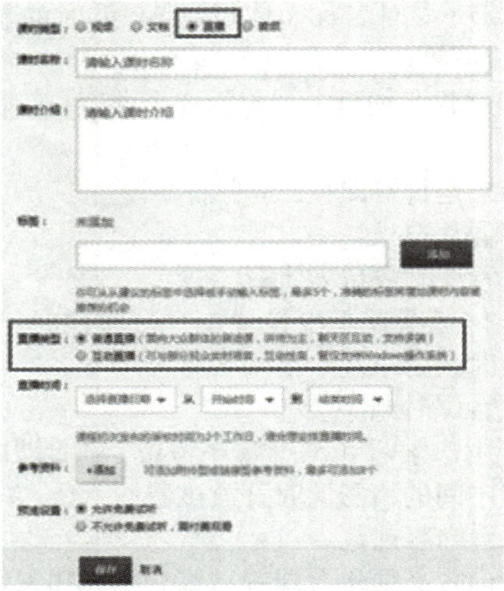

图 6-162　直播类型

注意：四种类型单个课时最多可添加 5 个标签、8 个附件型或链接型参考资料，参考资料应对课堂内容起补充作用，须有参考和使用价值。若创建的课时顺序有误，可以点击【排序】调整课时的先后顺序。如图 6-164 所示。

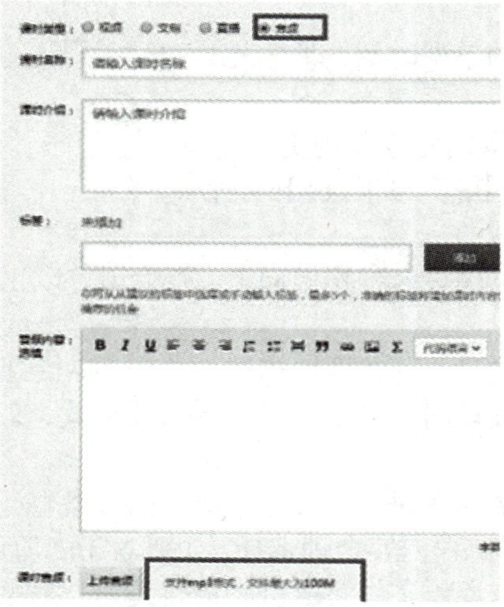

图 6-163　音频类型

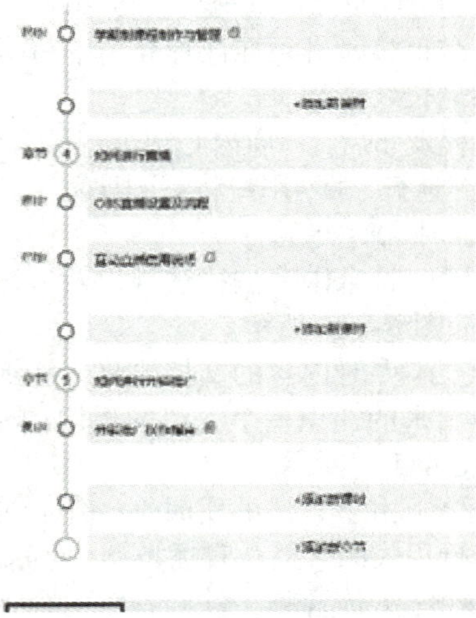

图 164　调整排序

5. 提交审核

网易云课堂作为一种信息共享平台，它可以有效地整合网络技术，让学习者能够在学习的过程中体验到知识和技能带来的愉悦感，能够为学习者培养浓厚的学习兴趣，为讲师和学习者之间的互动提供了多样化途径，而且能够监控学习过程，认定学习者的学习成果。网易云课堂也设计了强大的笔记功能，学习者在查看笔记的过程中，也能够和具体的视频点结合起来，还能够让学习者向其他学员和教师开放自己的学习笔记。通过这种方式，不但能够增强课程学习过程中的互动性，也能够增强学习者和内容之间的互动，能够真正地实现“建构主义教学”模式，持续地提升学习者的学习效果。

四、爱学堂

（一）平台介绍

爱学堂是慕华成志旗下的教育软件，是清华大学发起的MOOC平台学堂在线的基础教育频道，是教育部在线教育研究中心基础教育部的研究交流和成果应用平台。依托清华基础教育资源，集合腾讯百度等互联网团队，同教师团队创新性的将课堂教学和互联网结合，打破了学习的空间和时间约束，从在线评估、微课慕课、智能题库到个性化学习平台，爱学堂采用互联网科技为教师和学生提供全新的学习体验，助力国内中小学完成课堂内外的持续创新，给孩子更好的学习体验。其软件图标如图 6–165 所示。

图 6–165　爱课堂 LOGO

（二）操作指南

1. 注册登录

目前的爱学堂版本是无法实现老师的自主注册，系统主要与学校对接，老师的信息由学校传送过来后等待一段时间，实现学校与教学平台的对接，才可以使用到相关的教学资源。当平台与学校合作之后，教师会拥有属于自己的工号密码，登录即可使用相关的教学资源。

首先登录爱学堂首页（http：//www.aixuetang.com/index），找到“教师登录”选项，点击即可进入相关的登录界面。初次登录，教师需要使用分配的工号并配合着初始密码进行登录，首次登录后需要尽快更改密码，以保护教师的隐私不外泄。若觉得工号太长不便记忆，可以前往个人中心绑定手机、邮箱以及给账号设置一个用户名，以后再次登录的时候可以直接用手机、邮箱或者用户名配合密码来登录。如图 6–166、图 6–167 所示。

图 6–166　爱课堂首页

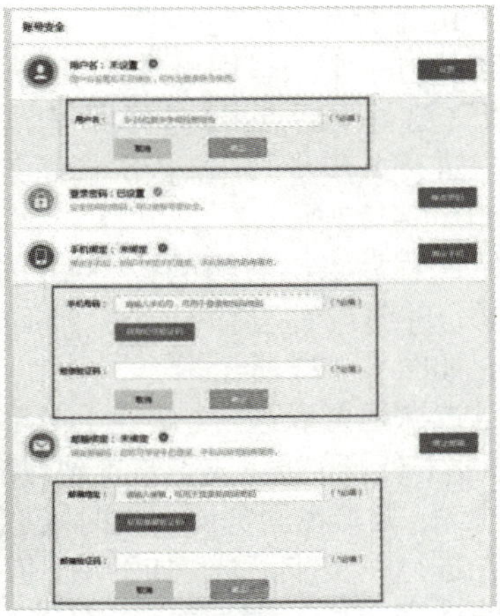

图 6–167　用户资料修改

2. 后台管理

（1）个人中心。

教师完成登录之后，可以通过以下方式进入后台“个人中心”。在“个人中心”里，可以看到“基本信息”“我的资料”“账号安全”三个选项卡，并进行相关信息的设定。

方法一：点击头像即可进入“个人中心”。如图 6–168 所示。

方法二：登录智能教学平台之后，点击右上角下拉菜单也可找到“个人中心”，点击进入即可。如图 6–169 所示。

图 6–168　后台个人中心入口

图 6–169　个人平台入口

（2）账号安全。

工号作为教师 ID，是系统自动生成，无法更改，光是用工号进行登录有可能导致因忘记工号而无法登录的情况，现今智能教学平台提供了三种登录方式：工号登录、用户名登录、绑定的手机号 / 邮箱进行登录，最新版本更是提供了教师账号与微信绑定的方式，防止因突发情况造成账号无法登录的情况。因此，可以在第一次使用工号登录后，尽快设置一个熟悉的用户名，或者绑定您的手机号或邮箱，这样，下一次登录时即可使用其他登录方式。如图 6–170 所示。

图 6–170　账户安全界面

（三）功能介绍

1. 预习

（1）布置预习。

方法一：打开 js.aixuetang.com 并登录进入首页，“布置预习”在首页有三个入口，如图 6–171 所示。

点击任意一个入口即可进入“布置预习”的详细页面，依次选择“开始时间”“结束时间”和“班级”，选好之后点击【选择课程】跳到下一个选择课程的页面，“选择课程”步骤如下。

首先进行一步步筛选，依次选择年级、学科、学期、版本以及类型，然后锁定自己想要的课程，如图 6–172 所示。

锁定课程后点击右边的【下拉】按钮展开课程的详细列表，然后勾选要留的小节；完成选择之后，屏幕最右边有一个小浮窗显示当前已选择的课程；点击【完成选择】按钮完成课程选择。如图 6–173 所示。

对已选课程可以进行【删除】或者【继续选课】的操作，确定了预习内容后设置好预习名称，再点击【布置】就完成了布置预习的所有步骤了。如图 6–174 所示。

方法二：教师在浏览课程的时候也可以直接布置预习。如图 6–175 所示。

首先进行一步步筛选，如下图，依次选择年级、学科、学期、版本以及类型，然后锁定自己想要的课程；锁定课程后点击右边的【下拉】按钮展开课程的详细列表，出现下面的界面，选择想要布置预习的小节点击【布置预习】即可，如图 6–176 所示。

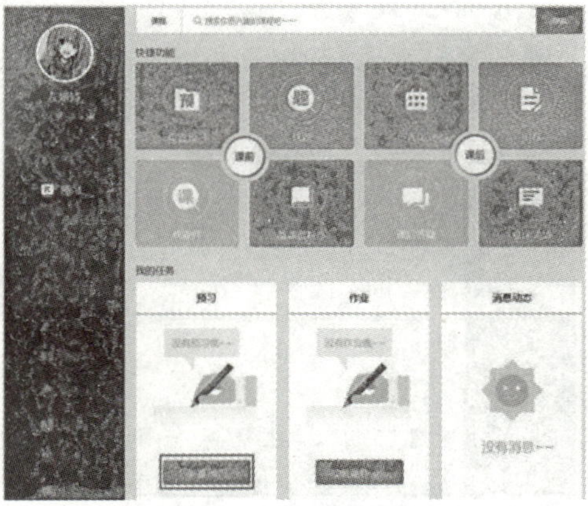

图 6-171　布置预习入口

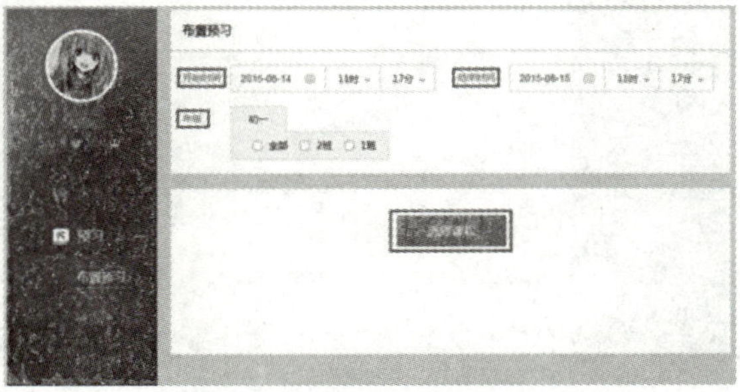

图 6-172　锁定课程

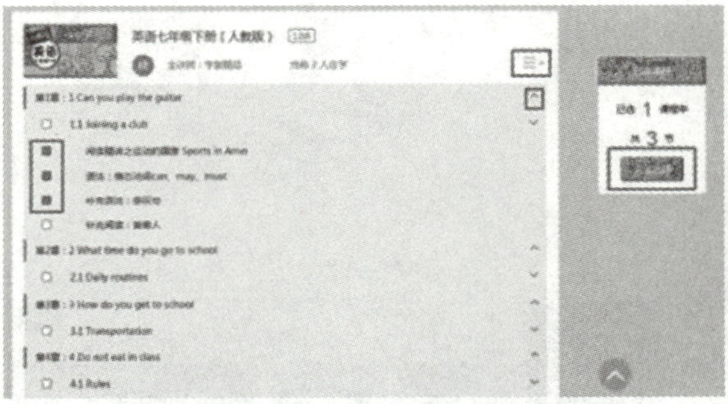

图 6-173　完成选择

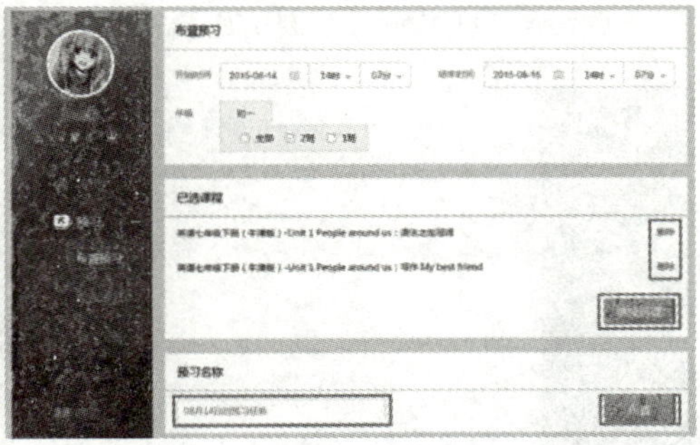

图 6-174　完成布置预习

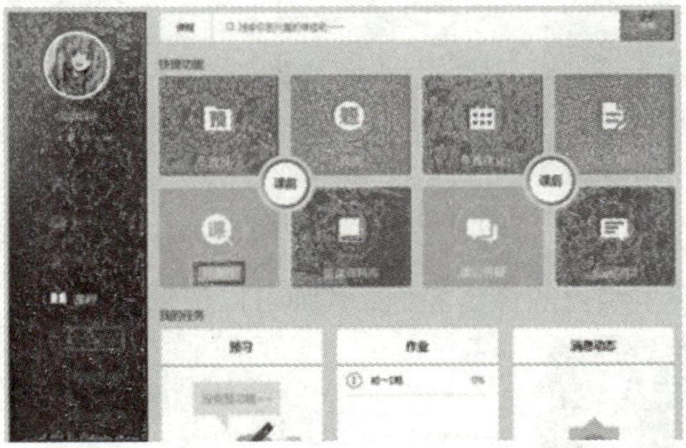

图 6-175　布置预习入口 2

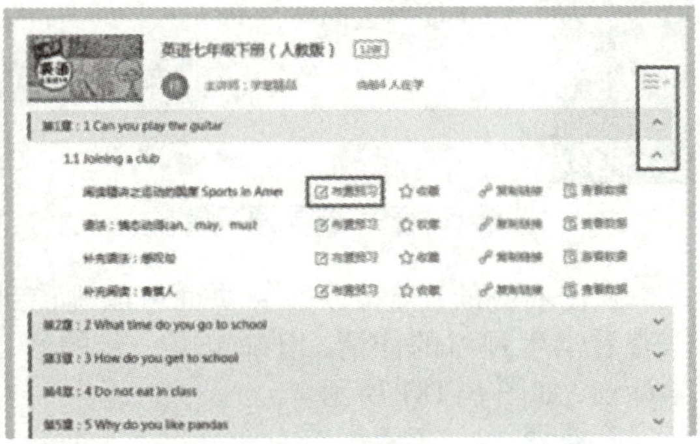

图 6-176　课程筛选

同样也可以对已选课程进行【删除】或者【继续选课】的操作，确定了预习内容后设置预习主题，再点击【布置】就完成布置预习的所有步骤了，如图 6-177 所示。

（2）检查预习。

打开 js.aixuetang.com 并登录进入首页，【检查预习】入口如图 6-178 所示。

待页面跳转之后，即可选择相应的课程，点击右侧的【检查预习】可进入详情页面，以查看到该班级下所有学员的详细预习情况，如图 6-179 所示。

（3）预习历史。

当布置预习之后，所布置的预习内容会在【检查预习】中显示；当点击【检查预习】之后，预习内容会同步到【预习历史】中，【检查预习】中将不再显示所布置的预习。若想再次检查预习，流程如下所示。

图 6–177　完成布置预习

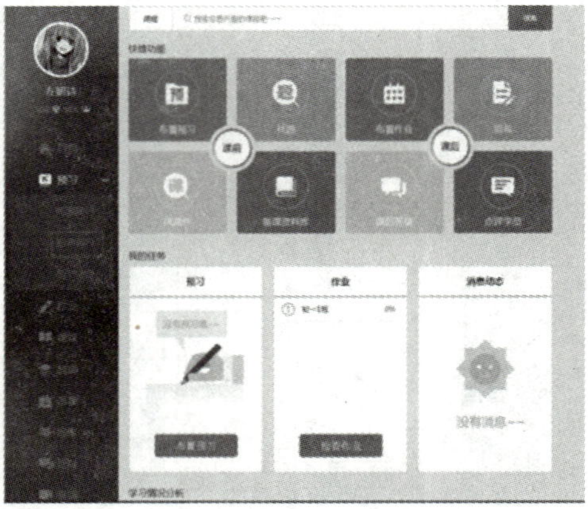

图 6–178　检查预习入口

点击首页中的【预习历史】，页面跳转，如图 6–180 所示。

图 6–179　学员预习情况

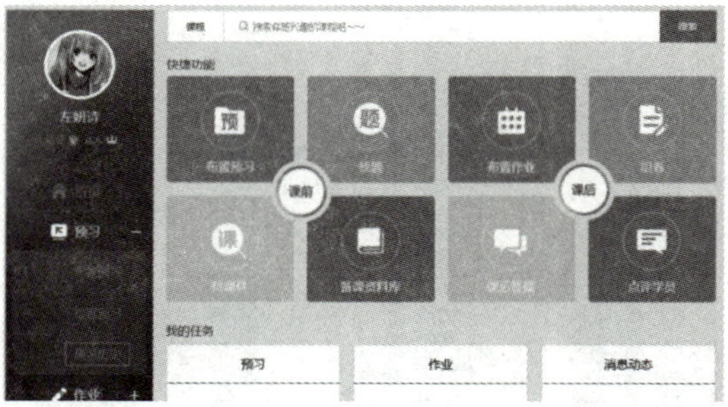

图 6–180　预习历史

点击右侧的【查看数据】，页面可以跳转到学生预习的详情界面，教师可以根据其预习数据查看学生预习的详情，以确定下一步的教学计划，如图 6–181 所示。

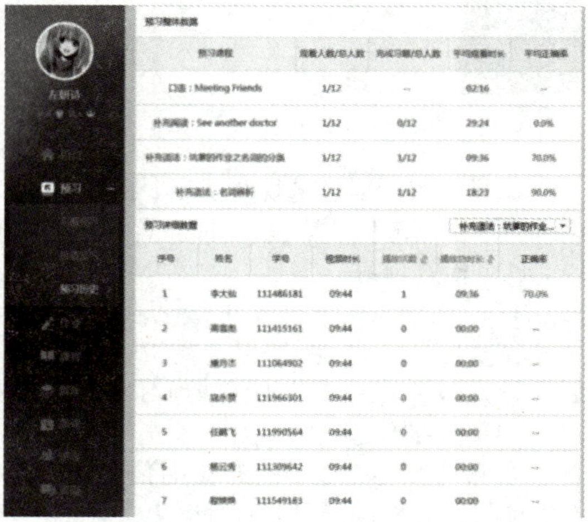

图 6–181　预习详情数据

2. 备课

（1）查找备课资料。

目前的备课资料只支持下载后使用。打开 js.aixuetang.com 并登录进入首页，【备课资料】在首页有两个入口，如图 6–182 所示。

点击任一个入口都可以进入【备课资料】的详细页面，在一级界面中可以选择类型和靠关键词搜索筛选出自己想要的资料，然后点击标题就可以下载备课资料，以备上课时使用了，如图 6–183 所示。

（2）我的资料。

“我的资料”类似于一个云盘，将平时的

资料上传到云盘中，方便以后在上课的时候提取使用。目前“我的资料”这一块仅支持上传、下载、移动、重命名、删除等功能。

上传。首先进到“我的资料”界面，然后选择上传到某一个文件夹，点击进入文件夹，再点击【上传资料】，弹出选择上传文件的对话框，选择好资料后点击打开，就完成了资料的上传，如图 6–184 所示。

图 6–182　备课资料入口

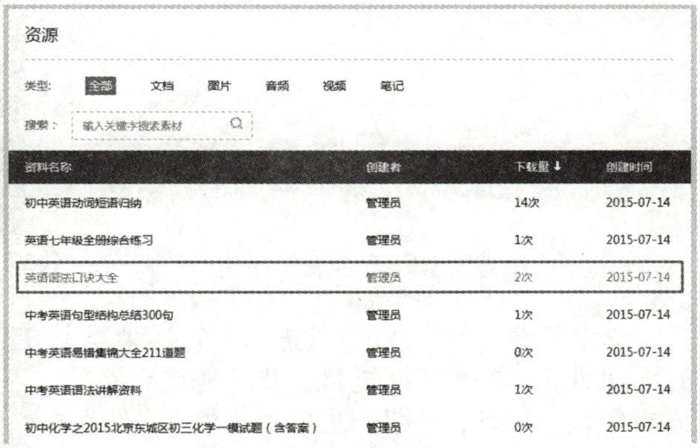

图 6–183　备课资料

下载。打开“我的资料”界面，选择想要下载的内容（注：不支持文件夹的下载和批量下载），然后点击【下载】按钮下载，也可以对文件左键双击实现下载。上述操作后会弹出确认下载的对话框，选择路径后点击保存就完成了资料的下载。如图 6–185 所示。

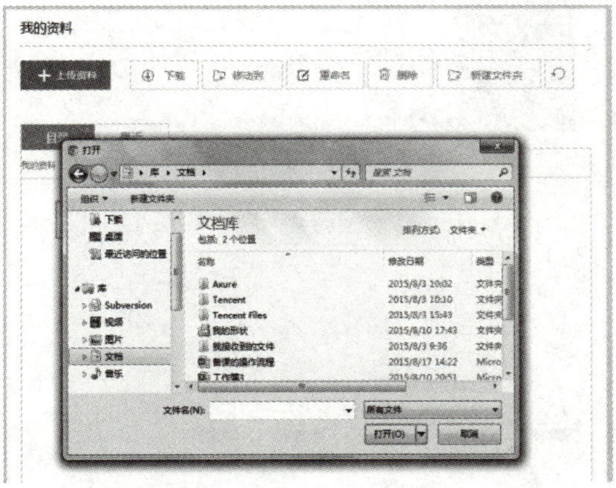

图 6–184　我的资料上传

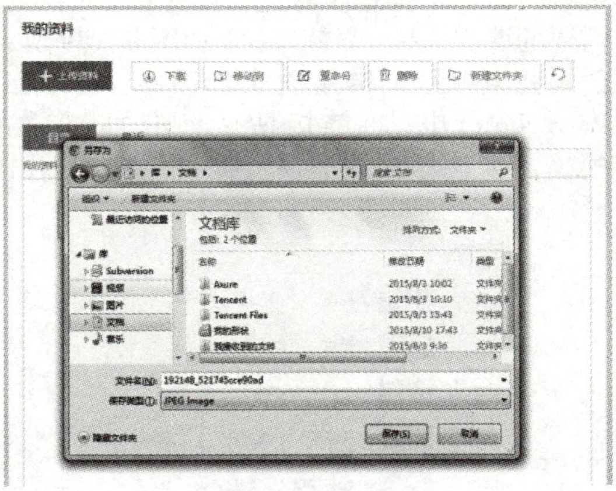

图 6–185　我的资料下载

移动。将文件或文件夹移动到另一个文件夹中（注：本次版本只支持在同级目录中移动），选中想要移动的文件夹或文件，点击【移动到】按钮，选择目标文件夹，点击【确定】就完成了文件或文件夹的移动。如图 6–186 所示。

3. 课程

教师要查找课程资料或者将视频资料应用到自己的 PPT 中，都可以使用“全部课程”按钮进行操作，其查找课程的操作方法如下。

首先打开 js.aixuetang.com 并登录进入首页，【找课件】在首页有两个入口，如图 6–187 所示。

图 6–186　我的资料移动

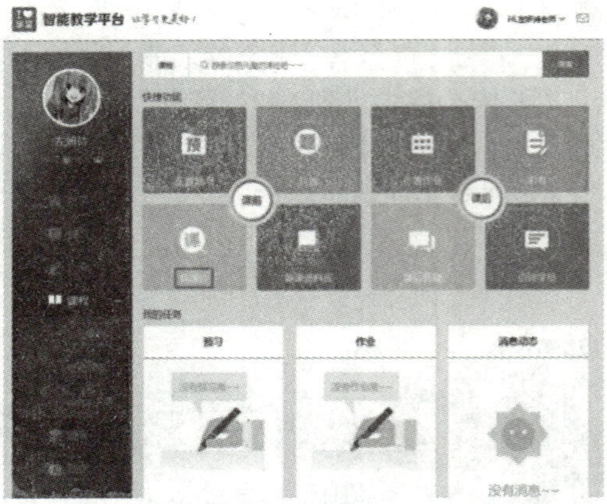

图 6–187　找课件入口

点击任意一个入口即可进入【全部课程】的详细页面，教师可以进行一步步筛选，依次选择年级、学科、学期、版本以及类型，然后锁定自己想要的课程；锁定课程后点击右边的【下拉】按钮展开课程的详细列表；对于任意章节下的内容可以点击【布置预习】【收藏】【复制链接】【查看数据】。如图 6–188 所示。

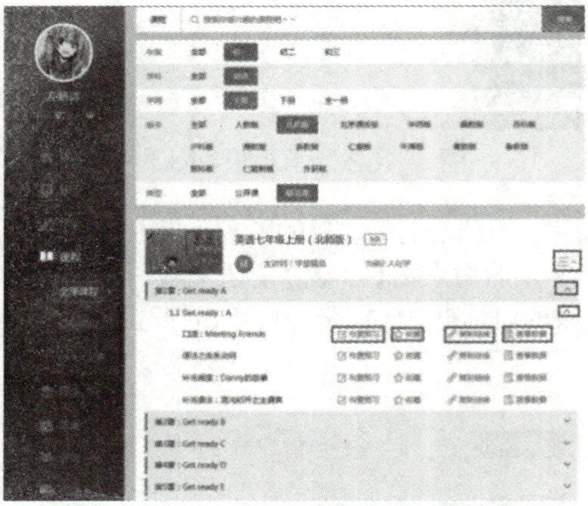

图 6–188　课程筛选界面

如果想要将视频资料插入自己的 PPT 中，可以按照以下操作步骤进行操作：首先找到你需要的课程，点击复制链接，如图 6–189 所示。然后将复制好的链接插入 2010 或 2013 office PowerPoint 中；将链接粘贴点击插入，教师根据需要调整播放器大小即可。如图 6–190 所示。

图 6–189　复制课程资料链接

4. 作业及答疑

（1）布置作业。

首先打开教师首页，在首页有三个入口可进到布置作业的页面。如图 6–191 所示。

依次选择【作业时间】→【班级】→【教材】以及【作业布置】的方式，然后点击右侧的下拉按钮选择想要布置的题目；锁定要布置的章节和知识点后就可以选择增加或减少题的按钮来选择布置的题数，在一切都弄好之后就可以点击【确认布置】完成作业的布置，如图 6–192 所示。

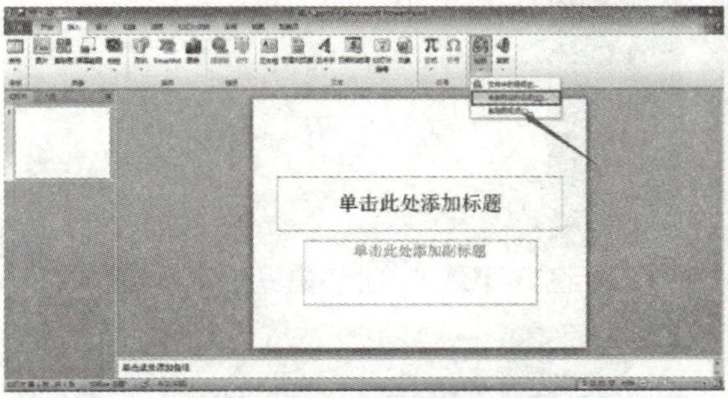

图 6–190　插入视频资料

图 6–191　布置作业界面

（2）检查作业。

打开 js.aixuetang.com 并登录进入首页，在首页点击【检查作业】按钮，选择要检查的作业，点击右侧的【检查作业】，页面跳转，即可查看该班所有学员完成作业的详细情况。其中既可以“按学生查看”完成作业的详细情况即包括分数、完成日期，以及完成用时，也可以“按题查看”完成作业情况即包括每道题的完成人数、做对人数、做错人数以及正确率，如图 6–193 所示。

（3）作业历史。

当布置作业之后，所布置的作业内容会在【检查作业】中显示；当点击【检查作业】之后，作业会同步到【作业历史】中，【检查作业】中将不再显示所布置的作业。

在【作业历史】中，可以查看每位同学的作业情况。点击【预览作业】，可以查看作业习题及答案；点击【查看数据】，可以查看班级学员完成作业的详细情况。如图 6–194 所示，点击【查看】，弹出页面，可以查看某位学员完成作业的具体情况。

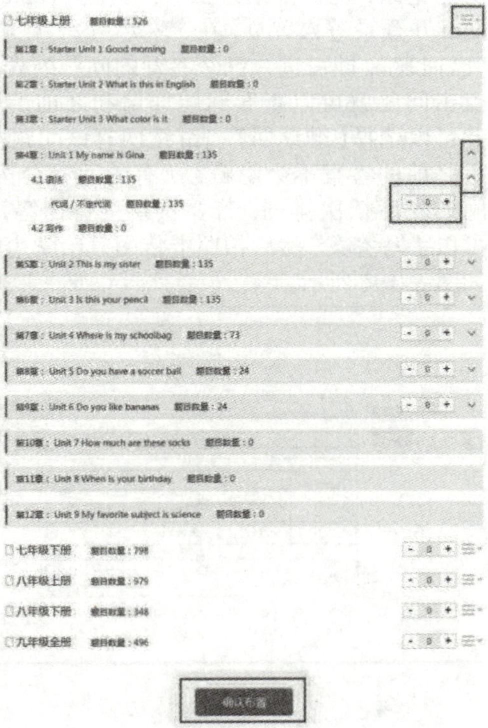

图 6–192　布置作业筛选

（4）回答新问题。

打开 js.aixuetang.com 并登录进入首页，【新问题答疑】在首页有两个入口，如图 6–195 所示。

点击【新问题】和【课后答疑】这两个按钮都能进到学生提问目录的界面。点击题目就可以进到答题的界面，在答题框填完答案后点击【提交】即可，如果在答题框无法给学生讲解清楚，也可以用纸笔作答然后拍照上传。如图 6–196 所示。

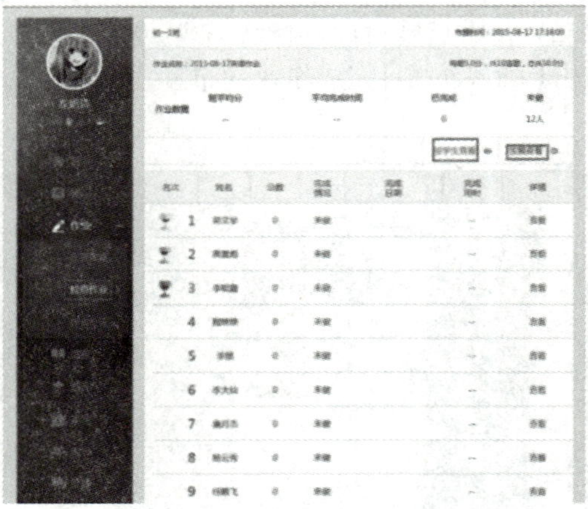

图 6–193　检查作业界面

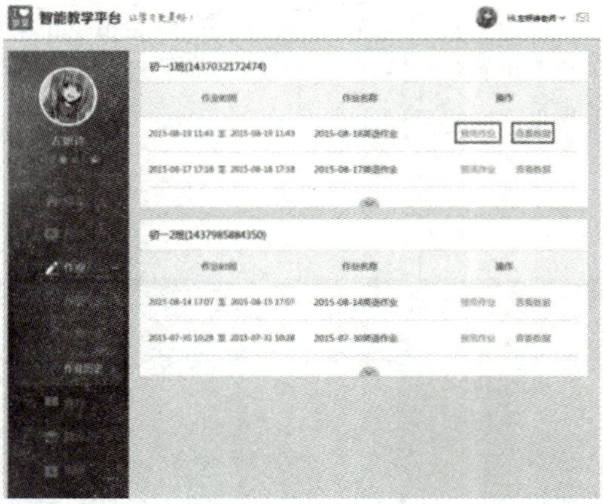

图 6–194　作业历史界面

（5）已答疑的历史。

对于已经回答过的问题在系统中可以查看历史记录，也可以继续回答。打开 js.aixuetang.com 并登录进入首页，在“答疑”这一栏中选择“已回答”，即可进入已经答疑的问题列表界面，点击问题就可以查看问题详情和之前的回答，并可以选择【继续回答】继续回答该问题，回答后之前的答案不会隐藏，所有的回答会按照时间的先后依次排列，若要重新进行回答，同样可以手写答案，然后拍照上传图片给学生解答。如图 6–197 所示。

图 6–195　新问题答疑

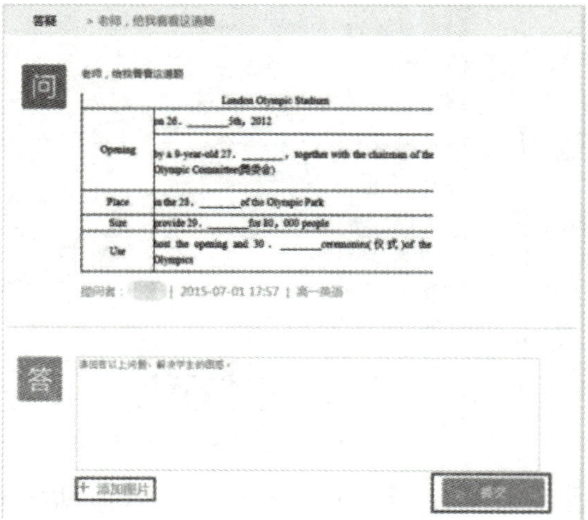

图 6–196　完成答疑

图 6–197　重复答疑

5. 题库

（1）找题。

打开 js.aixuetang.com 并登录进入首页,【找题】如图 6-198 所示，点击之后，页面跳转。

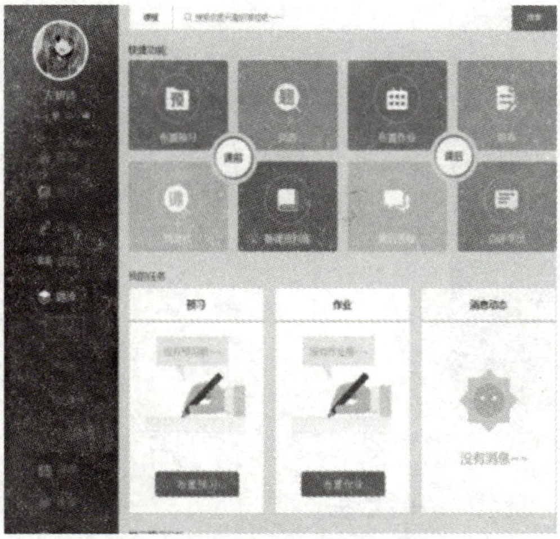

图 6-198　找题入口

选择学科（说明：同布置作业的学科，即根据老师所开账号的学科），试题检索选择【按章节】或者选择【按考点】，之后即可按步骤进行检索，如图 6-199 所示。

（2）组卷。

打开 js.aixuetang.com 并登录进入首页,【组卷】如图 6-200 所示，点击进入，页面跳转。

组卷的方式可以是手动组卷或智能组卷。手动组卷：点击【手动组卷】之后，页面会进行跳转，然后依次选择科目进行试题检索，找到想要的题目后点击【试题栏】，该页面右面的已选试题栏中的已选试题增 1，选择试题结束后点击【组卷】则页面跳转，教师可以选择点击【保存试卷】或【下载试卷】。如图 6-201 所示。

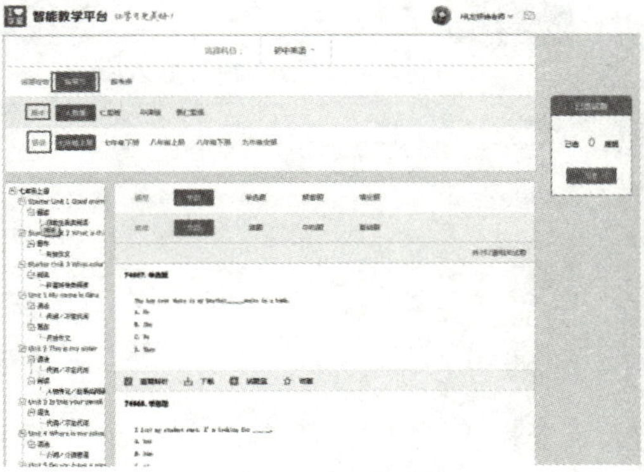

图 6-199　试题检索

图 6-200　组卷入口

（3）我的题库。

打开 js.aixuetang.com 并登录进入首页,【我的题库】如图 6-202 所示。点击之后页面跳转，页面显示收藏的题目。对于所收藏的题目可以进行查看解析、下载、试题篮、取消收藏等四个操作。查看解析：查看该题目的答案与解题分析；下载：该题目以 word 文档形式下载；试题篮：用于手动组卷；取消收藏：在我的题库中不会再显示这道题目。

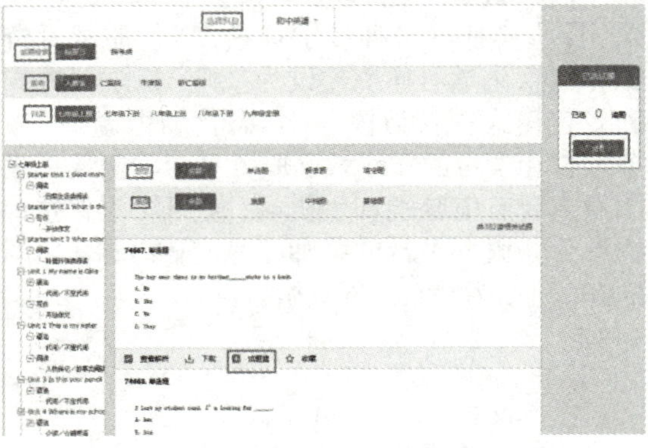

图 6-201　完成组卷

6. 班级管理

（1）班级的管理。

进入班级管理界面之后，“我的班级”是一个关于所在班级的情况展示，点击【学生详情】进到学生列表的页面可以对学员进行【查看学习情况】和【解除学员关系】的操作。注意：学生在被解除后教师无法再次添加，所以操作时请慎重。如图 6-203 所示。

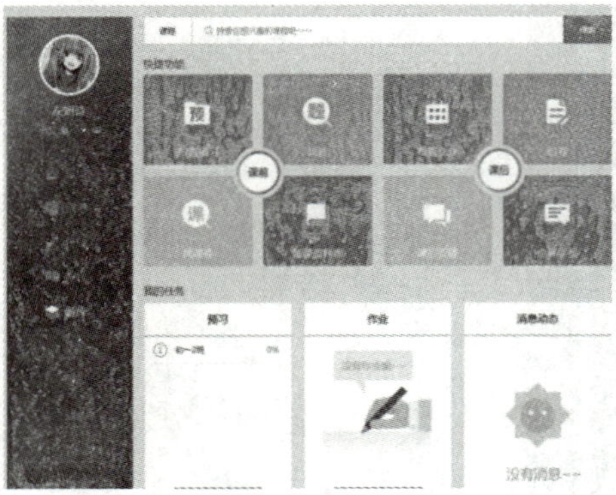

图 6-202　我的题库界面

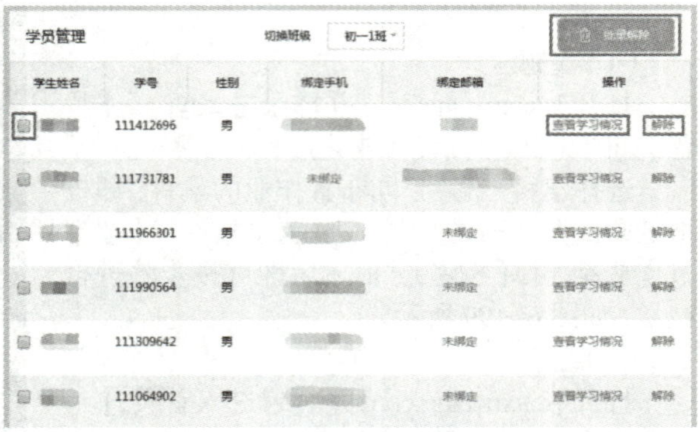

图 6-203　班级管理界面

（2）查看数据。

“我的班级”界面展示的是本班学生所有科目合起来的数据信息，点击【查看详细】，这里的“班级”为您所在班级，如带多个班级可以选择；科目为您所属的科目，不可选择，系统默认每个老师带一门学科。如图 6-204 所示。

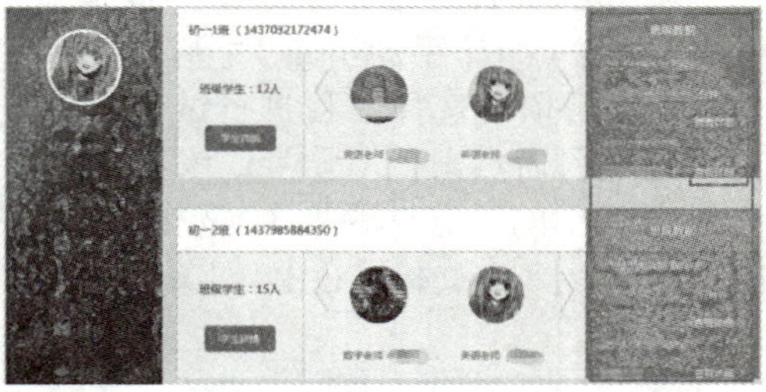

图 6-204　查看数据入口

除此之外，教师也可以查看学生学习情况数据。点击进入“我的学员”界面，展示出学员的列表，可以在顶部搜索特定学生，也可以通过班级来筛选学生，点击【查看详细】可以查看该学生的学习数据。如图 6-205 所示。

图 6-205　查看数据界面

五、赣教云

（一）平台介绍

赣教云即江西省教育资源公共服务平台（JiangXi Public Service Platform For Education Resources），是江西省委教育工委、江西省教育厅为加快推进我省教育信息化工作的重要工程，是集云基础设施、云应用、云资源、云安全、大数据等于一体的全省教育云服务平台。

赣教云教学通是覆盖课前备课、课中授课、课堂延伸等多种教学场景，以优质教育资源和信息化学习环境建设为基础，以学习方式和教育模式创新为核心，常态化助力老师、服务家长和学生的在线教学服务平台。赣教云教学通主要有电脑端和手机端，使用江西省教育资源公共服务平台的教师账号密码登录，如图 6-206 所示为赣教云网页版首页。

图 6-206　赣教云首页

（二）下载登录

1. 赣教云教学通 2.0 下载

赣教云教学通现在已经更新到 2.0 的版本，

较 1.0 版本来看，新版本收纳了很多用户反馈的意见，增加了很多新的功能。其下载步骤如下：首先打开江西省教育资源公共服务平台（www.jxeduyun.com），在首页的右上角的客户端，选择赣教云教学通，单击下载即可。如图 6–207 所示。

下载安装成功后，教师即可使用登录江西省教育资源公共服务平台的账号密码直接登录赣教云教学通。如图 6–208 所示。

图 6–207 客户端下载

2. App 下载

方法一：打开平台，在首页右上角的客户端，选择赣教云 App，根据自身账号类型下载相应的安装包，安卓手机扫描 Android 二维码，苹果手机扫描 iPhone 二维码。

方法二：安卓手机在软件商店搜索“赣教云”，苹果手机在 Apple Store 里搜“畅言互联”即可下载。

图 6–208 客户端首页

3. 网页版登录

首先打开江西省教育资源公共服务平台（www.jxeduyun.com），找到“赣教云”点击进入，在右上方选择登录即可。

（1）已有江西基础教育资源网的教师账号。

对于已经有江西基础教育资源网账号的教师，直接使用江西基础教育资源网的教师账号从“教师”窗口登录，完善个人信息即可。如图 6–209 所示。

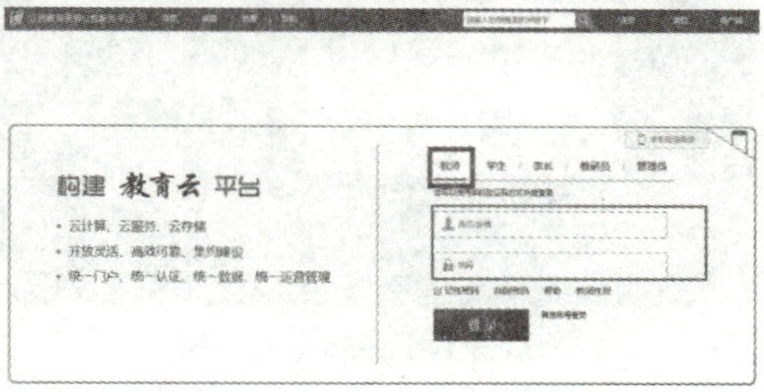

图 6–209 网页版登录界面

（2）没有江西基础教育资源网的教师账号。

对于没有账号的教师，可以到江西省教育资源公共服务平台注册，设置“个人账号”“密码”并填写相关的个人信息，提交后联系本校管理员审核即可直接登录（注：学校尽量不要误选，如有误选请联系县区管理员拒绝通过后重新申请）。注册界面如图 6–210 所示。

（三）客户端功能介绍

1. 上课

课本教学。为方便教师教学，赣教云收纳了从小学至高中多版本的电子书课程资源。启动教学通后，单击【+】进入书库，教师根据自己所教的学段学科下载相应的电子课本和配套的资源，下载完后点击书本封面即可打开相应电子课本进行教学。如图 6–211 所示。

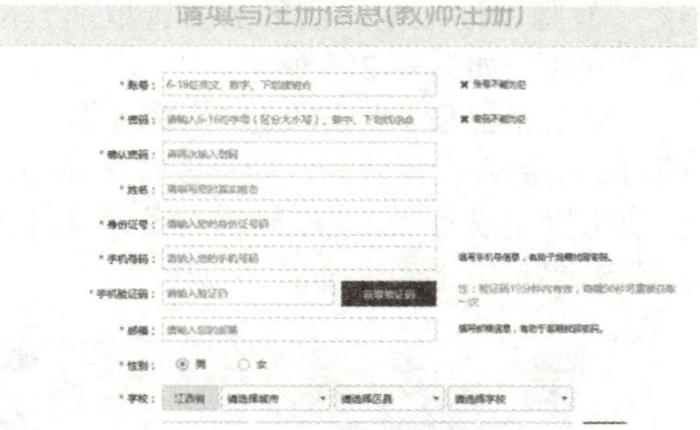

图 6–210 账号注册界面

电子课本界面。下载好的电子书为课本的高清扫描版，模拟教师上课时实体书翻页，内容真实清楚。界面分为内容显示区和工具栏，中间大面积区域清晰显示教师教材的内容，旁边的工具栏方便老师授课时对课本内容进行讲解。如图 6–212 所示。

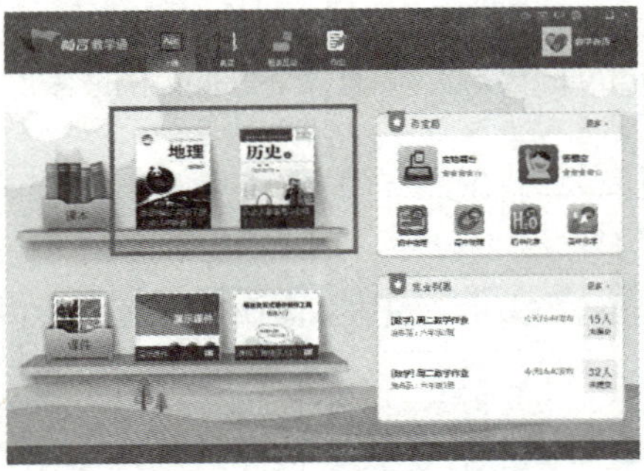

图 6-211　课本管理界面

图 6-212　电子课本界面

电子黑板。教师若要进行内容讲解，可使用赣教云的电子黑板的功能。书架界面上点击【打开黑板】按钮，或者在电子课本中点击侧边工具栏的【黑板】，可以进入黑板界面。电子黑板模拟教室黑板，教师可在上面进行任意的标注和讲解工作。黑板提供大范围的书写空间，提供多颜色与规格的画笔，方便进行习题讲解和重点的标注。如图 6–213 所示。

2. 备课

电子课本备课。为方便教师进行课前的备课工作，赣教云提供了丰富的备课资源和多样的资源上传方式。教师打开电子书后，点击页面中下方【资源工具栏】按钮，即可进入编辑状态开始备课。如图 6–214 所示。

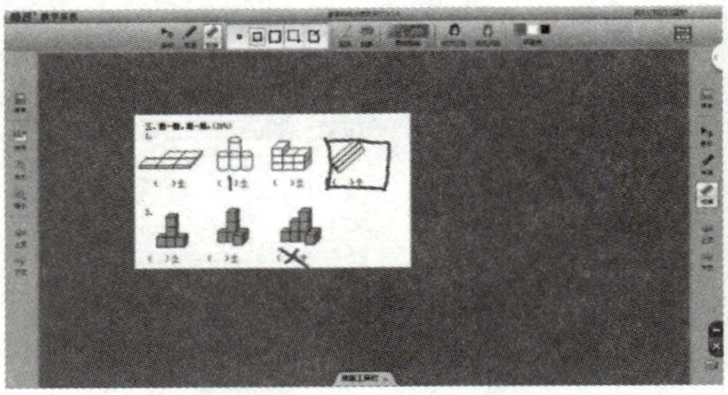

图 6-213　电子黑板界面

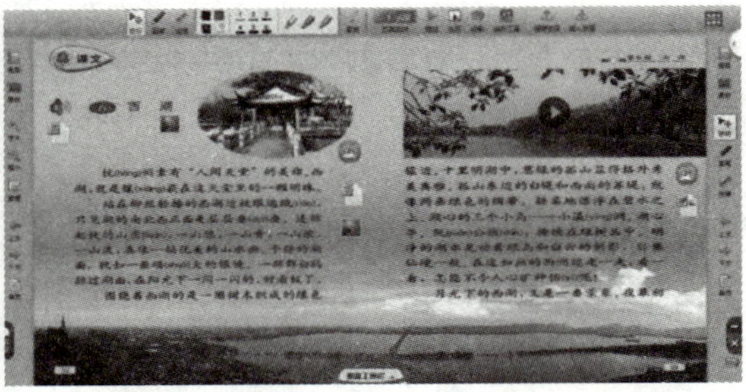

图 6-214　资源工具栏

赣教云提供五种上传资源的方式：系统提供的书课的资源、调用“个人网盘”的资源、“云资源库”“打开本地文件”和“新建”，教师可以根据自己的需要选取适合的备课方式。如图 6–215 所示。

完成备课后，点击收起“资源工具栏”，即可直接进入授课状态。如果教师是在办公室或家里完成备课工作，则需对备课文件进行“导出导入”操作。如图 6–216 所示。

图 6-215　资源上传

图 6-216　文件导入导出

课件备课。点击【 + 新建课本目录 】，选择相应的“学科”“版本”“年级”及“教材”后，创建教师所教的课本，教师可基于该课本的目录进行备课工作。如图 6–217 所示。

教师创建好课本之后，系统会根据教师创建课本的“学科”“年级”及“教材”等分类信息自动推送精品资源，教师可在线预览课件，再根据教学需要自行下载，下载完后在“我的资源”模块进行显示。如图 6–218 所示。

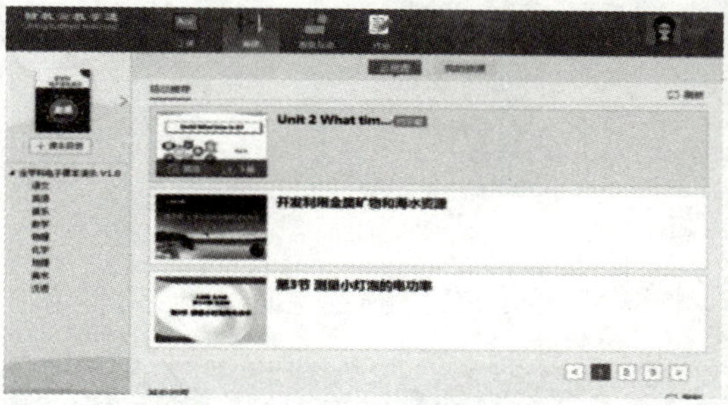

图 6–217　课件备课

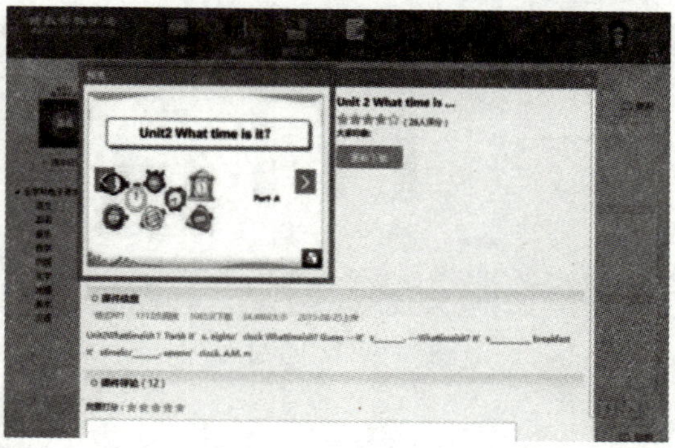

图 6–218　推送课件资源

3. 班级互动

班级圈。教师可以在“班级圈”里发布通知。同时添加“附件”的功能可以将准备好的学习资料分享给班级，学生也可使用“班级圈”将自己的作品进行展示。如图 6–219 所示。

必达通知：教师发布重要的信息时，可以直接发送给家长，对于未及时查看消息的家长，可以通过手机短信的方式推送信息，保证了家长对学生学情的及时关注，加强了家校的联系。通知界面如图 6–220 所示。

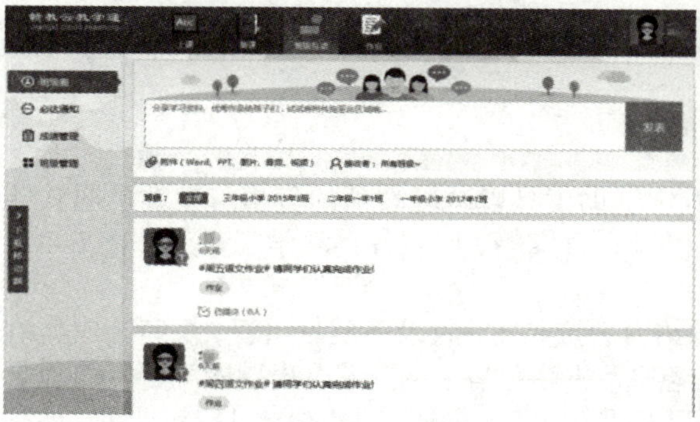

图 6–219　班级圈

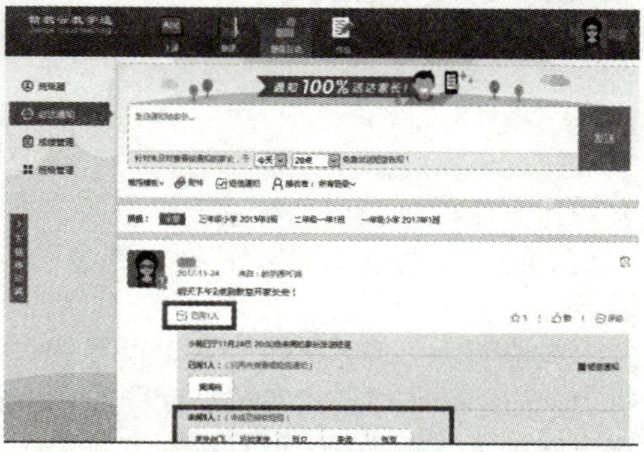

图 6–220　必达通知

4. 作业

赣教云提供了专门的“作业”界面方便教师布置和检查学生作业的情况，点击【作业】模块即可进入作业页面。如图 6–221 所示。

布置作业。赣教云提供了两种教师布置作业的方式，分别是“布置自定义作业”以及使用“题库”进行出题；同时为教师提供了教辅作业功能，以减轻教师负担。下面即对两种布置作业的方式进行简单的介绍。如图 6–222 所示。

自定义作业。教师通过添加附件并设置答题卡的方式，即可将题目布置下去。如图 6–223 所示。

题库出题。教师可以从题库中选择需要的题“加入作业”即可进行作业的布置。如图 6–224 所示。

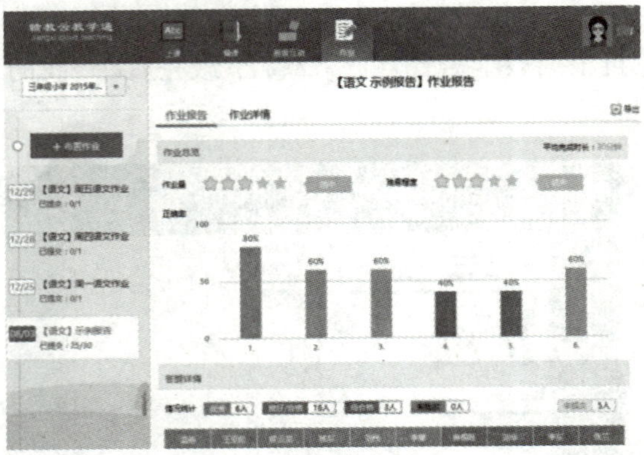

图 6-221　作业

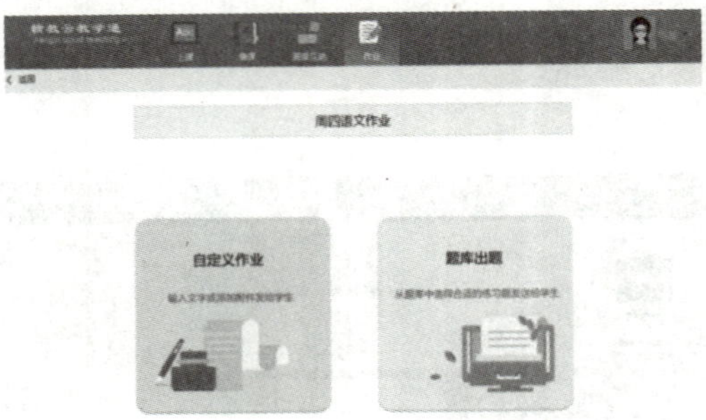

图 6-222　布置作业

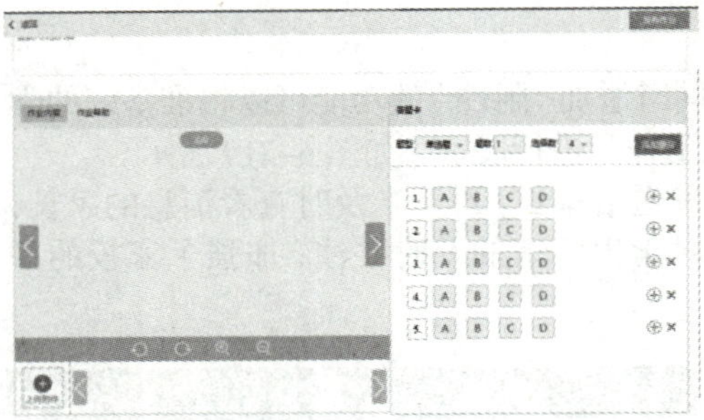

图 6-223　自定义界面

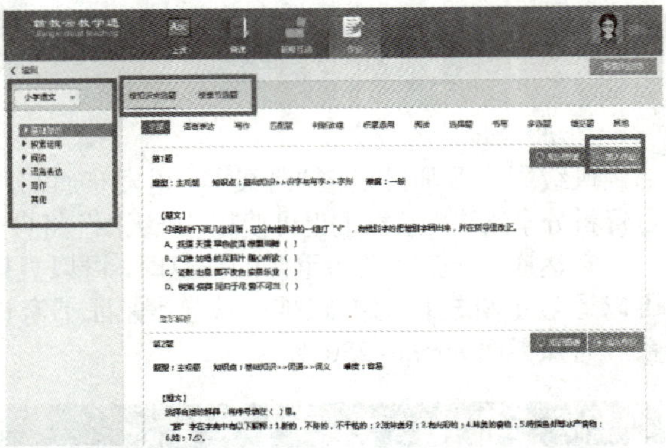

图 6-224　题库出题

5. 教学辅助工具

为方便教师教学，赣教云提供了许多教学辅助工具以减轻教师的负担。在教学通软件首页，点击右上角“百宝箱”的“更多”，可以进入百宝箱，加载各类教学工具。如图 6–225 所示。

英语听力纸卷：赣教云基于世界领先的语音合成技术，收录高质量语音，快速合成英语听力，发音标准与正式考试高度同步，解决老师无法针对学生掌握情况出题的问题。教师可将出好的英文听力题，设置读写方式、速度以及重复次数，最后单击【合成】按钮即可，最后可将听力试卷导出为“.mp3”格式。如图 6–226 所示。

（四）App 功能介绍

为方便教师进行随时随地的操作，赣教云教学通也提供了手机版 App。App 几乎囊括了客户端所有教师能用到的快捷功能，以便教师随时关注学生的情况，并随时将通知发送给家长，加强家校联系。

1. 快捷功能

点击手机端右上角的【+】号即可“发布动态”（发布班级内的动态和学习资源至班级圈）“布置作业”（向班级学生布置作业）“发起聊天”（快速发起群聊或者单聊）和“扫一扫”（扫码入群或者扫码答卷）等功能，如图 6–227 所示。

2. 家校

“家校”模块主要是为了加强教师和家长的联系，通过彼此的互相交流与沟通，共同讨论与研究，以此来促进学生的发展。App 在此模块设置了“班级圈”“家校通知”和“作业”三个功能。

图 6-225　教学辅助工具

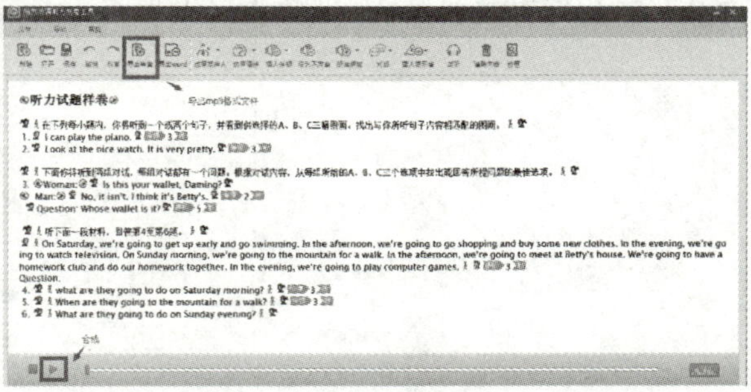

图 6-226　英语听力试卷

“班级圈”里主要是班级里的各同学的动态、班级里的通知和分享的学习资源。“家校通知”主要是教师用来给家长发送重要的通知，教师只需要编辑标题、相关内容、接收人即可发布，还可以选择“定时发布”和“是否回执”。“作业”模块主要是方便教师进行快捷布置作业，教师可以布置“自定义作业”或“口语智能评测作业”。如图 6-228 所示。

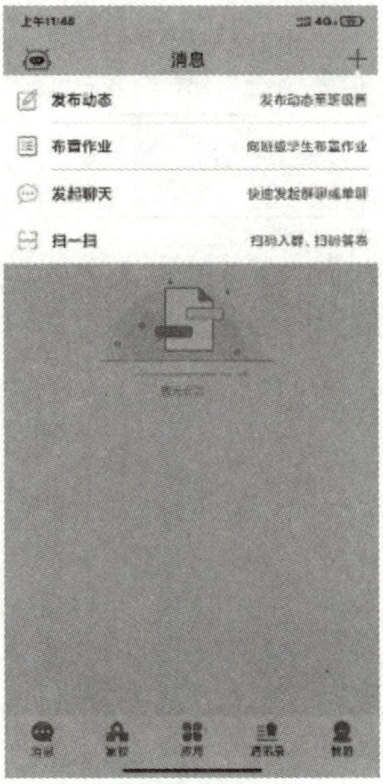

图 6-227　快捷功能

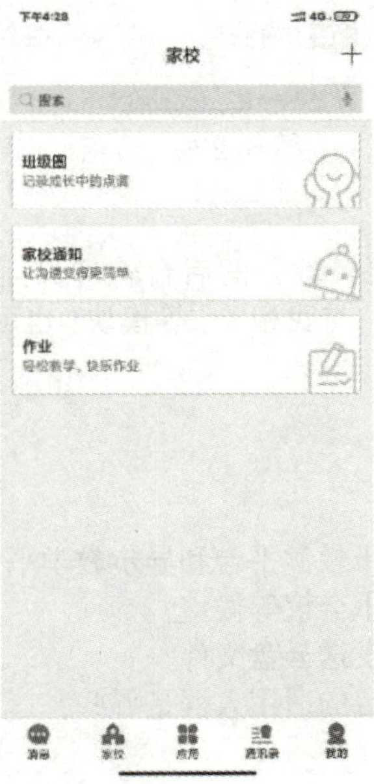

图 6-228　家校模块

3. 应用

赣教云 App 为教师提供了丰富的教学应用，如图 6-229 所示。例如：“汉字笔顺”提供标准的笔顺笔画资源，并采用动画的形式书写汉字，可以很好地帮助学生学习和理解生字词，克服汉字倒笔画和错别字；“优秀作文选”涵盖单元同步作文、满分作文等优秀范文，可以让学生通过阅读各类优秀作文，有效地提升学生在语言表达、写作方面的能力，帮助学生提高写作水平；“成绩管理”旨在帮助教师解决烦琐的记录成绩分数与成绩单的发放问题，教师可以通过智能语音的方式快速记录成绩，实现高效智能化的成绩管理。

4. 通讯录

通讯录旨在帮助教师建立一个教学通信集体，它可以将与教学相关的学生、家长和同事同时邀入其中，方便教师课后与家长和学生进行联系和交流。通讯录界面包括“新的申请”“我的好友”“我的同事”和“群组”分类，教师可以在其中快速找到自己的好友和群组，发送自己想要发送的消息。如图 6-230 所示。

图 6-229　应用

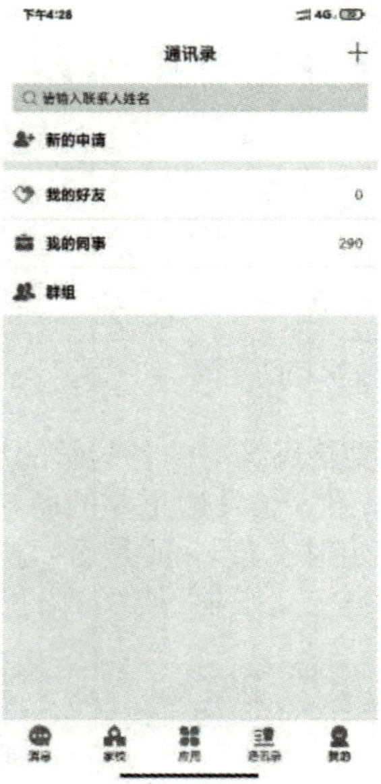

图 6-230　通讯录

5. 我的

“我的”模块是赣教云的后台管理界面，教师可以通过点击进入“我的收藏”“我的空间”“我的班级”和“与我相关”等模块，也可以编辑账号相关的信息和对 App 进行相关的设置等操作。

思考与练习

1. 怎么区分同步教学平台和异步教学平台？
2. 如何开启腾讯会议等候室？
3. 钉钉群如何发送云盘文件？
4. 线上教学平台的适用人群是哪些？

技能训练 10　教学平台应用体验

一、训练目标

掌握在线教学平台教学应用方法，以腾讯会议为例。

二、操作环境（设备）

多媒体计算机、互联网、腾讯会议 windows 版。

三、训练任务

掌握腾讯会议教学应用。

四、训练步骤

1. 腾讯会议的教学应用

（1）利用腾讯会议预定会议功能预定一个会议。

点击腾讯会议主界面【预定会议】按钮后可进入预定会议界面，如图 6–231 所示。首先在会议主题栏输入会议主题，接下来可以调整会议开始与结束时间。若需要设置直播房间密码要先勾选【开启会议密码】，然后输入会议密码。最后点击添加教学直播相关文档，点击勾选【允许成员上传文档】或者取消勾选。

（2）利用腾讯会议文档上传功能上传文件。

腾讯会议的会议文档功能主要有以下三种：新建文档、新建表格、导入文档。点击【新建文档】输入相应文字，系统会自动保存所写内容，写完后关闭即可。新建表格和新建文档功能类似。点击【导入文档】在本地计算机文档中选择对应文件进行上传，需要注意的是，上传文档有格式要求，如图 6–232 所示。

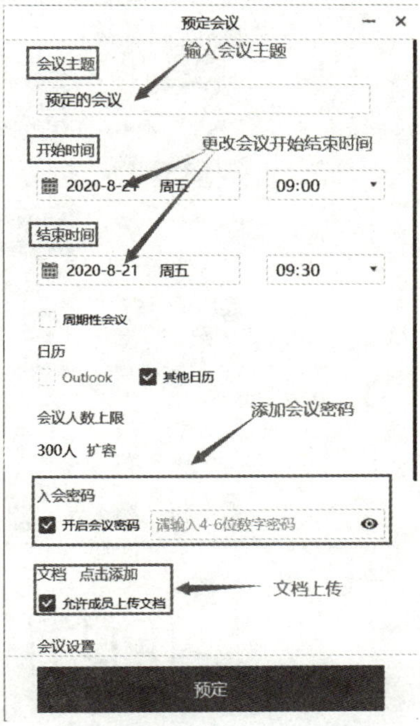

图 6–231　预定腾讯会议

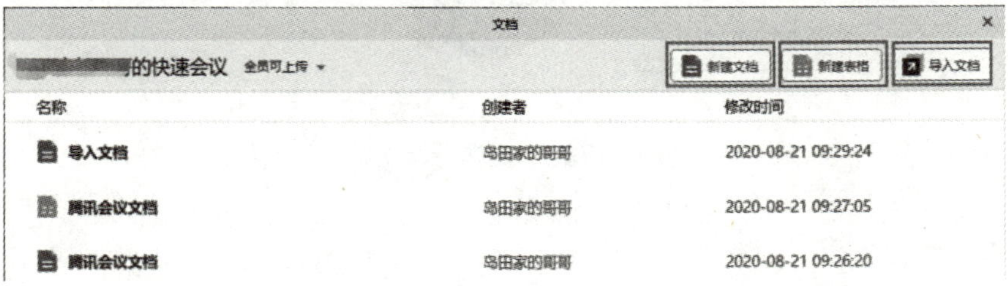

图 6–232　文档上传功能

（3）利用腾讯会议邀请成员功能。

点击【邀请】按钮后，将会生成会议房间信息，这时候再次点击【复制邀请】，如图 6–233 所示，再将复制邀请的信息发送到微信聊天栏中，点击链接加入会议后输入会议密码可以直接加入会议，如图 6–234 所示。

（4）利用腾讯会议屏幕分享功能进行 PPT 分享。

点击腾讯会议主界面【共享屏幕】进行桌面分享，这时候再打开要分享的PPT即可展示给所有成员。点击界面上方功能栏【开启批注】，分别尝试使用“画笔”“荧光笔”“文字”和“图形”在PPT表面输入PPT字样，实现效果后使用“橡皮擦”功能擦除以上字样或者使用“清除”功能将所有批注内容全部消除，如图6-235所示。

图 6-233　邀请成员

图 6-234　点击邀请信息加入会议

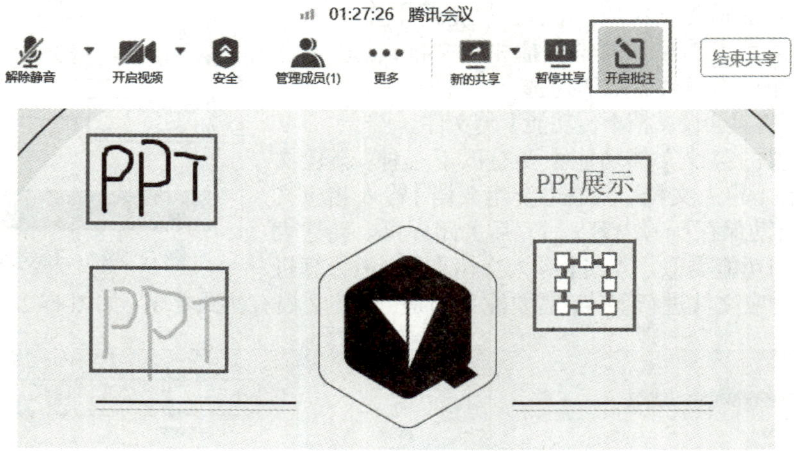

图 6-235　屏幕分享功能

技能训练 11　MOOC 平台课程制作流程

一、训练目标

掌握使用 MOOC 平台制作课程的一般流程。

二、操作环境（设备）

多媒体计算机、互联网。

三、训练任务

掌握使用 MOOC 平台制作课程的方法与步骤。

四、训练步骤

1. 新建课程

新课程由高校管理员在“高校管理后台”创建，普通老师账号无此权限。高校管理员负责发布和维护学校页面、开设新课程、创建新学期和管理本校老师和学生信息。

（1）高校管理员账号登录后，在昵称下拉菜单中会出现“高校管理后台”，点击进入。

（2）点击左侧栏【学期管理】，进入页面后再点击【创建新课程】，如图 6–236 所示。

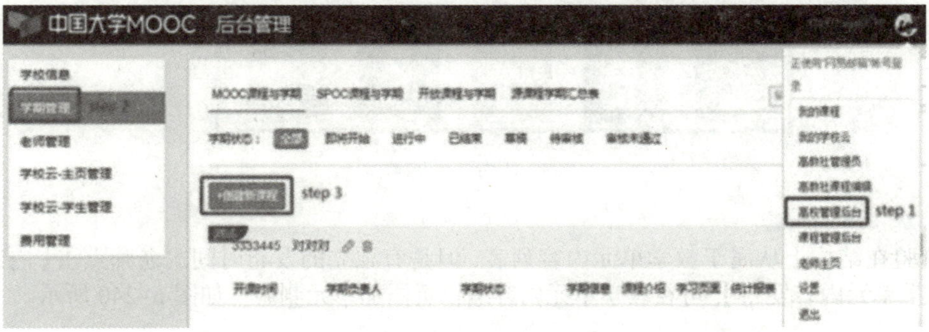

图 6–236　学期管理

2. 发布课程

（1）老师账号登录后，将鼠标移动到页面右上角用户头像处，在出现的下拉列表中选择“老师主页”。

（2）进入页面录入相关信息后，点击【保存并发布】，即完成了老师主页的发布。发布之后，可点击【老师主页】查看、修改、确认发布效果。如图 6–237 所示。

图 6–237　老师主页

3. 新建章节

（1）点击【内容】下的【教学单元内容发布】，进入教学单元内容编辑界面。

（2）点击【+添加新章节】，输入章节名称及发布时间，点击【保存】，如图 6–238 所示。

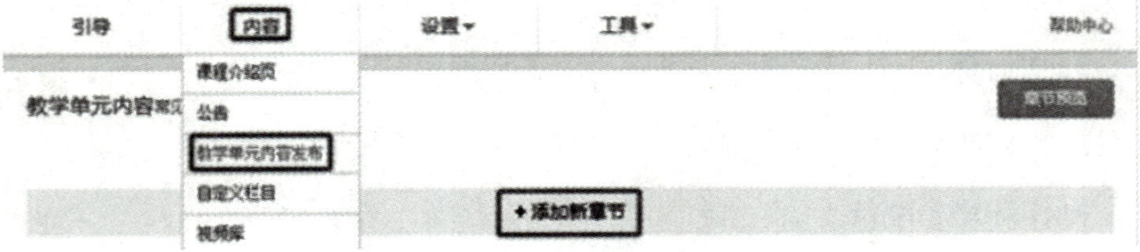

图 6–238　添加章节

4. 新建课时

（1）点击所属章节内的【添加新课时】按钮，就地展开填写栏，输入课时名称后保存。

（2）编辑课时名称并保存成功后，点击对应课时右侧【添加教学内容 / 编辑教学内容】。

（3）进入编辑页添加视频、文档、富文本、随堂测验和讨论五种类型的课时内容，如图 6–239 所示。

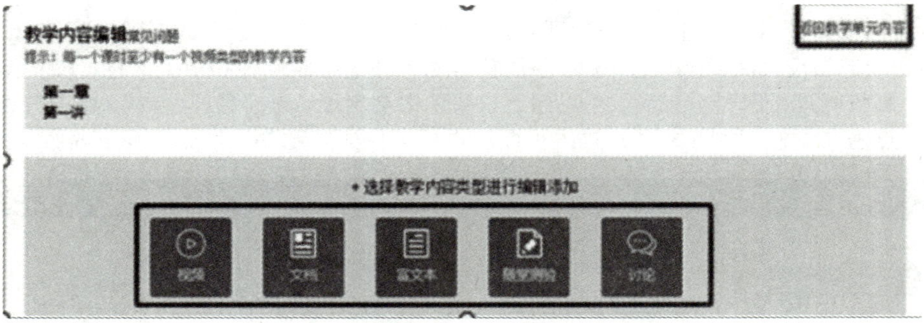

图 6–239　课时类型

5. 发布单元测验

测验在结构上从属于教学单元内容列表，但是有独立的发布时间。老师点击【内容】下的【教学单元内容发布】，可在教学单元内容编辑页添加单元测验。如图 6–240 所示。

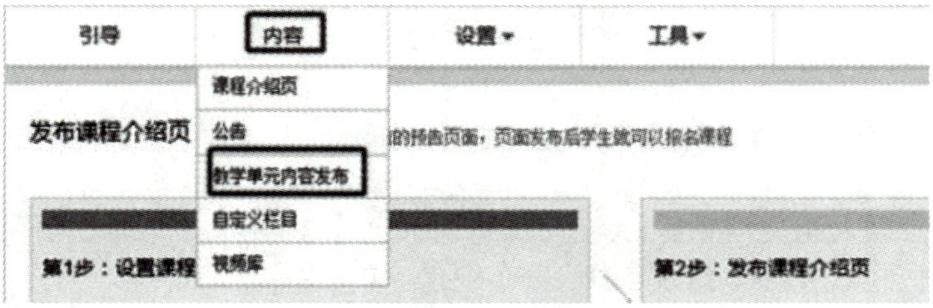

图 6–240　发布测验

6. 发布单元作业

作业在结构上从属于教学单元内容列表，但是有独立的发布时间。老师点击【内容】下的【教学单元内容发布】，可在教学单元内容编辑页对应章节下添加单元作业。如图 6–241 所示。

7. 发布考试

考试是检测学生课程阶段性 / 整体学习情况的正式测验题，系统支持客观题和主观题。

（1）依次点击【内容】下的【教学单元内容发布】。点击【添加考试】，在展开的填写框中输入考试名称及发布日期、时刻。设置完成后点击保存。如图 6–242 所示。

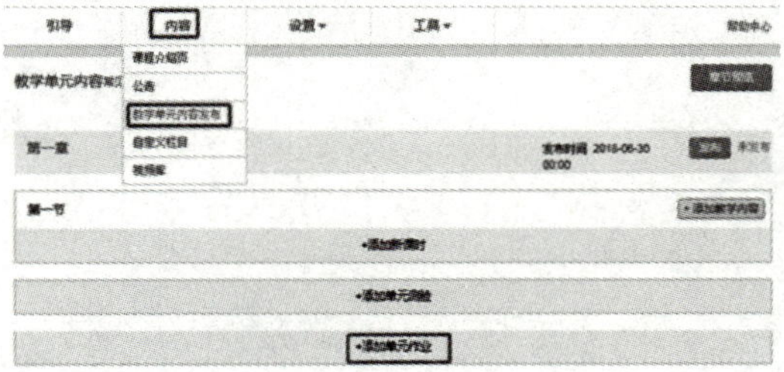

图 6–241　发布作业

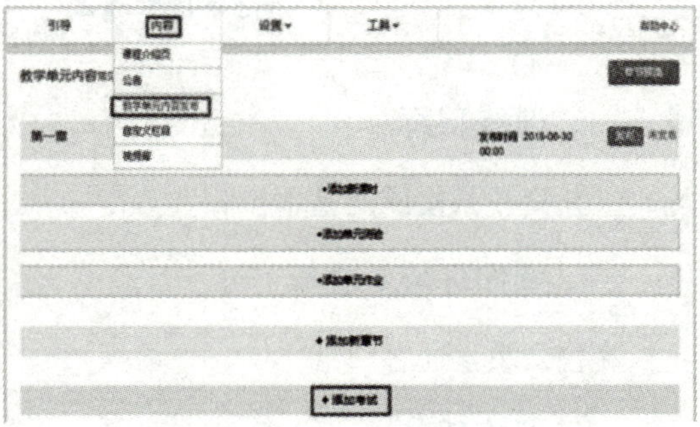

图 6–242　发布考试

（2）保存后，将鼠标移动到考试名称处则显示【🖉】图标，可修改发布时间；点击【编辑考试内容】按钮进入考试内容编辑页；进入考试编辑页面后，首先需要填写考试基本信息，包括：考试说明、考试总分（客观题和主观题之和）、截止提交时间和成绩公布时间。点击【制作客观题考试试卷】进入客观题设置；点击【制作主观题考试试卷】进入主观题设置。课程管理者可按照需要分配两部分的分数及任意单个题目的分数。如图 6–243 所示。

图 6–243　修改内容

8. 批改作业

作业有两种批改方式：学生互评批改和老师批改评分。老师可在新建单元作业时设置作业批改方式。如图 6–244 所示。

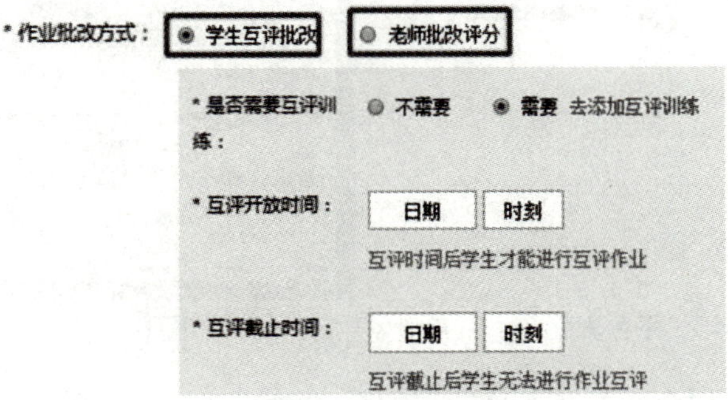

图 6–244　作业批改

技能训练 12　赣教云平台的使用

一、训练目标

掌握赣教云授课的基本步骤。

二、操作环境（设备）

赣教云教学通客户端。

三、训练任务

了解赣教云教学通的基本授课流程。
使用赣教云进行一次模拟授课。

四、操作步骤

1. 准备工作

首先按照步骤下载安装客户端并进行登录，完善自己的相关资料。其赣教云教学通的主界面如图 6–245 所示。

2. 备课

点击左上角【切换课本】按钮，就会弹出一个书架界面，如图来显示你所添加的全部书目，点击【添加课本】，即可按照“学科”“年级”“出版社”和“册别”选择你想添加的课本资源。如图 6–246 所示。

图 6–245　平台界面

图 6–246　备课界面

此时就可以打开你筛选的课本目录，选择你要备课的章节目录进行相关的备课工作，赣教云教学通的备课方式有以下四种，分别为：“备课本”“备课件”“添加平台资源”和“新建资源”，教师可以选择合适的备课方式进行备课。如图 6–247 所示。

图 6–247　添加内容

（1）备课本。指的是为课本添加相关资源进行备课。点击【备课本】之后，赣教云教学通就会弹出如图 6–248 的界面，教师可以选择上方的“云资源”“校本资源”和“我的资源”进行资源的筛选，然后一步步按照课件的“类型”和“分类”筛选相关的资源后点击【加入】即可将相关的资源加入资源库，以备教师上课进行使用。

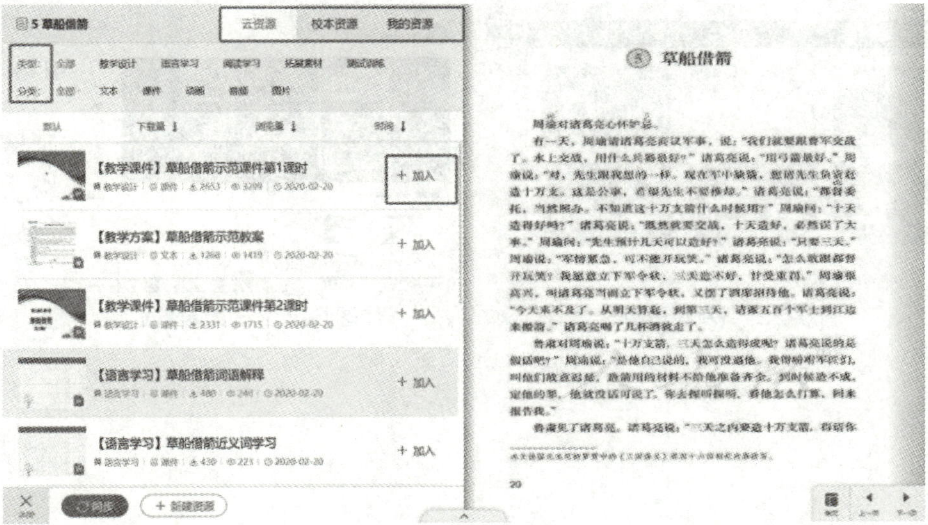

图 6–248　备课本界面

（2）备课件。指的是为上课添加相关的课件进行备课。点击上方的【备课件】按钮即可进入“备课件”界面，此时教学通会弹出弹窗指引教师新建一个课件 PPT，并输入新建课件 PPT 的名称，点击【确定】即可新建一个 PPT 课件并打开，教师即可开始相关课件 PPT 的制作。如图 6–249 所示。

（3）添加平台资源。指的是教师可以添加平台的相关资源进行参考和使用。点击上方【添加平台资源】即可进入平台资源界面进行课件资源的筛选，教师可以根据“类型”和“分类”进行课件的筛选，选好之后点击右下角的【加入备课本】或者【存网盘】即可进行课件的添加。如图 6–250 所示。

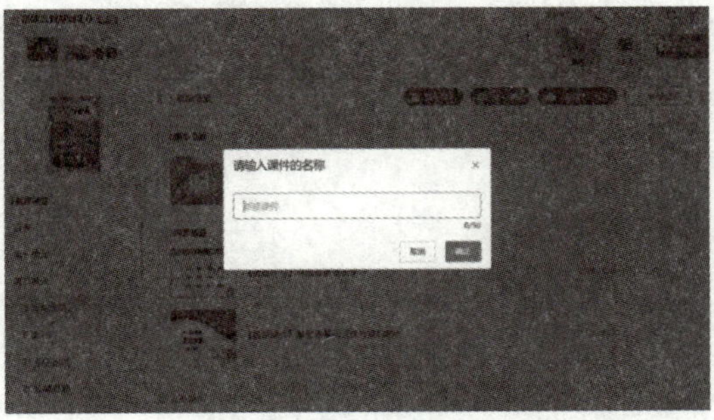

图 6–249　备课件界面

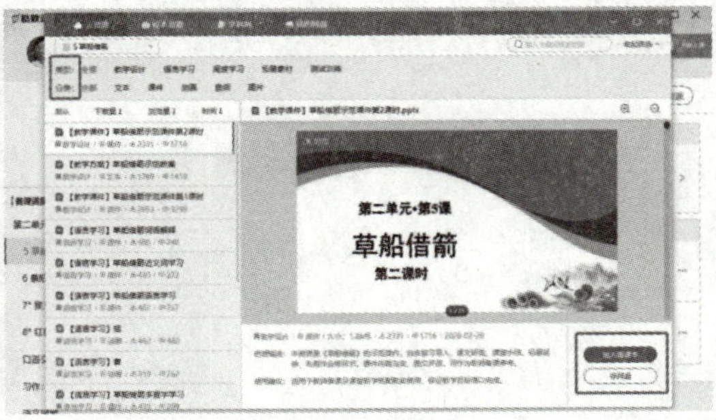

图 6–250　添加课件

（4）新建资源。“新建资源”按钮分为两类，分别是“创建课堂活动”和“本地上传”，点击【创建课堂活动】，可以添加相关的趣味课堂活动。点击【从本地上传】即可弹出一个课件上传界面，教师可以将自己做好的 PPT 资源上传到资源库中。如图 6–251 所示。

3. 上课

做好备课工作即可开始上课，点击右上角【开始上课】按钮，教学通默认进入上课的状态（界面放大并在左上角显示“上课中”），此时教师可以选择“打开课本”“打开相关的授课资源”或者使用“电子白板”进行相关的授课，下方出现许多授课工具，例如“画笔”“板擦”“聚焦”和“互动”等各种操作按钮，教师可以在授课时使用相关的工具增加课堂趣味。授课完毕点击右上方的【下课】按钮即可结束授课。如图 6–252 所示。

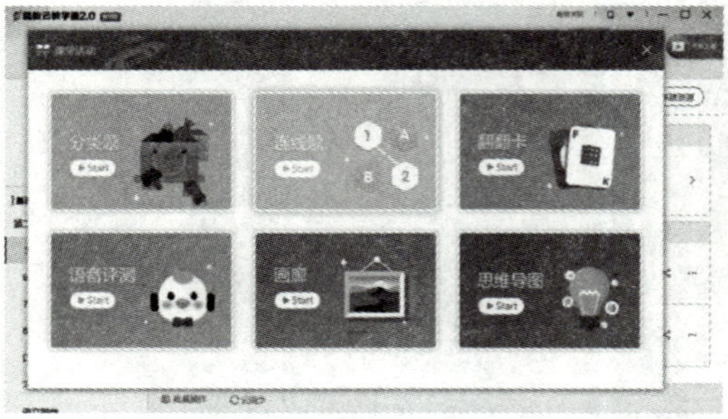

图 6–251　新建资源

图 6–252　上课界面

第七章 教学资源的获取

内容提要

教学资源作为信息技术的产物，是多媒体技术与教育技术、专业知识相结合的产物，教师的教与学生的学都离不开教学资源的有效获取。本章主要介绍互联网教学资源的概念及分类，要求学生掌握网络信息检索技术，合理利用网络教学资源和软件获取知识，学习知识产权保护信息，掌握文本类素材、图形图像类素材、音频类素材、视频类素材和动画类素材采集和制作的一般步骤，帮助学生获得终身学习的能力。

第一节 教学资源的定义

随着教育技术学科的不断变化和演进，教学资源的重要性日益凸显，关心教学资源建设，加强教学资源的认识和研究成为教育技术发展不容忽视的一面。网络技术的发展为人类提供了最为广泛的教学资源，进一步催生了各种类型的数字化教学资源平台、教学资源库及教学资源管理系统。总体来说，主要有以下几个代表性的定义。

教学资源的 AECT′94（美国教育传播与技术协会简称 AECT，在 1994 年发布的有关教育技术的定义）定义对教学资源的界定有所修改，主要包括教学材料、教学环境及教学支持系统（如图 7-1）。教学资源，通俗地说，是指一切可以帮助学生达成学习目标的、物化了的、显性的或隐性的、可以为学生学习服务的教学组成要素。

从 AECT′94 定义可以看出，教学资源可以理解为一切可以被利用于教育教学的物质条件、社会条件、自然条件及媒体条件，是教学材料与信息的来源。在教学资源构成的大环境下，学生可以在教师的指导下，主动地获取资源以满足自己的学习需求。我们要充分利用一切可以利用的资源为学生创造完善的学习环境。

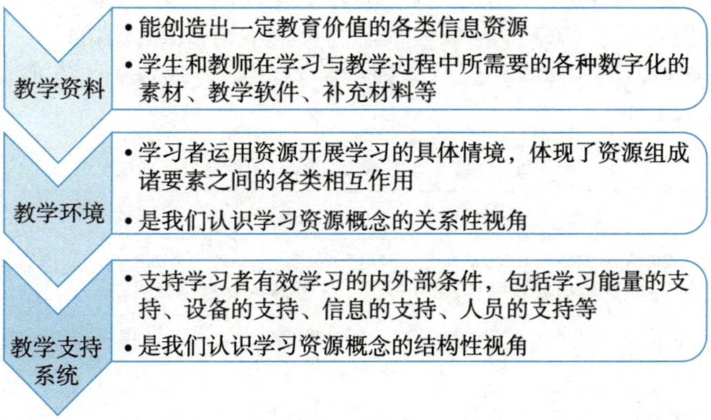

图 7-1 教学资源的定义

1. 教学资源有广义和狭义之分。

教学资源是指可以为教学的有效开展提供素材等各种可以被利用的条件，通常包括教材、案例、影视、图片、课件，也包括教师资源、教具、基础设施等。从广义上来讲，教学资源是指在教学过程中可以被教学者利用的一切要素，包括支撑教学以及为教学服务的人、财、物及信息等。从狭义上来讲，教学资源主要包括教学材料、教学环境和教学后援系统。

【视频】
教学资源

2. 教学资源是指构成教学活动各要素及实施教学的必要而直接的条件。

教学环境、学生学习的方法、态度和能力，教师的教育教学理念、方法、策略和施教手段等，都可以称为对学生实施教育的资源。总体来看，教学资源是指一切可以被利用于教育教学的外在环境条件和内在人为因素。需要说明的是，教育技术所研究的资源并非任意的教育资源，而是有合适技术支持的教学资源，主要包括媒体资源、信息化教学资源、数字化教学资源平台、教学资源库及教学资源管理系统等。

媒体资源：教学系统包含了教师、学生、教学内容和教学媒体四个要素，教学媒体起到沟通学与教的桥梁作用，大致被分为文本类素材、图形图像类素材、音频类素材、视频类素材和动画类素材五种。

信息化教学资源：作为学校教育信息化的基础，信息化教学资源是信息技术与各种教育方式和课程整合的关键，是推进高校教育教学现代化进程的核心。以不同的视角来分析，信息化教育教学资源的内涵有广义和狭义之分。广义而言，在信息技术环境下，为维护和支持学校现代化教育教学活动开展而投入的各种有形和无形的资源，如人力、物力、财力与信息等。狭义而言，信息化教育教学资源是指信息技术环境下的各种数字化素材、课件、网络课程和各种认知、情感和交流工具。具体而言，可以大致分为硬件资源和软件资源两种。

教学资源是整个教育系统中为支持特定的教学过程而达到一定的教育目的，实现一定的教育教学功能的各种资源。它包括物质资源（各种设备、媒体、器材、工具）、人力资源（教学科研人员、教学管理人员、教学支持人员及学生）、信息资源（包括教学内容以及伴随教学内容产生的其他信息）。

第二节　互联网教学资源的获取

通常 internet 泛指互联网，Internet 则特指互联网。互联网（Internet）作为开放的信息传播平台，是一个遵从 TCP/IP 协议的，将大大小小的计算机网络互联起来的计算机网络。任何机构和个人都可以将自己拥有的且愿意分享给他人并让他人再次共享的信息发布到网上。互联网波及人类社会的各个层面，教育也不例外。互联网上的教育资源非常丰富，而这些丰富的教育资源是可以在教育教学或者学生学习的过程中被合理利用的。

网络资源中与教育相关的部分都可以被称为互联网教学资源。互联网教学资源可以分为以下几类，如表 7–1 所示。

表 7–1　互联网教学资源的分类

分类	内容
物质资源	指构成网络物理空间的各种硬件设备，如计算机设备、网络设备、通信设备等，以及形成网络正常运行空间的各类系统软件、应用软件、工具软件和教学软件等
信息资源	指在互联网世界中蕴藏着的各种形式的、能够为教育教学过程所利用的知识、资料、情报、消息等的集合
人力资源	包括网上教育教学机构人员、任课教师、教辅人员、行政管理者，以及能通过互联网联系到的各个领域的专家、学者

一、互联网教学资源概述

在互联网教育资源中，虽然信息资源只占了其中的一部分，但它是核心，因为其他两部分（环境资源、人力资源）是为信息资源的建立、传播和利用服务的。而信息资源主要是在互联网上获取的，因此，这种基于网络的信息化教学资源称为互联网教育资源，如图 7–2 所示。也就是说，这里所指的互联网教育资源就是互联网教育资源中的信息资源。

（一）互联网教育资源的分类

1. 按信息化教学资源的存在形式分类（如图 7–3 所示）

电子书籍 / 词典。以电子为载体的书籍 / 词典 / 百科全书。

教育网站。通过收集、加工、存储教育信息等方式建立信息库或者同时建立网上教育平台与信息获取及搜索等工具，各大学校和教育机构都有自己的网站。由于教育系统信息化平台的发展应用，根据教育部的“十二五”规划，众多教育网站将被纳入教育云平台当中。

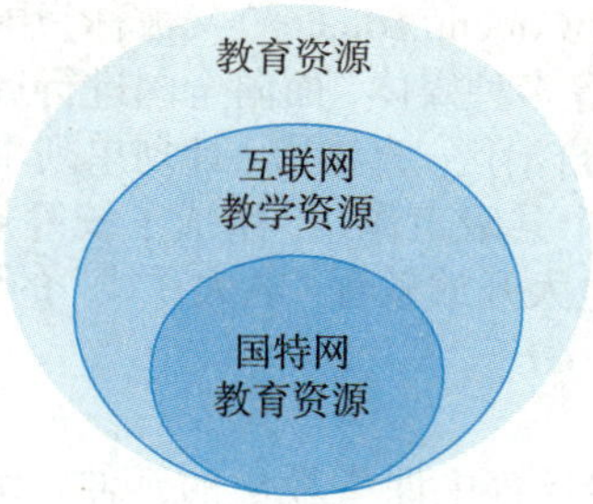

图 7–2　信息资源

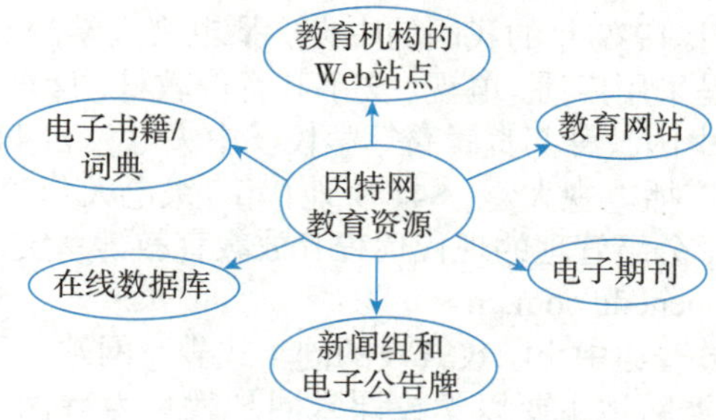

图 7–3　互联网教育资源的组成

教育机构的 Web 站点。用户存放自己的数据资料，如课程的参考资料、学生考试试题，甚至完整的在线课程。美国学校机构网站上的资料覆盖面非常广，几乎涉及了 K–12 和高等教育的所有方面。虽然有些资源主要是为本地学生所使用，但是有时候也允许其他用户访问。

电子期刊。是一种通过相互动态结合来呈现给读者的刊物，分别由电子报纸、电子杂志和期刊、电子新闻和信息服务，融合超链接、及时互动等网络元素，是一种很享受的阅读方式。在线电子期刊是通过计算机网络定期分发给订阅者的期刊。中国信息管理中心的网站（http：//www.cnnic.net.cn/）提供了数十种中文电子期刊。

新闻组和电子公告牌。互联网的新闻组（Usenet）是一个完全交互式的超级电子论坛，集中了对某一主题有共同兴趣的人发表的文章，是一个任何网络用户都能进行相互交流的工具。通常，新闻组是按不同的主题划分的，用户可根据自己的需要参加相应的讨论组。电子公告牌（BBS）是一种电子信息服务系统。它向用户提供了一块公共电子白板，每个用户都可以在上面发布信息、提出看法或进行实时讨论，各种资源都按照主题内容分门别类进行整理，查找起来非常方便。早期的 BBS 由教育机构或研究机构管理，现在多数网站上都建立了自己的 BBS 系统，供网民通过网络来自由结交朋友和表达想法。目前国内各大院校几乎都有自己的 BBS 站，可从这些 BBS 站获得一些校园信息、公告事项、交通信息、电脑知识等。

在线数据库。在线数据库，是以 Web 为检索界面，向所有网络用户提供公共检索的数据库，是有组织的数据集合，通常包括图书馆目录和各种专门用途的数据库，科技论文数据库 / 会议文献数据库 / 专利文献数据库 / 学位论文数据库，以及有专门用途的数据库，用户一般需要付费。ERIC 教育资源信息中心（https：//eric.ed.gov/），是由美国教育部资助的世界上最全面、最权威的教育文献数据库，其中收录了世界各国教育期刊的论文及各种会议论文、科技报告和专著等；此外，还有 NASW（社会工作摘要）、社会学工作摘要、心理信息、护理和婚姻健康等著名的数据库。这些库按照一定规则进行分类编目，有的用超文本建立索引，有的用关键词检索。作为大数据存储、处理、分析的关键系统，基础软件核心之一，数据库对推动中国互联网信息行业发展至关重要。

2. 按照网站的建设单位、教学功能和对象性质等综合性因素分类

目前我国的教育类网站发展迅速，各种教育网站如雨后春笋般涌现，在各级各类教育中发挥着越来越显著的作用。一般来说，可以按照网站的建设单位、教学功能和对象性质等综合性因素，将它们分为以下几类。

（1）普通高校开设的学历教育类网站。

早在 1997 年，教育部就批准了清华大学、北京邮电大学、浙江大学、湖南大学等 4 所重点大学作为中国首批开展高等远程教育的试点院校。近些年我国开展学历远程教育的高校日益增多。此类高校都专门成立了网络教育学院，制定了整套的招生、教学与管理制度，所开展的都是各种层次的学历教育。

（2）独立远程教育院校开设的学历教育类网站。

建于 1979 年的我国的中央广播电视大学（http：//www.ouchn.edu.cn/）又被称为国家开放大学，是采用广播、电视、文字和音像教材、计算机网络等多种媒体，面向全国进行远程开放教育的中国教育部直属高等学校。中央电大和 44 所省、自治区、直辖市、计划单列市及独立设置的广播电视大学，841 所地（市）级电大分校，1742 个县级工作站，组成了统筹规划、分级办学、分级管理的现代远程开放教育教学系统。中央电大开放教育“电大在线”的网址为：http：//openedu.com.cn。

（3）普通中小学校开设的同步式教育网站。

该类网站主要以学校课堂同步教育为特色，是基础教育中课堂教学的延伸，其中包括教案、习题解答等，内容与学校教学同步。例如，北大附中远程教育网（http：//pkuschool.mysxl.cn）、科利华公司和北师大附中联合开设的网上联合中学站点（http：//www.cleverschool.com）、北京 101 中学开设的 101 远程教育网（http：//www.chinaedu.com）等都属于该类网站，它们只是传统的课堂教学手段的一种补充。

（4）由 ICP 开设的培训类网站。

ICP（Internet Content Privder，互联网内容提供商）开设的培训类网站中，所提供的通常是继续教育或技术培训类的课程，例如，洪恩在线（http：//www.hongen.com）、天极网（http：//www.yesky.com/）等。

（5）其他远程教育网站。

作为中小学教师现代远程继续教育的平台和窗口，“浙江省中小学教师继续教育网”（http：//www.zjteacher.net）由浙江师大现代教育技术中心开发，该网站与“全国中小学教师继续教育网”（http：//www.teacher.com.cn）链接，开设有继续教育新闻、学科中心、视频点播、交流园地、综合服务等栏目。

（二）互联网教育资源的特点

【视频】
教学资源库

1. 信息形式的多样性

互联网资源无限而丰富，其资源形式以多语种和多媒体的形式呈现，极大地丰富了信息资源的表现力。多样的信息形式有助于人们知识结构的更新和重构。

2. 信息获取的便捷性

互联网信息资源可通过网络终端随时随地获取，突破时空因素的限制。

3. 信息的共享性

互联网信息除了具备一般意义上的信息资源的共享性，还表现为一个互联网网页可供所有的互联网用户随时访问，不像传统媒体信息那样，资源共享性要受信息载体数量的限制。

4. 信息的交互性

互联网信息具备双向传递功能，这种双向交流既可以是同步的也可以是异步的。用户在接收到网络信息以后可以针对该信息即时或非即时向该信源提供反馈。

5. 信息的时效性

网络信息的时效性远远超过其他任何一种信息，网络媒体的信息传播速度及影响范围使得信息的时效性大大增强，网络信息的快增长速度和高更新频率是其他媒体信息所不可企及的。

6. 内容的丰富性

互联网上的信息浩瀚无边、变化多端，几乎涵盖了人文社科等各个学科领域。在互联网中我们可以获取多种多样的教育资料，如最新的教学大纲、教辅资料、各类教学软件（App）等。此外，还可以通过信息化教学资源库或者信息化教学资源平台和网站获取丰富的教学案例，供教师们互相交流和借鉴。

需要指出的是，网络信息资源不是传统信息资源的简单翻版，也不可能取代传统的信息资源，它是传统信息资源和信息交流的最令人振奋、最有力的一个补充。

（三）互联网教学应用

随着互联网技术的迅速发展，它的应用领域和服务项目也在不断发展，互联网在教育领域的主要应用可以归纳为以下几类。

（1）网上交流。支持互联网上通信的人际交流工具有同步与异步之分。同步通信工具如网络电话、聊天室、QQ、MSN 等；异步通信工具如 E-mail、留言板等。

（2）信息搜索。环球信息网（WWW）是为了方便用户查询或获取互联网中信息的一种信息组织方式，WWW 浏览器是一种用于访问互联网信息资源的工具软件。

（3）资源共享。互联网上还有大量的、相互独立的公共文件服务器，贮存着各种各样的文本、图像、语音信息和计算机程序等资源，供人们通过文件传输（FTP）功能进行获取。

二、网络信息检索技术

互联网上的信息资源广泛地分布在整个网络中，如果单纯靠漫游式的网页浏览来获取信息是非常困难的。在互联网上，有一些特殊的网站叫作搜索引擎，用户连接到这些网站以后，可以按照一定的规则进行检索，很快地找到所需资源存放的位置，并连接到相应的网站进行浏览、下载。因此，有必要掌握网络信息检索技术，懂得如何使用搜索引擎。网络信息资源按照它们所采用的网络传输协议的不同可以划分为万维网（World Wide Web，简称 Web）和非万维网两种类型的资源，不同的资源具有不同的检索方法。

（一）万维网信息资源的检索

1. 万维网信息资源的检索工具——搜索引擎

搜索引擎实际上是互联网的服务站点，有免费为公众提供服务的，也有进行收费服务的。不同的检索服务可能会有不同的界面、不同的侧重内容，但有一点是共同的，就是都有一个庞大的索引数据库。这个索引数据库是向用户提供检索结果的依据，其中收集了 Internet 上数百万甚至数千万主页信息，包括该主页的主题、地址，包含于其中的被链接文档主题，以及每个文档中出现的单词的频率、位置等。

当用户输入关键词（Keyword）查询时，该搜索引擎会告诉用户包含该关键词信息的所有网址，并提供通向该网络的链接。搜索引擎既是用于检索的软件，又是提供查询、检索的网站。所以，搜索引擎也可称为 Internet 上具有检索功能的网页。其工作原理是由网上机器人（Spider 或 Robot）自动在网页上按某种策略进行远程数据的搜索与获取，并生成本地索引。Spider 或 Robot 是一种软件，它沿着 WWW 文件的链接在网上漫游，记录 URL（标识网页的地址）、文件的简明摘要、关键字或索引，形成一个很大的数据库，这种数据库包括标题、摘要、关键词和URL、文件的大小、语种以及词出现的频率。

搜索引擎的主要任务包括以下几个部分。

（1）信息搜集。

各个搜索引擎都派出绰号为蜘蛛（Spider）或机器人（Robots）的“网页搜索软件”，在各网页中爬行，访问网络中公开区域的每一个站点并记录其网址，将它们带回搜索引擎，从而创建出一个详尽的网络目录。由于网络文档的不断变化，机器人也不断地把以前已经分类组织的目录更新。

（2）信息处理。

将“网页搜索软件”带回的信息进行分类整理，建立搜索引擎数据库，并定时更新数据库内容。在进行信息分类整理阶段，不同的搜索引擎会在搜索结果的数量和质量上产生明显的差异。有的搜索引擎把“网页搜索软件”发往每一个站点，记录下每一页的所有文本内容，并收入数据库中从而形成全文搜索引擎；而另一些搜索引擎只记录网页的地址、篇名、有特点的段落和重要的词。故有的搜索引擎数据库很大，有的则较小。当然，最重要的是数据库的内容必须经常更新、重建，以保持与信息世界的同步发展。

（3）信息查询。

每个搜索引擎都必须向用户提供一个良好的信息查询界面，一般包括分类目录及关键词两种信息查询途径。分类目录查询以资源结构为线索，将网上的信息资源按内容进行层次分类，使用户能依线性结构逐层逐类检索信息。关键词查询是利用建立的网络资源索引数据库向网上用户提供查询“引擎”。用户只要把想要查找的关键词或短语输入查询框中，并按“Search”按钮，搜索引擎就会根据输入的提问，在索引数据库中查找相应的词语，并进行必要的逻辑运算，最后给出查询的命中结果（均为超文本链接形式）。用户只要通过搜索引擎提供的链接，就可以立刻访问到相关信息。

2. 搜索引擎的分类

国内一般把搜索引擎分为“分类搜索引擎”和“关键词搜索引擎”，国外则分别称其为“Directory”和“Search engine”。Directory 是指一种主题分类目录，由人工对网站进行标引和组织（hand–picked web sites organized into categories），提供分类检索；Search engine 是基于“蜘蛛”程序的搜索引擎（Spider–Based Search Engine），由程序自动索引网页建立数据库，提供关键词搜索。搜索引擎是工具性实体，分类搜索和关键词搜索是搜索引擎的功能特征和网络信息的检索方法。

（1）分类搜索引擎。

分类搜索引擎是指将信息系统分门归类，经过人工整理后形成庞大而有序的分类目录体系，用户可以在目录体系的导引下通过逐级浏览，发现、检索到有关的信息，是基于人工标引的检索方法。简言之，就是通过目录进行检索，因此分类搜索也可称为目录检索。

它以科学、实用的分类目录为工具，以规范化的自然语言为类名，在对网络信息归纳、概括的基础上，以网站为单元，提供经过专家评价和人工整序的网络信息。分类搜索是突出族性特征的检索方法。由于分类目录已按照学科或主题对网络信息进行了标引，所有网站在分类体系中同聚异分，各有所属，“纵向成枝，横向成网”，只需“按图索骥”，同一类属或相关主题的信息即可“循类以求”，适用于查询具有同一特征的多个目标和主题范围广、概念宽泛的问题。

主要优点：所收录的资源经过人工组织，可以保证质量，减少了检索中的“噪声”，从而提高检索准确性。局限性：花费大量的人力和时间，难以跟上网络信息的迅速发展，所涉及信息的范围有限，其数据库的规模也相对较小。

（2）关键词搜索引擎。

它使用自动索引软件来发现、收集并标引网页，建立数据库，并以 Web 形式让用户找到所需信息资源，比较著名的有 Alta Vista、Google、天网、百度、悠游等。用户可以在搜索引擎的界面上输入关键词来进行搜索，关键词一般是与要检索的内容相关的单词或者词组。检索到的信息资源与用户所需检索的主题匹配程度取决于所输入的关键词，因此在选择关键词的时候要尽量选择与主题匹配精确的词，否则会因为关键词涉及的范围过大而返回大量的检索结果。

主要优点：收录信息范围广、速度快；可直接输入关键词或词组、短语，而无须判断类目、归属，使用方便。局限性：人工干预过少而使其准确性较差；检索结果中可能会有很多冗余信息。

（3）分类搜索引擎与关键词搜索引擎的混合应用。

现在，分类搜索引擎与关键词搜索引擎之间的界限越来越模糊，目前大部分的搜索引擎网站兼具分类搜索和关键词搜索两种功能，我们将这类搜索引擎称为综合型搜索引擎。如 Yahoo、Google、新浪、搜狐、网易、中华等门户网站。HotBot（http：//www.hotbot.com）是美国享有盛誉的综合型、混合型搜索引擎。

（4）多元搜索引擎。

还有的搜索引擎将多个搜索引擎集成在一起，通过统一的检索界面进行网络信息多元搜索的检索，这种引擎称为多元搜索引擎或集合型搜索引擎。著名的有 Dogpile、Mamma 和万维搜索（http：///www.widewaysearch.com）等。网络灯塔（http：//www.haiyan.com/steelk/navigator/gbindex.htm）集成了 50 多个中文搜索引擎，分别提供简繁体中文网站、网页和新闻的多元信息搜索服务。

3. 下面对几种典型的搜索引擎进行介绍

（1）Google 搜索（www.google.com）。

Google 是目前世界上最大的搜索引擎，它提供 70 多种界面语言和 35 种检索语言，有分类查询和关键词检索两种检索功能。在需要输入多个关键词进行检索时，词与词之间留一个空格，如图 7–4 所示。

（2）百度搜索（www.baidu.com）。

百度搜索引擎是目前最有影响的中文网络信息检索系统。它的检索词可以是中文、英文、数字，或中英文数字的混合体。

百度提供逻辑“与”“或”“非”检索，多个关键词之间必须留一个空格，系统默认为逻辑“与”检索，其他同 Google 的检索方法。百度的字段限定检索同 Google，如图 7–5 所示。

图 7–4　Google 搜索页面

图 7–5　百度主页

（3）360 搜索（https://www.so.com）。

360 搜索为用户提供门户、新闻、视频、游戏、小说、彩票等各种分类的内容和网站入口，提供简单便捷的上网导航服务，如图 7–6 所示。

（4）专题型（专业学科）网络检索工具。

专题型网络检索工具专门提供某一学科 / 主题范围的网络信息资源导航系统。如中国知网、万方系统电子期刊、超星数字图书馆、如图 7–7、图 7–8、图 7–9 所示。

图 7–6　360 搜索主页

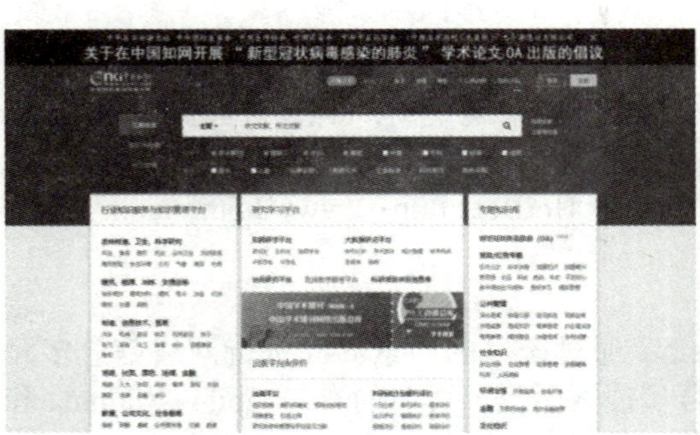

图 7–7　中国知网首页

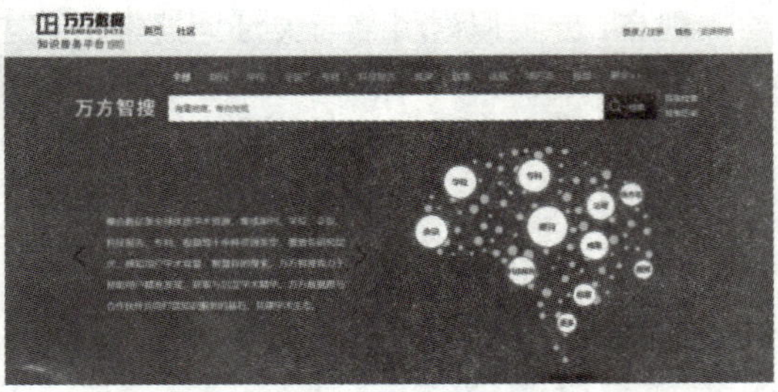

图 7–8　万方数据资源系统主页

（5）美国教育资源信息中心。

美国教育资源信息中心（Educational Resources Information Center，简称 ERIC）成立于 1966 年，是世界上目前规模最大的网上教育资源数据库，其网址为 http：//www.eric.ed.gov/。

ERIC 的核心是 ERIC 教育资源数据库，它包含了超过 100 万条的教育书籍、杂志、会议论文、研究报告、课程和教学指导的记录，如图 7–10 所示。

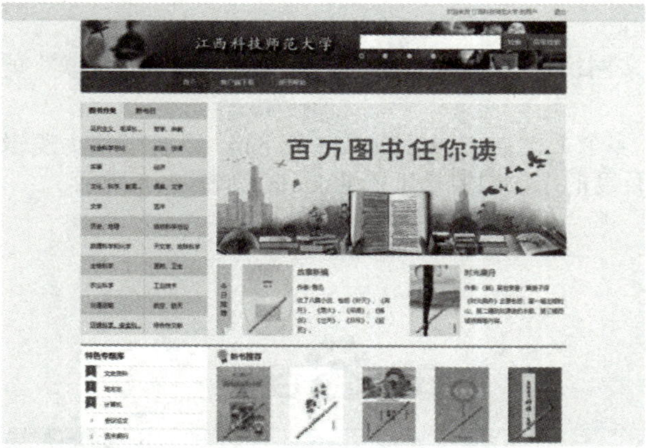

图 7–9　超星数字图书馆主页

图 7–10　ERIC 主页

（二）非万维网信息资源的检索

非万维网信息资源包括 FTP 资源、USENET/News Group（新闻组）、LISTSERV（电子邮件群）、Mailing List（用户邮件组）、Telnet 资源、Gopher 资源、WAIS（Wide Area Information Server，广域信息服务器）资源。

1. FTP 文件的检索工具

（1）FTP。

FTP 是文件传输协议（File Transfer Protocal）的缩写，它是目前用在互联网上的 TCP/IP 协议组的一部分，是一种主要的文件传输手段。通过 FTP，可以在互联网上任意两台计算机之间互传文件，而不管这两台计算机的硬件及操作系统平台是否相同，从而大大节省用户的联机通信费用。人们习惯把从远程计算机（FTP 服务器）向本地计算机（客户机）传输即复制文件的过程称为“下载”（Download），把从本地计算机向远程计算机传输文件的过程称为“上传”（Upload）。

FTP 主要用于传送程序软件和多媒体信息。它采用万维网作为用户界面，运作以大容量和高速度为特点，是获取免费软件和共享软件资源必不可少的工具。它有两种不同的工作方式，一种是在 Internet 任意两个账户之间传送文件，这要求知道两个账户的口令；另一种是匿名 FTP，匿名 FTP 网点允许任何人连入此系统并下载文件。在匿名 FTP 中包含了庞大的有用信息，从中可以找到研究论文、免费软件、会议记录及其他信息，但信息定位比较困难，可用专门的检索工具帮助定位，如 Archieplex（http：//www.lerc.nasa.gov/archieplex）、FileZ（http：//www.filez.com）、Tile.net（http：//tile.net/ftp）等。对于中文 FTP 信息的搜索可用北京大学的“天网搜索”中的“FTP 搜索”（http：//e.pku.edu.cn）。FTP 信息资源是指利用文件传输协议 FTP 可以获取的信息资源，是目前 Internet 上获取免费软件和共享软件资源不可缺少的工具。

（2）P2P。

P2P 是“peer-to-peer”的缩写，peer 在英语里有“（地位、能力等）同等者”“同事”和“伙伴”等意义。这样一来，P2P 也就可以理解为“伙伴对伙伴”的意思，或称为对等联网。P2P 是人可以直接连接到其他用户的计算机、交换文件，而不是像过去那样连接到服务器去浏览与下载。下载完成后还可以将文件作为资源供其他人下载。P2P 的另一个重要特点是改变了互联网现在以大网站为中心的状态、重返“非中心化”，并把权力交还给用户。简单地说，P2P 直接将人们联系起来，让人们通过互联网直接交互。P2P 使得网络上的沟通变得容易、直接共享和交互，真正地消除中间商。

P2P 看起来似乎很新，但 P2P 并不是什么新东西，在现实生活中每天都按照 P2P 模式面对面地或者通过电话交流和沟通。事实上，网络上现有的许多服务可以归入 P2P 的行列。即时信息系统譬如 ICQ、AOL Instant Messenger、Yahoo Pager、微软的 MSN Messenger 及国内的腾讯 QQ 都是最流行的 P2P 应用。它们允许用户互相沟通和交换信息、交换文件。用户之间的信息交流不是直接的，需要有位于中心的服务器来协调。但这些系统并没有搜索功能，这个功能的缺乏使得它的影响不如 Napster 大。

EMule（电驴）是一种非常典型的 P2P 下载工具。电驴的宗旨是“我为人人、人人为我”，同一个文件共享、下载的人越多，大家的速度就越快。这点和 FTP 有本质区别。下载文件的同时也在提供别人下载，下载完的朋友，如果还想帮助别人下载，可以将文件更名，但不要在你的下载目录或者共享目录中删除，这样可以保证下载速度越来越快。电驴支持多文件下载，一般同时下载 20 个左右为宜。下载文件的大小建议都选择 600M 以上的，文件太小不光画质不好，共享的人也越少，下载速度反而不快。

（3）用户服务组信息资源。

Internet 上各种各样的用户通信或服务组是最受欢迎的信息交流形式，包括新闻组（Usenet/News Group）、邮件列表（Mailinglist）、专题讨论组（Discussion Group）、兴趣组（Interest Group）等。这些讨论组都是由一组对某一特定主题有共同兴趣的网络用户组成的电子论坛，在电子论坛中所传递与交流的信息就构成了 Internet 上最流行的一种信息资源。

（4）查询 Telnet 的检索工具。

Telnet 远程登录：允许用户从一台计算机登录到远程的另一台计算机上并使用其资源。

Telnet 信息资源：指借助远程登录（remote login），在网络通信协议 Telnet（telecommunication network protocol）的支持下，登录远程计算机，可以访问、共享远程系统中对外开放的资源。Telnet 系统虽然已呈逐步被 WWW 系统所取代的趋势，但作为网络信息资源的一个历史悠久的部分，仍具有了解和使用的意义。特别是许多公共性质的信息检索系统，如图书馆系统、BBS 等。Telnet 的主要检索工具是 Hytelnet（http：//galaxy.einet.net/hytelnet/START.TXT.html）。

Telnet 远程登录的使用主要有两种情况：

第一种是用户在远程主机上有自己的账号，即用户拥有注册的用户名和口令；

第二种是许多 Internet 主机为用户提供了某种形式的公共 Telnet 信息资源，这种资源对于每一个 Internet 用户都是开放的。

（5）查询 Gopher 的检索工具。

Gopher 是一种基于菜单的网络服务，它为用户提供了丰富的信息，并允许用户以一种简单的、一致的方法快速找到并访问所需的网络资源。全部操作是在一级级菜单的指引下，用户只需在菜单中选择项目和浏览相关内容，就可完成 Internet 上远程联机信息系统的访问，无须知道信息的存放位置和掌握有关的操作命令。

Gopher 是一种简单的网络服务，提供丰富的信息，允许用户以一种简单、一致的方式快速找到并访问所需的网络资源。查询 Gopher 资源可用 Jughead（gopher：//logic.uc.wlu.edu：3002/7）、Veronica（gopher：//Veronica.scs.unr.edu/11/veronica）等。

（6）查询 WAIS 的检索工具。

WAIS 是一个分布式信息检索系统，可检索 500 多个索引数据库，涉及的内容范围极大，适合检索文本文件，阅读世界各地的报纸，扫描各种专业数据库。查询 Internet 的 WAIS 资源可用 WAIS Search Directory（wais：//cnidr.org：210/directory-of-servers）等。

WAIS（文档检索）：这是一种基于关键词的文档检索工具。通过将网络上的文献、数据做成索引，用户只要在 WAIS 给出的信息资源列表中用光标选取希望查询的信息资源名称并键入关键字，系统就能自动进行远程查询。

（三）网络信息检索策略

通过前面的介绍，已经了解了有哪些检索技术，那么如何才能更好地利用这些技术来检索自己需要的信息呢？因此掌握一定的检索策略是非常必要的。

利用互联网强大的数据检索功能及计算机的高速运算和交互功能获取有关的资料，需要掌握一些网络信息检索策略。例如：信息检索策略，是为实现检索目标所制定的对检索全过程具有指导作用的整体计划、方案和安排，其中包括提问式分析、检索词及其关系的确定、检索步骤安排等。检索策略对整个检索过程会产生重要影响，并直接决定检索效率和检索质量。无论是普通用户，还是专业用户，掌握并运用网络信息检索策略，将花费最少的时间、精力、金钱，获取最有用的信息。

网络信息检索策略的制定可遵循以下步骤。

1. 确定检索目标

网络信息的查询应该具有明确的查询目的、对象，目的不同、查询对象不同，往往需要选择不同的检索工具和检索方法。只有更多地分析并了解检索对象，明确检索目标，才能更好地确定所需信息的类型、学科范围、内容特征、查询方式、查询范围、查询时间及采用何种限制条件、使用何种检索提问式等。

2. 选择检索途径

通过对检索对象的分析，具有了非常明确的检索目标，就可以选择以下一种或综合使用几种检索途径来获取所需信息。

（1）直接访问相关站点。

在平时上网的过程中注意收集一些专业性网站的网址，在需要时直接进入网站查询。

（2）使用网络资源指南（Resource Guide）。

网络资源指南是基于专业人员对网络信息资源的产生、传递与利用机制的了解，网络信息资源分布状况的熟悉，以及对各种网络信息资源的采集、组织、评价、过滤、控制和检索等手段的全面把握而开发出的可供浏览和检索的网络资源主题指南。综合性的主题分类树体系的网络资源指南，如 Yahoo! 是广为人知的，还有 The WWW Virtual Library、The Argus Clearinghouse 等都具有广泛影响，并受到普遍欢迎。而专业性的网络资源指南就更多了，几乎每一个学科专业、重要课题、研究领域的网络资源指南都可在 Internet 上找到。

（3）使用搜索引擎。

这是较为常规、普遍的网络信息检索方法。为用户提供的关键词、词组或自然语言检索，根据用户提出的检索要求，搜索引擎代替用户在数据库中进行检索，并将检索结果提供给用户。

（4）使用非万维网检索工具。

对同一查询目标，尽量选择多种检索工具，从不同的角度去检索。如用北大的“天网搜索”直接进行“FTP 文件搜索”，也是较好的方法。

（5）使用光盘数据库检索和国际联机检索。

光盘数据库国内的有《中国学术期刊（光盘版）》《万方数据库》《人大复印资料系列光盘数据库》等，可供查找较专业性的资料；国际联机检索 DILOG 系统，无论数据量还是使用频率均居世界各检索系统的首位，其检索软件成熟、学科范围广、数据质量可靠、权威性高。对专业信息的查询使用光盘数据库和国际联机检索可以获得较为准确且全面的信息。

3. 运用检索技巧

无论使用搜索引擎还是非万维网检索工具进行信息检索，运用一定的检索技巧都是非常必要的。注意：每个搜索引擎的特点都是不同的，因此有必要在开始查找前，先看下搜索引擎的帮助页面。

（1）选择合适的检索词有利于提高检索的精确度、准确性，如专指词、学科词汇、特定概念或专业术语等。

（2）使用高级搜索。

在进入搜索引擎的首页后，点击主页上的“高级搜索”就可以进行高级搜索了。高级搜索中，可以对文件类型（.pdf、.xls、.doc、.txt、.ppt 等）、语言、日期、字词位置（关键词位于网页的标题、内文、链接等位置）等进行限定，再进行精确查找。

（3）构造恰当的检索表达式。

如何在搜索引擎中输入检索表达式，将影响到检索结果是否与预期的相符。为了使输入的检索表达式更加精确，可以借助以下技巧。

如使用布尔逻辑运算中的“and、or、not”或使用双引号将需要检索的词组或短语标出：“and”表示返回的结果满足每个条件；“or”表示返回的结果满足其中一个条件；“not”表示返回的结果排除条件所要求的记录。

当然也可以使用简化的逻辑运算符，使用“需要”“排除”等概念，一些搜索引擎允许用户在搜索时指定多个重要的关键词。在关键词前面加入“+”，表示在返回结果时需要此条件；在关键词前面加入“–”，表示返回结果时排除此条件。例如，+ 现代教育技术 + 学习资源 – 电化教育，表明返回的网站内容中包含“现代教育技术”与“学习资源”，但是不包含“电化教育”。

如果需要寻找完整的短语，可以将这些短语放在双引号中，比如，需要搜索“网络教育”，这样你搜索到的内容就不会是包含“网络”和“教育”两个独立词的信息，而是包含“网络教育”这个完整短语的信息。

如果想要的搜索结果包括不同的拼写或者单词结尾，可输入关键词的一个部分并插入一个符号，通常使用 *。如：输入 Information* 可得到包含 Informational 等词的相关信息。

（4）利用同义词、近义词进行扩检，比如想检索“教学交互”相关信息，除可以输入“教学交互”进行检索外，还可以输入“教学交流”“教学互动”等词进行扩检。

（5）中文信息检索使用中文搜索引擎。例如：天网搜索侧重于学术信息；中经网导航是较系统全面的经济、法规搜索引擎；中国网友——China partner 提供中文、经济、娱乐方面的导航；百度提供新闻、网页、Mp3、图片和网站等。这些都是较好用的中文信息检索工具。

（6）尽量使查询条件具体化，根据需要选择网页搜索、网站搜索等。

（7）寻求网上帮助。使用 BBS 电子公告牌、E-mail、QQ，或者访问专门回答问题的网站，如 http：//www.findout.com、百度知道等（可对具体的问题提供快速、免费回答）。

三、网络教学 App 资源

网络教学平台能实现优质资源的共享，网络教学 App 资源有利于提高教师的教学水平及综合素质，从而提升教学效率。利用网络可以拓宽教师获得信息的渠道，师生利用网络资源教学，可以实现教学相长。本节将为大家介绍一些辅助教学的 App。

（一）WPS office

WPS 是一款支持远程办公、多人编辑、共享文件夹的应用软件，有新建文字文档、演示文档、PDF 格式转化等功能，还能为用户提供各式模板，并支持文字段落、对象属性设置，插入图片、音频视频等编辑功能，支持多台设备同步播放当前幻灯片，如图 7–11 所示。

（二）X–Mind

X–Mind 是一款非常实用的商业思维导图软件，应用全球最先进的 Eclipse RCP 软件架构，全力打造易用、高效的可视化思维软件，强调软件的可扩展、跨平台、稳定性和性能，致力于使用先进的软件技术帮助用户真正意义上提高生产率。它提供多种模板供用户使用，并能实时导出与分享，操作方便快捷易上手，如图 7–12 所示。

图 7–11　WPS 界面

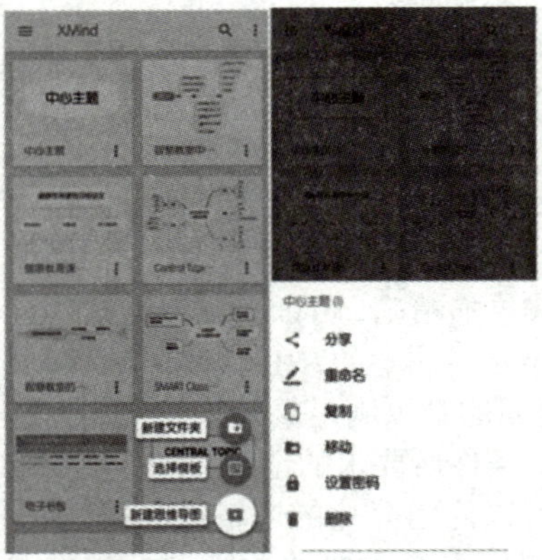

图 7–12　X–Mind 界面

（三）百度网盘

百度网盘的自动备份功能拥有超大空间，能大力缓解手机内存不够的难题；智能分类功能能够通过人脸、地点、事物等分类查找照片；支持手机、平板、网页同步在线，向好友实时快捷分享文件，如图 7–13 所示。

（四）白描

白描具备高准确度的文字识别、表格识别转 Excel、批量识别、识别后翻译、文件扫描等功能，能快速识别图片中的文字及扫描文件，如图 7–14、图 7–15 所示。

图 7–13　百度网盘界面

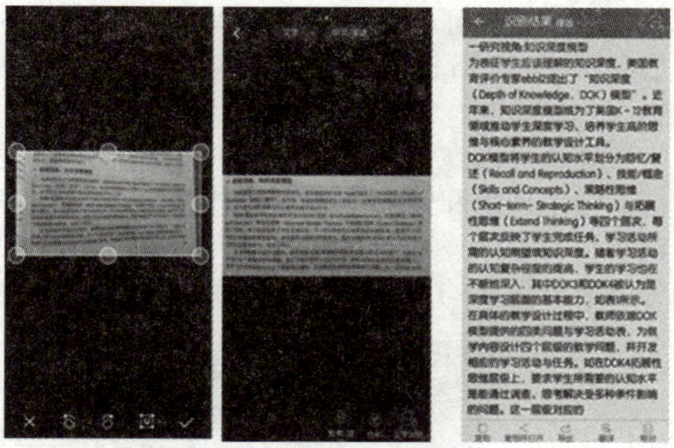

图 7–14　识别内容

（五）学习强国

“学习强国”学习平台是由中共中央宣传部主管，以习近平新时代中国特色社会主义思想和党的十九大精神为主要内容，立足全体党员、面向全社会的优质平台，2019 年 1 月 1 日上线。“学习强国”学习平台由 PC 端、手机客户端两大终端组成。

PC 端有“学习新思想”“学习文化”“环球视野”等 17 个板块 180 多个一级栏目，手机客户端有“学习”“视频学习”两大板块 38 个频道，聚合了大量可免费阅读的期刊、古籍、公开课、歌曲、戏曲、电影、图书等资料。PC 端用户可登录网址或通过搜索引擎搜索浏览，手机用户可通过各手机应用商店免费下载使用，有学习文化、学习全书、学习慕课、视频学习等栏目。

学习强国 App 是“学习强国”平台精心打造的手机客户端，提供海量、免费的图文和音视频学习资源，探索“有组织、有管理、有指导、有服务”学习，让学习更多样、更个性、更智能、更便捷。主体内容与学习强国网站（www.xuexi.cn）同步更新。学习强国 App 有丰富的学习资源，支持个性化订阅，源源不断地提供海量音视频，支持在线答题，并且支持强国云端、强国视频会议系统、强国商城等功能，如图 7–16 所示。

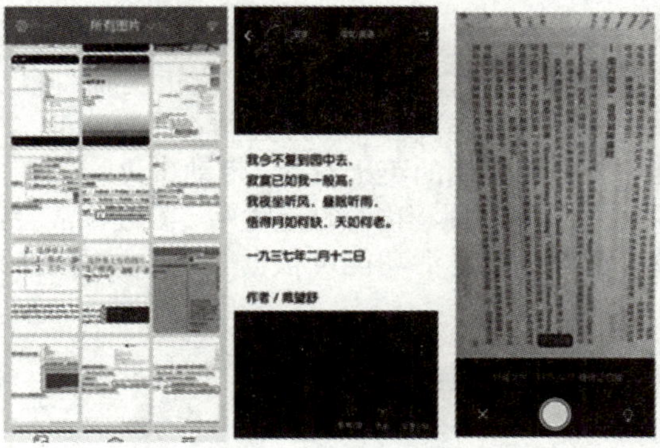

图 7–15　扫描文件

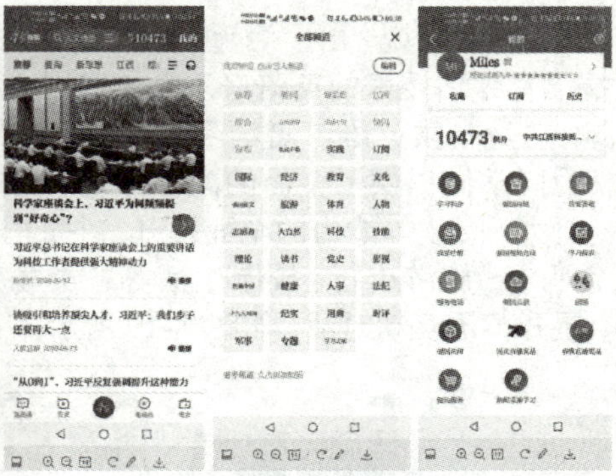

图 7–16　学习强国界面

（六）101 教育 PPT

101 教育 PPT 是福建网龙网络公司研发的一款服务教师用户的备授课软件，内含百万级的教学资源及贴合教材版本的课件素材，可实现一键备课。

101 教育 PPT 拥有课件制作功能，为教师配备了教育资源库，除了课件素材、电子教材，学科工具、3D/VR 资源及系统资源外，还有多媒体资源及 PPT 模板等各类教学资源。

101 教育 PPT 提供的教学资源涵盖了电子教材、教案、课件等素材，并针对全国不同地区的老师提供了人教版、北师大版、苏教版、外研社版等在内的全国主流教材版本；覆盖学前阶段、K12 阶段、中高职及本科学在内的语文、数学、英语、物理、化学、地理、生物、历史、政治等几十个学科。

老师可以在课堂上使用 101 教育 PPT 的数据资源对学生进行教学，而这些数据资源可以帮助学生理解和体会整个学习过程。101 教育 PPT 在 AI 技术的加持下，通过对李白、韩梅梅、花小鱼等 IP 形象的具象化，赋予每个 AI 一个身体，老师们在不同的课堂和气氛环境下，都可以请出想要的 AI 助教，使教学充满更多可能，如图 7–17 所示。

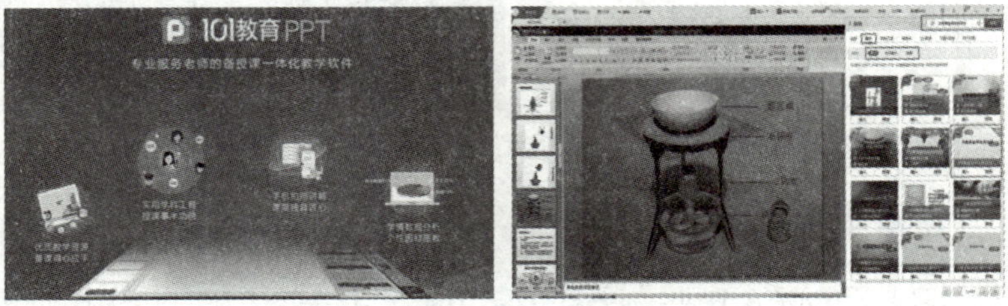

图 7–17　101 教育 PPT

（七）百词斩

百词斩是由成都超有爱科技有限公司针对英语学习开发的一款“图背单词软件”。软件为每一个单词提供了趣味的配图和例句，让记单词成为一种乐趣。2019 年 12 月，教育部办公厅公布第一批教育 App 备案名单，百词斩通过备案。

它是一款专为高考英语、大学英语四六级、雅思、托福、考研、SAT、GMAT 准备的英语学习软件。它旨在用游戏的方式轻松搞定英语单词，支持离线使用，为每一个单词都配了有趣的图片和例句，帮助用户在背单词时，建立关联记忆。利用图形建立单词与真实环境的联系，并提供单词 TV 和单词电台，学习方式多样，如图 7–18 所示。

（八）英语流利说

“英语流利说”由上海流利说信息技术有限公司开发，是一款融合创新口语教学理念和尖端语音评估技术的英语口语学习应用，让你“忍不住开口说英语”，帮你真正摆脱“哑巴英语”。它是一款英语口语学习软件，配音课程分为青春、搞笑、影视、爱情、科技等 14 个分类，为同学们提供了全面的配音体验。每日更新地道实用的英语对话，带动口语、单词、语法、听力、阅读等能力的全面提升。它的学习素材丰富，课程内容贴近生活，覆盖日常会话、商务职场、旅游出行、校园生活等各类场景。真人在线对话功能可根据等级匹配合适的语伴，展开英语互动对话，如图 7–19 所示。

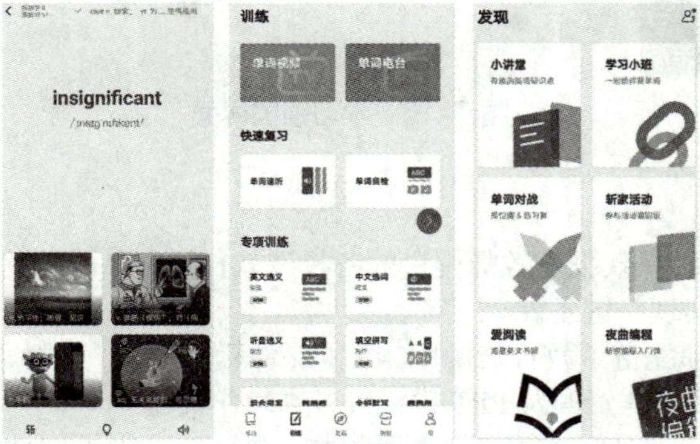

图 7–18　百词斩界面

图 7–19　流利说界面

四、网络资源的合理使用与版权

现在，及时获取信息、利用信息成了人们生活、工作和学习的基本需求。人类获取信息的手段越来越多，如电视、电话、广播、报纸及越来越普及的互联网。

互联网已成为教育教学的一个主要信息来源。教育已经不再是仅仅把过去的人类文明传递给下一代，而是为未来社会培养人才。教师必须了解和掌握人类社会最前沿、最先进的东西，并通过交流来提高自己的教学科研水平。在制作演示文稿或其他课件时，他必然要用到大量的素材资源，除了自己创作一些素材，可能要引用大量别人创作的素材。

但互联网信息资源的免费性和高共享性并不意味着人们的版权意识越发淡薄，对于知识产权的保护也日渐受到人们的重视。因此，对于如何合理合法地利用网络信息资源也是需要大家学习的。如何合理合法地利用这些素材资源呢？下面就这方面的问题进行一些探讨。首先来了解一下版权的概念。

（一）版权的基本概念

版权是指作者或出版者对作品享有的出版或作别种处置的权利。版权由多种不同的权利构成，并且在不同的国家关于版权的规定也有所不同。在《保护版权伯尔尼公约》和其他一些国家的法律条文中，都对版权的组成部分做过分析，其中有两项是每种版权都具有的成分，即道德权利和经济权利。道德权利涉及是否尊重作者权利，经济权利则主要是指复制权、公开发行权和适当修改权等。可以看出，电子版权管理应更多考虑经济因素。在涉及经济的一定因素时，“合理使用”与“合理处理”往往被限制在一个有限的范围。特别是向公众播放的信息，要考虑的版权难度就更多。

互联网信息资源十分丰富，它主要包括两大类信息：一类是随意共享的公众信息，另一类是受到版权保护的作品。由于互联网是一个极为松散的组织体系，它没有专门的中央机构对其进行集中管理和统一规划，其特点是自由连接、自由发布信息、自由扩展、自由添加服务方式和服务内容。

互联网信息资源的最大特点就是共享性和免费性，对于该信息是不是受到版权保护则是许多人不愿意触及的问题。然而，作为信息用户，尊重版权人的劳动和劳动成果是十分必要的，因为信息用户自己的劳动成果也有可能会转化为受到版权保护的信息。一方面，要回报作者们的劳动，但这还不是版权法的首要目的，其首要目的是要促进科学和艺术的进步。所以，版权法一方面保障作者们对其创造成果所拥有的权利，另一方面也鼓励其他人不受限制地在此著作所表达的思想基础上进行再创作。因此，对教育工作者而言，如何寻找信息共享与尊重版权之间的平衡点就显得尤为重要。

（二）互联网信息资源的优势

互联网是目前世界上最大的一个计算机网络，其各种资源极其丰富。它作为一种信息公开、资源共享、交流广泛和不受国界限制的信息资源库，其优越性是其他媒体所无法比拟的。同传统媒体相比，它的优势主要体现在：互联网上的信息有巨大的容量；互联网缩小了科学交流的空间距离，提高了交流的速度和效率，为用户提供了不受时空限制的信息自由交流的环境；能兼容正式交流和非正式交流方式，为保存科学成果提供了一种世界性的文献库，也为知识生产和消费双方更加经济、有效和快捷地进行非正式交流找到了替代途径。

正因为互联网有着如此快捷的信息流通能力，人们获取信息资源也更加容易，但是与此同时，知识产权的保护难度也加大了。版权人经常无法从巨大的网络传输市场中获得应得的利益，版权很容易受到损害，从某种程度上来讲挫伤了他们的工作积极性，使他们不得不花费精力、时间和金钱打官司以维护自己的权益，从而间接阻碍了人类文明的进步。国际版权界在1996年底出台的《世界知识产权组织（WIPO）版权条约》和《世界知识产权组织（WIPO）表演和唱片条约》中对互联网环境下的版权保护提供了国际依据。当前，教育界作为互联网信息资源的受益者，也必须遵守一定的版权要求。但鉴于教育对人类社会进步贡献的特殊性，以及教育界使用信息资源的特殊性，电子知识产权对教育界有一些特殊的优待条件。

（三）合理使用的原则

在充分考虑教育界使用版权信息的特殊性后，“合理使用原则”成为目前各国版权法普遍承认的原则和现行的一条非常重要的版权原则，对于教育和学术研究有着特殊的价值。虽然各个国家对版权有不同的要求，但对“合理使用原则”的解释基本相同，通常是指为了学习、引用、评论、注释、新闻报道、教学、科学研究、执行公务、陈列、保存版本、免费表演，可以不向版权人支付报酬而使用其作品。“合理使用原则”是教育界使用教育资源的基本原则。教育工作者包括学校里的教师、工作人员、图书馆员、档案馆员和其他从事与教学、教育科研、社会教育、学术活动的相关工作人员。教育界也包括各类学生，他们是教学活动的对象和教育科研的参与者。

美国在 1976 年修订的版权法对“合理使用”有如下定义：使用任何方法复制各种材料，将这些材料用批评、评论、消息报道、教学、科学（包括用于教室内使用的多本复印件）、学术及科学研究不得违背版权法。它允许教师、学生、学者及艺术家使用持有版权法的各种资料，不必取得作者和出版商的许可，也不必付任何使用费，这对促进知识的进步和提高教育质量是至关重要的。

（四）合理利用的方法

一般来说，在教育界，获得知识产权保护信息有以下三条途径。

（1）向信息部门索取有关知识产权和版权法的法律法规及相关文献，以切实了解有关文献的浏览、借阅和复制等版权要求。

（2）利用网络检索有关知识产权保护的信息。当前绝大多数网页在提供信息的同时也会提供关于使用这些网页的版权要求。

（3）向信息咨询服务机构索取知识产权保护信息。

到目前为止，虽然还没有具体和完善的国际通用的互联网资源利用标准，但专家对利用资源的具体方法还是提出了一些合理化建议。特别是美国在 1998 年 10 月由总统克林顿签署了“数字千年法案”（The Digital Millemimn Copyright Act of 1998），这个法案是迄今为止比较具体的规定利用互联网资源的方法的一个法案。

对于合理利用互联网教育资源的方法主要注意以下几点。

（1）合法进入互联网，即通过正常途径建立计算机与互联网的联系。

（2）建立个人账户，设置密码，以保证自己的网上权益不被侵犯。

（3）不要有意探求、浏览、复制和修改他人的文件或密码。更不能不经他人允许而使用其账号。

（4）如果遇到某份文件无法确认是公共信息还是受版权保护的信息，应推断其为受版权保护的信息。

（5）不要试图解除或破译受到版权保护材料的密码或侵入不允许进入的系统，特别是不能破坏计算机的管理和账户系统。

（6）在共享状态下，不在计算机上展示令他人不安或尴尬的图像、声音、文字或其他材料。

（7）对于不允许复制、收集、修改和编辑的网上材料，除浏览外，不允许违背其使用要求。如果不能确认是否可以采取浏览之外的行动，应认定为不可以。

（8）如果认为自己建立或创造的数据库对教学、科研工作有益，则个人有义务维护它。

（9）个人可以在网上发布自己对某些问题的意见或展示自己的成果，但必须学会对其负责，不得随意修改网上信息，不得传播和散布计算机病毒。

（五）如何保护自己的版权

当我们花了很多时间、精力与心血，辛苦完成了自己的作品，摆在每个人面前的问题就是，该如何保护好作品的版权，不被剽窃或盗用？

保护版权最好的方法之一，就是做好版权注册登记，获得作品的版权登记证书。

一是到当地的版权保护中心申请版权注册登记。一般的大中城市都有版权保护中心等机构，如位于北京的中国版权保护中心就可以进行版权注册登记。可以携带想登记注册作品的大纲或者全稿的打印件和电子版，还有作者本人的身份证，到当地的版权保护中心办理相关手续。在版权中心正常受理之后的二十个工作日左右，也就是一个月左右，就能拿到版权登记证书。这是做好版权保护的一个非常好的选择。

二是从网上申请版权注册登记。如果是一个计算机软件，可以受到著作权保护。著作权自开发完成之日享有，但是为了行使权利方便，也为了客观证明开发完成日期，通常在开发完成后申请计算机软件著作权登记。如果是一个设计，可以申请专利保护，专利申请是发明人、设计人或者其他有申请权的主体向专利局提出就某一发明或设计取得专利权的请求，如图 7–20 所示。

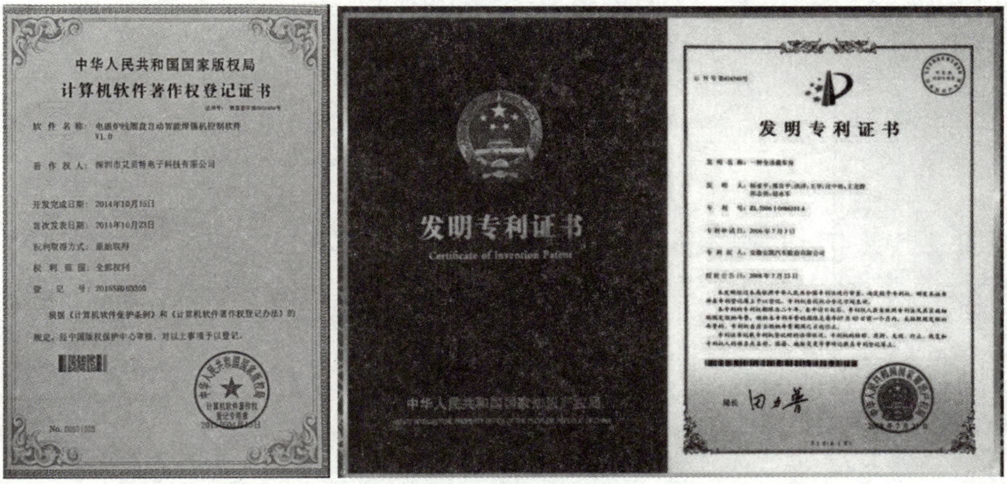

图 7–20　软件著作权证书及专利证书

第三节　多媒体素材的采集与制作

一、文字素材的采集与制作

文字是课件中最基本的素材，其制作也较为容易，既可用多媒体创作软件本身的文字处理功能进行编辑，也可以用各种专用的文字处理软件（如 Word、WPS 等）编辑复杂的文档。文字素材的获取可以通过键盘进行输入，这种方法最为简单，但也较为耗费时间。随着网络飞速发展，很多文字素材都可以从网上获取，但通过网页获取也常常碰到不能复制的情况，这时候我们可以用以下办法进行文字的采集。

打开 IE 浏览器，选择需要的网页，点击鼠标右键，选择“打印”，如图 7–21 所示，接着选择“PDF 文件”格式，点击“打印”即可另存为电脑文件，如图 7–22、图 7–23 所示。

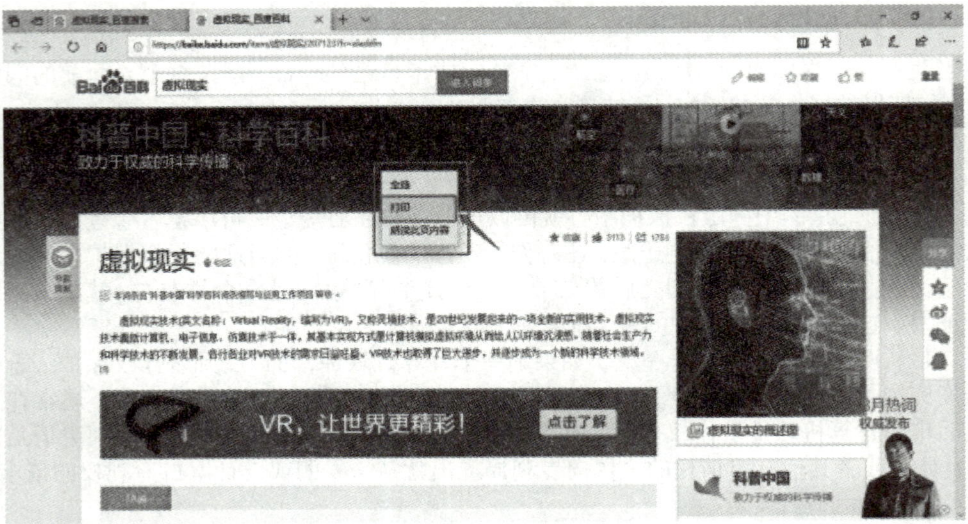

图 7–21　选择打印网页

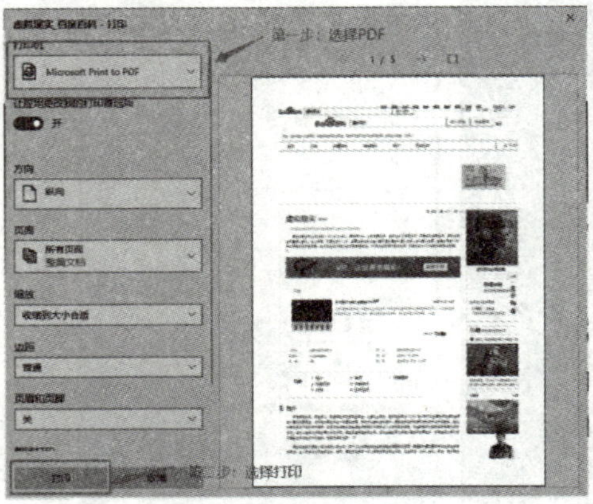

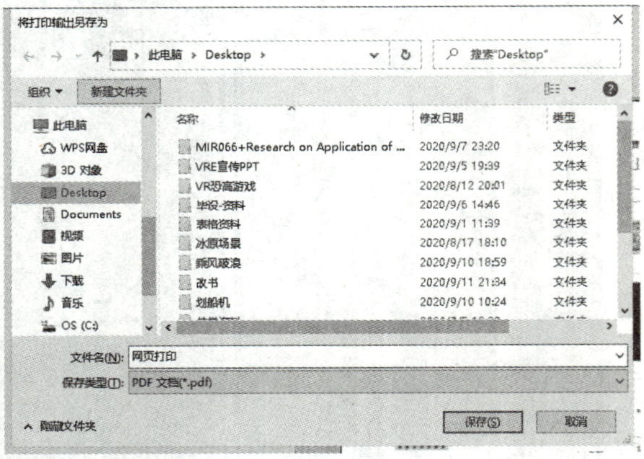

图 7–22　进行网页打印　　　　图 7–23　将文件另存到桌面

将桌面命名为“网页打印”的文件，用 WPS 或 Word 打开，然后将 PDF 转变为 Word，如图 7–24、图 7–25 所示。

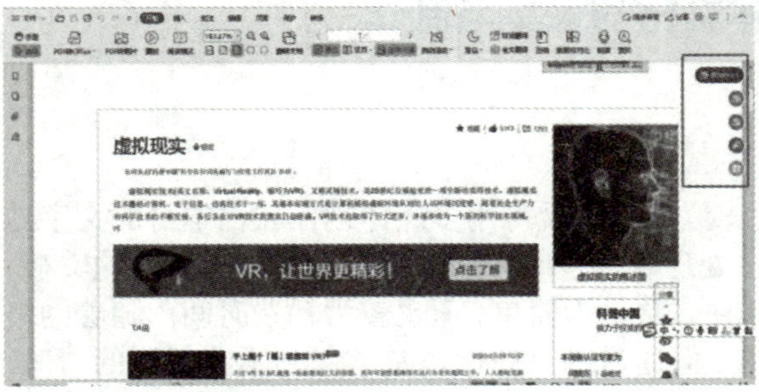

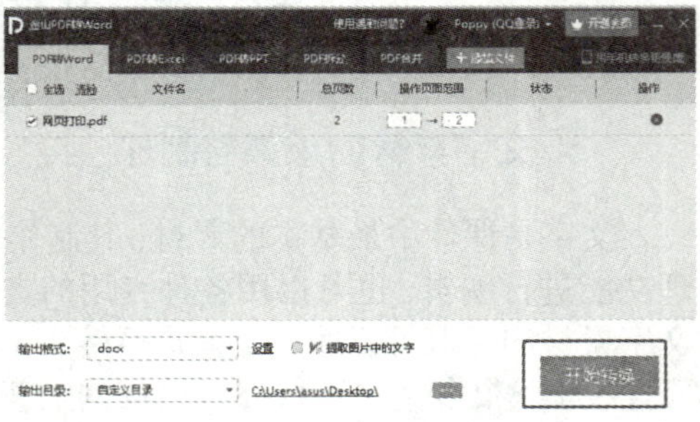

图 7–24　用 WPS 或 Word 将文件打开　　　　图 7–25　将 PDF 转换成 Word

二、图片素材的采集与制作

图片素材的采集与制作在课件制作中也是必要的，其采集方法也多种多样，以下就对我们常用的 SnagIt 图片采集软件和 QQ 截图作一下简单介绍。

（一）SnagIt 图片采集软件：

图片文字等素材我们可以用 SnagIt 来采集，SnagIt 是一款共享软件，它可以捕获图片、文字、视频，而且还可以给图片添加标注，对图片进行简单的特效处理，是同类软件中的佼佼者。先安装 SnagIt 11，安装过程很简单，除了第二步要选择“Accept”，其余都是单击“Next”，安装完成后如图 7-26 所示。

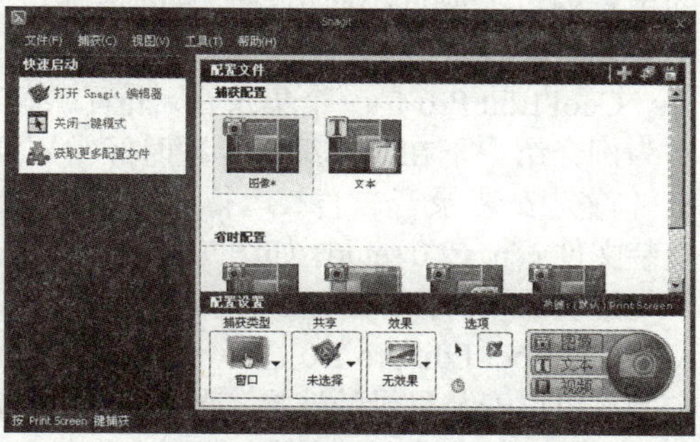

图 7-26　SnagIt 界面

（1）捕获图像

跟老牌的 HyperSnap-DX 捕获软件相比，SnagIt 更容易上手，捕获操作也更加简易化。SnagIt 的“捕获类型”是捕获开始的第一步，其主要作用就是先预设好接下来要捕获的对象（图像文字视频和网络）的区域。其基本的捕获类型如图 7-27 所示、可以分为区域、窗口、滚动、全屏等几种捕获类型，具体操作过程请参照技能训练部分。

（2）捕获文字

在前面了解了一些 SnagIt 捕捉图像的方式，不过其捕捉功能可远不止此，SnagIt 的文字捕捉功能，具体操作参照技能训练部分。

（二）QQ 截图工具

QQ 是现今常用的即时通信工具，它的功能非常强大，支持在线聊天、视频通话、点对点断点续传文件、共享文件、网络硬盘、自定义面板、QQ 邮箱等多种功能，并可与多种通信终端相连。QQ 截图是一种较为便捷的截图工具，以下对 QQ 截图工具的两种打开方式做简单的介绍。

（1）打开对话框截图

首先需要登录 QQ 账号，登录后找到要发送的 QQ 好友，双击好友头像并打开与好友的对话框，点击对话框中的截图工具即可进行截图并进行简单的编辑保存，如图 7-28 所示。

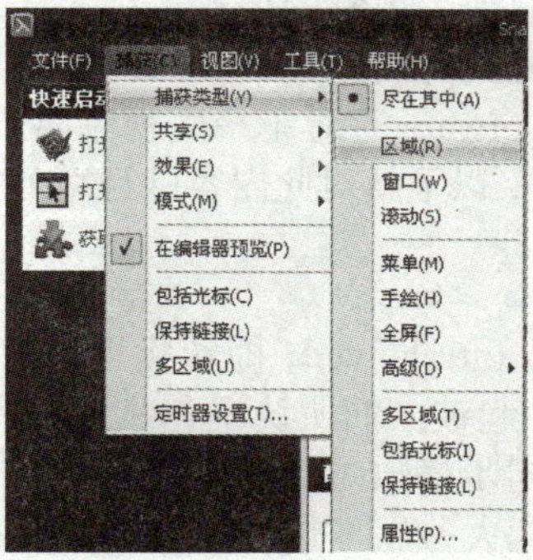

图 7-27　SnagIt 的“捕获类型”

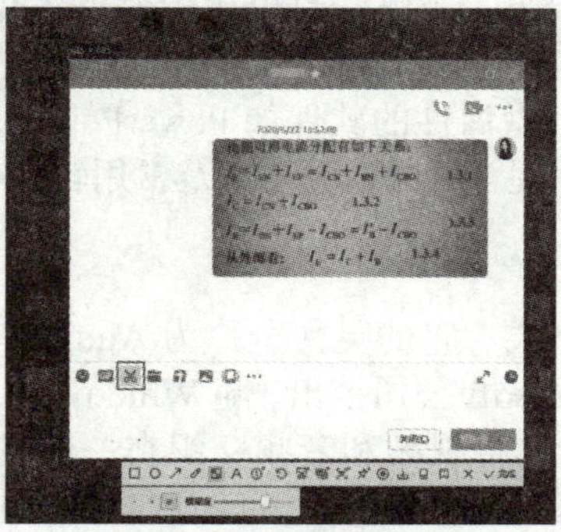

图 7-28　QQ 对话框截图

（2）快捷键截图

QQ 也提供使用快捷键的方式进行截图，其默认的截图快捷键是“Ctrl+Alt+A”。登录 QQ 后，使用快捷键“Ctrl+Alt+A”可以实现不打开对话框直接截图，并可对所截图片进行简单的编辑保存处理。

三、音频素材的采集与制作

在制作课件的过程中，经常需要一些音频素材，现在较常见的音频素材主要有 WAV、Mp3、WMA 三种格式。本节主要介绍利用 Cool Edit pro 来获取所需的音频素材。对应的录音设备选择好后，就可以打开录音软件进行声音源的录制了。需要注意的是，在录音前，要合理设置好录音的音量（电平控制），用鼠标上下拖动音量滑钮至合适位置，避免出现录出来的声音因过大或过小而出现失真的情况。另外，不是十分必要的情况下，在录制过程中尽量不要调整录音音量。

Cool Edit Pro 是一个集录音、混音、编辑于一身的多轨数字音频编辑软件。这里以 2.0 版本为例介绍一下在制作编辑音频时经常用到的功能及使用方法。

首先安装录音软件，运行 Cool Edit pro 2.0 安装文件 cep_v2.0 setup，如图 7–29 所示。

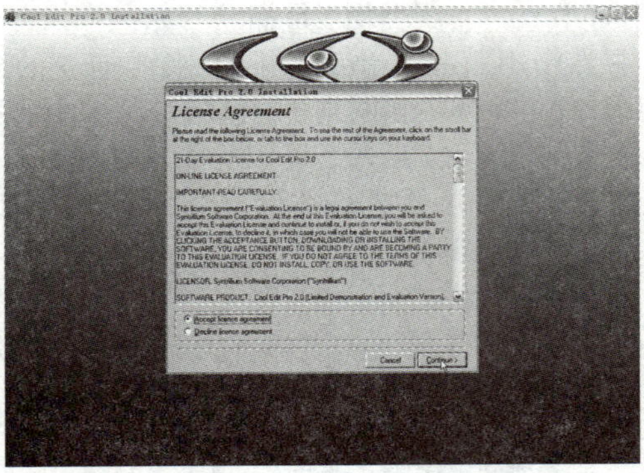

图 7–29　cooledit pro 2.0 的安装界面

选择同意并单击继续进入下一步，选择 Next，为 Cool Edit pro 2.0 选择一个安装位置，单击浏览可以安装目录的选择，选择完成后单击下一步，等待完成后，选择退出即可。为 Cool Edit pro 2.0 安装破解补丁，运行文件 cep2reg.exe，安装 Cool Edit pro 2.0 汉化补丁，运行文件 Cool 2 Chinese.exe，等待完成后退出，Cool Edit pro 2.0 的所有安装过程就全结束了。

录音可以分为两种：录制麦克风中的声音和电脑内部录音，具体参照技能训练部分音频素材的采集。

四、视频素材的采集与制作

在制作多媒体课件过程当中，我们也经常导入视频文件，在互联网越来越发达的今天，网上的视频极其丰富，特别有些专门的视频网站如优酷、土豆、腾讯等，因此，在制作多媒体课件的过程当中，视频资料也比较容易从网上获取。视频的格式多种多样，如 AVI 格式、MPEG 格式、FLV 格式、Mp4 格式、MOV 格式、ASF 格式、WMV 格式、RMVB 格式、MKV 格式等，而我们做课件的软件如 PowerPoint、Authorware 等对于一些视频格式并不支持，因此，我们必须掌握常见的视频格式及常用转换软件，以下就对此内容进行简单的介绍。

（一）常见视频格式

（1）AVI 格式。它的英文全称为 Audio Video Interleaved，即音频视频交错格式。它于 1992 年被 Microsoft 公司推出，随 Windows 3.1 一起被人们所认识和熟知。所谓“音频视频交错”，就是可以将视频和音频交织在一起进行同步播放。这种视频格式的优点是图像质量好，可以跨多个平台使用，其缺点是体积过于庞大，而且更加糟糕的是压缩标准不统一，最普遍的现象就是高版本 Windows 媒体播放器播放不了采用早期编码编辑的 AVI 格式视频，而低版本 Windows 媒体播放器又播放不了采用最新编码编辑的 AVI 格式视频，所以我们在进行一些 AVI 格式的视频播放时常会出现由于视频编码问题而造成的视频不能播放或即使能够播放，但存在不能调节播放进度和播放时只有声音没有图像等一些莫名其妙的问题，如果用户在进行 AVI 格式的视频播放时遇到了这些问题，可以通过下载相应的解码器来解决。

（2）MPEG格式。它的英文全称为Moving Picture Expert Group，即运动图像专家组格式，家里常看的 VCD、SVCD、DVD 就是这种格式。MPEG 文件格式是运动图像压缩算法的国际标准，它采用了有损压缩方法减少运动图像中的冗余信息。简而言之，MPEG 的压缩方法依据是相邻两幅画面绝大多数是相同的，把后续图像中和前面图像有冗余的部分去除，从而达到压缩的目的（其最大压缩比可达到 200∶1）。目前 MPEG 格式有三个压缩标准，分别是 MPEG-1、MPEG-2 和 MPEG-4，另外，MPEG-7 与 MPEG-21 仍处在研发阶段。

（3）FLV 格式。FLV 是 FLASH VIDEO 的简称，FLV 流媒体格式是一种新的视频格式。它形成的文件极小、加载速度极快，使得网络观看视频文件成为可能，它的出现有效地解决了视频文件导入 Flash 后，又使导出的 SWF 文件体积庞大，出现不能在网络上很好地使用等缺点。

（4）Mp4 格式。Mp4 也是受欢迎的格式之一，但 Mp4 体积相对 3GP 较大，分辨率相对高一些。Mp4 适合所有手机，特别是带存储卡的手机。它的优点是图像清晰、文件大小适中。它们可以通过 USB 或 1394 端口传输文件，很方便地将视频文件下载到设备中进行播放，而且自带 LCD 屏幕，以满足随时播放视频的需要。

（5）MOV 格式。MOV 即 QuickTime 影片格式，它是 Apple 公司开发的一种音频、视频文件格式，用于存储常用数字媒体类型。当选择 QuickTime（*.mov）作为“保存类型”时，动画将保存为 .mov 文件。QuickTime 用于保存音频和视频信息，包括 Apple Mac OS，MicrosoftWindows XP/7/8/10 等所有主流电脑平台支持。

（二）常见视频转换软件：格式工厂

格式工厂（Format Factory）由上海格式工厂网络有限公司创立于 2008 年 2 月，是面向全球用户的互联网软件，发展至今已经成为全球领先的视频图片等格式转换客户端。格式工厂是多功能的万能多媒体视频格式转换器，支持几乎所有多媒体格式到各种常用格式。格式工厂的操作也较为简便，这里就以 5.3.0 版本 FLV 转 AVI 格式为例，介绍一下格式工厂的使用方法。其安装完成后的界面如图 7-30 所示。

选择要转换视频的格式，点击添加文件，如图 7-31 所示，点击转换即可。

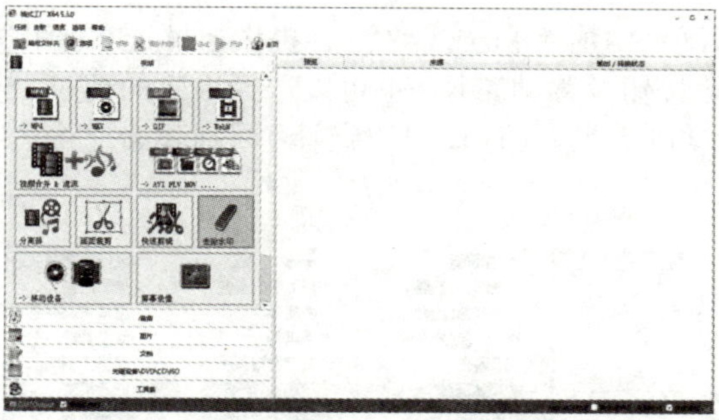

图 7-30　格式工厂主界面

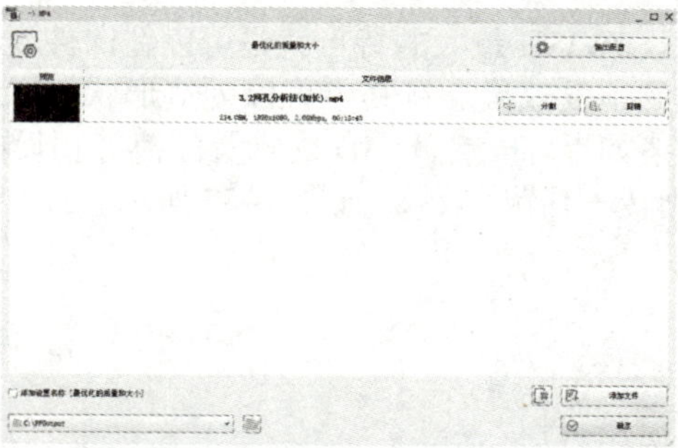

图 7-31　格式工厂转换窗口

五、动画素材的采集与制作

在制作多媒体课件过程当中，经常需要制作动画的软件最常用的莫过于 Flash 了，但是想掌握 Flash 并不是一件容易的事。在这里给大家讲解一款制作动画的小软件——SwisSHmax，在制作片头文字动画时非常方便。

SwisSHmax 是 Flash 编辑工具，它操作简便，可轻易在短时间内制作出复杂的文本、图像、图形和声音的效果。SwiSHmax 现在有超过 230 个内建效果，如爆炸、旋涡、3D 旋转、曲折等。SwiSHmax 用来创建直线、正方形、椭圆形、贝塞尔曲线、动作路径、精灵、rollover 按钮和导入表单的所有工具都包含在简易的界面里。另外，SwiSHmax 的脚本呈现方式也比较简单，适合新手操作。

（1）进行下载安装。下载软件安装包后即可进行软件的安装。安装完成后，点击桌面上的快捷方式，即可出现如图 7-32 所示界面，此界面用于常规动画画幅大小的选择。

（2）选择适合大小的画幅后，进入 SWiSH Max4 的界面，如图 7-33 所示。

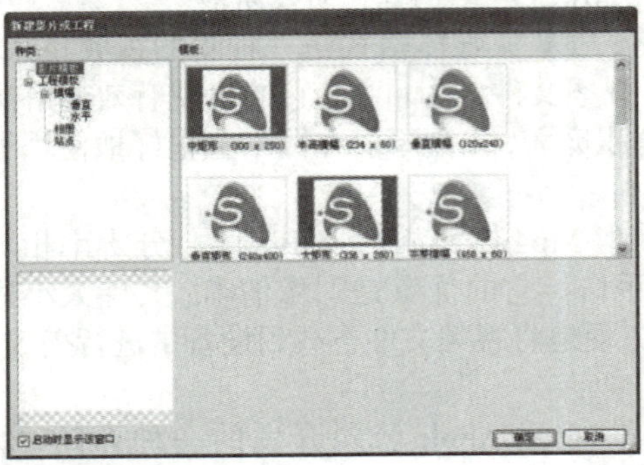

图 7-32　选择画幅大小界面

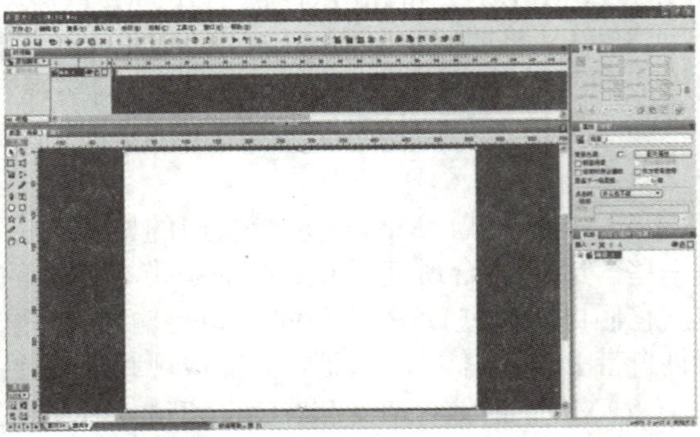

图 7-33　SWiSH Max4 工作界面

（3）可以将动画画面大小进行更改，点击右边的影片属性，将影片的宽度和高度进行调整，如图 7-34 所示。

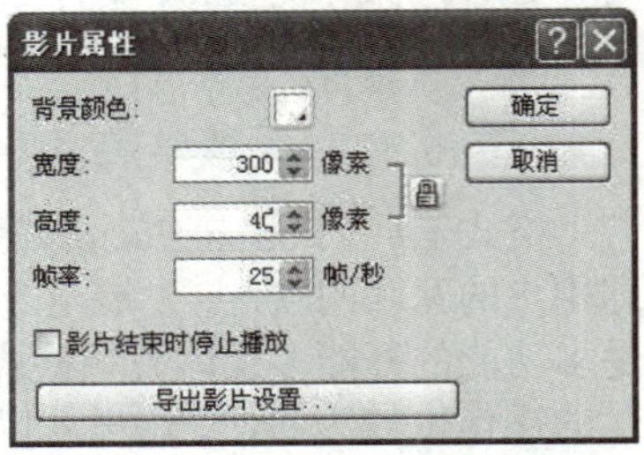

图 7-34　影片属性设置面板

（4）点击右边文本工具，如图 7-35 所示，在其中输入“我的第一个多媒体课件”，并对文字大小、颜色进行调整，最后如图 7-36 所示。插入文字通常有四种方法：1）点击菜单栏中的“插入”→“文本（T）”；2）点击工具栏中的“插入文本”按钮；3）单击版面面板中的“文本”按钮 T，然后在场景上拖出一个矩形的输入范围来；4）单击“轮廓”面板中的“插入”按钮右下角的下拉三角，在下拉菜单中选择“文本（T）”。

SWISH 最大的特点就是可以在课件或者网页中加入 Flash 动画，并提供超过 150 种可选择的预设效果。在其中可以创造形状、文字、按钮及移动路径，也可以选择内建的超过 150 种诸如爆炸、漩涡、3D 旋转及波浪等预设的动画效果。例如，可以选择“回到起始”当中的“旋转—翻转”效果，如图 7-37 所示。

图 7-35 及 7-36　文本相关工作面板

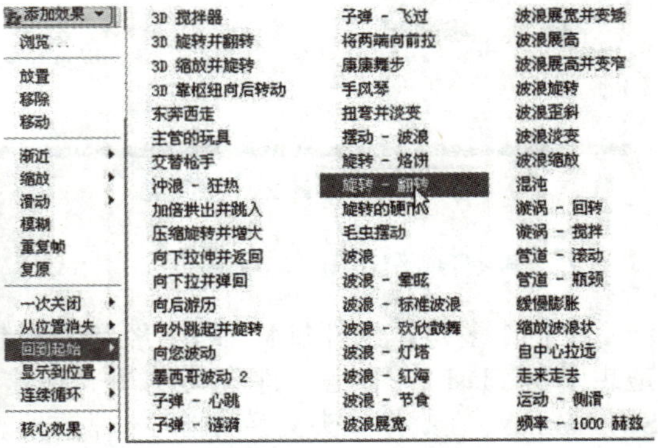

图 7-37　动画效果的设置

（5）选择好特效之后，可以观看播放效果，如果速度过快，可以将时间轴上的时间轴拉长，如图 7-38 所示。

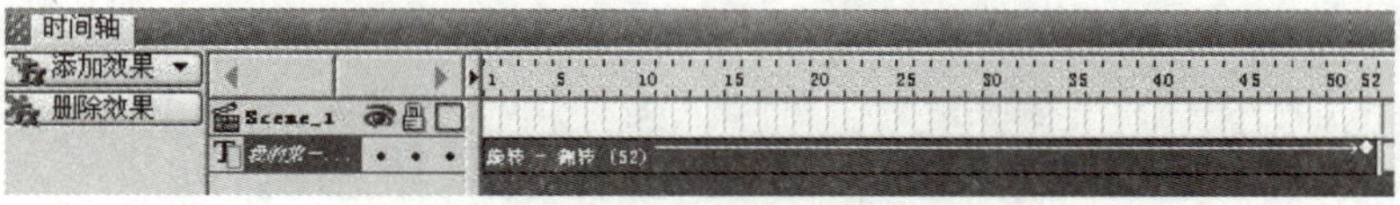

图 7-38　时间轴的操作

（6）最后可通过“文件”菜单当中的导出按钮，导出“SWF 格式”动画，如图 7-39 所示。

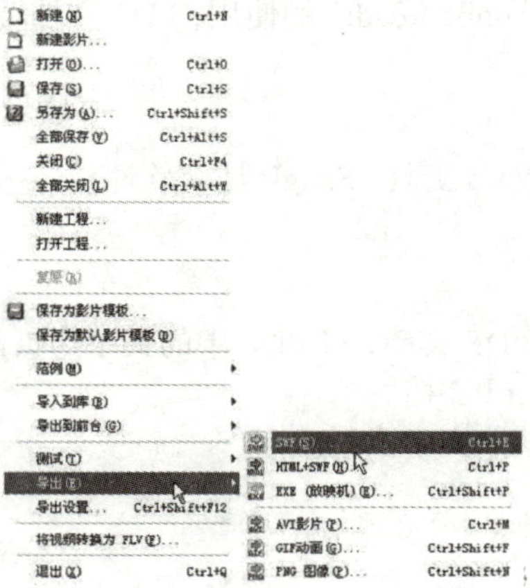

图 7-39　导出 SWF 格式动画

思考与练习

1. 教学资源的定义是什么？
2. 互联网教学资源的分类有哪些？
3. 常用的搜索引擎及使用方法有哪些？
4. 图片素材的获取方式有哪些？
5. 怎样使用格式工厂转换视频格式？
6. SwiSHmax 的特点是什么？

技能训练 13　文字素材的采集与制作

一、训练目标

PDF 文档格式读取工具 Adobe Reader 的使用；PDF 文档转换成 Word 文档。

二、操作环境（设备）

多媒体计算机、PDF 转 Word 工具、SnagIt 捕获软件。

三、训练任务

1. 用 Adobe Reader 打开 PDF 文档，将 PDF 中的文字拷贝出来。
2. 将 PDF 文档转换成 Word 文档。
3. 利用捕获软件 SnagIt 获取文字素材。

四、训练步骤

1. 用 Adobe Reader 打开 PDF 文档，将 PDF 中的文字拷贝出来，有两种方法。

（1）方法 1：用鼠标选择要拷贝的文字（如图 7-40 所示），打开“编辑”菜单，选择“复制文件到剪贴板”（如图 7-41 所示）。

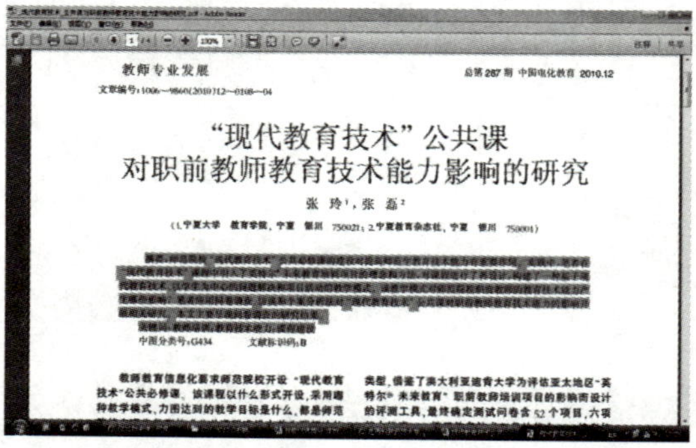

图 7-40　选择需要拷贝的文字

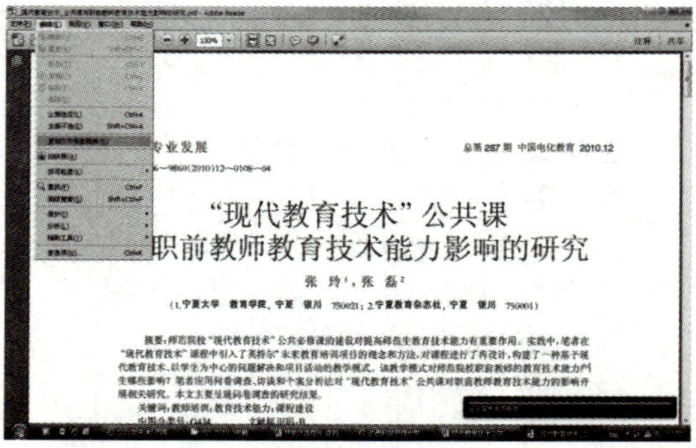

图 7-41　复制到剪贴板

（2）方法 2：打开“文件”菜单，选择另存为“文本”，如图 7-42 所示。

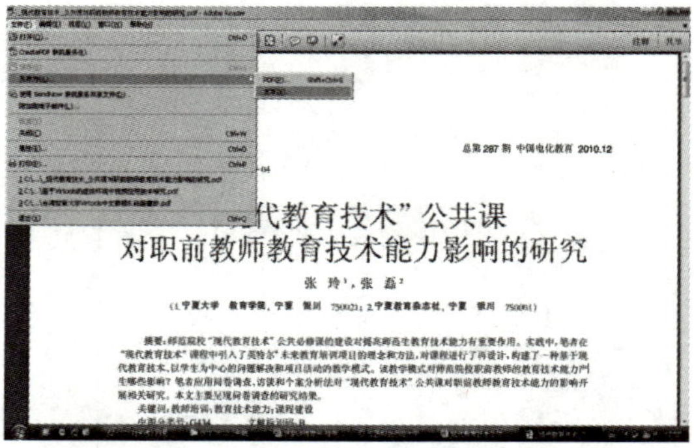

图 7-42　直接另存为文本

2. 将 PDF 文档转换成 Word 文档

首先下载 PDF 转 Word 工具。PDF 文档向 Word 文档格式转换的工具有很多，PDF2word 就是其中之一，使用较为方便。

（1）安装完毕后，打开 PDF2word V3.0，界面如图 7-43 所示。

（2）点击文件菜单，打开一个 PDF 文档，然后弹出一个参数面板，如图 7-44 所示，对转换后的模式进行选择。可以选择默认的第一项。点击确定后，选择“另存为”路径，点保存就完成了，如图 7-45 所示。

3. 利用 SnagIt 捕获文字

首先在捕获菜单中选择文本模式，如图 7–46 所示。

图 7–43　PDF2Word v3.0 界面

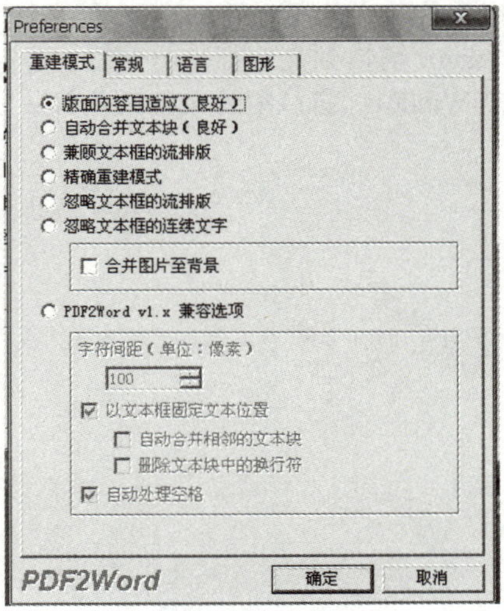

图 7–44　参数面板

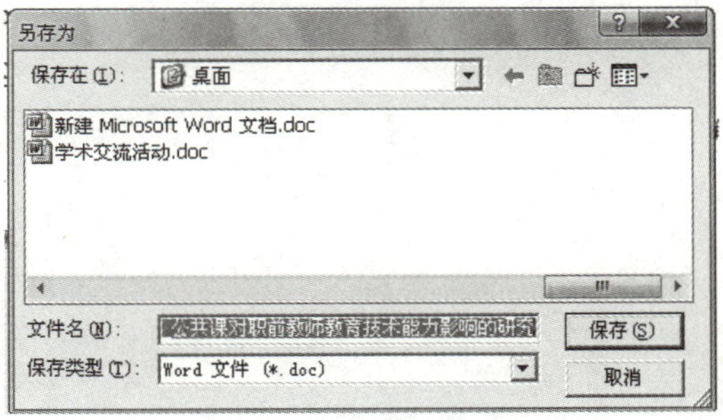

图 7–45　SnagIt 文字捕获文件的配置

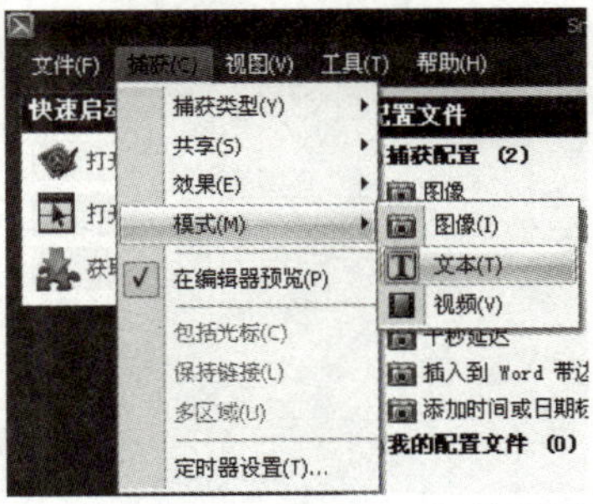

图 7–46　输入好友点子邮件地址

再到“捕获类型”选择“区域件”的配置。然后点击软件界面右侧的“文字”图表即可完成文件的配置，接下来只要点击“捕获”按钮就可以进行文字的捕获了，所谓的“区域”的配置文件，其作用是使用者用鼠标手画的一个区域为标准，在这个区域中捕获所有的文字。我们以如图 7–47 所示的 sohu 主页一小块区域为例，通过文本“捕获”，我们就可以将所有的文字“捕获”下来，如图 7–48 所示。

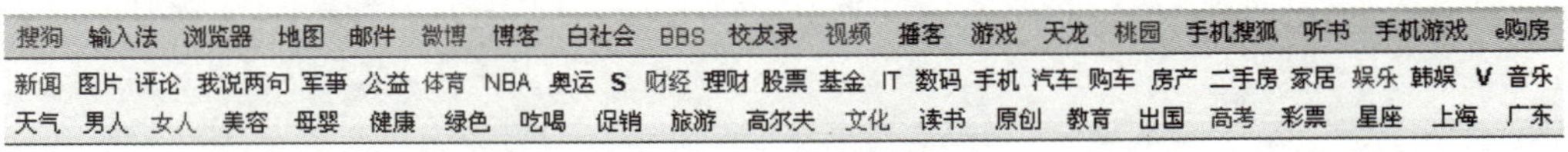

图 7–47　sohu 主页

图 7–48　SnagIt 文字捕获文件

提示：中文的 Windows 是由英文 Windows 经过本地化——汉化后得到的，在中文 Windows 中汉字默认的文字点阵为 9，而在英文 Windows 中英文的默认文字点阵为 10，这样就会出现有些英文的 Windows 软件在中文 Windows 下运行时英文显示不全的现象。这时就可以用 SnagIt 切换到文本抓取方式后，通过 SnagIt 软件的“滚动窗口”捕捉方式，将显示不全的英文 Windows 窗口中的文字抓至剪贴板，然后粘贴到字处理软件即可。

技能训练 14　图片素材的采集与制作

一、训练目标

掌握从网上获取图片素材的信息素养能力。

二、操作环境（设备）

多媒体计算机、SnagIt 捕获软件。

三、训练任务

1. 最基本的图片获取方法。
2. 利用 SnagIt 获取图片素材。

四、训练步骤

1. 最基本的采集方法：图片另存为

通常我们要寻找图片素材，可以通过百度或 Google 等进行搜索来实现，假如我们要找一张有关树林的照片，可以直接到百度中搜索，如图 7–49 所示。然后再点开所需要的图片，点击之后才会出现大图，再在大图上点击鼠标右键，选择“图片另存为”就可以了，如图 7–50 所示。

图 7–49　搜索界面

图 7–50　图片另存为界面

2. 利用抓图软件来获取图片素材

（1）区域捕获。

通常我们选择先设置 SnagIt 的“捕获类型”，其主要作用就是先预设好接下来要捕获的对象（图像、文字、视频和网络）的区域，如图 7–51 所示。

这里可以设置以鼠标所选择的区域为保存对象的捕捉方式。比如说：要捕获“网上邻居”图标，首先选择捕捉的模式为“图像”项，点击左上方的“捕获”按钮。这时可以通过鼠标绘制一选区将“网上邻居”图标包围，这样就完成了捕获，如图 7–52 所示。

最后，只需要点击左上角的“保存”就可以对所捕获的图像进行保存。

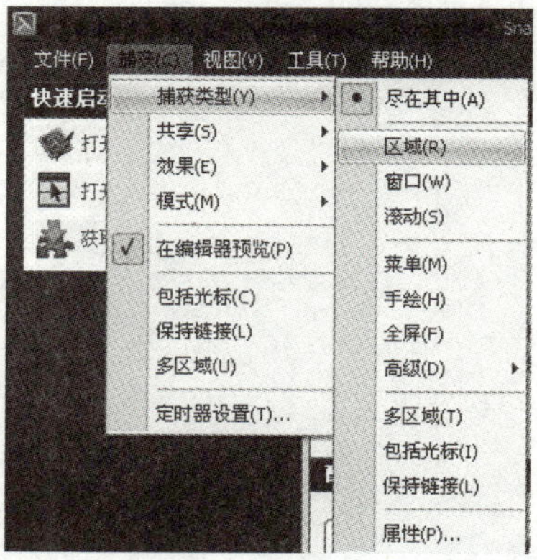

图 7–51　选择 SnagIt 的“捕获类型”

（2）窗口捕获。

在点击“开始捕获”后，变成转手形状的鼠标就只对出现在屏幕上的窗口有效了，捕获窗口的结果如图 7–53 所示。

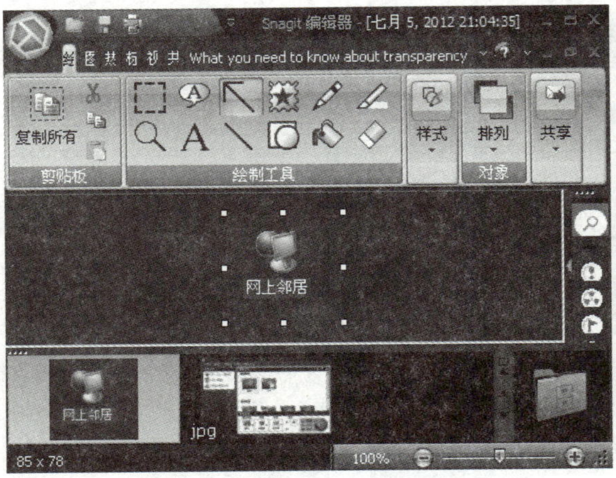

图 7–52　SnagIt 区域到文件的捕获

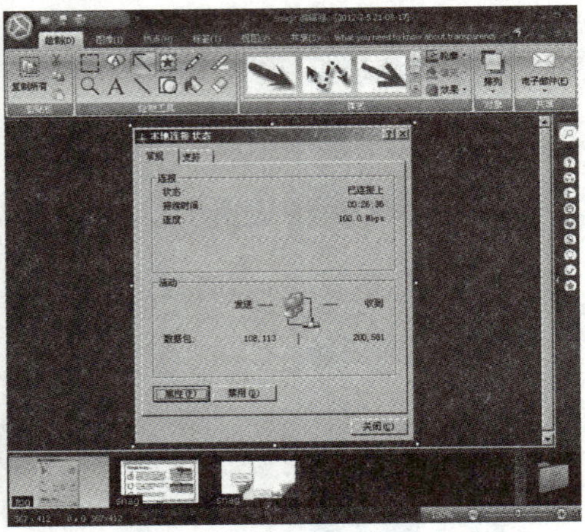

图 7–53　SnagIt 窗口到文件的捕获

（3）滚动捕获。

选择该项的捕获，在开始捕获后鼠标就变成了手的形状，同时也会出现提示框。该选项主要是利用鼠标滚动所经过的区域为标准范围形成捕获图像的。

（4）全屏捕获。

只要选中它，整个电脑屏幕就完整地被复制下来了。

技能训练 15　音频素材的采集与制作

一、训练目标

掌握获取音频素材的信息素养能力。

二、操作环境（设备）

多媒体计算机、Cool Edit 软件。

三、训练任务

（1）录制麦克风中的声音。
（2）录制电脑内部录音（网上可以试听却不可以下载的声音）。

四、训练步骤

（一）录制麦克风中的声音

（1）运行已安装的 Cool Edit Pro 2.0，并新建一个文件，单击确定，如图 7–54 所示。

（2）想要只录入麦克风的声音，就要进行属性设置，双击任务栏右下角中的声音图标，如图 7–55 所示。

（3）选择“选项”中的“属性”，如图 7–56 所示。选择录音，勾选图中几个选项后，如图 7–57 所示，点击确定。

（4）选择麦克风，调节好音量，调好后，如图 7–58 所示，切换出录音界面。

（5）单击录音按钮即可开始录音，如图 7–59 所示。

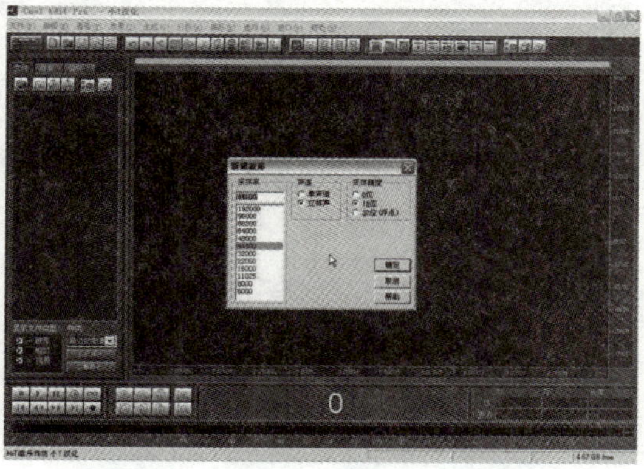

图 7–54　Cool Edit Pro 2.0 操作面板

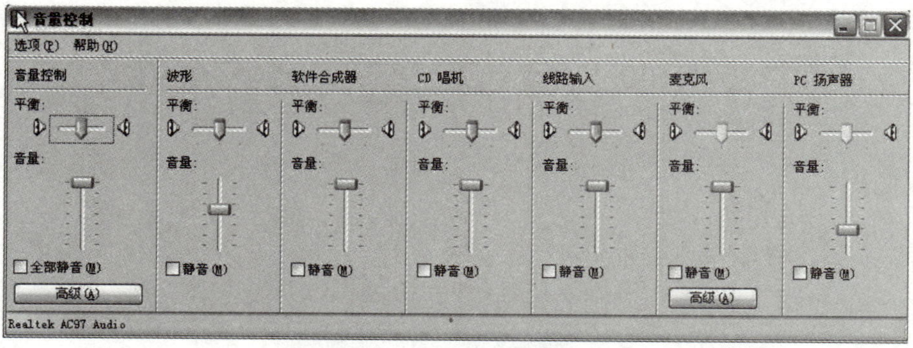

图 7–55　音量控制面板

最后，点击文件菜单 / 文件存储为……选择最常见的 Mp3 格式就可以了。

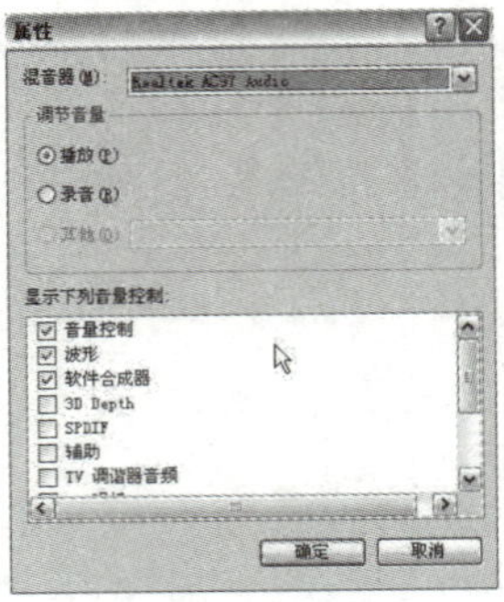

图 7-56　声音属性面板

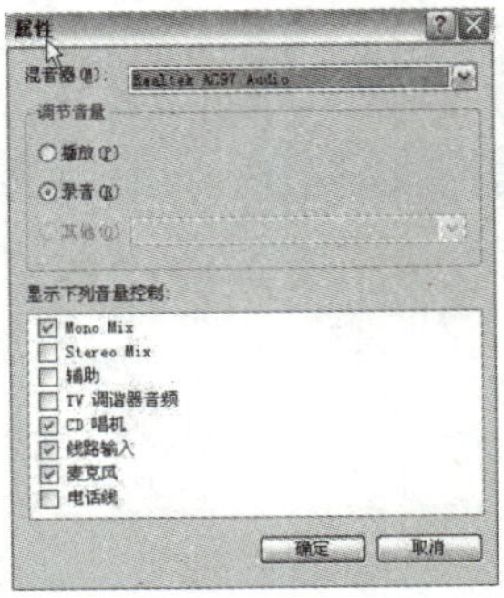

图 7-57　声音属性面板

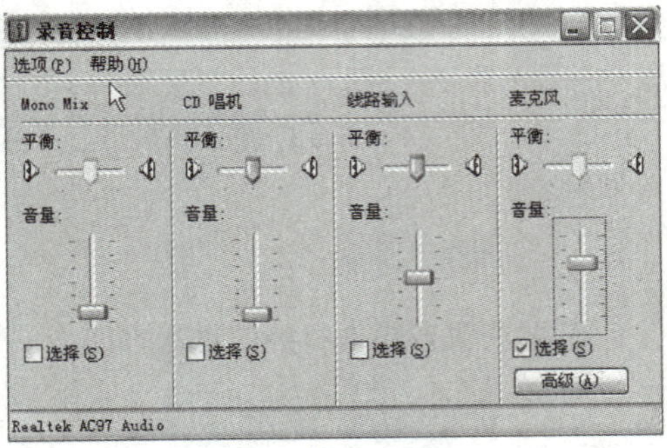

图 7-58　录音属性面板

（二）录制电脑内部录音

我们这里说的内部录音，指的是录制电脑本身播放出来的各种声音（MIDI、WAVE、Mp3 等音频文件，VCD 电影光盘里的配音，CD 音频等）。内部录音经常要用到，比如：将已做好的 MIDI 音轨转为音频、抓取在制作时需要的各种媒体文件里的声音源等。

基本步骤和录麦克风中的一样，只是选择属性的时候应选择 Mono mix 即可，如图 7–60 所示。

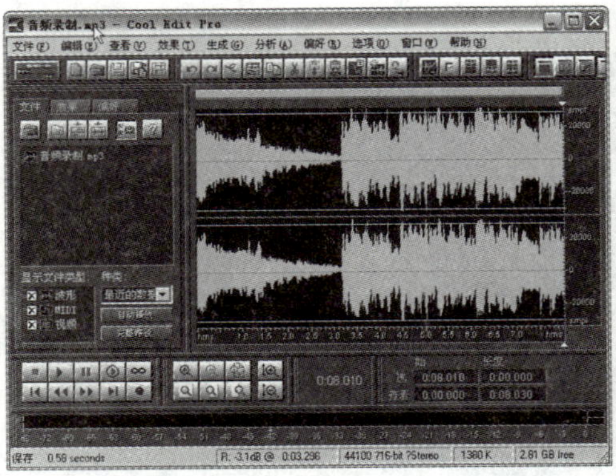

图 7-59　Cool Edit Pro 工作平台

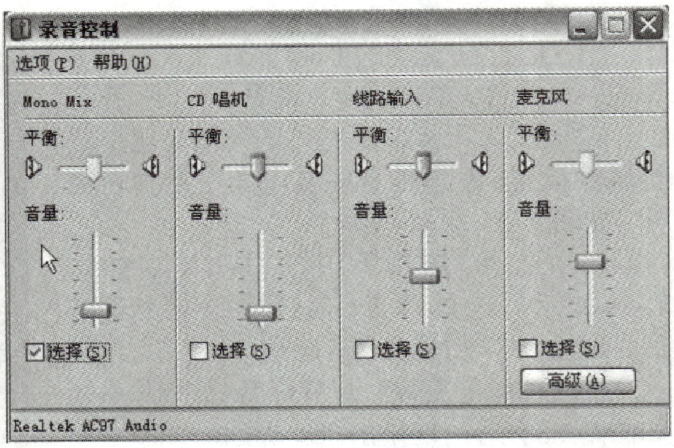

图 7-60　录音控制面板

技能训练 16　视频素材的采集与制作

一、训练目标

掌握获取视频素材的信息素养能力。

二、操作环境（设备）

多媒体计算机、格式工厂软件。

三、训练任务

（1）网上获取相关视频。
（2）转换视频格式。

四、训练步骤

（一）从网上搜索并下载所需视频

通常从优酷或土豆等视频网站找到教学所需的视频材料，但这些视频格式并不能直接导入 PPT 当中。当下载相关视频素材后，可以通过格式工厂软件进行格式转换并截取所需要的部分，以下载一段“幼儿英语教学示范 .flv”教学视频为例。

（二）先安装并运行格式工厂软件

（1）先安装软件并运行，出现如图 7–61 所示界面。

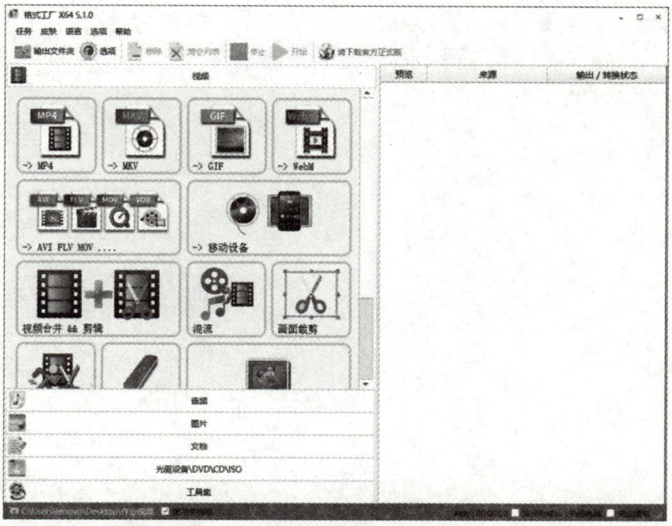

图 7–61　格式工厂界面

（2）点击“所有到 avi”，并添加我们将要转换的文件“幼儿英语教学示范 .flv”，如图 7–62 所示。

（3）在这里我们还可以点击“选项”，根据自己的需求只截取其中某一段视频，最后选择

“确定”，花费几分钟就转换好了，如图 7–63 所示。

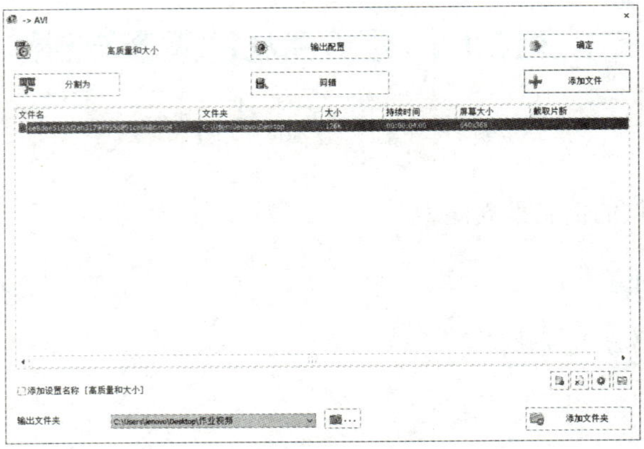

图 7–62　添加文件

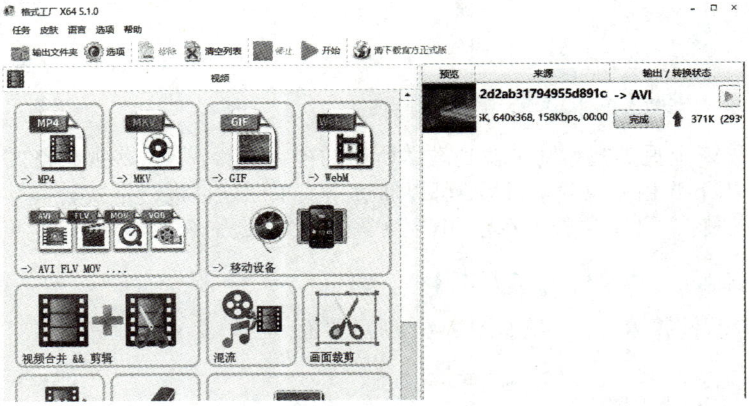

图 7–63　转换后的视频

技能训练 17　动画素材的采集与制作

一、训练目标

掌握制作动画素材的信息素养能力。

二、操作环境（设备）

多媒体计算机、SwiSH 软件。

三、训练任务

掌握常见片头文字的动画制作。

四、训练步骤

（1）运行 SwiSH，出现如图 7–64 所示界面，此界面用于常规动画大小画幅选择，当然我们点取消或者选择后，到这里进行修改也可以。

（2）任意选择一个后，进入 SwiSHmax 的界面，如图 7–65 所示。

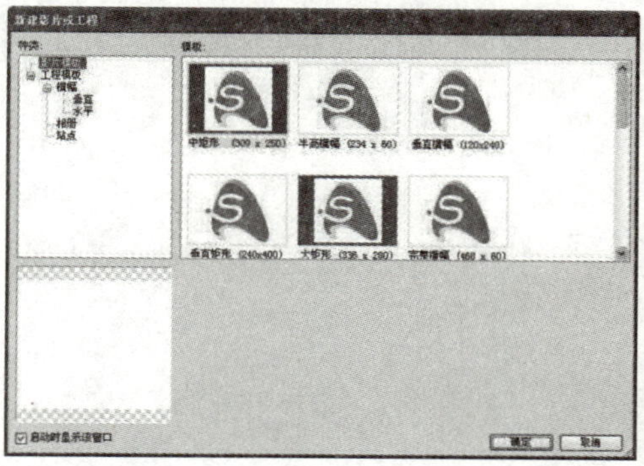

图 7–64　SwiSH Max 4 开始界面

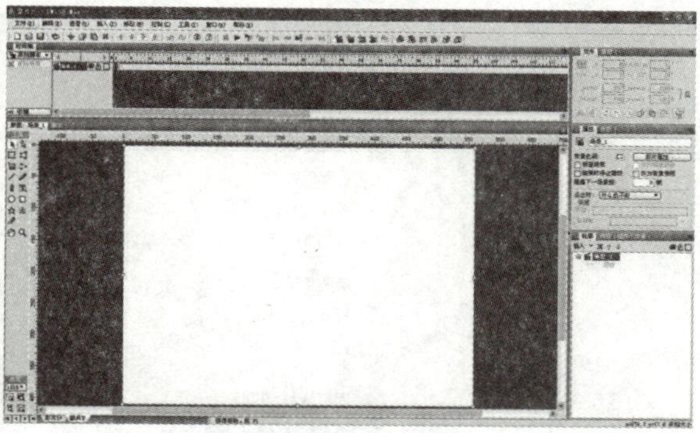

图 7–65　SwiSH Max 4 工作界面

（3）先将动画画面大小进行更改，点击右边的影片属性，将影片的宽度和高度进行调整，如图 7–66 所示。

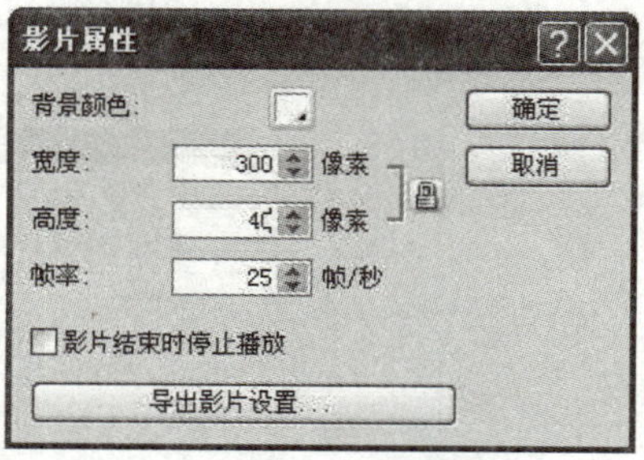

图 7–66　影片属性设置面板

（4）点击右边文本工具，在其中输入“我的第一个多媒体课件”，并对文字大小、颜色进行调整，最后如图 7–67 所示。插入文字通常有四种方法：1）点击菜单栏中的“插入”→“文本（T）”；2）点击工具栏中的“插入文本”按钮；3）单击版面面板中的“文本”按钮 T，然后在场景上拖出一个矩形的输入范围来；4）单击“轮廓”面板中的“插入”按钮右下角的下拉三角，在下拉菜单中选择“文本（T）”。

SwiSH 最大的特点就是可以在我们的课件或者网页中加入 Flash 动画，里面有超过 150 种可选择的预设效果。我们可以创造形状、文字、按钮及移动路径，也可以选择内建的超过 150 种诸如爆炸、漩涡、3D 旋转及波浪等预设的动画效果。在这里我们选择“回到起始”当中的“旋转—翻转”效果，如图 7–68 所示。

（5）选择好特效之后，可以进行播放观看效果，如果觉得速度过快，可以将时间轴上的时间拉长一点，如图 7–69 所示。

图 7–67　文本相关工作面板

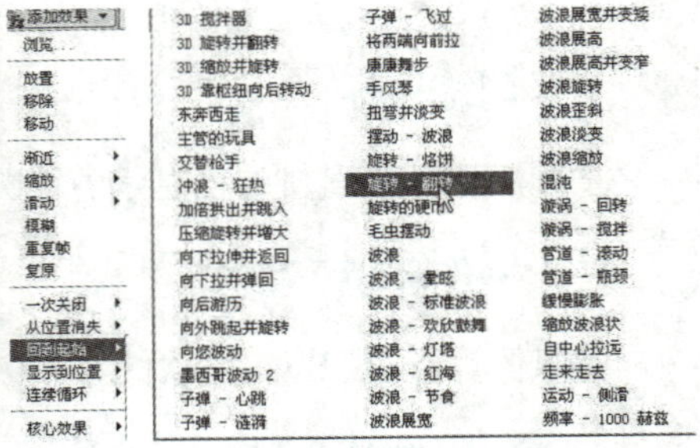

图 7–68　动画效果的设置

图 7–69　时间轴的操作

（6）通过“文件”菜单当中的导出按钮，导出 SWF 格式动画，如图 7–70 所示。

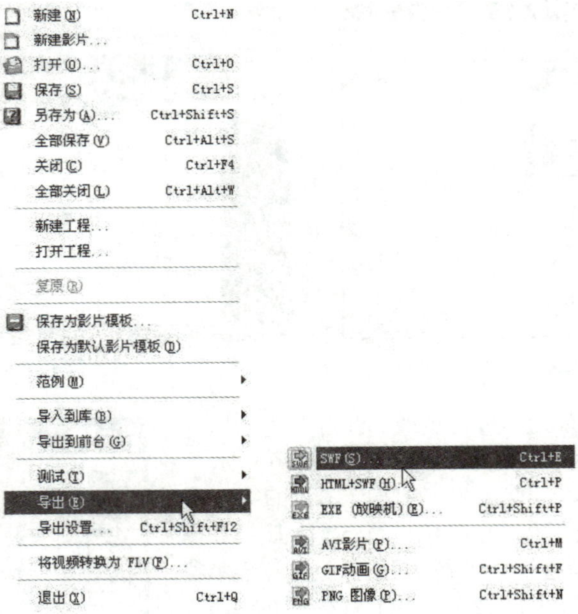

图 7–70　导出 SWF 格式动画

技能训练 18　工具软件的教学应用

一、训练目标

掌握信息化教学的信息素养能力。

二、操作环境（设备）

多媒体计算机、智能手机，好弹幕软件，超星学习通 App。

三、训练任务

（1）创新教学互动方式，掌握弹幕现场实时互动教学手段。
（2）掌握在超新星学习通上创建线上课程、布置作业的方法，优化教学过程。
（3）通过学习好弹幕软件、超星学习通 App 使用方法，理解信息化教学。

四、训练步骤

（一）掌握好弹幕软件使用方法

1. 注册账号

教师在好弹幕官网（https://www.haodanmu.com/）注册账号，注册后拥有专属的课堂二维码，在后台可以进行弹幕效果设置及各种互动的管理，注册后如图 7–71 登录账号所示。

2. 安装好弹幕

教师在电脑上安装好弹幕程序，安装完成后打开弹幕即可，如图 7–72 所示。

图 7–71　登录账号

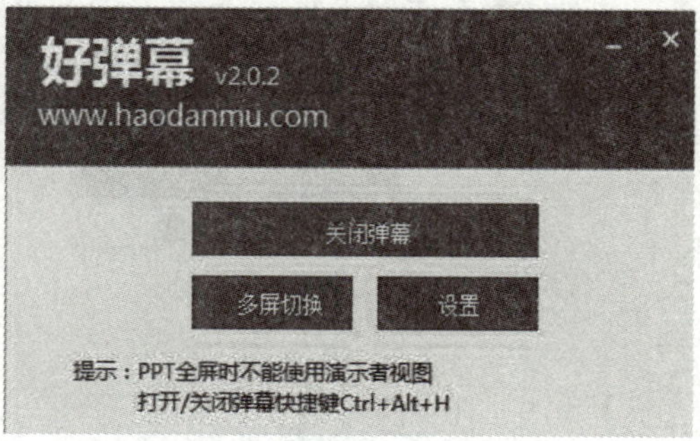

图 7–72　安装好弹幕软件

3. 微信扫码

学生微信扫描活动二维码，无须下载，在公众号发弹幕，通过公众号参与各种互动，如图 7–73 微信扫码发弹幕所示。

4. 完成

电脑上好弹幕程序显示弹幕及各种互动，可以投屏在大屏上。

（二）超星学习通使用方法

1. 下载安装

可以通过图 7–74、图 7–75 超星学习通二维码或直接在软件商店下载超星学习通 App。

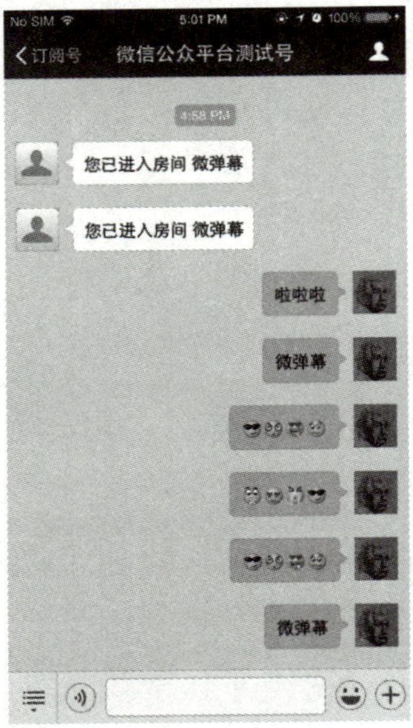

图 7–73　微信扫码发弹幕

图 7–74　超星学习通二维码

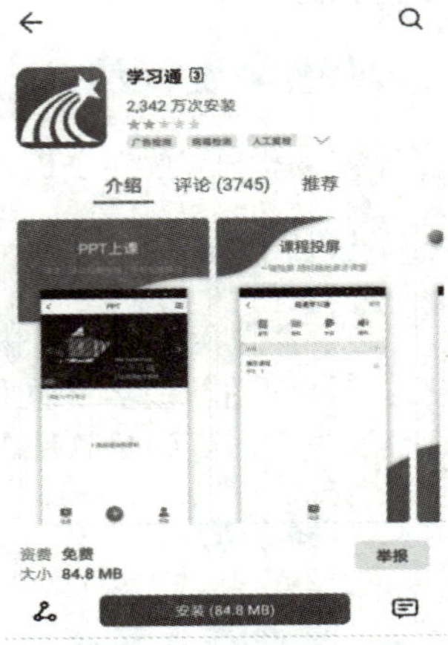

图 7–75　软件商店下载

2. 注册登录

可以通过手机号密码，手机号验证码，以及其他方式三种方法进行注册登录，如图 7–76 所示。

3. 创建课程

首先在我的界面，点击上面的课程，打开课程界面后，想创建课程，点击右上角的加号，添加课程，如图 7–77 所示。

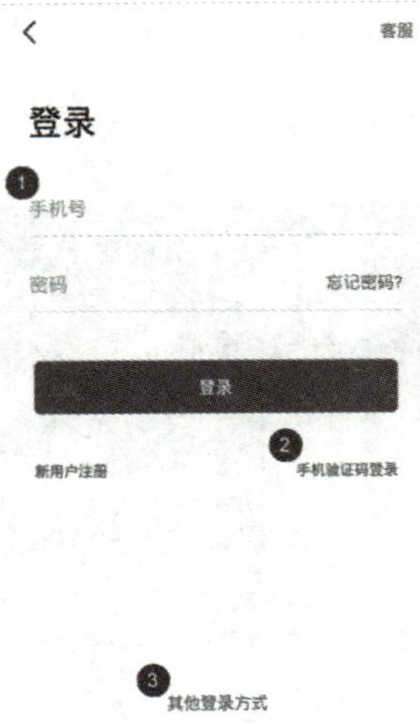

图 7–76　注册登录

图 7–77　创建课程

4. 在弹出的选项中，点击上面的新建课程，创建一个新的课程，如图 7–78 所示。

打开新建课程界面，可以自己输入课程的名字和上传封面，也可以点击下面用课程包建课，如图 7–79 所示。

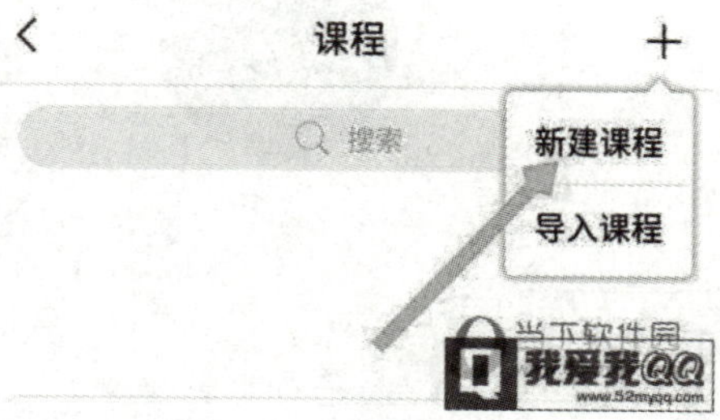

图 7–78 新建课程

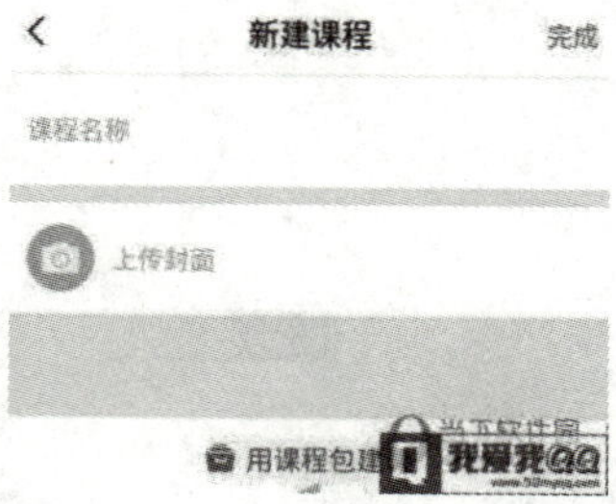

图 7–79 上传封面

打开新建课程界面，可以自己输入课程的名字和上传封面，也可以点击下面用课程包建课，如图 7–80 所示。

（1）布置作业

点击作业图标，点击右上角 + 新建作业名称，并选择评分机制为百分制或者自定义，点击下一步，选择作业类型为单选题、多选题、填空题、判断题或简答题，如图 7–81 所示。

创建作业完成后，点击已创建的作业，查看学生的作业完成情况，也可以批量打回和重新发放作业，还可以利用成绩统计进行可视化显示，学生掌握知识程度一目了然，如图 7–82、图 7–83 所示。

图 7–80 课程界面

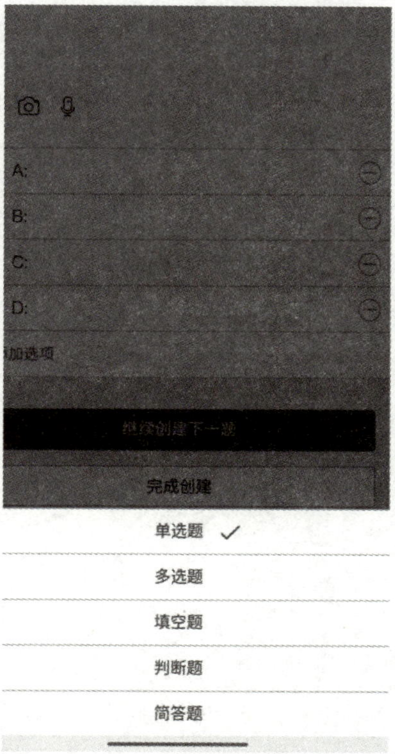

图 7–81 布置作业

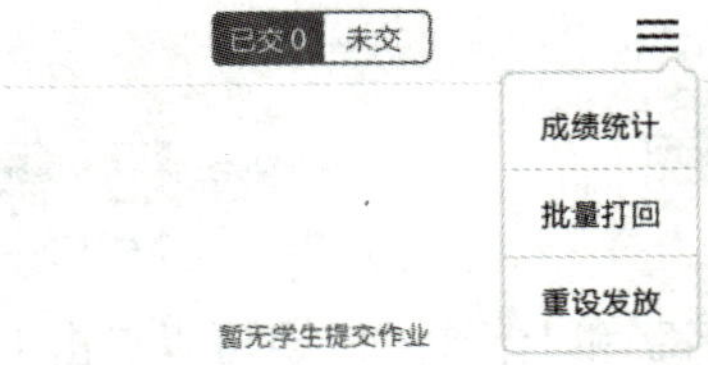

图 7-82　成绩统计

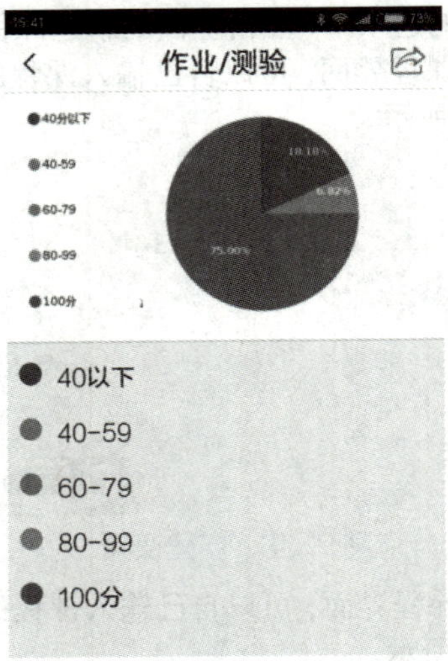

图 7-83 作业 / 检测

其实，课程创建完成后，除作业布置以外，还有其他功能可以优化教学过程，如上传 PPT 课件、教案，方便学生课后自主复习，加强记忆；对课程进行章节划分；上传如图片、视频、网页链接等其他教学资源；进行线上章节测试；建立全班讨论的主题；等等，这些功能操作方法都很简单，与作业布置的方法大同小异。

第八章 教学资源的开发与应用

内容提要

在现代教育体系中，重视教学资源的开发与应用是课程改革提出的新目标。合理应用教学资源将有效促进教学顺利开展。通过本章的学习，可以了解计算机辅助教学系统的产生与发展，了解多媒体课件与VR课件的开发，掌握多种教学资源开发工具的使用。

第一节 计算机辅助教学系统

一、计算机辅助教学的产生与发展

（一）计算机辅助教学的产生与发展

计算机辅助教学的研究始于美国，第一个教学系统于1958年产生。1958年，美国IBM公司沃斯顿研究中心设计了世界上第一个计算机教学系统，CAI以此为起点逐渐发展起来。计算机辅助教学的产生与发展主要有其物质基础、理论基础和社会基础。计算机辅助教学的发展大体经历了以下阶段：发展的初期阶段（1958—1975）；普及阶段（1976年到20世纪80年代末）；全新发展阶段（1990年以后）。

（二）计算机辅助教学的基本概念

1. 计算机辅助教育

计算机辅助教育，简称CBE（Computer-Based Education），指以计算机为主要媒介所进行的教育活动，也就是使用计算机来帮助教师教学，帮助学生学习，帮助教师管理教学活动和组织教学等。计算机辅助教育主要包括以下两个方面：计算机辅助教学，简称为CAI（Computer-Assisted Instruction）；计算机管理教学，简称为CMI（Computer-Managed Instruction）。

2. 计算机辅助教学

计算机辅助教学（Computer Aided Instruction，简称CAI）是在计算机辅助下进行的各种教学活动，是以对话方式与学生讨论教学内容、安排教学进程、进行教学训练的方法与技术，是用计算机帮助教师进行教学或用计算机进行教学的广阔应用领域。它既是计算机在教育中的一个重要应用领域，又代表了一种新的教育技术和教学方式。CAI为学生提供一个良好的个人化学习环境。综合应用多媒体、超文本、人工智能和知识库等计算机技术，克服了传统教学方式上单一、片面的缺点。它的使用能有效地缩短学习时间、提高教学质量和教学效率，实现最优化的教学目标。

作为一种教学媒体，计算机可以起到与其他传播媒体一样的呈现知识、给予反馈作用，但是由于其有着存贮、处理信息、工作自动化等功能，因此 CAI 具有如下特点。

（1）大容量的非顺序式信息呈现。计算机可存贮相当丰富的信息量，可包括一门课程或与某个对象有关的全部知识。学习者既可以浏览所有知识，也可以按需要获取其中任意所感兴趣的一部分，而不仅是按顺序阅读，或是按教师所给出的那一部分的内容进行阅读。

（2）学生可以控制学习内容和学习进度。通常的 CAI 系统都允许学生选择学习内容，也设置一些同步措施，仅当学生学习了前一部分知识后才进入下一步的学习。这样，学生的学习进展不受时间与地点的限制，可以取得最佳的学习速度。

（3）CAI 系统可以通过提问、判断、转移等交互活动，分析学生的能力和学习状况，调节学习过程，实现因人施教的教学原则和及时的反馈原则。

（4）因为教学进度由学生控制和连续的提问—反馈或是操作—反应刺激等交互活动，学生在 CAI 活动中处于一种积极、主动的精神状态，不像被动受教时那么容易疲劳和受干扰，教师从而可以取得较好的教学效果。

（5）计算机可保留各个学生的学习进展记录，并进行各个学生的学习进程分析和群体学习分析，对教师或软件开发者提供了教学决策支持。

（6）目前的网络技术使 CAI 获得群体的支持，解决个别化学习与群体学习的矛盾。

3. 计算机管理教学

CMI 是 CBE 的一个重要组成部分，是利用计算机来管理、指导和研究教学的自动化教学管理技术。其特征是：计算机管理教学过程中，所存储和提供的是学生档案和学习情况的信息而不是学科知识；计算机管理教学的对象是教师而不是学生，其主要目的是帮助教师对教学进行决策和管理。

（三）计算机辅助教学的基本模式

1. 传统的教学模式

教学过程是教师根据教学目的、任务和学生身心发展的特点，通过指导学生有目的、有计划地掌握系统的文化科学基础知识和基本技能，发展学生智力和体力，形成科学的世界观及培养道德品质、发展个性的过程。

【视频】
计算机辅助教学

2. 计算机辅助教学模式

计算机辅助教学模式是指利用计算机进行教学活动的交互方式。

常见的 CAI 教学模式有：

（1）操作练习（Drill and Practice）。

（2）个别辅导（Tutorial）。

（3）咨询方式（Consultation Mode）。

（4）模拟演示（Simulation and Demonstration）。

（5）问题求解（Problem Solving）。

（6）教学游戏（Instruction Game）。

（四）计算机辅助教学系统的组成

狭义的 CAI 系统由计算机硬件（Hardware）、系统软件（System software）和课件组成。

（1）CAI 系统的硬件。硬件是 CAI 系统的物质基础。

（2）系统软件。PC 机操作系统目前使用 Windows 的居多，也有使用 Linux 的。对于局域网，目前常见的操作系统有 Netware、Windows XP 和 Unix。常用的高级语言有 Visual Basic、Visual C 等。

（3）课件即教学软件。

二、多媒体课件

（一）多媒体课件的概念

多媒体课件是根据教学大纲的要求和教学的需要，经过严格的教学设计，以多种媒体的表现方式和超文本结构制作而成的课程软件。简单来说，就是老师用来辅助教学的工具，创作人员根据自己的创意，先从总体上对信息进行分类组织，然后把文字、图形、图像、声音、动画、影像等多种媒体素材在时间和空间两方面进行集成，使它们融为一体并赋予它们以交互特性，从而制作出各种精彩纷呈的多媒体应用软件产品。

多媒体课件具有以下三个特点。

1. 丰富表现力

多媒体课件不仅可以更加自然、逼真地表现多姿多彩的视听世界；还可以对宏观和微观事物进行模拟，对抽象、无形事物进行生动、直观的表现；对复杂过程进行简化再现等。这样，就使原本艰难的教学活动充满了魅力。

2. 良好交互性

多媒体课件不仅可以在内容的学习使用上提供良好的交互控制，而且可以运用适当的教学策略，指导学生学习，更好地体现出“因材施教的个别化教学”。

3. 极大共享性

网络技术的发展，多媒体信息的自由传输，使得教育在全世界交换、共享成为可能。以网络为载体的多媒体课件，提供了教学资源的共享。多媒体课件在教学中的使用，改善了教学媒体的表现力和交互性，促进了课堂教学内容、教学方法、教学过程的全面优化，提高了教学效果。

（二）多媒体课件的类型

1. 按课件的结构类型

可以分为以下几种类型：

（1）固定型课件，其特点是结构固定。

（2）生成型课件，其特点是节省 CAI 的存储空间。

（3）数据库型课件，其特点是容易做到数据与控制分离。咨询型课件通常属于这种类型。

（4）智能型课件，该类课件目前还处于探索和研究阶段。

【视频】
课件

2. 按课件的教学类型

可以把课件分为个别辅导型、操练与练习型、模拟型、游戏型、咨询型等。

另外，近年来，我国教育工作者在总结了课件在我国计算机辅助教学应用中的利与弊后，提出了“积件”（积件是由教师和学生根据教学需要自己组合运用多媒体教学信息资源的教学软件系统）的思想，有人称积件是继课件之后的第二代教学软件。

（1）个别辅导型课件。

个别辅导型课件的教学过程是：将教学内容划分为一个个小的教学单元，每一个单元只教授一个概念或一个知识点，完成教学目标的一部分。对于每个单元的教学都是先由计算机在屏幕上以各种方式显示教学内容，使学生对新知识有一定的认识和了解，然后围绕所传授的知识提出若干问题，让学生回答。根据学生的回答，计算机判断学生是否掌握了这一单元的知识。如果这种教学评估的结论没有达到预期目标，则返回到本单元开头重新学习，或诊断原因后提供有针对性的补救教学内容，进行补充学习，以加强学生的理解，然后重新作教学评估。如果已经达到预期目标，则进入新单元进行学习。这样，当所有的单元全部学完后，即可达到总体的教学目标。

个别辅导型课件具有个别化教学、学生参与学习的教学特点，如图 8-1 所示。

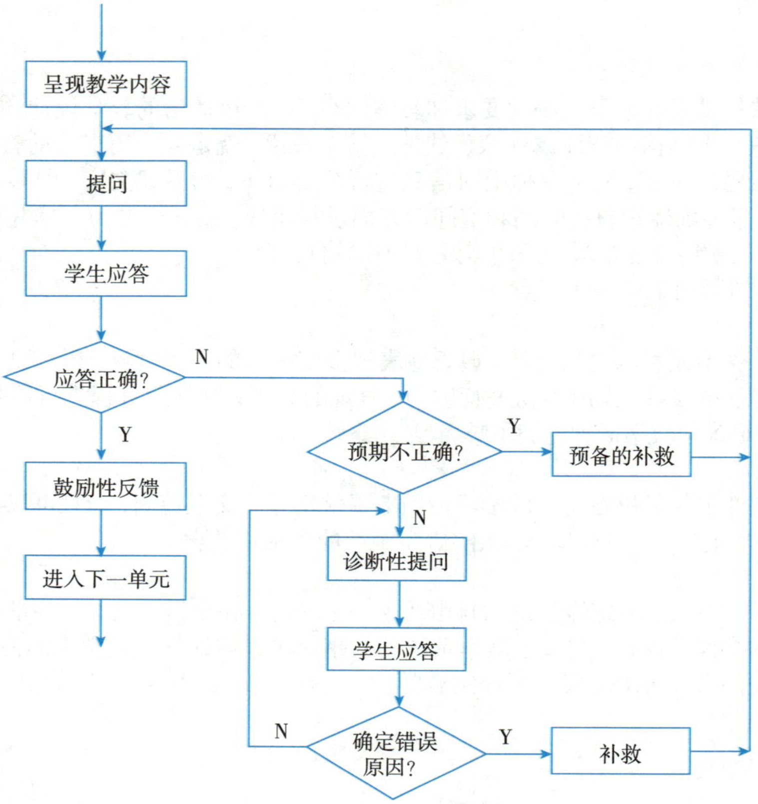

图 8-1　个别辅导型课件结构

最常见的个别辅导型软件实例是 Windows 操作系统及其应用软件系统中带有的联机帮助模块。

（2）操练与练习型课件。

操练与练习型课件的教学过程是按照一定的规则向学生提出问题，当学生回答完毕后，计算机判断其答案是否正确，并根据学生回答的情况给予相应反馈，以促进学生掌握某种知识与技能技巧。接着，计算机提出下一个问题。这个过程一直重复下去，直到达到预期的要求或预先设定的时间或次数用完后结束，操练与练习型课件具有如下特点：反馈及时；能够激发学生的学习动机；能够提供学生操练与练习的成绩记录。

操练与练习型课件的基本结构是一个典型的循环结构，如图 8-2 所示。

下面是小学数学四则混合运算练习型课件的实例。

指出下列选项中，哪个是算式“(3+6) ÷ 3=？”的正确答案？

A. 5　　B. 4　　C. 9　　D. 3

答：D

很好，答对了。

指出下列选项中，哪个是算式“1+3 × 4=？”的正确答案？

A. 20　　B. 1　　C. 8　　D. 13

答：A

错了。请注意四则混合运算要先算乘除，后算加减。正确答案是 D。

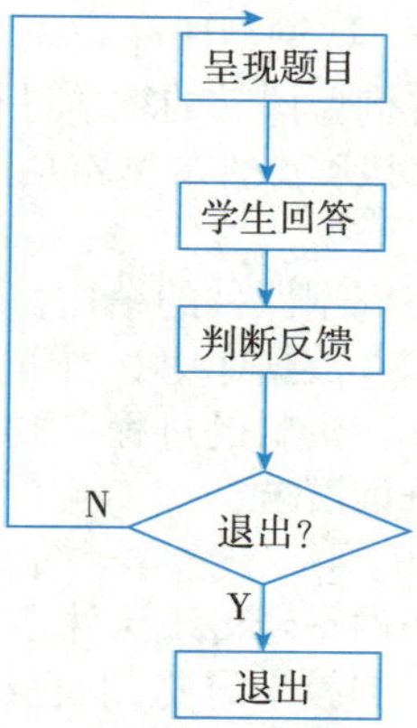

图 8-2　操练与练习型课件结构

（3）模拟型课件。

模拟（Simulation）型课件是利用计算机来模拟某种真实的实验现象、自然现象或社会现象，学生通过观察、操作与思考，自己总结出结论，或通过操作熟练某种操作技巧。

模拟型课件的教学方式可分为：

● 演示模拟：这种课件常用于演示模拟某种事物动态变化的过程。

● 操作模拟：这种模拟是在操作训练的教学活动中模拟操作，使学生熟练掌握某些操作技巧。

● 实验模拟：这种模拟是用计算机来构造一个虚拟的实验环境。

● 管理模拟：这种模拟是用计算机来构造一个虚拟的管理环境，学生模拟的是这个环境中的一个管理者。

模拟型课件具有生动、形象、直观，经济、安全，缩短实验周期等特点。

它的主体是计算机呈现给学生的“场景”（Scenario）的变换与学生做出相应反应之间的互动过程。这里所说的场景可以是被模拟的对象所处的状态，可以是有待解决的问题的情景，也可以是有待操作执行的实验及其环境条件。学生动作可以是确定系统参数，做出一项决策，或执行一项操作。修改场景是对学生动作的响应，系统根据学生的反应提供反馈信息，调整或更换场景如图 8-3 所示。

这类课件的一个典型实例是美国伊利诺斯大学医疗中心研究的 CASE 模拟程序。该模拟程序可用于训练内科医生的临床诊断能力。

（4）游戏型课件。

游戏型课件的教学过程实际上就是学生使用课件玩游戏的过程。游戏型课件必须有明确的教学性与游戏性的基本特征。

游戏型课件进行教学的特点有：能极大地激发学生的学习兴趣；可用于教学过程的多个阶段；特别适合以学生为主体的发现式学习。

游戏型课件一般由开始游戏、游戏体、结束游戏三部分组成。其结构如图 8-4 所示。

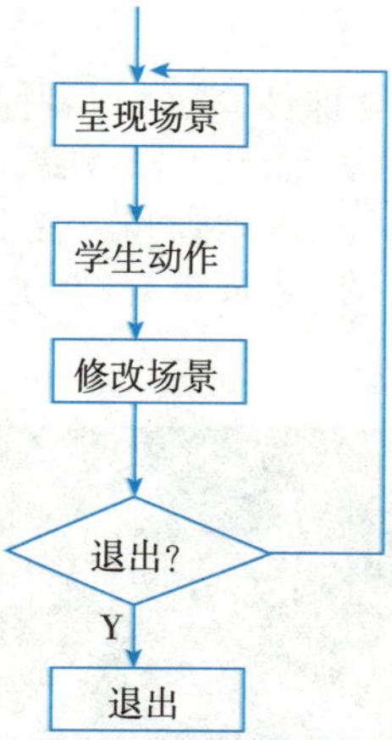

图 8-3　模拟型课件的基本结构

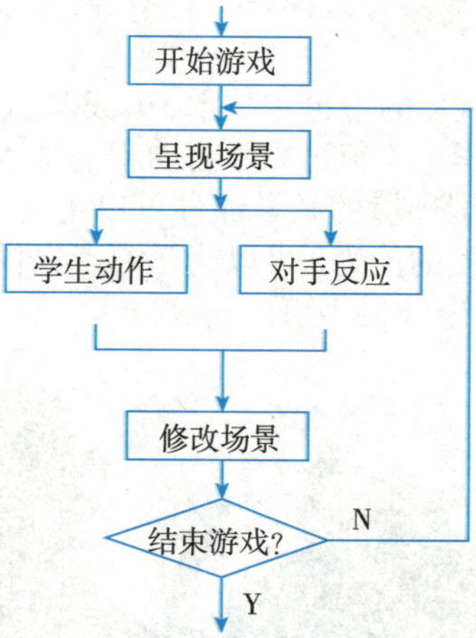

图 8-4　游戏型课件结构

（5）咨询型课件。

咨询型课件的教学过程及教学特点：咨询型课件的教学过程就是学生提问计算机回答的过程。该类课件的基本功能是信息检索。咨询型课件的教学特点是学习的主动权掌握在学生手中。

咨询型课件的结构：一般来说，咨询型课件的核心是一个数据库系统，所有的教学资源都存储在数据库中。当学生使用咨询型课件学习时，实际上就是查询检索数据库从而获取需要的学习资料的过程。数据库的容量应该足够大，其中的教学内容应该足够丰富，以满足学生的查询需求。

（6）第二代教学软件——积件。

积件是继传统课件之后的第二代教学软件，具有通用性和灵活性的特点。它是由教师和学生根据教学需要，自己组合运用的教学信息和教学处理策略库与工作平台。积件由积件库和组合平台构成。其中，积件库是由标准化，符合积件组合平台的接口格式，方便师生检索和组接的教学资料（也叫实库）及知识获取与表达运用的形式所组成；而积件平台是供师生用来组合积件库并最终用于教学使用的软件。

传统课件存在着难以克服的问题与缺陷。这主要表现在：传统课件制作困难，课件制作和使用分离。为了解决上述问题，近年来，我国教育工作者提出了积件的思想。

三、VR 课件

（一）VR 在教学课件中的实现

目前大多数多媒体课件是二维的，而采用 VR 课件，将给学生呈现一个全新的立体的世界。它把计算机合成的信息通过视觉、听觉、触觉、嗅觉、味觉等在人的周围形成一种人造空间，达到一种超模拟的效果。这种超模拟的效果对教学很重要，它可以极大地提高教学的效率。利用 VR 使各类仿真教学与培训更加生动、逼真，内容更加丰富，操作更加方便。如军用设备的操作员和指挥员的教学与培训，医学外科手术的教学与培训。利用 VR 的计算机辅助教学，不但节省许多费用，而且效果更好。利用 VR 夸张和虚构的特点，可以完成传统的教学任务。可以创造前人所没有的教学环境。如虚拟教学、虚拟实验、虚拟实习、虚拟测试。将 VR 引入教学课件，可以拓宽计算机的应用，节省许多教育费用，同时提高教学水平。有人预言，十年后，在大学中 80% 的课程教学将使用具有 VR 技术的教学课件软件。

可以利用 VR 的理论和技术，开发具有虚拟环境的教学课件，为学习者提供一个多功能的学习环境。学生不但可以学习课程的基本理论知识和方法，而且可以身临其境地进行实验操作。具有虚拟环境的教学课件可以集文字、图形、图像、三维动画和声音于一身，利用人工智能和超链接的能力，可以为学习者提供一个人机交互的、界面友好的、边学边做的开放式学习环境，如图 8–5 所示。

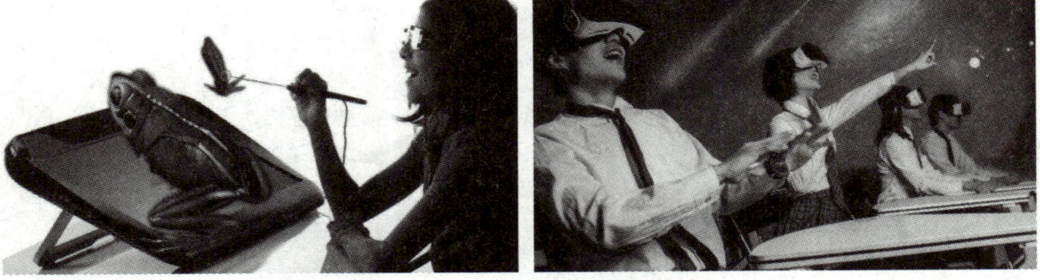

图 8–5　VR 教学课件

（二）VR 课件的优势

（1）更直观：相比教科书里面晦涩难懂的文字描述和需要考验学生想象力的平面图，虚拟真实的场景更能直观地表达和传递更多的信息内容。学员在虚拟的教学场景中可自行观察了解工具和设备的结构细节。

（2）更投入：在虚拟的教学场景中，系统大多设有项目操作的音频和视频讲解、模型动画演示及操作注意事项说明的虚拟菜单。培训的虚拟设备和工具系统也大多具有可放大缩小功能、拆分组合功能及旋转和移动功能。相比传统的教学方式，VR 课件更能带给学员沉浸感，让他们可以更好地投入学习中去。

（3）更便宜：在虚拟场景中，不受时间和空间的限制，场景和培训都是虚拟的，可以持续循环利用、减少场地占用率；同时也不存在高耗材的问题，这就减少了在培训过程中关于设备和耗材的成本，使课件造价成本低于实际建造设备的成本。

（4）更安全：VR 课件在培训的时候，场景是虚拟的，这就避免了一些危险度较高的实训场景，如工地、工厂、电力设备等，安全性强，也更有利于学生上手。

通过 VR 课件进行培训，顺应时代趋势，降低事故发生率，更好地培养现代技术人才。VR 的前沿技术激发了各类专业行业对 VR 技术的联想，从而实现更好的交互使用，增强了社会行业培训的技术发展，也对 VR 的实际性运用进行了更深刻的研究和技术开发，贴合学员培训的发展进程。

图 8–6 是江西科技师范大学 VRE 团队开发的一些 VR 课件，在课堂上进行应用效果良好，大大提高了教学效果，将设备、实验室搬进教学的课堂，教学更直观、更安全，学生学习兴趣更高。

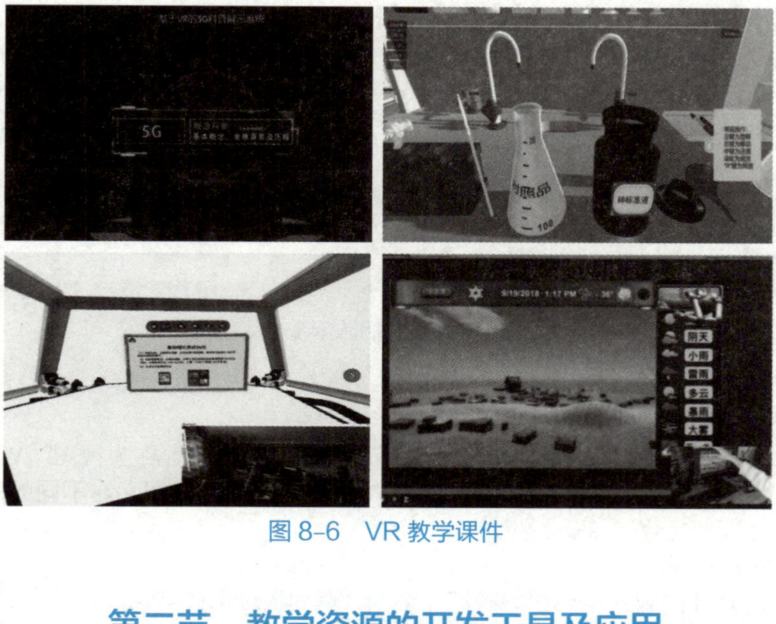

图 8–6　VR 教学课件

第二节　教学资源的开发工具及应用

一、WPS 演示文稿

（一）WPS 演示文稿基本操作

现今，生动、高效的课堂离不开高级教学办公软件的辅助，美国微软公司的 Office 套件与我国金山软件股份有限公司的 WPS 套件都能满足教师将教学演示文档投影至课堂屏幕上的需求。其中，WPS Office 是当前最受欢迎的办公软件之一，它是一款完全免费的国产软件，支持阅读和输出 PDF（.pdf）文件、具有全面兼容微软 Office 97–2010 格式（doc/docx/xls/xlsx/ppt/pptx 等）的独特优势，覆盖 Windows、Linux、Android、iOS 等多个平台。WPS Office 支持桌面和移动办公，而且 WPS 移动版通过 Google Play 平台，已覆盖 50 多个国家和地区。

WPS Office 可以实现办公软件最常用的文字、表格、演示等多种功能，内存占用低、运行速度快、体积小巧、强大插件平台支持、免费提供海量在线存储空间及文档模板、支持阅读和输出 PDF 文件。其中 WPS 演示是 WPS Office 其中一个软件，在教学中应用十分普遍。本章节就以 WPS 演示为例进行介绍。

1. 创建演示文稿

打开 WPS，选择“演示”后，再点击“新建空白文档”，即可创建新的演示文稿，如图 8–7 所示。点击演示文稿里的“设计”，可以给文稿选择模板，如图 8–8 所示。

2. 打开和保存演示文稿

（1）打开演示文稿文件。

选择【文件】→【打开】命令或单击工具栏上的【打开】按钮，即可打开所需的演示文稿。

（2）保存演示文稿文件。

新建文件的保存：编辑完演示文稿后选择【文件】→【保存】命令或工具栏上的【保存】按钮，在弹出的“另存为”对话框中保存文件（保存的类型是 .ppt 文件）。

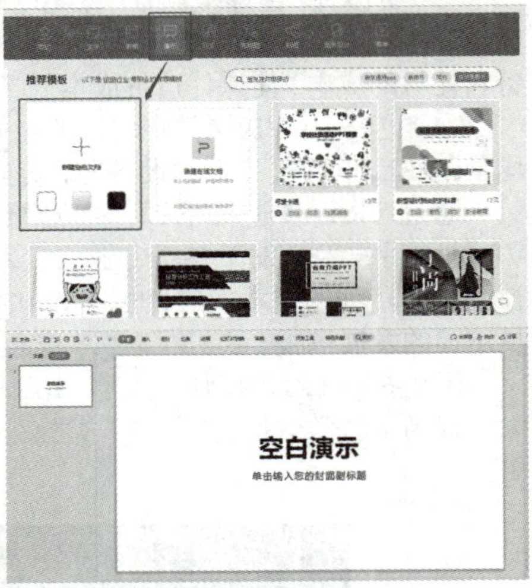

图 8–7　创建新的演示文稿

保存已有的文件：选择菜单【文件】→【保存】项或单击工具栏的【保存】按钮。

图 8–8　给空白演示文稿选择模板

快捷键：Ctrl+S，自动保存到已存路径中。

3. 幻灯片的视图模式

在演示文稿制作的不同阶段，WPS 提供了不同的工作环境，称为视图。WPS 中给出了 4 种视图模式：普通视图、幻灯片浏览视图、备注页视图和阅读视图。在不同的视图中，可以使用相应的方式查看和操作演示文稿。

4. 幻灯片的编辑与编排

（1）选择幻灯片的版式，点击“开始”后选择“版式”，如图 8–9 所示。

WPS 演示文稿提供了多种自动版式，不同版式的幻灯片含有不同的占位符，布局也有所不同。有的只有文本占位符，有的带有图片占位符，有的带有多媒体对象及组织结构图等占位符，所以使用不同版式可以创建含有不同对象的幻灯片。

（2）幻灯片中图片的插入。

在 WPS 的幻灯片中插入图片的方式有多种，可以插入剪贴画，插入图片文件，从剪贴板中粘贴图片，还可以直接从扫描仪读取扫描的文件等。

（3）幻灯片中组织结构图的插入。

在 WPS 演示文稿中还可以插入组织结构图来表现各种关系。组织结构图由一系列图框和连线组成，用来描述一种结构关系或层次关系。

点击“插入”，可以创建多种类型的图示，如关系图、图表、流程图、思维导图、几何图等，使用这些图示能使创建出的演示文稿更生动，如图 8–10 所示。

（4）幻灯片中多媒体元素导入。

幻灯片中除了可以包含文本和图形外，还可以使用音频和视频内容，使用这些多媒体元素，可以使幻灯片的表现力更丰富。在 WPS 演示文稿中点击“插入”，选择“视频”“音频”可以嵌入本地或网络的视频、音频，如图 8–11 所示。

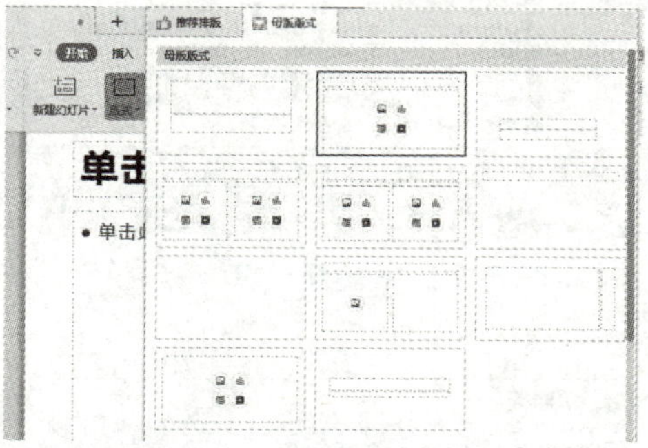

图 8–9　幻灯片的版式

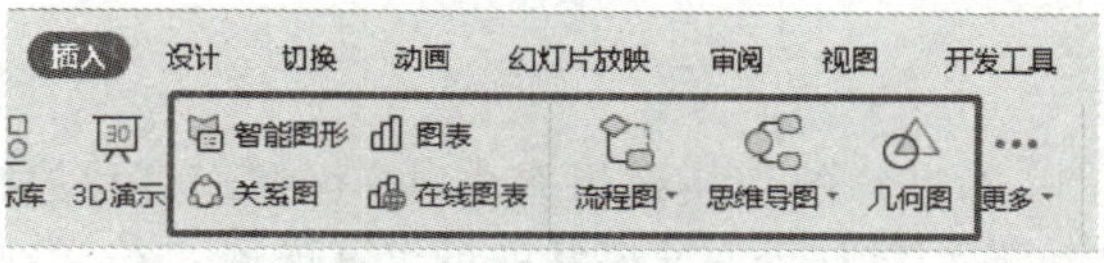

图 8–10　插入组织结构图

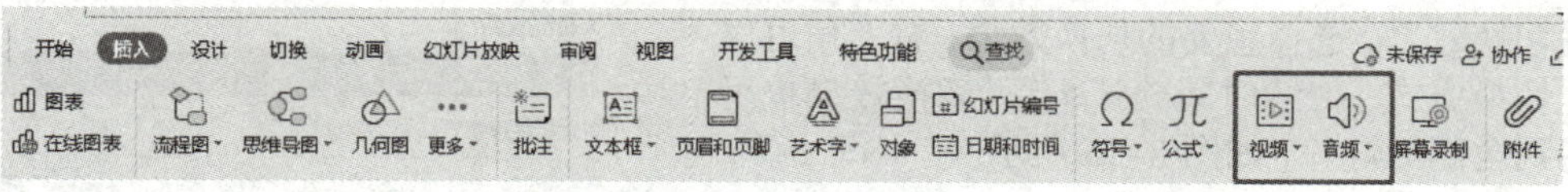

图 8–11　导入多媒体元素

（5）幻灯片的编排。

在编辑好幻灯片后，可以对演示文稿进行适当的排版，如插入新幻灯片、删除幻灯片、复制或移动幻灯片等。

插入幻灯片。在想要插入幻灯片的位置右击，点击“新建幻灯片”，或者点击工具栏窗口的“新建幻灯片”，可以选择幻灯片的格式。

删除幻灯片。右击想要删除的幻灯片，点击“删除幻灯片”。

复制幻灯片。右击要复制的幻灯片，点击“复制幻灯片”，自动在下方生成一页相同的幻灯片或者按快捷键“Ctrl+C”和“Ctrl+V”。

移动幻灯片：鼠标左击想要移动的幻灯片，按住拖动即可。

（二）WPS 演示文稿的高级应用

1. 动画设置

点击要添加动画的内容，选择菜单工具栏中的【动画】→【自定义动画】为其选择合适的动画，点击“更改”，可以改变动画的样式，还可以为动画设置效果、计时及出现顺序，如图 8–12 所示。

2. 设置超级链接与动作按钮

（1）设置超链接。在演示文稿中使用超级链接，可以跳转到不同的位置，如演示文稿中某张幻灯片、其他演示文稿、Word 文档、Excel 表格或 Internet 上的某个地址等。操作步骤是：在想要加超链接的内容上右击鼠标，点击“超链接”，如图 8–13 所示，选择要链接到的地方即可。

（2）添加动作按钮。在幻灯片中，可以加入一些特殊按钮，来控制演示文稿的放映。在放映过程中可通过使用这些按钮跳转到演示文稿的其他幻灯片上，或跳转到其他演示文稿中，还可播放声音、影片等。设置动作按钮的方法如下：单击“插入”工具栏中的“动作”，为所选内容或形状添加动作效果，如图 8–14 所示。

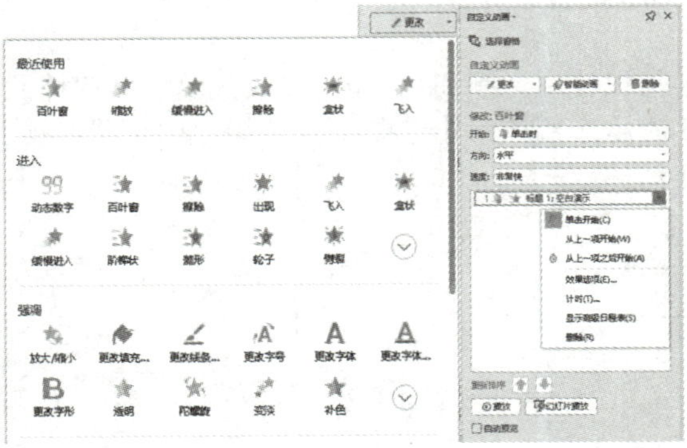

图 8–12　添加动画

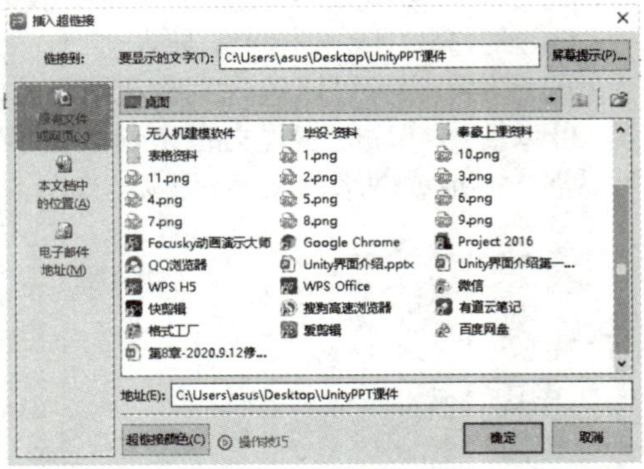

图 8–13　设置超链接

3. 设置切换效果

幻灯片的切换效果有多种，可在幻灯片放映中，为幻灯片进入或离开屏幕设置视觉效果，并且可设定切换效果的时间，还可以在切换时播放声音。设置的方法是：选中幻灯片，找到菜单工具栏中的切换效果，选择想要的切换效果；右上角可以设置切换方式、持续时间、声音等，切换效果也可应用到全部幻灯片，如图 8–15 所示。

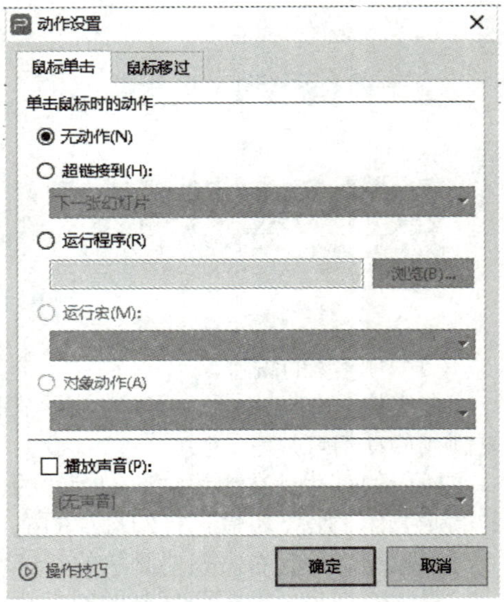

图 8–14　添加动作按钮

（三）放映、打包与发布

制作演示文稿是为了播放，可以直接在 WPS 演示文稿下播放幻灯片并全屏幕查看演示文稿的实际播放效果。根据演示文稿的性质不同，放映方式的设置也可以不同，如项目清单式的演示文稿可按自动渐进方式放映，而交互式的演示文稿，则用自定义放映方式。如果演示文稿中加入了视频、声音等信息，或插入了链接文档，则在放映时可通过简单的操作显示这些信息和文档内容。

演示文稿制作完成后，需选择合适的放映方式，添加一些特殊的播放效果，并控制好放映时间，才能得到满意的放映效果。

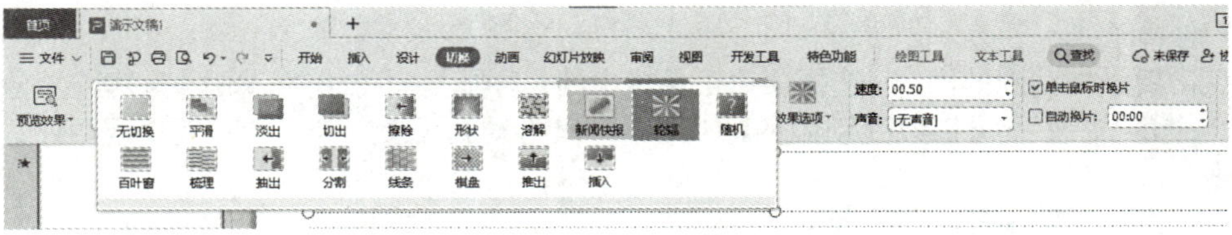

图 8–15　幻灯片切换

二、Focusky

（一）Focusky 概述

1. 简介

Focusky 隶属于广州万彩信息技术有限公司，它是一款新型多媒体幻灯片制作软件，操作便捷性及演示效果超越 PPT，主要通过缩放、旋转、移动动作使演示变得生动有趣。使用者除了可以完全免费使用其制作炫酷幻灯片演示文稿，还可以制作产品说明、纪念册、商业手册、公司报告、时事报道、视频等。

2. 功能介绍

（1）折叠快速简单的操作体验。

Focusky 比 PPT 还要简单，所有操作即点即得，在漫无边界的画布上，拖拽移动也非常方便，大部分人可以在 1 小时内学会基本操作。

（2）折叠软件自带精美的模板。

Focusky 提供了许多精美的模板，替换成自己的内容就可以用了，可以快速制作出好看的多媒体幻灯片。

（3）折叠 3D 演示特效打破常规。

传统 PPT 只是一张接一张播放，而 Focusky 打破常规，模仿视频的转场特效，加入生动的 3D 镜头缩放、旋转和平移特效，像一部 3D 动画电影，给听众视觉带来强烈的冲击力。

（4）折叠思维导图式的体验。

自由路径编辑功能让你轻易创建出思维导图风格的幻灯片演示文稿，以逻辑思维组织路线，引导听众跟随你的思维去发现、思考。

（5）折叠多语言支持。

Focusky 完美支持中文，除此以外还支持输入其他语言，如英语、日语、韩语、法语、阿拉伯语等。

（6）折叠多种输出格式。

Focusky 支持多种输出格式，如 HTML 网页版、*.exe、视频等，可以上传网站空间在线浏览，或者在 Windows 和苹果电脑上本地离线浏览。

（二）Focusky 功能及工具介绍

1. 打开 Focusky

打开 Focusky 的时候，会显示软件自带的在线模板。这些模板已经分门别类，可以选择自己想要的类别，选择想要用的模板。

（1）Focusky 在线模板如图 8–16 所示。

（2）Focusky 操作界面说明如图 8–17 所示。

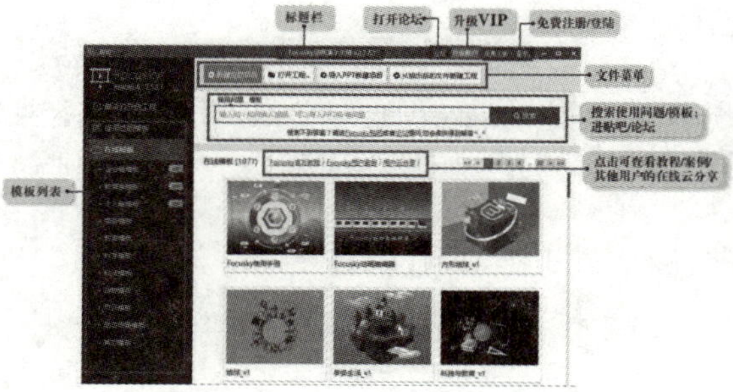

图 8–16　选择在线模板

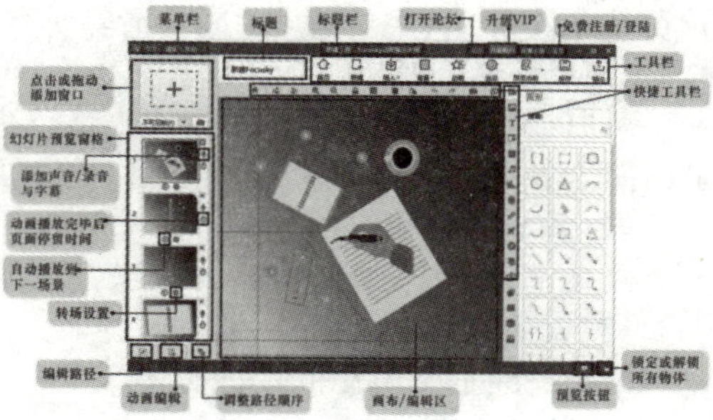

图 8–17　操作界面

2. 菜单栏

（1）文件。

从已有的 PPT 文件中创建一个工程——直接导入 PPT 新建一个工程。

打开工程、保存工程、另存工程为——保存源文件（注意，不是给别人浏览的，如果想要给别人浏览，就要点击“发布”）。

保存成模板、管理模板——看这篇文章：自制模板。

导入——在制作一个幻灯片演示文稿时，如果想要插入某个 PowerPoint 的某个或者几个页面，可以使用“导入”，选择自己想要导入的 PPT，然后在软件右边会展示你导入的 PPT 的所有页面，然后你可以直接把想要插入的页面拖到 Focusky 幻灯片演示文稿里面。

预览——预览发布输出后的效果。

输出——发布输出文件（有网页格式，.exe 格式等）

（2）编辑。

编辑中有最基本的撤销、重做、复制、粘贴、剪切及选项设置。

（3）帮助。

在线教程及常见问题解答，Focusky 软件的使用指引导向，关于 Focusky 软件的信息，更新升级及联系后台。

3. 点击或拖动添加窗口

点击或拖动快速添加矩形窗口、方括号帧、圆形窗口和不可见帧，添加一个就代表一张幻灯片，类似于一个电影镜头。

4. 幻灯片预览窗格

跟 PPT 一样，这里可以预览到每一张幻灯片（一张幻灯片就是一个场景）。

5. 添加声音 / 录音与字幕

可以给当前的这张幻灯片添加声音文件（*.mp3），电脑插上麦克风后可进行录音，并可以输入字幕。

6. 动画播放完毕后，页面停留时间

这一张幻灯片页面里所有元素都播放完毕后，页面停留时间可以自己设定。

7. 自动播放到下一场景

自动播放到下一场景或需要手动点击才会切换到下一场景。

8. 转场设置

是否自动播放到下一场景、转场到下一场景需要的时间、应用到当前场景或应用到所有的场景都可以设定。

9. 编辑路径

点击任何一个物体加入路径列表，通过拖动路径节点以进行插入、删除、替换路径。

10. 动画编辑

可单击选择路径内的任意物体以添加动画效果，如进入特效、退出特效、强调特效。可预览动画效果，自定义播放时间及清除所有动画。

11. 调整路径顺序

可以在幻灯片路径栏中拖动修改路径的顺序，也可拖动缩略图自定义路径顺序跟路径播放时间。如果时间小于或等于 0，路径将采用默认的播放时间 4 秒。

12. 画布 / 编辑区

画布也是工作区域，可缩放、旋转、添加物体、设置主题、路径编辑等。

13. 预览按钮

可预览演示文稿发布后的效果。

14. 解锁所有物体

当演示文稿的多个物体被锁定时，一个个的解锁会比较烦琐，可通过“解锁所有物体”

键来解锁。

15. 快捷工具栏

显示所有物体——展示幻灯片演示文稿的全局全貌。

顺时针旋转画布 / 逆时针旋转——每点击一下就可以旋转 3 度。

放大、缩小——另外，还可以滚动鼠标滚轮放大、缩小画布。

锁定画布——锁定画布后，当前这张幻灯片的背景不能动，不能缩放，只有里面的物体可以操作。这个按钮的好处是，防止操作物体时，不小心缩放了，画面动来动去不好操作。

添加当前窗口到路径——点一下按钮，就能把当前所看到的画面添加到路径，就成功添加了一张新幻灯片了。

显示比例——可以调整幻灯片作品的显示比例，可选 4∶3、16∶9、16∶10。

角色——都是一些动画人物素材。

超链接——可以在任何想要添加的地方添加链接。

艺术图形——有很多组合图形、流程图形、柱状图、饼形图等。

主题——可以设置整个幻灯片的整体效果，如果想统一设置所有线条、文字、背景颜色等效果，可以使用这个功能。

布局——其实就是一些布局模板，可插入当前幻灯片里面，如果要编辑的话首先要取消组合，然后才可以输入内容。

16. 工具栏

（1）新建：新建工程文件。

（2）插入：下拉项基本在快捷工具栏上都有，除了公式（可以参考上文）。

（3）背景：在快捷工具栏介绍过了。

（4）动画：（参考上文）

（5）选项：参考上文的设置面板控制及管理。

（6）预览当前：点击即可浏览当前的这张幻灯片镜头或预览整个作品。

（7）输出：参考上文的发布输出文件。

（8）保存：保存源文件。

17. 免费注册 / 登录

Focusky 软件是个免费软件，用户可以免费注册、登录进行正常使用。

三、几何画板

（一）几何画板简介

几何画板是由美国 Key Curriculum Press 公司制作并发行的一个适用于几何（平面几何、解析几何、影射几何等）教学的软件平台，它为老师和学生提供了探索代数及几何图形内在关系的环境。几何画板为从三年级到大学的各个级别的学生提供了一种有形的、可视化的方式来学习数学，从而提高他们的参与度、理解力和成就感。

1. 小学数学

几何画板的使用给小学数学的课堂教学带来了较多的乐趣和参与性，很大程度上改变了传统观念下教师讲授、学生被动式学习的陈旧格局，而且突显了主动学习和趣味化学习的诉求。小学生可以操纵分数、数字线和几何图案的动态模型，为小学数学教学水平的提升提供了极大的帮助与支持。

2. 初中数学

几何画板是实现“数形结合”思想的一个有效的辅助教学工具，有很强的实用性，既减轻教师的工作负担，改变教学环境，又为问题的有效解决提供便利。中学生可以通过数字、表格和图形表示来探索比率和比例、变化率和功能关系，从而建立他们对代数的备注。

3. 高中数学

几何画板最大的特色是“动态性”，即可以用鼠标拖动图形上的任一元素（点、线、圆），而事先给定的所有几何关系（即图形的基本性质）保持不变。高中生可以使用几何画板构建和转换几何形状和功能，从线性到三角，促进深刻理解。

4. 大学数学

几何画板的应用把抽象的教学知识形象化、具体化，提高了学生学习的热情和积极性，进而提高了数学教学质量和效率。大学课堂中应用几何画板，可以使复杂的“数”通过直观的“形”来表示，为数学知识的建构提供支持。

（二）几何画板操作

1. 几何画板界面介绍

几何画板工具箱位于界面的左侧，从上到下依次为：选择或拖动对象工具、绘制点工具、绘制圆工具、绘制线段工具、绘制多边形工具、文本标签工具、标记工具、信息工具、自定义工具。几何画板菜单栏功能强大、操作灵活，主要包括文件菜单、编辑和显示菜单、构造和变换菜单、度量和数据菜单、绘图菜单、窗口菜单、帮助菜单，如图 8–18 所示。

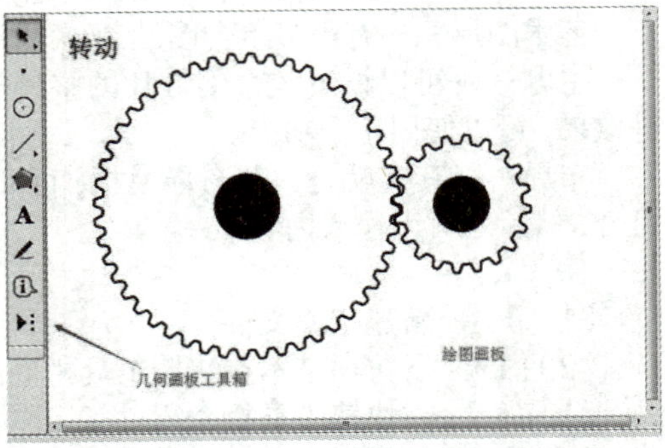

图 8–18　几何画板界面

2. 几何画板基本操作

（1）选择或拖动对象工具。简称选择工具，可选择、移动、旋转、缩放对象。点击选择工具，将鼠标指针移动到要选择的地方时，鼠标的指针箭头会由斜向变成横向。

（2）绘制圆工具。选中绘制圆工具后，在绘图板上拖动即可画出一个圆，需要说明的是，几何画板只能画正圆不能画椭圆。

（3）绘制线段工具。点击绘制线段工具，按下鼠标左键，可选择绘制的线型，主要包括直线、射线、线段。

（4）文本标签工具。主要用于显示 / 隐藏点、线、圆的标签或者添加文本说明。按住鼠标左键不放，拖动鼠标即可拖出一个矩形文本编辑框。

（5）标记工具。主要用于给点、线、圆、角做标记，支持手写功能、几何注释和手写标记。

（6）自定义工具。支持将一些常用的图标或图像制作成工具，以便在制作其他图像或课件时直接使用。

3. 几何画板可应用的领域

几何画板可用于代数、平面几何、解析几何、射影几何、空间立体几何、物理的矢量分析、函数作图、地理的地球运动分析等教学方面。

【视频】
几何画板

4. 几何画板新功能

（1）图形变化。

通过几何画板中的工具箱，可按指定值、计算值或动态值任意旋转、平移、缩放原有图形，并在其变化中保持几何关系不变，从而更有助于研究图形的运动和变换等问题。

（2）测量和计算功能。

几何画板可测算线段长度、各种角的角度等，并对测算出的值进行多种计算，包括四则运算、幂函数、三角函数等。

（3）绘制多种函数图像。

在坐标系功能下，使用者可绘制各种复杂的函数图像，并可通过参数变化，更深入地了解函数曲线。

（4）制作复杂的动画。

虽然不能直接制作，但几何画板能将较简单的动画和运动通过定义、构造和变换，得到所需的复杂运动。使用便捷的轨迹跟踪功能，能清晰地了解目标的运动轨迹，如图 8–19 所示。

四、101 编辑器

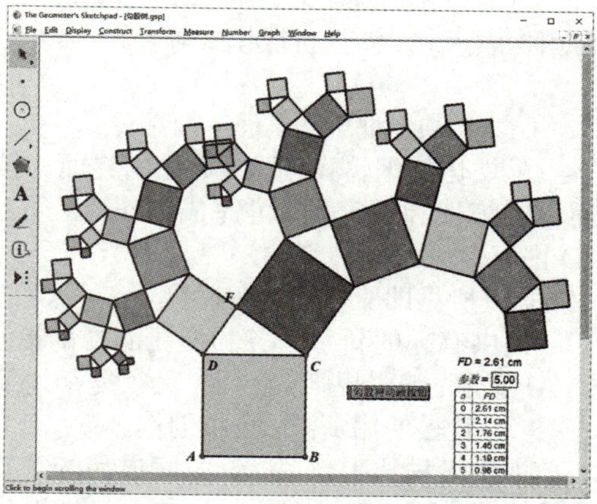

图 8–19　几何画板界面

（一）101 创想世界简介

101 创想世界是一款面向 K12 学生的建构式学习工具软件，能够帮助学生通过完成建构式任务更好地掌握知识。在虚拟世界中，学生自由地进入不同的学习情境，进行探索式学习，通过动手创造完成不同学习任务，更好地帮助学生学习和掌握知识，培养综合素质；也可帮助老师创作产出高大上的 VR 教学内容，活跃课堂教学气氛，提高课堂的教学效率。101 创想世界依托云端海量 VR、2D、3D 素材库，以所见即所得的编辑方式打造简单实用的 VR 内容，能激发用户的学习兴趣和想象力，通过编辑剧情、任务事件、智能 NPC，设定游戏规则，最终创设出属于自己的情境作品，掌握有用的知识。

（二）101 创想世界的特点

1. 强大的编辑能力

（1）大量的编辑功能

支持调用 3D 模型、动作、声音、图片、视频、光效、PPT、BIM、CAD、脚本语言等资源，能深入全面地编辑场景、地形、角色、天空、UI、事件，打造高品质 VR、3D、2D 内容，如图 8–20 所示。

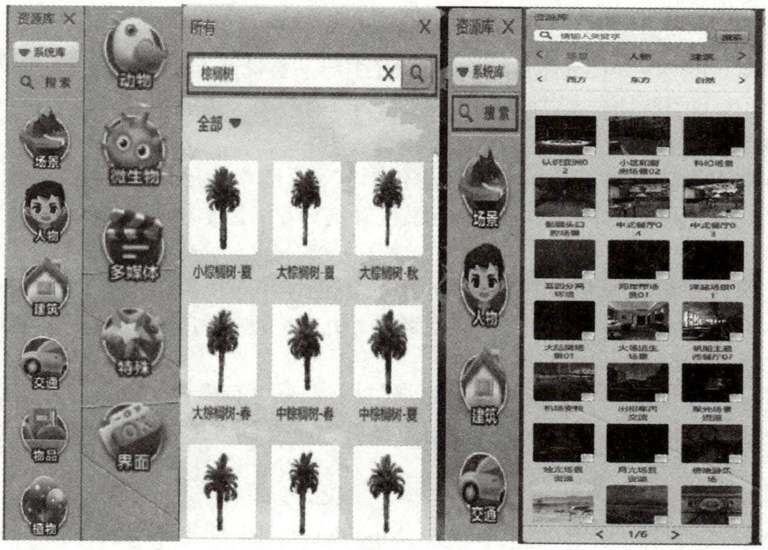

图 8–20　资源库

（2）丰富的世界规则

系统自动含有丰富的世界规则，并支持触发各种事件，可自定义对象的重量、体积、AI等属性。有可拓展的动态引擎规则库，支持电学引擎、物理引擎、化学引擎、天气系统、驰声引擎等。

（3）多种的作品模式

可简单快速地实现多种模式的 VR、3D、2D 作品编辑，如剧情观看模式、剧情互动模式、自由探索模式、沙盘拼摆模式等。

2. 简单的编辑过程

（1）无须专业知识，理解简单。

可视化的编辑操作，图形化的界面，丰富的编辑模板，大量的在线作品参考。用户通过简单的拖拽和设定，即可完成创作，无须专业背景知识也可制作出高质量的各种 VR、3D、2D 内容。

（2）所见即所得、快速上手。

提供有趣的新手任务和便捷的帮助提示，能够智能匹配资源、调用编辑模板，设置丰富的 AI 属性、编辑规则，让用户无须复杂地编辑就能构建出生动的世界。

（3）轻松使用资源、自由创作。

提供多种线上作品、资源库成品的选择，能够智能搜索、快速加载和批量调用资源，无须等待即可获得自己想要的资源，让用户随身携带庞大的云端资源库自由创作。

3. 丰富、优质的资源类型

（1）庞大的云资源库。

庞大的云端资源库，包含多种美术风格、大量 3D、VR 场景、3D 模型、音频、视频、图片、PPT、网页等素材资源。其中，天空、场景、角色、动物、建筑、物品、植物、微生物、多媒体、音频、视频、界面、特效等共计 40 余类，约 5 万个，并持续不断地新增。更有热门 IP 资源，让用户使用当下时尚的学习素材。

（2）大量优质的资源。

拥有大量次时代美术资源，支持自适应各种不同性能的电脑硬件。通过严格的资源审核入库，保证美术资源的最终展现，适应多种平台方案，让用户能够自由调用，并编出优质的资源内容。

4. 建构式学习模式

（1）多种建构式学习模式。

拥有多种模式的课程包，如物件拼装、问答引导、场景还原、剧情补全、乱序重排、虚拟实验等，培养学生的团队协作能力、逻辑思维能力、创造力、动手能力。

（2）有趣的学习过程。

将各学科知识设置为游戏化的 VR 课程包形式，帮助学生明确学习目标，体验有趣的学习进程，从而掌握知识，并可将学习成果与家人好友分享，让学生获得成就感。

（3）轻松编辑课程包。

老师通过课程包编辑模板，快速利用现有资源创作出 VR 教学内容，由此提升学生课堂学习气氛及学生的学习效率，让学生更喜欢老师，更主动地学习，收获更好的教学效果。

5. 多语言国际化

支持语言。中文简体、中文繁体、英文、日文，未来更有泰语、马来西亚语等版本，让全球用户可方便地切换语言，让不同母语的用户都可以享受到 VR 教育的新奇体验。

（三）101 编辑器使用说明

101 创想世界编辑器要求的操作系统为 Windows 7 SP1 64 位及以上版本。101 创想世界可支持的输出设备有三种。

（1）Oculus（需要安装 OculusSetup_1.9.0）。

（2）HTC vive（需要安装 steam VR）。

（3）PC。

目前 101 创想世界有三种登录方式。

（1）随便看看。游客可以直接点击随便看看按钮进入 101 创想世界，无须输入账号密码；

（2）101 账号登录。需要注册“101 账号”才能进行登录；

（3）99U 登录。账号名：员工工号或者员工号 @nd，密码：99U 密码，登录界面如图 8–21 所示。

新建作品。如果需要创建一个属于自己的作品，可以点击界面左上方“我要创作”按钮，或者点击页面左上方“我的作品”按钮，进入后点击页面中“我要创作”按钮；点击后出现“我要创作”界面，选择创作主题；选择创作主题是资源库的资源，需要相关人员上传场景资源到资源库才可以看到。选择符合自己创作思路的场景，或者在搜索栏输入想要查找的场景，最后点击开始创作，即可成功新建作品，如图 8–22 所示。

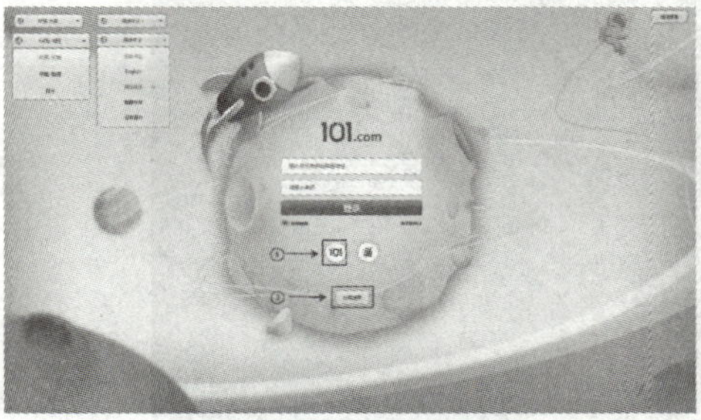

图 8–21 登录界面

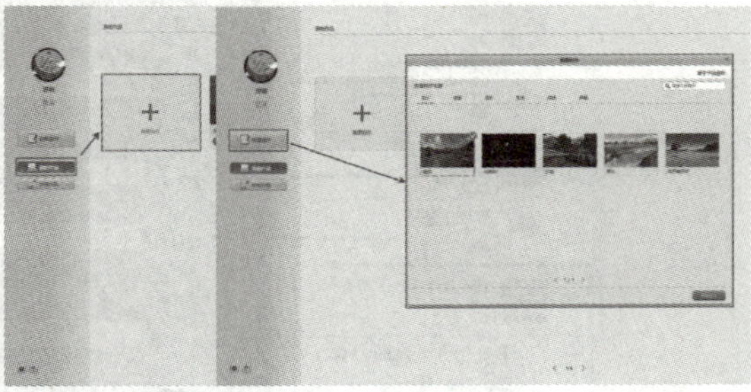

图 8–22 新建作品

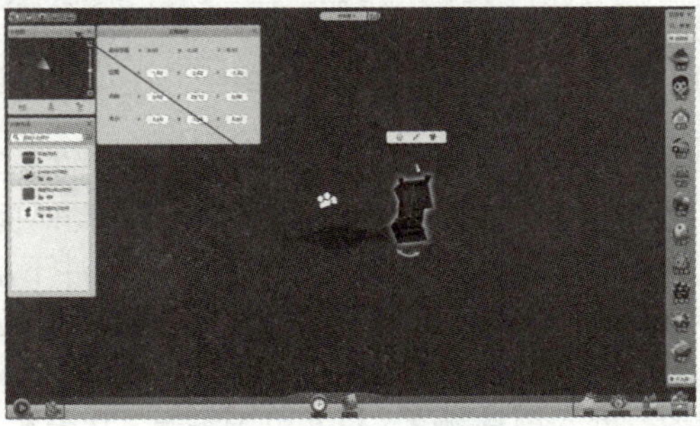

图 8–23 场景主界面

场景主界面如图 8–23 所示。

（1）游戏对象放置于场景中，找到资源库中的人物或物品，点击选中，在场景中对应位置点击生成对应物品或人物。

（2）左上角为菜单键、保存按钮、截图按钮和撤销 / 返回按钮。

（3）可以拖动相机转换不同视角，相机右上方三个按钮，分别是对游戏对象进行三维旋转、放大 / 缩小、皮肤更换。

（4）左下角两个按钮分别是播放预览、设置相机到眼前。

播放预览：默认为播放选项，点击后进入 PC 端预览模式，也可以选择 Htc vive、Oculus、3Glasses、Gear VR。

设置相机到眼前：点击后当前查看视角变为相机视角。

（5）右下角四个按钮为天气、HUD 编辑、主题包、资源库。

天气。编辑你想要的天空。

HUD 编辑。可理解为多界面排版编辑模式，编辑后适配于手机观看模式。

资源库。点击则可以直接对之前隐藏的资源库面板进行展开。

5. 对象列表面板

（1）隐藏对象列表按钮：对象列表默认是打开状态。若需隐藏对象列表，点击隐藏对象列表按钮即可。

（2）对象列表设置按钮：点击对象列表设置按钮后，弹出两个选项框。

A. 新建文件夹。可以在对象列表中新建一个文件夹，可用于收录对象。

B. 查看。可以选择对象列表的查看方式。鼠标悬停在查看按钮上会弹出两个对话框——图文模式和文字模式。

（1）对象列表搜索栏。对象列表中对象太多时可以直接搜索名称快速找到。

（2）对象名称。每个对象有一个独有名字。

（3）锁标记。锁住对象之后对象不可移动和缩放。

（4）眼睛标记。可以隐藏场景中的对象。

（5）对象父子级关系。父级改变，自己跟随改变（图 8-24）。

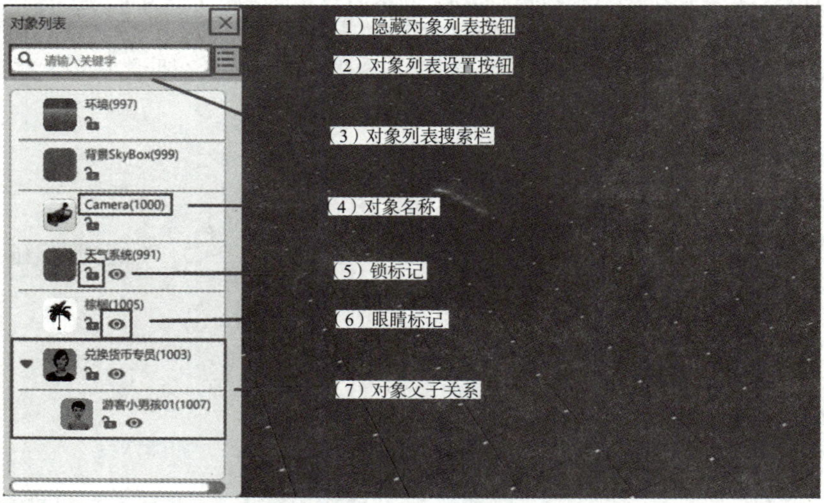

图 8-24　对象列表面板

6. 事件编辑

（1）时间轴模式。无须添加触发的条件，因为是根据时间来触发某个行为；根据时间将行为拖至发生该行为的对象身上，按照时间进程触发行为（图 8-25）。

（2）逻辑轴模式。对象在某种条件下触发某种行为。对象拖至逻辑轴中，可以为它添加触发条件，当该条件发生时，条件后面对应的行为触发（图 8-26）。

（3）触发条件。碰撞触发、靠近触发、准心悬停触发、界面内容触发、多重触发、外设触发、进入场景触发、目光范围触发、开关触发、计时触发、数值比较触发。

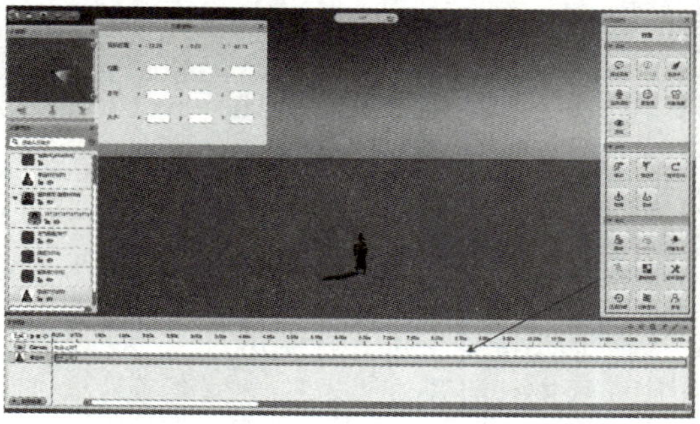

图 8-25　时间轴面板

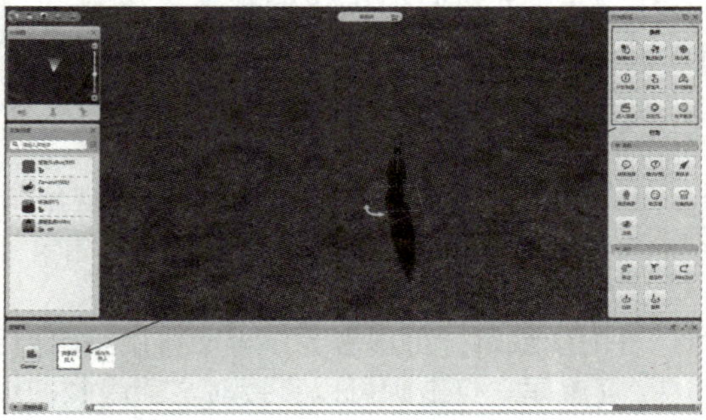

图 8-26　逻辑轴面板

（4）行为事件。说话泡泡、提出问题、更换手持刀具、说话唱歌、做表情、对象换装、注视、移动、做动作、转向目标、自转、旋转、隐身、解除隐身、对象发光、停止发光、更换材质、物件拆解、还原分解、对象变形、变身、改变天空天气、镜头切换到物体、观察物体、镜头特效、跟拍、旋转拍摄、移动拍摄、环绕拍摄、视角绑定、镜头滤镜、眼前文字、箭头引导、打开界面、关闭界面、打标签、取消标签、发出声音、停止声音、控制声音、放录音、录音器、时间推迟、随机行为、计算、激活开关、锁定触发条件、激活触发条件、添加对象、删除对象、添加特效、删除特效、绑定、解除绑定、场景切换、跟随、更换外设形象、重播、关闭作品、语音评测、KTV 字幕控制。

7. 作品保存

作品编辑完成之后，一定要记得保存作品，可以通过点击菜单栏上面的保存按钮进行保存，或者设置自动保存的间隔时间。

五、希沃白板

（一）希沃白板简介

希沃白板是一款由希沃（seewo）自主研发，专为老师打造的互动教学平台，针对信息化教学场景，提供课件制作、互动授课、在线课堂、微课录制、课件资源库等多项功能，满足线上、线下教学的多个场景，让老师能一站式完成教学环节的主要流程，如图 8–27 所示。

（二）希沃白板特点

1. 开启云课堂直播，实时分享知识

老师在电脑端创建直播课程，一键分享课程海报到微信。

学生收到海报，微信扫码就能立即进入在线课堂。

答题、聊天、操作课件，师生远程互动教学，让知识无界传播，如图 8–28 所示。

2. 简易功能设计，让备课与授课更高效

含有丰富的文本、图形、多媒体及动画效果设置。一键调用拼音、英文、化学方程式、星球、乐器等多种学科工具，如图 8–29 所示。

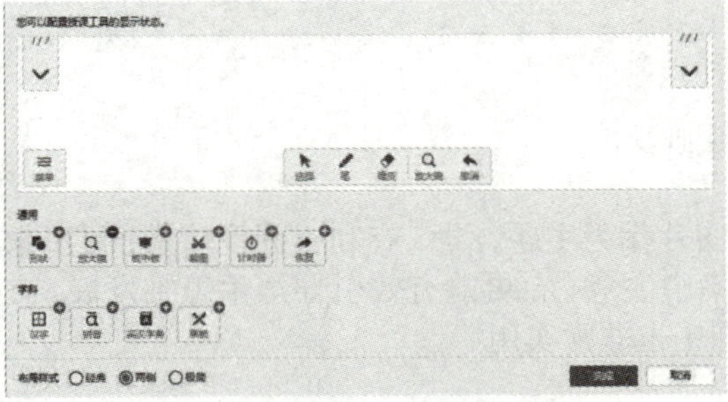

图 8–27　自定义授课工具

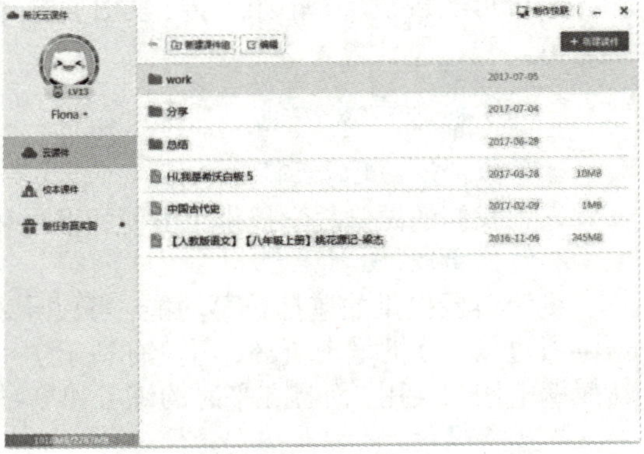

图 8–28　云课件

3. 海量学科资源库，令课程设计更丰富

有 5 000+ 课程视频、30 万 + 题库、800+ 仿真实验等海量学科资源及互动游戏。

覆盖小学、初中、高中主要学科近 20 000+ 份精品学科系列课件，支持 PC 端及 App 端一键预览及获取课件，课堂活动页面如图 8–30 所示。

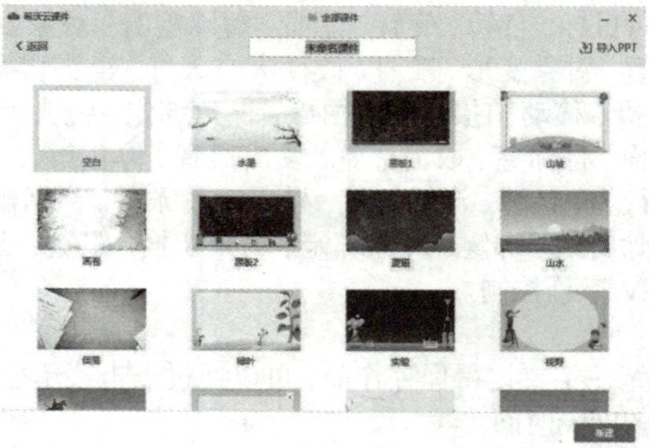

图 8-29　课件模板

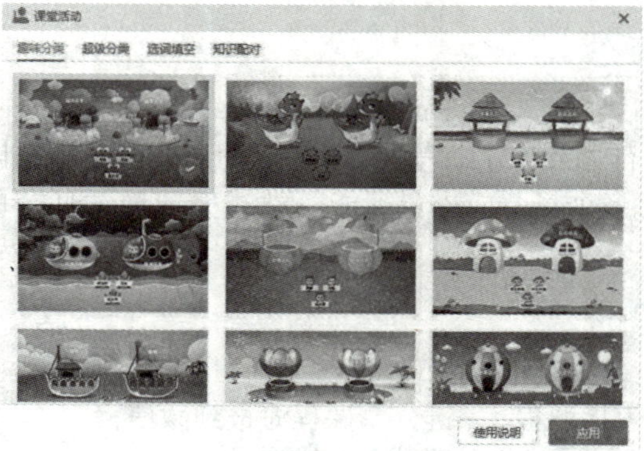

图 8-30　课堂活动页面

4. 手机 App 控制大屏，实时双屏互动

登录同一账号（最新版本）即可连接，手机可控制课件实现打开、翻页、批注等功能，大屏同步显示画面。

手机可实现投屏、拍照上传、实时直播等功能，灵活展示和点评学生学习成果，呈现课堂细节。

（三）希沃白板功能

1. 屏幕批注，及时反馈

它为我们的课堂教学提供了方便的书写和绘画功能。

2. 遮挡隐藏，分批呈现

希沃白板提供的遮挡拉幕功能，可以导入图片作为主题背景，有利于创设情景；可以根据学习进度，分批呈现资源，不仅有利于学生集中注意力，更能有效引导学生思维发展，在新授课中比较实用，而且在平时的练习和复习课中也非常实用。

3. 拖放组合，灵活互动

它提供的拖放、放大和组合功能，使学生在拖放中经历学习过程，在拖放组合中展现思维创造。

4. 模式切换，方便演示

白板提供的三种模式的切换功能，可以整合教育资源，便于课堂的演示和批画。

5. 智能绘图，提升效率

电子白板中提供了诸如圆规、画角、智能、画圆等多种智能工具，教师不需要借助其他工具，可用一支笔在电子白板中非常方便地画出非常专业、准确的各种图形，编辑课件如图

图 8-31 所示。

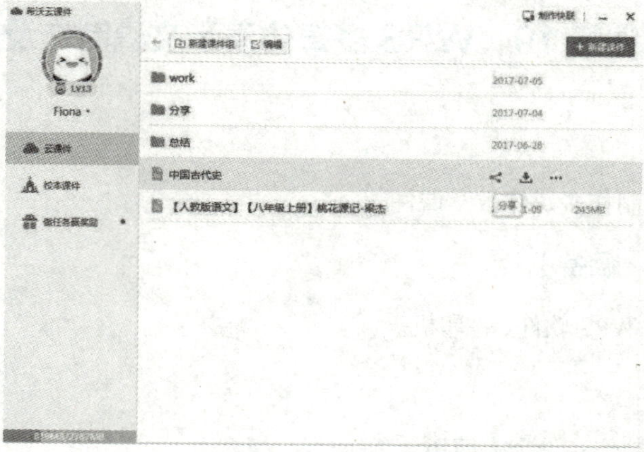

图 8-31　编辑课件

思考与练习

1. 计算机辅助教学系统的模式分为几种？
2. 多媒体课件的特点有什么？多媒体课件的类型分为几种？
3. VR 课件的优势是什么？
4. 101 编辑器的特点是什么？

技能训练 19　WPS 多媒体演示文稿制作及输出

一、训练目标

掌握运用 WPS 制作多媒体教学课件。

二、操作环境（设备）

多媒体计算机、WPS 软件、打印机。

三、训练任务

（1）利用 WPS 制作一份个人简历。
（2）在幻灯片中导入动画、视频。
（3）打印幻灯片。

四、训练步骤

（一）个人简历的制作

（1）打开 WPS 2019 程序窗口，选择演示按钮，点击新建空白文档，制作一个 5 页左右的个人简历。

（2）设计背景。

在幻灯片空白的地方右击，在弹出的快捷菜单中选择“设置背景格式”命令，右侧菜单选择填充效果，如图 8-32 所示。在填充效果对话框中我们选择渐变填充来作为背景，如图 8-33 所示。

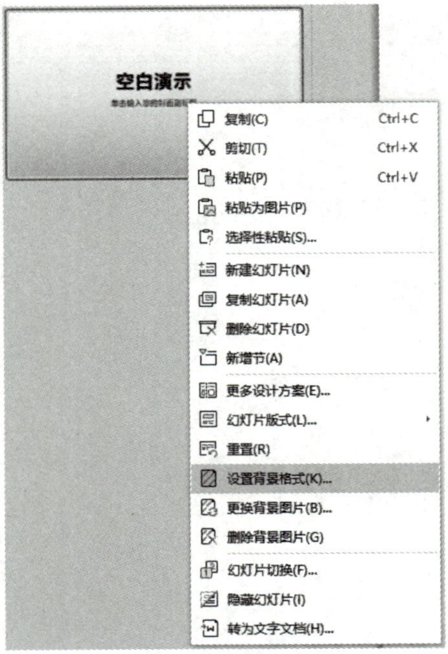

图 8-32　“背景”对话框

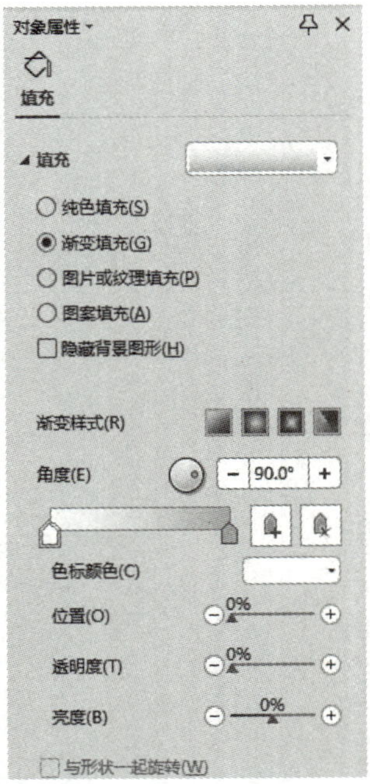

图 8-33　“填充效果”对话框

图 8–34　导入图片

（3）导入相关图片，在上方菜单栏点击插入按钮，可选择插入本地图片，分页插图或者用手机微信扫描二维码进行手机传图，如图 8–34 所示。

（4）相关视频的导入，选择菜单栏中的插入，找到视频，如图 8–35 所示。

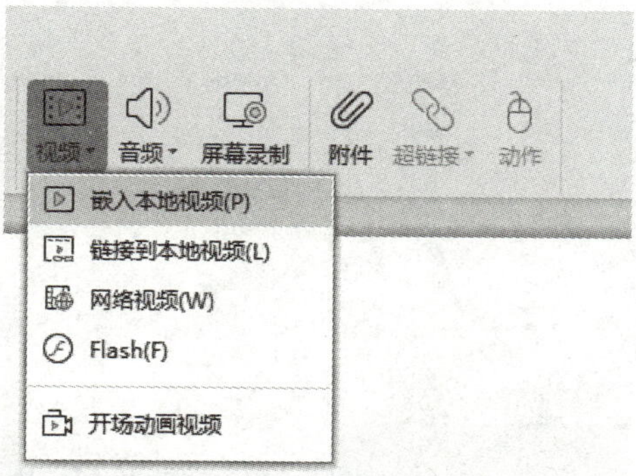

图 8–35　导入视频

（5）动画的插入。

1）选择要添加动画的对象，点击菜单栏中的“动画”，如图 8–36 所示。出现进入、强调和退出三种动画格式，选择一种动画格式，点击右侧红色框内的下拉箭头，会出现不同种类的动画格式选项，以“进入”为例，如图 8–37 所示。

2）同样地，点击“强调”和“退出”动画选项右侧红框内的下拉箭头，也会出现多种关于强调效果和退出效果的动画格式选项，如图 8–38 所示，可依据自身需求为对象设置合适的动画。当然，也可采取智能推荐为对象选择合适的动画效果。

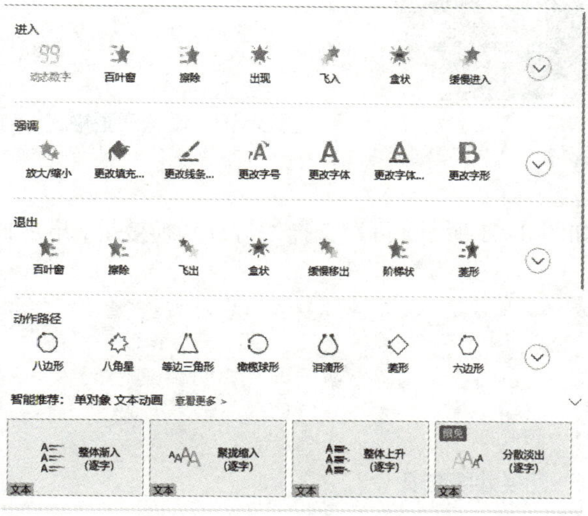

图 8–36　动画格式选项

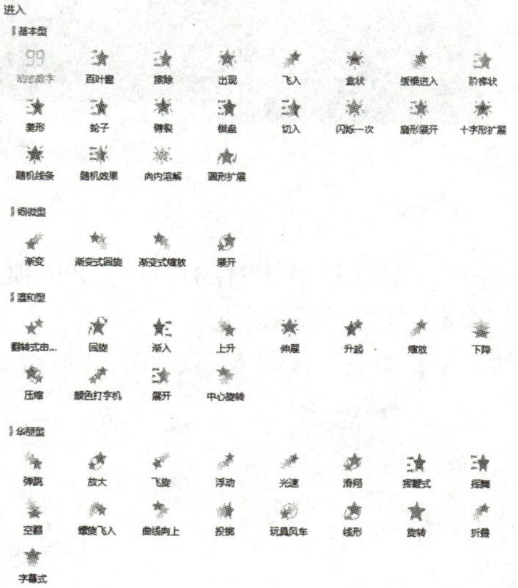

图 8–37　“进入”动画格式选项

（3）为对象选择好合适的动画效果后，查看动画效果，如图 8–39 所示，序号“1、2、3”代表动画出现的顺序。

（4）为对象选择好合适的动画效果，也可通过右侧动画窗格修改动画格式，设置动画开始的触发条件、进入方向、速度等，如图 8–40 所示。

图 8–38 “强调”“退出”动画格式选项

图 8–39 动画顺序

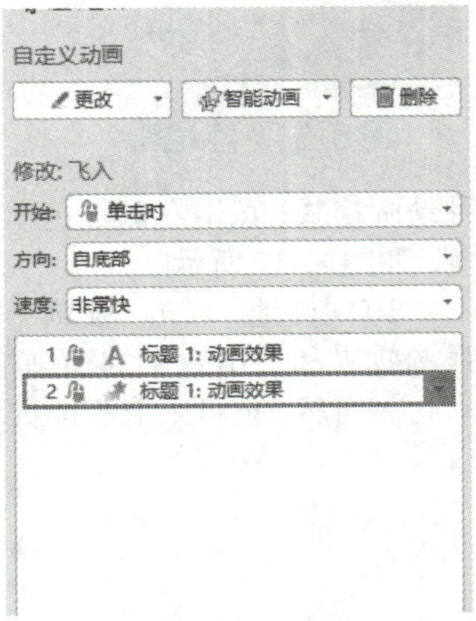

图 8–40 设置动画格式

（二）幻灯片切换格式

（1）幻灯片播放时的切换效果选项，如图 8–41 所示，可以选择幻灯片切换效果，出现预览选项，预览切换效果。

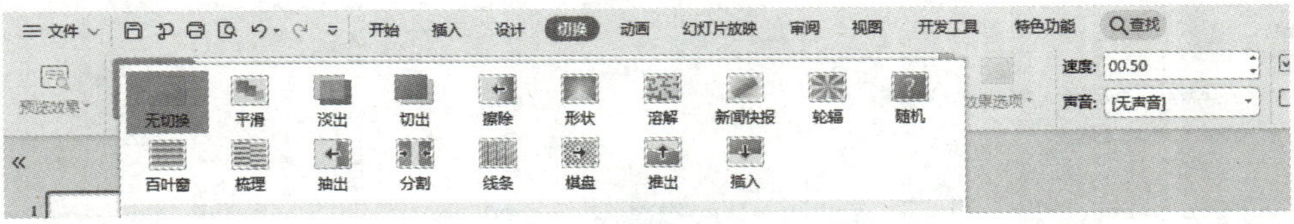

图 8–41 切换效果选项

（2）切换菜单栏右边有对应设置选项，可添加声音，设置播放速度、换片方式及自动换片时间，并可应用到全部幻灯片，如图 8–42 所示。

图 8–42 设置换片效果

技能训练 20　Focusky 多媒体演示文稿制作及输出

一、训练目标

掌握 Focusky 的一般设计与开发方法。

二、操作环境（设备）

多媒体计算机、互联网、摄像头。

三、训练任务

掌握 Focusky 的设计与开发方法与步骤。

四、训练步骤

（一）创建新项目

先根据课件的内容进行构思，选择软件自带的模板创建新项目或新建空白项目。如果选择软件自带的模板，只需替换里面的相应文字即可；如果是新建的空白项目，除了要准备相关的文字内容外，还需要对布局、背景、图形进行设置。

（二）路径（镜头）操作

1. 添加路径（镜头）

添加路径相当于 PPT 中的新建幻灯片，对添加的路径可以调整路径顺序，设置路径播放时间，如图 8–43 所示。

方法一：点击左下角的“编辑路径”，然后点击画布中任何一个物体加入路径列表。通过拖动路径节点，可以进行插入、删除、替换路径。

方法二：直接在左边的预览窗格删除或者拖动幻灯片移动顺序。

删除路径：在左侧幻灯片预览窗格中，点击需要删除的路径，然后点击删除键“X”。

2. 设置面板控制及管理

（1）在需编辑的工程文件上打开“选项”窗口，您可通过以下两种方式打开：

①点击菜单栏中的“编辑”，在下拉菜单上点击“选项”。

②点击工具栏上的“选项”按钮，如图 8-44 所示。

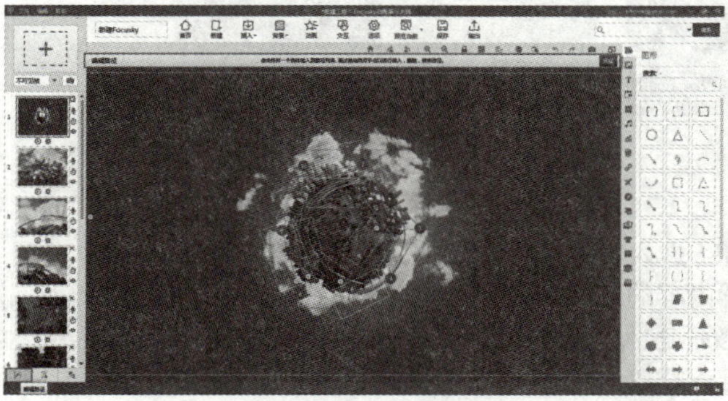

图 8–43　添加路径

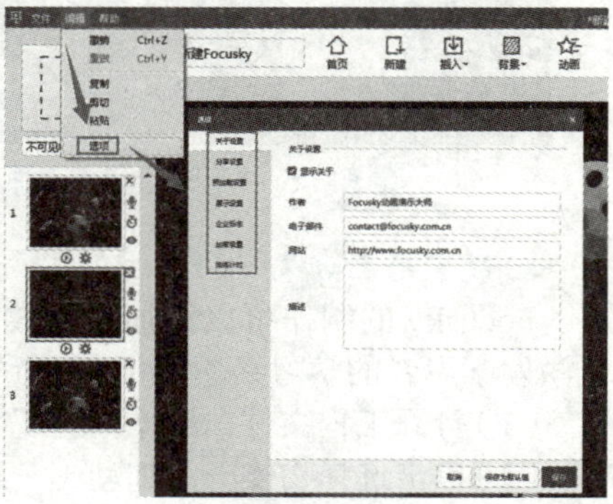

图 8–44　选项设置

（2）在选项窗口上有“关于设置”“分享设置”“预加载设置”“展示设置”和“企业标志”这五项，点击可打开各个设置面板并对其进行设置，如图 8–45 所示。

各个设置面板的设置内容

①关于设置：添加“关于”按钮，补充作者、电子邮件、网站等信息；

②分享设置：添加“分享”按钮，允许读者分享演示文稿。

③预加载设置：自定义演示标题、滚动文本、预加载的背景颜色和字体颜色。

④展示设置：添加开始按钮和背景音乐，选择播放模式，设置底部进度条。

⑤企业标志：添加企业 Logo、定义其位置及透明度。

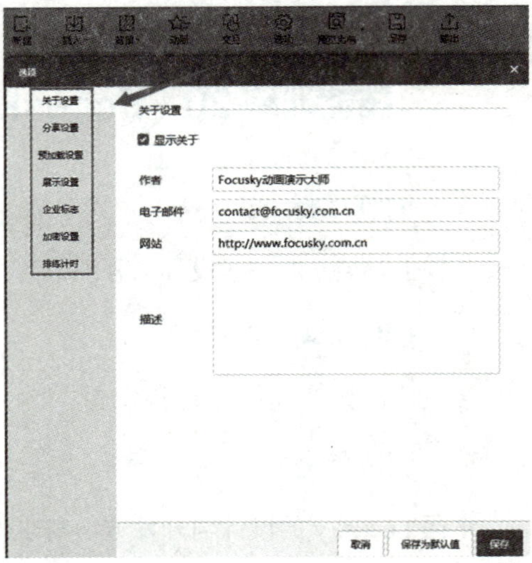

图 8–45　设置栏

（3）设置完后，点击“保存”或“保存为默认值”。“保存为默认值”是指你现在所设置的内容将自动应用到你之后所创建的工程文件中，而“保存”只是针对目前的工程文件。

3. 编辑路径（镜头）内容

编辑镜头内容包括插入图形、文本、图片、超链接、视频、网络视频、屏幕录像、音乐、Flash、艺术图形、公式、图表、内容布局、角色等，使用者根据自己的制作需要在工具中找到相应的工具进行操作即可，如插入 Flash 动画。

（1）插入—选择 Flash 动画—打开—编辑动画。点击“插入”按钮，选择 SWF 选项，如图 8–46 所示。

（2）在弹出的弹窗“SWF 文件通常会含有恶意内容或代码，可能会导致 FS 软件崩溃，是否还要插入？”中选择“是”选项；

（3）选择 Flash 动画—打开，把 Flash 动画添加至画布中；添加 Flash 动画后，可以编辑其大小、翻转角度、图层、透明度等，如图 8–47 所示。

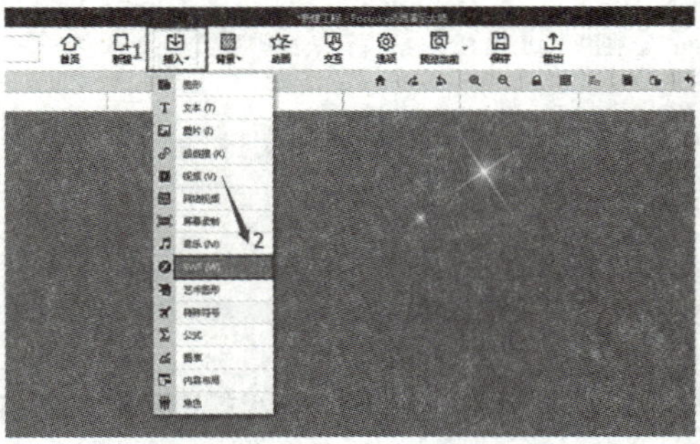

图 8–46　插入 Flash 动画

图 8–47　Flash 动画设置

4. 设置动画效果

Focusky 的制作可以添加动画效果（进入特效、退出特效、强调特效和动作路径），有利于激发学习者的学习兴趣，达到对所学内容的理解和掌握。

（1）打开工程文件，点击“动画”按钮进入动画编辑界面。

（2）单击选择物体—添加动画—进入特效—选择动画效果—退出动画编辑—保存。

进入动画编辑界面后，选择需要添加动画的物体对象，点击右上方“添加动画”按钮进入动画特效界面，点击“进入特效”“强调特效”或“退出特效”选项，然后选择一个进入特效，预览播放查看动画效果，最后退出动画编辑界面，保存设置，如图 8–48、图 8–49 所示。

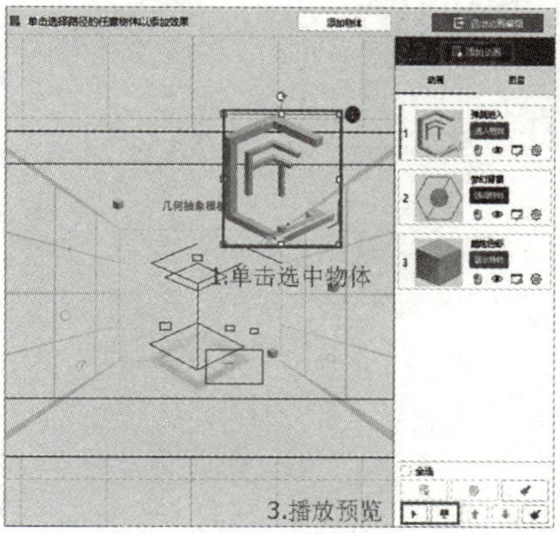

图 8–48　添加动画

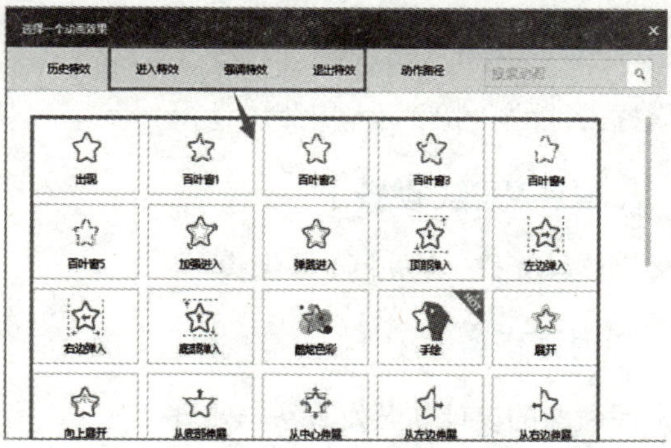

图 8–49　设置动画效果

技能训练 21　微课的设计与开发

一、训练目标

掌握微课的一般设计与开发方法。

二、操作环境（设备）

多媒体计算机、互联网、摄像头。

三、训练任务

掌握微课的设计与开发方法与步骤。

四、训练步骤

（一）脚本的开发

根据你自己所学的专业，确定一个知识点的选题，要求知识点可以 5—10 分钟内能够讲解透彻。

根据微课的特点，进行教学设计，写成脚本，一般字数在 300—500 字之间。

（二）PPT 制作

根据所编写的脚本，搜集教学材料和媒体素材，进行 PPT 设计。要求：背景一般采用纯白底黑字或黑底白字，一般来讲，除了黑色和白色外，最多搭配 3 种颜色；字号一般建议为：标题字号是 44 号，一级文本 32 号，二级文本 28 号，最好不要有三级文本。尽量采用黑体、方正超粗黑简体、方正综艺体等。

（三）教学录像的录制

教学录像过程，可以采用专业摄像机、摄像头，基于手机、平板电脑来录制。解决的方案有：（1）摄像机 + 白板（黑板）；（2）手机 + 白纸；（3）录屏软件 +PPT；（4）手写板 + 录屏软件等方法。

本例中，采用第③种方法来进行微课制作，具体做法如下。

1. 硬件准备

需要多媒体电脑配有摄像头、话筒等。

2. 软件的安装

下载“录屏 Camtasia Studio V6.0.2 汉化版”软件，并进行安装，运行后显示如图 8-50 所示。

3. 录制片头，介绍微课内容

在“编辑”菜单中选择“标题剪辑”按钮，输入微课的标题，授课教师等内容，如图 8-51 所示。

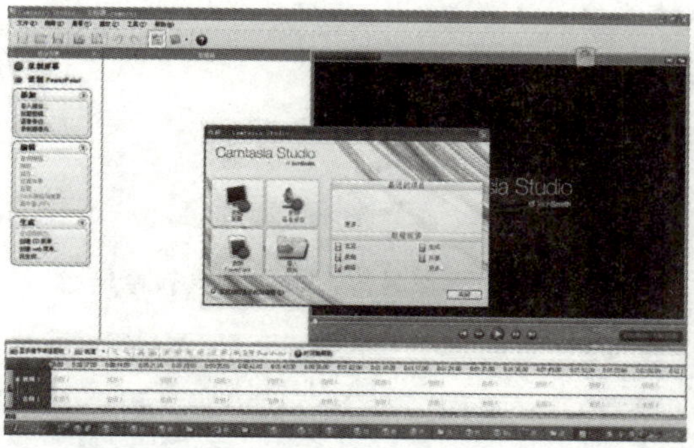

图 8-50　Camtasia Studio 界面

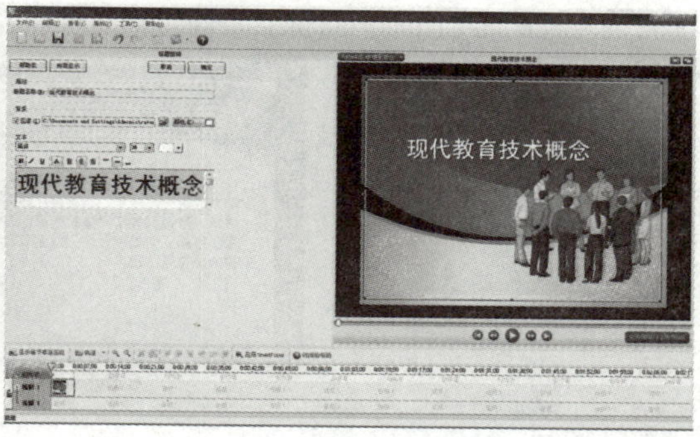

图 8-51　片头标题的制作

4. 录制微课视频

点击主界面中“录制屏幕”，出现如图 8-52 对话框，打开为微课设计的 PPT 并播放，接着设置好对话框中的参数，按下右边红色的“rec”键，开始录制屏幕和摄像头的图像。

图 8-52　“录制屏幕”对话框

提示：讲解时，注意外部环境要安静无噪音；授课教师要仪表得体；女教师可化淡妆入镜，语言通俗易懂；采用口语讲解，尽可能少地使用古板、枯燥的书面语，使讲解通俗易懂。讲解时声音洪亮，节奏感强，对着演示的微课 PPT 进行屏幕录制，适当看镜头，与摄像头（即收看微课的学生）有眼神交流。

一个微课只讲解一个特定的知识点，如果该知识点牵扯到另一个知识点，需详细讲解时应另设一个微课。对现有的知识以及课本上对该知识的表述应有自己的理解，而不是罗列书上的知识，否则微课起不到“解惑”的作用。

完成讲课后，按“F10”停止教师授课的视频录制，保存视频为“你的姓名 .camrec”文件。

（四）后期制作加工

点击主界面中“导入媒体”，将刚录制的文件“你的姓名 .camrec”导入剪辑箱中，并将其和标题剪辑根据需要按先后顺序拖入界面下端的视频轨道中，进行剪辑及简单特效处理，即可完成，其效果如图 8-53 所示。

（五）文件保存

（1）选择菜单“文件”/“保存项目”，将文件保存为“你的姓名 .camproj”项目文件，以便再次修改。

（2）选择菜单“文件”/“生成视频为”，将文件保存为“你的姓名 .MPG-4”微课视频文件，如图 8-54 所示。

提示：合成文件所需要的格式，建议保存为 WMC、MPG-4（Mp4）、FLV 等流媒体格式。

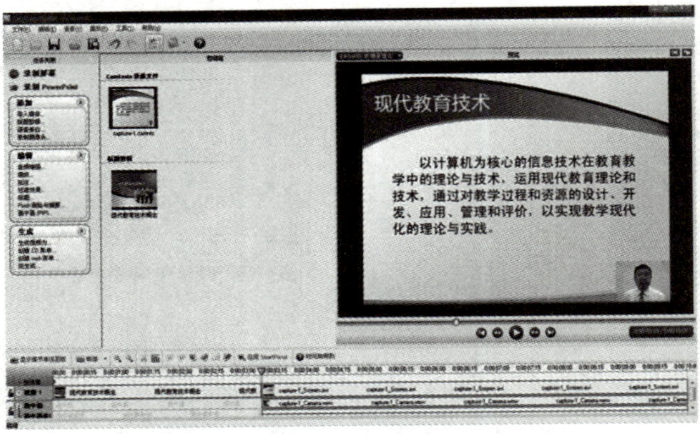

图 8-53　后期制作效果图

图 8-54　微课播放效果图

附　录

附录1　中小学教师教育技术能力标准（试行）

中华人民共和国教育部

为提高中小学教师教育技术能力水平，促进教师专业能力发展，根据《中华人民共和国教师法》和《中小学教师继续教育规定》有关精神，特制定《中小学教师教育技术能力标准（试行）》。本标准适用于中小学教学人员、中小学管理人员、中小学技术支持人员教育技术能力的培训与考核。

第一部分　教学人员教育技术能力标准

一、意识与态度

（一）重要性的认识

1. 能够认识到教育技术的有效应用对于推进教育信息化、促进教育改革和实施国家课程标准的重要作用。

2. 能够认识到教育技术能力是教师专业素质的必要组成部分。

3. 能够认识到教育技术的有效应用对于优化教学过程、培养创新型人才的重要作用。

（二）应用意识

1. 具有在教学中应用教育技术的意识。

2. 具有在教学中开展信息技术与课程整合、进行教学改革研究的意识。

3. 具有运用教育技术不断丰富学习资源的意识。

4. 具有关注新技术发展并尝试将新技术应用于教学的意识。

（三）评价与反思

1. 具有对教学资源的利用进行评价与反思的意识。

2. 具有对教学过程进行评价与反思的意识。

3. 具有对教学效果与效率进行评价与反思的意识。

（四）终身学习

1. 具有不断学习新知识和新技术以完善自身素质结构的意识与态度。

2. 具有利用教育技术进行终身学习以实现专业发展与个人发展的意识与态度。

二、知识与技能

（一）基本知识

1. 了解教育技术基本概念。

2. 理解教育技术的主要理论基础。

3. 掌握教育技术理论的基本内容。

4. 了解基本的教育技术研究方法。

（二）基本技能

1. 掌握信息检索、加工与利用的方法。
2. 掌握常见教学媒体选择与开发的方法。
3. 掌握教学系统设计的一般方法。
4. 掌握教学资源管理、教学过程管理和项目管理的方法。
5. 掌握教学媒体、教学资源、教学过程与教学效果的评价方法。

三、应用与创新

（一）教学设计与实施

1. 能够正确地描述教学目标、分析教学内容，并能根据学生特点和教学条件设计有效的教学活动。
2. 积极开展信息技术与课程的整合，探索信息技术与课程整合的有效途径。
3. 能为学生提供各种运用技术进行实践的机会，并进行有针对性的指导。
4. 能应用技术开展对学生的评价和对教学过程的评价。

（二）教学支持与管理

1. 能够收集、甄别、整合、应用与学科相关的教学资源以优化教学环境。
2. 能在教学中对教学资源进行有效管理。
3. 能在教学中对学习活动进行有效管理。
4. 能在教学中对教学过程进行有效管理。

（三）科研与发展

1. 能结合学科教学进行教育技术应用的研究。
2. 能针对学科教学中教育技术应用的效果进行研究。
3. 能充分利用信息技术学习业务知识，发展自身的业务能力。

（四）合作与交流

1. 能利用技术与学生就学习进行交流。
2. 能利用技术与家长就学生情况进行交流。
3. 能利用技术与同事在教学和科研方面广泛开展合作与交流。
4. 能利用技术与教育管理人员就教育管理工作进行沟通。
5. 能利用技术与技术人员在教学资源的设计、选择与开发等方面进行合作与交流。
6. 能利用技术与学科专家、教育技术专家就教育技术的应用进行交流与合作。

四、社会责任

1. 公平利用努力使不同性别、不同经济状况的学生在学习资源的利用上享有均等的机会。
2. 有效应用努力使不同背景、不同性格和能力的学生均能利用学习资源得到良好发展。
3. 健康使用促进学生正确地使用学习资源，以营造良好的学习环境。
4. 规范行为能向学生示范并传授与技术利用有关的法律法规知识和伦理道德观念。

第二部分　管理人员教育技术能力标准

一、意识与态度

（一）重要性的认识

1. 能够认识到教育技术的有效应用对于推进教育信息化、促进教育改革和实施国家课程标准的重要作用。
2. 能够认识到教育技术能力是教师专业素质的必要组成部分。
3. 能够认识到教育技术的有效应用对于优化教学过程、培养创新型人才的重要作用。

（二）应用意识

1. 具有推动在管理中应用教育技术的意识。
2. 具有推动在教学中开展信息技术与课程整合、促进教育教学改革研究的意识。
3. 具有支持教师运用教育技术不断丰富学习资源的意识。
4. 具有密切关注新技术的价值并不断挖掘其教育应用潜力的意识。

（三）评价与反思

1. 具有促进对教学资源的利用进行评价与反思的意识。
2. 具有促进对教学过程进行评价与反思的意识。
3. 具有促进对教学效果与效率进行评价与反思的意识。
4. 具有对教学管理的效果进行评价与反思的意识。

（四）终身学习

1. 具有不断学习新知识和新技术以提高自身管理水平的意识与态度。
2. 具有利用教育技术进行终身学习以实现管理能力与个人素质不断提高的意识与态度。
3. 具有利用教育技术为教师创造终身学习环境的意识与态度。

二、知识与技能

（一）基本知识

1. 了解教育思想、观念和教育技术的发展趋势。
2. 了解教育技术的基本概念和应用范畴。
3. 了解教育技术的基本理论。
4. 掌握绩效技术、知识管理和课程开发的基本知识。

（二）基本技能

1. 掌握信息检索、加工与利用的方法。
2. 掌握资源管理、过程管理和项目管理的方法。
3. 掌握教学媒体、教学资源、教学过程与教学效果的评价方法。
4. 掌握课程规划、设计、开发、实施与评价的方法。

三、应用与创新

（一）决策与规划

1. 制定并实施教育技术应用计划以及应用技术来促进教育教学改革的条例与法规。
2. 能够根据地区特点和实际教育状况，宏观调配学习资源，规划和设计教育系统。
3. 能够有效应用信息技术和统计数据辅助决策过程。

（二）组织与运用

1. 能组织与协调各种资源，保证教育技术应用计划的贯彻和执行。
2. 能组织与协调各种资源，促进信息化学习环境的创建。
3. 能组织与协调各种资源，支持信息化的教学活动。
4. 能运用技术辅助教学组织和教学实施。

（三）评估与发展

1. 能使用多种方法对教师和管理人员的教育技术应用效果进行评价。
2. 能运用技术辅助对管理体制和运行机制进行评价。
3. 能采取多种措施推动技术体系的不断改进，支持技术的周期性更新。
4. 能充分利用技术手段为教师、学生和管理者的发展提供更多机会。
5. 能充分运用技术改善教育教学条件，并为教师提供教育技术培训的机会。

（四）合作与交流

1. 能利用技术与教学人员就教学工作进行交流。
2. 能利用技术与技术人员就学习支持与服务进行交流。

3. 能利用技术与家长及学生就学生发展与成长进行交流。
4. 能利用技术与同事就管理工作进行合作与交流。

四、社会责任

（一）公平利用能够在管理制度上保障所有的教师和学生均能利用学习资源得到良好发展

（二）有效应用

1. 能够促进学习资源的应用潜能得到最大化的发挥。
2. 能够促进技术应用达到预期效果。

（三）安全使用

1. 能确保技术环境的安全性。
2. 能提高技术应用的安全性。

（四）规范行为

1. 努力加强信息道德的宣传与教育。
2. 努力规范技术应用的行为与言论。
3. 具有技术环境下知识产权保护的意识，并能够以实际行动维护这种知识产权。

第三部分　技术人员教育技术能力标准

一、意识与态度

（一）重要性的认识

1. 能够认识到教育技术的有效应用对于推进教育信息化、促进教育改革和实施国家课程标准的重要作用。
2. 能够认识到教育技术应用能力是教师专业素质的重要组成部分。
3. 能够认识到教育技术的有效应用对于优化教学过程、培养创新型人才的重要作用。

（二）应用意识

1. 具有研究与推进信息技术与课程整合的意识。
2. 具有利用技术不断优化学习资源和学习环境的意识。
3. 具有积极辅助与支持教学人员和管理人员应用教育技术的意识。
4. 具有不断尝试应用新技术并探索其应用潜力的意识。

（三）评价与反思

1. 具有对技术及应用方案进行选择和评价的意识。
2. 具有对技术开发进行评价与反思的意识。
3. 具有对技术支持进行评价与反思的意识。
4. 具有对教学资源管理进行评价与反思的意识。

（四）终身学习

1. 具有积极学习新知识与新技术以提高业务水平的意识。
2. 具有利用教育技术进行终身学习以不断提高个人素质的意识。

二、知识与技能

（一）基本知识

1. 了解教育思想、观念和技术的发展趋势。
2. 了解教育技术的基本概念和应用范畴。
3. 掌握现代教学媒体特别是计算机与网络通信的原理与应用。

（二）基本技能

1. 掌握信息检索、加工与利用的方法。

2. 了解教学系统设计与开发的方法。
3. 掌握教学媒体的设计与开发的技术。
4. 掌握教学媒体的维护与管理的方法。
5. 掌握学习资源维护与管理的方法。
6. 掌握对教学媒体、学习资源的评价方法。

三、应用与创新

（一）设计与开发

1. 参与本单位教育信息化建设方案的整体规划与设计。
2. 能够设计与开发本单位的信息化学习环境。
3. 能够收集、整理已有学习资源并设计与开发符合教学需要的学习资源。

（二）应用与管理

1. 能够为教学人员的教学和科研工作提供技术支持与服务。
2. 能够为管理人员的管理和评估工作提供技术支持与服务。
3. 能够对学习资源与学习环境的使用进行有效的管理与维护。

（三）评估与发展

1. 能够对学习资源和学习环境的开发与应用效果进行评估，并提出发展建议。
2. 能够对自身的技术服务和管理工作进行评估，并反省自身的技术服务和业务水平。
3. 能够参与本校教师教育技术应用效果的评估工作，并提出发展建议。
4. 能够参与制定本校教师教育技术培训方案并实施。

（四）合作与交流

1. 能利用技术与教师就教育技术在教学中的应用效果进行交流。
2. 能利用技术与管理人员进行交流。
3. 能利用技术与学生及家长进行交流。
4. 能利用技术与同行及技术专家进行交流。

四、社会责任

（一）公平利用能够通过有效的统筹安排保障所有的教师和学生均能利用学习资源得到良好发展

（二）有效应用

1. 能不断加强信息资源的管理。
2. 能不断提高教育技术应用的有效性。

（三）安全使用

1. 努力提高技术应用环境的信息安全。
2. 能为教师和学生提供安全、可靠的技术服务。

（四）规范行为

1. 努力加强技术环境下信息资源的规范管理。
2. 努力规范技术应用的行为方式。

附录 2　教育技术学习与研究网址

1. 国内教育技术综合网站

● 中国教育技术网：http：//www.etr.com.cn/

（由中国电教协会主办，新闻动态、专业刊物、学术论文、专家资源库、学术活动、中国电教协会、课题申报、学术流动站、人才供需中心、学科专业点、专业图书查询、远程教育、设备信息、教育技术论坛、教育法规应有尽有）

● 中国教育技术学网：http：//www.chinaet.org/

（中国教育技术学网站为广大用户提供与教育技术学相关的各种资源。它既提供包括教育理论、实践经验、基本知识等方面的文章，又提供各种形式的资源下载，最大限度地满足用户的各种需求；同时，集思广益，大家共建，使它成为教育人士的资源库和联系枢纽。）

● 教育技术学资源网：http：//61.144.23.75/ret/index.asp

（一个教育技术学团队，一个教育技术学的 Google，一个教育技术学的社区，一个协同学习、协同研究与协同开发的舞台。）

● 教育技术学动态：http：//edutech.tongtu.net/

（该网站的热站推荐、相关资源、FERC 论文集等都值得一看。）

● 无限思考：http：//dianjiao.myrice.com/index.html

（该网是东北师大一研究生个人网站，该网的资源链接比较好。）

● 惟存教育网：http：//www.being.org.cn/

（该站关于教育技术与课程整合的实践探索与理性思考、研究性学习探索、多种学习模式的探索和网络资源的链接等非常丰富。）

● 中小学信息技术教育网：http：//www.nrcce.com/index.php3

（中国中小学信息技术教育网是全国中小学计算机教育研究中心主办的，进行中小学信息技术教育理论研究的非营利性教育类专业网站。主要的服务对象是全国的相关教育工作者。网站的目的是进行中小学信息技术教育的试验、研究、探索和提供相关资源。为全国中小学信息技术教育，包括计算机辅助教学和计算机学科教学的老师和教研人员提供服务。）

● 北师大网络实验室：http：//www.vschool.net.cn/

（该网站包含有一系列的网络群，还有教育技术领域里许多热点问题的相关文章。）

● 教育技术在线：http：//www.iteonline.net/

（以华南师范大学教育技术研究所为依托，以全国教育技术专业学生、教育技术科研工作者及热爱信息技术教学改革的中小学教师为合作伙伴，以推广和普及现代教育技术为主的网站。）

● 教育技术热线：http：//metc.njnu.edu.cn/

（南京师大教育技术学网站。）

● 教育信息化：http：//www.pujiao.com.cn/etc/INDEX.ASP

[通惠利华教育信息化网站，这里有比较多的信息技术教育、课程整合、远程（网络）教育的文章。]

● 教育技术自留地：http：// www.jiaojianli.com/

（由华南师范大学教育信息技术学院学术分委员会主任，教育技术学教授，博士研究生导师，未来教育研究中心主任焦建利创办。）

● k12 中小学信息技术教育网：http：//itedu.k12.com.cn/

（该站主要是关于信息技术与课程整合及网络教育方面的资料。）

- 赛伯时空教育网：http：//www.cst21.com.cn/2/index2.htm

（该站包含了教育技术的许多热点问题，如网络探究模式研究、研究性学习探究、信息技术与课程整合。还包括国外著名的 webquest 网站。）

- 基于网络的协作学习网：http：//www.isnet.org.cn/asp/cstu/index.asp

（本网站主要以实现“校校通”目标为宗旨，开发基于网络校际协作学习课程，提出“校校通工程”课程资源中校际“协作学习或交流学习”课程开发的标准模式，并开展基础性研究。）

- 上海教育技术网：http：//www.shet.com.cn/main.htm

（本网站由上海高教电教研究会主办，上海各高校教育技术中心参与制作。）

- 在线教育资讯网：http：//www.online-edu.org/

（好多关于 e-learning 的东西。）

- 中小学电教网：http：//eteach.stedu.net/index.asp

（免费资源，信息技术相关资料，校园网建设，电化教学网络管理，电教，校园网，电教论文，电教动态，电教器材，电教管理，电教制度，ASP，Flash）

- 四结合网：http：//www.sijiehe.com/

（里面包含了大量的建构主义理论和教学设计理论，是专门的研究信息技术与中小学课程整合的网站。）

- VRE 资讯：http：//www.VRE.zone/

（江西科技师范大学 VRE 团队创办，有丰富的 VR 资讯、VR 教学课程、教育技术相关知识等。）

2. 国外教育技术资源索引网站

- 国外教育技术网站的汇编网：
http：//fms.wsd.wednet.edu/TechLab/educationallinks.htm
- 教育技术研究实验室：
http：//psychology.wichita.edu/itrl/
- 教育技术研究指导中心：
http：//infotree.library.ohiou.edu/single-records/2004.html
- 教育技术链接网：
http：//www.duq.edu/ ~ tomei/tomei/advancedsites.html -Table

（由 Duquesne 大学教育学院 Linda C.Wojnar 博士创建与维护的一个教育技术学网，全部是链接。）

- 教育技术百科全书网：http：//coe.sdsu.edu/eet/

（该网是由圣地亚哥州立大学出版的一本杂志，里面包含许多教育技术领域的精彩文章。）

- 教育技术资源网：http：//disted.tamu.edu/edtclink.htm

（该网是得克萨斯 AM 大学 Karen L.Murphy 博士的教育技术资源链接。有在线杂志、教育技术机构协会、远程教育和教育技术的多篇精彩论文。）

3. 远程教育网站

- 国外远程教育专题网：http：//carbon.cudenver.edu/ ~ lsherry/pubs/issues.html

（该网站讲解了什么是远程教育、远程教育的理论与哲学、远程教育系统、设计的思考、方法与策略、远程学习者、运作问题、管理与政策。）

- 远程教育资源网（国外）：http：//www.dlrn.org/index.html
- 远程教育资讯网（国外）：http：//www.uwex.edu/disted/

（该网站提供了大量的远程教育资源及关于远程教育的网站链接。）

- 全国中小学教师远程教育培训网：http：//www.51elearning.org.cn/
- 101 远程教育网：https：//www.chinaedu.com/

（101 远程教育网由北京高拓公司创办于 1996 年 9 月，开设小学六年级、初中、高中各年级各门主课，另开设小学三年级至小学六年级的数学奥数课程。是最早的中小学网上教学网站。）

- 百灵远程教育网：http://edu.beelink.com.cn/

（主要分 MBA 远程教育培训、信息技术培训、百灵山师附中网校、英语视听、学习社区等栏目。）

- 华教远程教育网：http://www.chinaedu.org/

（中央教育科学研究所华教远程教育网，以基础教育教师尤其是偏远地区教师的继续教育为工作重点，以推进中国基础教育教学观念和手段的现代化为目标，以“立足教育、服务教育、回报社会”为宗旨。）

- 电大在线：http://www.openedu.com.cn/

（中央广播电视大学电大在线，对开放教育类学生的网上资源提供网站，网上直播、电视课表网上教学、直播课堂 IP/VBI 播出时间表等内容。）

- 中华在线远程教育网：http://www.onlinecn.net/

（该网是一家国内最早的专业远程教育软件企业之一，成立于 1997 年，1999 年开始从事远程教育系统平台研发，公司成员大都来自联想集团、人大远程教育网、北大医学远程教育网及华教远程教育网，2000 年，推出中华在线远程教育系统及网络大学课件制作系统——“课件快手”，让老师都可以轻松制作网络流媒体课件。）

- 育才国际远程教育网：http://www.yucaiedu.com/

（它是立足于基础教育、素质教育、创新教育和终身教育的远程教育体系，该网站的全程在线服务和个性化服务比较有特色，值得一看。）

- 中小学远程教育网：http://www.edu12.com/

（该网站包括国家资源教育资源库、数字媒体教育网台、学科教学资源、教育网站索引及百年树人教育集团等内容，其中教育网站索引这里有好多详细的网站索引。）

- 中国国际远程教育网：http://www.ceieac.com/

（该站有关于校园网群、电教多媒体技术、设备和软件的展览。）

- 8211 远程教育网：http://www.8211.com/

（该网站主要提供中小学的教学资源并开设了名师论坛，主要是以校校互通和资源共享为宗旨而建立的一个综合信息平台。）

- 万恒网校（五中网校）：http://www.cyberschool.net.cn/

（万恒远程教育网是以五中网校为基础建立起来的一个综合性网站，包括远程教室、第二课堂、课外生活、教师交流、代理园地和本网服务六大部分。）

- 联想网校：http://www.school.legend.com.cn/

（联想网校，集中了北京各重点中学近百位特、高级教师的经验和智慧，开设了同步辅导、中高考专题、第二课堂、网校生活、家长学校、资料室等栏目。）

- COL 网上学校：http://www.cb.col.com.cn/yanshi/edu/edu2.htm

（COL 网上学校是深圳讯业集团利用其覆盖全国的多媒体信息增值服务网络棗 COL，由讯业投资公司和北京金网通公司共同负责成立的教育专项管理中心，面向全国推出的业务，其基本定位为：汇集全国的优秀教师教学资源，发挥 COL 整体网络优势，面向全国提供中学辅导性网络教学。）

- 香港公开大学：http://www.ouhk.edu.hk/
- 英国开放大学：http://www.open.ac.uk/

（世界著名的开放大学。）

- 英国哥伦比亚开放大学：http://www.openschool.bc.ca/index.html
- 美国网络教师：http://www.webteacher.org/windows.html

（从事网络教学工作和相关人员的好去处。）
- 美国开放大学：http：//www.open.edu/
- 美国凤凰城大学：http：//www.phoenix.edu/
- 泰国开放大学：http：//www.stou.ac.th/
- 印度英迪拉甘地国立开放大学：http：//www.ignou.edu/
- 南非大学：http：//www.unisa.ac.za/
- 加拿大阿萨巴斯卡大学：http：//www.athabascau.ca/
- 澳大利亚南昆士兰大学：http：//www.usq.edu.au/
- 全球远程教育学院：http：//www.gdli.com.tw/
- 再城远程教育网：http：//www.geocities.com/Athens/Academy/7880/
- 联合远教教学机构：http：//www.opencampus.com.tw/
- 台湾中兴大学远程教育网：http：//www.nchu.edu.tw/ ~ dl/index1.htm

4. 教学设计网站
- 教学设计课程学习网：http：//www.hainnu.edu.cn/licb/

不仅支持同学们开展以学为主的课程综合性实践任务（如原创 WebQuest《教学设计应用模式调研》《中小学教案设计调研》《教案设计与课件制作》等研究性学习活动、实践作业、专题讨论），而且以课程主题为线索提供大量参考资源，是一个融支持学习者主动探究学习和教学设计专题资讯为一体的课程学习支持网站。
- 教学设计专题网站习作：http：//www.chinaet.org/subject/xmweb/html/zhengti.htm

（里面包含了大量的理论基础，有学习理论、传播理论、设计理论、视听理论等，还有一系列的案例分析和资源链接。）
- 教学设计协会：http：//www.idc-tx.com/
- 全球教学设计网：http：//www.uid.ca/
- 教学设计模式网：http：//carbon.cudenver.edu/ ~ mryder/itc_data/idmodels.html
- 教学设计的理论与模式：http：//www.byu.edu/ipt/vlibrary/developer/theories.htm

5. 教育技术论坛网站
- 教育技术自由论坛：http：//etc.elec.bnu.edu.cn/newbbs/login.asp
- 中小学信息技术论坛：http：//www.nrcce.com/Forums/down.php
- 河北大学教育技术星空：http：//netroom.hbu.edu.cn/personal/zoujinsong/index1.htm
- k12 信息技术论坛：http：//sq.k12.com.cn/forums/?
- 指顾雷霆论坛：http：//dianjiao.xilubbs.com/
- 网络时代电教论坛：http：//www.net-edu.com/eedu/bbs/bbs-c.asp
- 教育技术论坛（英文）：http：//www.edutech.ch/edutech/forums/forums_e.asp
- 新知社区：http：//www.being.org.cn/cgi-bin/bbs/leoboard.cgi
- 《教育技术通讯》：http：//www.etc.edu.cn

6. 教育技术协会网
- 北京高校教育技术学专业研究生联谊会：http：//www.etworkshop.com
- 中央电化教育馆：http：//www.seccet.edu.cn/
- 全国高等学校教育技术协会委员会：http：//www.ceta.edu.cn/

（一种协作指导高校教育技术工作的组织。）
- 美国教育传播与技术协会：http：//www.aect.org/

（制定教育技术 94 定义的组织。）
- 美国国际教育技术协会：http：//www.iste.org/

（主要致力于教育技术和信息技术在中小学中的运用。）

- UNESCO 教育信息技术署：http：//iite.artstyle.net/iite/index
- 美国教育技术办公室：http：//www.ed.gov/Technology/index.html
- 美国教育技术联合会：http：//www.rtec.org/
- 美联邦教育技术协会：http：//www.aect.org/Affiliates/feta.html
- 美国远程教育协会：http：//www.usdla.org/
- 英联邦共同体学习联盟：http：//www.col.org/
- 亚洲开放大学协会：http：//www.ouhk.edu.hk/%7EAAOUNet/
- 国际开放与远程教育协会：http：//www.icde.org/

附录 3　教育技术名词索引

参考文献

[1]胡小强，何玲.现代教育技术与应用[M].北京：北京师范大学出版社，2013.
[2]祝智庭，现代教育技术——走向信息化教育[M].北京：教育科学出版社，2002.
[3]张琴珠.计算机辅助教育[M].北京：高等教育出版社，2003.
[4]袁玖根，邢若南.探索 Web2.0 时代社会性软件在网络协作学习中作用[M]// 孙晓鹏.全国教育游戏与虚拟现实学术会议论文集(EGVR2007).北京：电子工业出版社，2007.
[5]何玲.支持网络协作学习的新工具集：群件工具[M].北京：电子工业出版社.2005.
[6]Ze-Niam Li，Mark S.Drew.多媒体技术教程[M].史元春，等译.北京：机械工业出版社，2007.
[7]祝智庭，钟志贤.现代教育技术——促进多元智能发展[M].上海：华东师范大学出版社，2003.
[8]万华明，胡小强.多媒体技术基础[M].北京：中央广播电视大学出版社，2005.
[9]吴有林.计算机辅助教学技术[M].北京：清华大学出版社，2006.
[10]杨开城.教学设计———一种技术学的视角[M].北京：电子工业出版社，2010.
[11]姜忠元，闫振林，吕志武，等.现代教育技术[M].北京：科学出版社，2018.
[12]何克抗，李文光.教育技术学[M].北京：北京师范大学出版社，2009.
[13]单从凯，赵通海.现代教育技术应用指南[M].北京：北京理工大学出版社，2011.
[14]胡小强.虚拟现实技术[M].北京：北京邮电大学出版社，2005.
[15]杨九民，李书明.现代教育技术[M].武汉：华中师范大学出版社，2005.
[16]李玉斌.现代教育技术实用教程[M].北京：高等教育出版社，2006.
[17]王知非，贾宗福.现代教育技术基础：第 2 版[M].北京：高等教育出版社，2005.
[18]冯学斌，赵建民.教育技术理论与实践[M].济南：山东人民出版社，2005.
[19]张有录.大学现代教育技术教程[M].北京：中国铁道出版社，2007.
[20]孙杰远.信息技术与课程整合[M].北京：北京大学出版社，2002.
[21]余胜泉，吴娟.信息技术与课程整合[M].上海：上海教育出版社，2005.
[22]郭绍青.信息技术教育的理论与实践[M].北京：中国人事出版社，2002.
[23]张筱兰.基于网络探究学习(Webquest)的设计要义[J].甘肃科技纵横，2005(2).
[24]张筱兰.信息技术与课程整合的理论与方法[M].北京：民族出版社，2004.
[25]小学信息技术与课程整合优秀案例[EB/OL].(2006-06-12)[2020-10-17].
http：//211.67.78.8/kegai/sanjiaomianji/web/sj.htm/2006/6/12.
[26]曾建.微格教学在师范类高校中的运用[J].新疆师范学院学报，2004，20(2)：29-31.
[27]吴疆.高等教育现代教学技能及其应用[M].北京：人民邮电出版社，2018.
[28]南国农.信息化教育概论：第 2 版[M].北京：高等教育出版社，2011.
[29]百度文库.微格教学系统[DB/OL].http：//wenku.baidu.com/view/3b2623d784254b35eefd342b.html/2012/12/04.
[30]张屹，陈詹蕾，祝爱华.智慧课堂教学研究的方法与案例[M].武汉：华中师范大学出版社，2018.